Sport Psychology

华东师范大学精品教材建设专项基金资助项目

运动心理学

唐征宇 ◎ 编著

上海教育出版社
SHANGHAI EDUCATIONAL PUBLISHING HOUSE

前　言

本书以现代心理学的重要理论与方法为基础,探讨体育运动与人的心理之间的各种复杂关系。书中介绍的中外心理学工作者的优秀成果能为我国现阶段的体育教学、运动训练和大众健身提供有效的指导与借鉴。本书既可作为高等学校体育专业运动心理学课程的教科书,也可作为高等学校体育专业体育心理学、锻炼心理学、体育社会心理学等相关课程的教学辅助读物,还可作为体育科研工作者的科研参考书和体育活动爱好者的自学读物。

本书的编著者有三十年的从教经历,比较了解一般体育专业学生已有知识基础及学习能力,因此,对书的内容深浅、难易把握比较得当,文字表述力求简明、生动、通俗易懂,力图较为全面地反映运动心理学学科的知识体系和前沿成果。

本书在结构体系上既有对传统教材的继承,又有新的发展。与国内出版的同类教材相比,本书突出了新的技术方法在运动心理学中的应用、运动与人的社会性发展,以及专门群体(女性、青少年和残疾人)运动心理部分的内容。

本书由十四章构成:第一章"绪论";第二章"运动中的认知";第三章"运动中的情绪";第四章"运动动机";第五章"运动中的归因";第六章"运动与人的社会性发展";第七章"体育团体心理";第八章"运动中的品德心理";第九章"动作技能的学习";第十章"运动中的心理技能训练";第十一章"女性运动心理";第十二章"青少年运动心理";第十三章"残疾人运动心理";第十四章"体育运动与心理健康"。本书体例如下:每章由"本章细目""关键概念"开始,每章结尾安排

"本章提要""教学活动设计"和"复习与思考题";每章正文都有一些专栏,用于介绍拓展性知识或案例。

  本书得到华东师范大学精品教材建设专项基金资助。由于编著者的水平有限,书中可能存在一些疏漏与不妥之处,恳请读者批评、指正。

  上海教育出版社的谢冬华先生和王佳悦女士在本书的出版中做了艰辛而又富有建设性的工作,在此表示诚挚的谢意!

编 著 者
2018 年 1 月

目 录

第一章　绪论 ··· 1
　　第一节　运动心理学研究什么 ·· 2
　　第二节　运动心理学的研究方法 ·· 7
　　第三节　运动心理学的发展历史 ··· 17

第二章　运动中的认知 ··· 31
　　第一节　运动中的知觉 ··· 32
　　第二节　运动中的记忆 ··· 43
　　第三节　运动中的思维 ··· 54

第三章　运动中的情绪 ··· 69
　　第一节　心境状态与运动表现 ··· 70
　　第二节　唤醒与运动表现 ·· 78
　　第三节　焦虑与运动表现 ·· 85

第四章　运动动机 ·· 95
　　第一节　运动动机概述 ··· 96

第二节　运动动机的理论 ………………………………………… 101
　　第三节　运动动机的培养与激发 ………………………………… 112

第五章　运动中的归因 ……………………………………………… 125
　　第一节　归因理论 ………………………………………………… 126
　　第二节　运动中的归因 …………………………………………… 129
　　第三节　影响运动归因的因素 …………………………………… 133
　　第四节　运动中的习得性无助感 ………………………………… 136
　　第五节　运动中的归因偏差与归因训练 ………………………… 140

第六章　运动与人的社会性发展 …………………………………… 149
　　第一节　运动与人的社会化 ……………………………………… 150
　　第二节　运动与人的自我发展 …………………………………… 164

第七章　体育团体心理 ……………………………………………… 185
　　第一节　体育团体概述 …………………………………………… 186
　　第二节　体育团体凝聚力 ………………………………………… 194
　　第三节　体育团体中的领导 ……………………………………… 198
　　第四节　体育团体中的人际交往 ………………………………… 203
　　第五节　体育运动中的合作与竞争 ……………………………… 206

第八章　运动中的品德心理 ………………………………………… 219
　　第一节　运动中的道德形成和发展 ……………………………… 220
　　第二节　运动中的亲社会行为 …………………………………… 223
　　第三节　运动中的攻击性行为 …………………………………… 232

第九章　动作技能的学习 …………………………………………… 249
　　第一节　动作技能概述 …………………………………………… 250

第二节　动作技能的形成与保持 …………………………… 257

　　第三节　影响动作技能形成的因素 ………………………… 263

　　第四节　动作技能的迁移 …………………………………… 272

第十章　运动中的心理技能训练 ………………………………… 280

　　第一节　心理技能训练概述 ………………………………… 281

　　第二节　运动中的行为干预技术 …………………………… 288

　　第三节　运动中的认知干预技术 …………………………… 299

第十一章　女性运动心理 …………………………………………… 312

　　第一节　女性参与运动的历史 ……………………………… 313

　　第二节　影响女性参与运动的因素 ………………………… 318

　　第三节　女性参与运动面临的心理社会问题 ……………… 327

第十二章　青少年运动心理 ………………………………………… 338

　　第一节　青少年参与运动的动机及相关因素的分析 ……… 339

　　第二节　青少年运动应激与应对策略 ……………………… 344

　　第三节　青少年运动的心理干预 …………………………… 350

第十三章　残疾人运动心理 ………………………………………… 360

　　第一节　残疾人体育概述 …………………………………… 361

　　第二节　残疾学生心理社会缺陷的评定及体育课中的应对
　　　　　　策略 ………………………………………………… 369

　　第三节　智力残疾人的体育运动 …………………………… 374

第十四章　体育运动与心理健康 …………………………………… 382

　　第一节　心理健康概述 ……………………………………… 383

第二节 体育运动的心理效应 …………………………………… 391
第三节 体育运动促进心理健康的机制 ………………………… 400
第四节 促进心理健康的运动处方 ……………………………… 403

参考文献 …………………………………………………………… 411

第一章 绪 论

―――――――― 本章细目 ――――――――

关键概念
第一节　运动心理学研究什么
一、运动心理学的研究对象和性质
（一）研究对象
（二）学科性质
二、运动心理学与邻近学科的关系
三、运动心理学工作者的工作重心
四、运动心理学的研究任务
（一）理论任务
（二）实践任务

第二节　运动心理学的研究方法
一、传统研究方法

（一）三种常用的研究方法
（二）其他研究方法
二、新技术在运动心理学研究中的应用
（一）神经科学技术
（二）眼动技术
（三）图像定格技术
（四）虚拟现实技术

第三节　运动心理学的发展历史
一、运动心理学在国外
（一）运动心理学在北美

（二）运动心理学在欧洲
（三）运动心理学在日本
（四）国际运动心理学专业机构的发展
二、运动心理学在中国
（一）20 世纪上半叶
（二）20 世纪 50 年代和 60 年代
（三）20 世纪 70 年代末以来

本章提要
教学活动设计
复习与思考题

关键概念

运动心理学　　观察法　　调查法　　实验法　　档案研究　　模拟研究
个案研究　　跨文化研究　　神经科学技术　　眼动技术　　图像定格技术
虚拟现实技术

在现代社会,无论种族、年龄、性别、职业和社会阶层如何,参加体育运动已成为人们最重要的一种生活方式。而体育运动,必然涉及与人的心理有关的问题。例如,如何通过科学的体育锻炼帮助人们形成优良的心理品质,提高心理健康水平？如何通过有效的学习与训练策略帮助运动员提高动作技能水平？如何通过心理技能训练手段帮助运动员克服各种心理障碍,在竞技场上展示最佳的运动表现？诸如此类的问题不胜枚举。

运动心理学是体育科学与心理学交叉形成的一门学科,它提供的基础理论知识和科学研究方法将为未来的体育运动工作者提供重要帮助,并为解决有关问题提供有效支持。

第一节　运动心理学研究什么

一、运动心理学的研究对象和性质

(一) 研究对象

运动心理学是研究运动情境下,人的心理与运动之间关系的学科。具体说来,它的研究对象涉及以下两个方面：(1) 人的心理因素(认知、情绪与情感、意志、个性心理)对其参加运动的影响;(2) 参加运动对人的心理产生的影响。这两个方面又存在着密切的联系。一方面,人的良好的心理品质与稳定的心理状态有助于动作技能水平与运动成绩的提高;另一方面,成功或顺利地参加运动有助于人形成积极心理,如自信心增强、成就动机提高、心理健康水平提升、学会自我控制等。进一步说,运动中的动力系统、认知与情绪对运动成绩的影响、认知与行为干预手段对运动成绩的影响、运动中的社会心理学、运动与锻炼的心理生理学是该门学科的研究重点(祝蓓里,等,2000;杨宗义,1991;Cox,2015)。

> **专栏 1-1　　运动心理学研究对象主要涉及的领域**
>
> 1. 了解心理因素对体能或运动表现的影响
>
> 例如：(1) 焦虑如何影响篮球运动员的罚球命中率；
>
> 　　　(2) 缺乏自信是否影响孩子学习游泳技能；
>
> 　　　(3) 教练的态度和惩罚如何影响运动队凝聚力；
>
> 　　　(4) 表象训练是否有助于受伤的运动员和受训者康复。
>
> 2. 了解参加体育运动对心理发展、心理健康和幸福感的影响
>
> 例如：(1) 跑步是否会减少焦虑和抑郁；
>
> 　　　(2) 青少年在参加体育运动时攻击性是否过强；
>
> 　　　(3) 参加体育运动是否会提高儿童的自尊，并促进其人格全面发展；
>
> 　　　(4) 参加体育运动是否有助于残疾人的身体健康并促进其形成积极、乐观的生活态度。
>
> 资料来源：[美] Weinberg, R. S., & Gould, D. (2016). 体育与训练心理学. 谢军, 梁自明, 译. 北京：中国轻工业出版社, p. 4. 引用时略有改动。

此外，还有学者将动作行为学也列为运动心理学的研究对象。动作行为学的研究领域包括动作学习、动作控制和动作发展。这三大领域下又具体包括动作学习与保持、迁移、学习曲线、练习曲线、情境干扰、反馈、认知与学习、注意力、意象、老化与动作控制、知觉动作发展、信息处理等方面（卢俊宏，季力康，2009）。

(二) 学科性质

运动心理学是心理学的一个分支，是将心理学的原理与方法运用于运动情境的一门比较年轻的学科。在心理学的众多分支学科中，普通心理学、社会心理学、认知心理学、教育心理学和生物心理学的理论与方法对运动心理学的形成和发展影响最大。同时，作为一门交叉学科，体育科学的发展对运动心理学的发展也起了重要的推动作用。

二、运动心理学与邻近学科的关系

虽然当代运动心理学的发展与当代心理学的许多分支学科的发展密切相关，但是，就学科之间的关系而言，与运动心理学关系最为密切的是体育心理学和锻炼心理学。在学科发展的早期，人们常常将体育、运动、锻炼笼统地称为体育运动，因此，体育运动心理学的内容，既包含运动心理学，也包含体育心理学和锻炼心理学的内容。然而，随着体育运动事业的不断发展与深入，人们逐渐认识到，尽管体育、运动、锻炼三者

都以身体活动作为其基础要素,但它们之间仍有差异。由此,体育运动分化为三个领域——竞技运动、体育教育和大众健身,与此相对应的是三门既密切联系又有所区别的学科——运动心理学、体育心理学和锻炼心理学(蔡宏秋,董传升,2005)。

具体来说,以上三门学科的共同点在于:第一,研究的对象都是参与身体练习活动的人;第二,研究的内容涉及身体练习活动中的人的心理现象,如认知、情感、动机、个性等;第三,研究方法相同(季浏,殷恒婵,颜军,2010)。三门学科的不同点见表1-1。

表1-1 运动心理学、体育心理学和锻炼心理学的区别

研究	运动心理学	体育心理学	锻炼心理学
目的	提高训练效果和比赛成绩	提高教与学的效果	参与体育锻炼的前因和心理效应
对象	运动员或教练	学生或教师	大众健身者
领域	人格、动机、心理技能、焦虑与唤醒、团体互动与人际关系、领导、倦怠、运动损伤心理、运动辅导与咨询、竞技运动与心理发展等	学生参与体育学习的动机、提高学生体育学习效果的方法、体育课堂教学心理、体育对学生良好心理品质形成的促进作用等	参与锻炼的动机、锻炼与抑郁的关系、焦虑或压力与身体活动、人格与态度对锻炼习惯的影响、锻炼与心境或认知的关系、社会心理因素对健身者参与锻炼的影响、锻炼对健康的促进作用等

资料来源:卢俊宏,季力康.(2009).运动心理学:心理学在运动与健康之间的连结.*应用心理学研究*,夏(42),55—213.

虽然运动心理学、体育心理学和锻炼心理学有分化的趋势,但是这三者还没有完全独立的理论体系,在研究内容和对有关问题的探讨上,仍存在相互交叉的现象。鉴于它们之间的复杂关系,本书以探讨竞技运动中的心理学问题为主,对其他两个领域中的心理学问题仅略作讨论。

三、运动心理学工作者的工作重心

根据克拉蒂(Cratty,1989)的观点,运动心理学本身可分为三个分支学科:实验运动心理学、教育运动心理学和临床运动心理学。每个分支学科均有不同的目的和内容。与运动心理学三个分支相对应的是运动心理学工作者从事的下列三种具有内在联系的工作(LeUnes & Nation,2005)。

1. 研究

运动心理学工作者,特别是那些在大学从事运动心理学研究的工作者,通过理论或经验、基础或应用、实验室或现场的研究,努力发现各种问题的答案。每一种类型的研究都会对运动心理学的知识体系作出重要的贡献。

2. 教育

在传统的大学课堂里,运动心理学工作者向学生传授运动心理学的知识,为教练、行政管理人员提供各种有关体育问题的咨询,引导高水平运动员和体育活动参与者认识到运动心理学对他们起到的帮助作用。

3. 应用

运动心理学工作者在应用领域的工作涉及两个方面:一是利用心理测量的工具进行心理选材,或对个性与运动表现之间的关系作出评定;二是利用心理训练的手段与方法帮助运动员提高运动成绩。

四、运动心理学的研究任务

运动心理学的研究任务有理论与实践两个方面。

(一) 理论任务

运动心理学的理论任务主要是揭示体育运动与人的心理(包括心理过程、心理状态、心理特点或品质、心理健康)之间的关系,以及体育教学与运动训练中动作技能的获得和发展的心理规律;通过对运动心理学有关领域的研究(如运动中的焦虑、运动员心理技能训练、体育运动中的社会心理)来丰富普通心理学、社会心理学以及心理学其他分支学科中有关方面的内容。

(二) 实践任务

1. 为竞技运动提供服务

为竞技运动提供服务一直是运动心理学工作者最关注的一个问题。

在现代高水平的竞技运动中,优秀运动员在身体素质、技术、战术等方面的差距越来越小,在决定能否取得比赛胜利的众多因素中,心理因素(意识、心理控制能力、情绪稳定性等)的作用越来越大,而这就对运动员的心理品质提出了更高的要求。对运动员个人而言,取得好的比赛成绩往往意味着名利双收,因此,他们对提高运动成绩的各种方法都持有一种积极的态度,会主动地(或在教练的干预下)向运动心理学工作者寻求各种心理技能。

各种体育比赛有着许多热爱体育运动的忠实观众,运动心理学工作者可以利用自己的专业知识,如减少体育赛事中观众的不良行为、为观众在赛场中的文明行为提供积极的建议等,来帮助观众更好地享受体育运动带来的乐趣。同时,运动心理学工作者还可以通过自己的努力,帮助更多的人由体育运动的观众转变为体育运动的参与者。

2. 为大众健身提供服务

在现代社会,健身已成为人们日常生活的一个重要组成部分,它与提高人们的生活质量有着密切的联系。科学地参加体育运动,不仅有助于人的身体发展,而且有助于人的心理发展。例如,参加体育运动,可以改善个体的情绪状态,形成积极的自我概念,提高自尊心、自信心,培养合作精神、集体意识,最终形成健全的人格等。

在大众健身领域,运动心理学工作者要对大众的健身活动进行评价,给出提高锻炼坚持性的方法;在健康心理学领域展开科研及应用,通过锻炼减少健身者的抑郁与焦虑倾向。

专栏 1-2　　　　　　运动心理学家的资格论证

近年来,一些具有心理学和咨询背景的专业人士表现出对运动心理学领域的兴趣,也由此而引出下面的问题:"谁能被称为运动心理学家?谁能为运动员提供有效的心理服务?"对这一问题的看法仍存有争议。有的专业人士认为,唯有持有相关执照的人才能被称为运动心理学家,而没有执照的人只能被称为心理训练顾问。但无论是哪种情况,只要从事运动心理学的实务工作,就必须具备与运动有关的专业训练。在运动心理学的专业认证方面,应用运动心理学会(Association for Applied Sport Psychology, AASP)走在前列。它建立了一套制度,规定必须符合背景知识和实习经验的要求,才能被认证为"AASP 认证的咨询师"。AASP 认证的标准之一是申请者必须拥有与运动心理学相关的博士学位,如心理学、运动科学、体育教育学等。另外,还必须修毕一些特定的课程,并完成实习任务。AASP 的这套认证制度是一个良好的开端,但还有许多提升空间。因为个体在从事运动心理学实务工作时,需要很多心理学和运动科学的专业知识。欧洲运动心理学会(European Federation of Sport Psychology, FEPSAC)对运动心理学的范畴和谁可以从事应用运动心理学的工作有不同的界定,此组织对运动心理学的定义比较宽泛,并认为符合资格者皆可从事相关工作。值得一提的是,不同地区和国家对使用"心理学家"这个名词的限制不同。在亚洲地区,日本已建立起一套有关心理训练咨询师的制度。2007 年 4 月,经过中国体育科学学会运动心理学分会严格的审议程序,刘淑慧、张忠秋、丁雪琴、姒刚彦等 22 名运动心理学工作者成为我国首批获得认证的"运动心理咨询专家",从而结束了我国高水平竞技运动科技服务工作缺乏行业自律和标准化评估的状态。有关运动心理训练咨询师认证制度的建设工作,中国大陆和中国台湾目前正在推动中。总之,建立一套系统化的运动心理学实务工作规范与专业认证程序,已成为一种世界潮流。

资料来源:(1) 黄崇儒. (2009). 运动心理学:过去、现在与未来. 应用心理学研究,夏(42), 63. (2) 胡桂英. (2008). 运动心理学. 杭州:浙江大学出版社, p. 12.

第二节 运动心理学的研究方法

一、传统研究方法

(一) 三种常用的研究方法

1. 观察法

观察法是有目的、有计划地观察被试在一定条件下言行的变化,作出详尽的记录,然后进行分析处理,从而判断他们的心理活动的一种方法(叶奕乾,祝蓓里,2006)。观察法常常伴随细致而准确的测量,如录音、录像,用摄像头、纱屏、单向透光玻璃监控等。

根据研究目的的不同,观察可分为不同种类:(1)根据时间可以分为长期系统观察和定期观察;(2)根据内容可以分为全面观察和重点观察;(3)根据观察方式可以分为直接观察和间接观察;(4)根据事先有无制定观察计划可以分为结构化观察和非结构化观察;(5)根据观察地点和组织条件可以分为实地观察和实验观察;(6)根据观察者的介入程度可以分为参与观察和非参与观察。

观察法的主要优点是可以在自然的情况下获得真实的材料,消除大部分人为安排的影响,得出的结论比较符合实际。它的主要缺点是:不是所有的行为和情况都可以观察;由于对自变量缺乏控制,所以难以得出因果关系的结论;任何被观察的体育团体都有一定的特殊性,因而研究成果的推广有一定困难;观察的效果受观察者的主观愿望、受训背景和研究经验,以及被观察者是否意识到自己正在受到观察等多方面因素的影响。

2. 调查法

调查法是通过搜集各种数据或事实,对所关心的现象进行研究的一类方法的总称。常见的调查法有问卷法、测量法和访谈法(金盛华,2005)。

第一,问卷法。问卷法是以书面形式,通过严格的心理测量项目或问题,向研究对象收集研究资料和数据的一种方法(王重鸣,1990)。问卷法有结构化问卷和非结构化问卷之分。提问方式决定了问卷的结构化程度。

(A) 结构性强的问题:"您喜欢体育活动吗?"

喜欢(　　)　　　　不喜欢(　　)

(B) 结构性中等的问题:"体育活动有助于人的健康。"

完全不同意(　　)　　　　不太同意(　　)

有时同意、有时不同意(　　)

比较同意(　　)　　　　完全同意(　　)

(C) 无结构性的问题:"您喜欢什么运动项目?"

以(A)(B)两种问题构成的问卷又被称为封闭式问卷,以无结构性问题构成的问卷又被称为开放式问卷。在研究中,通常将这三种提问方式结合在一起,以便收集更多的信息。

问卷法的主要优点有三:(1) 可以团体方式进行调查,效率较高,结果处理高度数量化、规范化;(2) 对研究人员的要求相对较低,费用较少;(3) 问卷可采用匿名的形式,能更真实地反映答卷人的真实观点或想法。

问卷法的不足之处有三:(1) 不够灵活,多数问卷要求以结构化方式回答,答卷人不能充分说明自己的态度,有时因未作答的项目偏多而导致答卷作废;(2) 对人的文化水平有一定要求,应用范围有限;(3) 问卷回收、组织作答等环节容易出现一些难以预先控制的问题,答卷人随意作答或回答时间偏长都将使研究的精确性受到损害。

第二,测量法。与问卷法类似,测量法是心理工作者使用已经编制好的标准化测量工具来进行研究的方法。运动心理测验常常测量人们在体育运动情境中的典型行为或感受。例如,个体参加体育运动的动机、兴趣与态度,体育运动中个体的情绪反应、人格特征、运动表现的最优化等。

在采用测量法测量运动心理时,要根据研究的目的和任务正确选择测量工具,测量过程也须遵循严格的程序,以防误用和滥用。因此,测量法对研究人员有较高的专业要求。由于国情不同,国外的心理量表中的内容或表述形式可能不为中国被试所接受,故不宜照搬国外的量表。而且,不同文化环境下心理测验的结果可作不同的解释。研究者最好根据研究课题的要求自行制定量表,或修订他人的量表。

第三,访谈法。访谈法是通过与研究对象的交谈来收集有关对方心理特征与行为的数据的研究方法。根据提问和反应的结构化程度,可以将访谈分为结构访谈、无结构访谈和半结构访谈三种类型。结构访谈是一种指导性的、正式的、事先决定了问题项目和反应可能性的访谈形式。无结构访谈是一种非指导性的、非正式的、自由提问和自由作答的访谈形式。半结构访谈又可分为两种情况:一种要求被试自由地回答预定问题或用讨论的方式回答;另一种按照有结构的方式回答无结构的问题。

访谈法的主要优点有四：(1) 灵活，谈话双方可以随时改变谈话的内容与形式，以便研究者及时捕捉和了解新的或更深层次的东西；(2) 适用面广，可用于向各种年龄、文化层次的人了解多方面的问题；(3) 在比较有效地收集相关资料的同时，能够了解被访者的动机、个性和对特定问题的情绪反应；(4) 访谈者与被访者之间容易建立融洽关系，使被访者消除顾虑，坦率直言，从而提高研究结果的可靠性。

访谈法的不足之处有四：(1) 对访谈结果的处理和分析比较复杂，需要研究者接受过良好的系统训练、具有较高专业素养；(2) 访谈者自己的价值观、信念和偏向可能会影响被访者的反应；(3) 要花费较多时间和精力，不适用于大范围的调查研究；(4) 完全取得被访者的配合有一定难度。

3. 实验法

实验法是指严格控制或创造一定条件，主动引出所要考察的对象以对其进行观察的研究方法。它的特点是：(1) 能隔绝实验者难以控制的外部影响，人为创造出自然情况下极少产生的情境或条件，因而能精确地测定实验条件和心理现象之间的关系；(2) 能安排相关因素的有组织的变化；(3) 能为验证假说提供适当的条件；(4) 在相同条件下可重复实验。

实验研究方法可分为实验室实验、自然实验和准实验（祝蓓里，季浏，2000）。

实验室实验是借助专门的实验设备，在严格控制实验条件的情况下进行的实验。其优点是主试能够有效地控制实验中的各种变量，缺点是人为的痕迹过多，而且需要昂贵的实验仪器，以及大量的时间和人力。

自然实验是指由实验者有目的地创造一些条件，在比较自然的情况下进行实验。其优点是被试的反应比较真实自然，缺点是难以控制无关变量。

准实验又称"类似实验"或"半实验"。它是指在某些自然情景下，将实验室实验作一些变通处理，但仍然利用真正的实验设计的某些方法来搜集资料的实验。其优点是使用起来有一定的灵活性，缺点是对变量的操纵控制具有一定的局限性。

实验研究法是心理学研究最常用的方法之一。它是揭示心理和行为规律性的重要手段，在运动心理学的研究中占有相当重要的地位。因为利用这种方法，可以在任意时间内进行周密的观察，而且别人可以验证，具有科学研究所要求的高度公认的客观性。尤其是实验室实验法，特定的刺激（变量）与反应之间的因果关系可以直接得到证明。

(二) 其他研究方法

1. 档案研究

档案研究是指依据一定的目的收集大量现有资料,通过分析发现某些现象(如球场暴力与观众心理)之间关系的一种方法。档案不限于个案资料,它包括作品、报刊、书籍、音像资料,以及各种事件记录和文献等。

档案法的优点有三:(1)不存在被研究者因意识到自己正被研究而产生的心理干扰;(2)它使一段时期内心理趋势的估计成为可能;(3)它有助于某些假说的检验,有时也能提供因果关系的线索。

档案法的缺点有四:(1)难以得到充分而足以检验假设的客观材料;(2)工作量大,耗时、耗资多;(3)分析有赖于分析者抽样的方法,以及其抽象、概括和发现的能力,否则难以得到一般性结论;(4)只能表明两种现象有无关联,不能说明这种关联是否为因果关系。

2. 模拟研究

模拟研究指人为地创造模拟体育运动的情境,而后考察被研究者在其中产生的心态和行为变化,并找到某些规律的方法。例如,为了提高体育比赛的适应性、抗干扰能力和备战的针对性,运动员往往要在赛前接受一系列的模拟训练。根据被模拟系统的不同,可将模拟训练分为对比赛对手、比赛状态和比赛环境的模拟训练。实施过程中,具体包括对手、裁判、场地器材、关键情境、地理气候、时差等的模拟。科研人员可以借助运动心理学的手段与工具动态地检测运动员在各种模拟情境下的心理状态和行为表现,并适时采取相应的干预策略。

模拟研究最大的优点是:(1)巧妙的模拟使研究操控客观环境中原本难以控制或操纵的体育运动现象成为可能,并能对其中的心理与行为机制获得更多的理解;(2)如果情境模拟逼真,不被人识破,则被研究者的反应是真实的,获得的结果也是可信的。其不足之处是:(1)在实践中,很难模拟出完全逼真的体育运动情境;(2)对变量的控制与操纵并不十分严格,所得结果只能说明变量间的相关关系,而不能说明因果关系。

3. 个案研究

个案研究法是一种搜集特定个体的各种有关资料并在此基础上得出心理学结论的方法(潘菽,荆其诚,1991)。个案研究收集的资料内容是由研究问题决定的,一般包括研究对象从出生到现在的生活史、家庭关系、生活环境和人际关系的特点,也常根据研究的需要,对当事人作智力、人格等测验,或向熟悉当事人的亲人、教师、教练作调查。

个案研究是对传统运动心理学研究方法(实验研究方法)的一种有效补充,特别适用于探索优秀运动员的心理特征。对大样本体育团体的心理特征进行研究虽然具有普遍的意义与价值,但是,像姚明、刘翔、邓亚萍这样的优秀运动员人数极少,只能采用个案研究的方法探索他们的成长历程。研究获得的经验对培养青少年运动员具有重要的借鉴意义。

> **专栏 1-3　　　体操奥运会冠军李东华的个案分析**
>
> 彭杰和谭长青(2000)曾对体操奥运会冠军瑞士籍华人李东华进行个案分析,并提出,人的竞技能力同时受到生理因素、训练因素、心理因素和社会因素的限制,在取得一定运动成绩之后,能否突破心理因素和社会因素的限制是竞技能力提高的关键。
>
> 李东华出生于1967年12月10日,7岁即开始练习体操,11岁进入省队,16岁进入国家队,21岁因三次重伤退出国家队(切除左肾脏和脾脏,双脚跟腱断裂,颈椎和胸椎多处严重受伤)。大多数人包括医生均认为他不能再从事体操运动。奇迹发生在他22岁移居瑞士之后。受伤复出后,他27岁获得世界锦标赛鞍马亚军,28岁获得世界锦标赛鞍马冠军,29岁获得奥运会鞍马冠军。
>
> 李东华的狭义运动寿命(达到最高的技术战术水平之后,巩固和保持的过程)长达8年,广义运动寿命(开始接受运动训练直到运动生涯终止的过程)长达22年,且在重伤之后重返赛场,取得奥运会冠军,实为世界奇迹。彭杰和谭长青(2000)认为,这一奇迹的出现,取决于三种个人因素和三种社会因素。三种个人因素是:敬业精神和职业意识,人生追求和自我实现,以及坚强的心理承受能力。三种社会因素是:婚姻家庭和谐,社会保障充分,以及人际关系协调。
>
> 李东华的案例在很大程度上改变了人们对伤病的看法和对退役后复出的看法,并使人们认识到社会支持系统对运动员的重要意义。
>
> 资料来源:张力为. (2002). 个案研究可以做成体育科学的博士论文吗? 北京体育大学学报,25(5),640—643.

个案研究方法在运动心理学研究中虽有一定的作用,但存在实验法等研究方法所没有的两个不足:(1) 个案研究通常很难把握个体的全部有关事实,收集到的资料也往往真假难分。因此,在对个案研究获得的资料进行分析时应特别小心谨慎。(2) 研究者往往会根据自己的特殊兴趣选择研究的个案。由于不是随机选择的,故这些个案通常没有可供比较的对象,因此,其研究结果的推广具有很大的局限性。

4. 跨文化研究

所谓跨文化研究,就是通过对两种或两种以上的文化进行比较、分析,从而获得研究结论的方法(孙时进,2006)。跨文化研究的目的在于:(1)检验已有的心理学知识和理论在其他文化背景下的普适性;(2)寻找文化背景导致的人类行为上的不同;(3)在实现上述两个目的的过程中,尝试将两者结合起来,发展一种适应多元文化,具有普适性的心理学(Berry et al.,2002)。当代运动心理学中的跨文化研究主要涉及不同(国家)文化背景下运动员的成就动机、教练与运动员关系,不同体育制度下高水平运动员的生涯转折,不同(国家)文化的优秀运动员的心理品质与心理技能的比较等方面(姒刚彦,李庆珠,刘皓,2006)。

专栏 1-4　中国和德国高水平运动员生涯转折的跨文化研究

研究者针对中国和德国高水平运动员的生涯转折进行的一项跨文化研究表明,两国运动员的生涯转折在以下方面存在差异:

(1) 和德国运动员相比,中国运动员多以一种被动而非主动的方式结束运动生涯;

(2) 中国运动员普遍相信运动成绩和退役后的工作之间有关联,而德国运动员中很少有人这样认为;

(3) 在中国,教练对运动员的生涯发展具有重要作用,而在德国不是;

(4) 在德国,有许多运动员在生涯转折后会继续参加比赛,而在中国,运动员生涯转折后会完全退出比赛;

(5) 尽管德国运动员的运动生涯比中国运动员长,但中国运动员退役后大多会从事与体育关系较为密切的职业;

(6) 92%的德国运动员对他们退役后的工作满意,而中国只有81%的运动员表示满意。

中德两国运动员在生涯转折过程中的这些不同点显然与社会及体育组织提供的生涯帮助策略有很大的关系,中国的体育体制为运动员的生涯转折提供的是一种"强势"帮助,即体育院校或组织为运动员的生涯转折提供了强大的帮助,通常包括提供退役后的受教育机会和工作。而德国的体育体制为运动员提供的是"软式"帮助,即提供生涯准备教育与咨询服务,包括短期的与长期的。这样的研究比较清楚地表明,不同文化和社会条件下运动员在生涯转折方面受帮助的现状,以及不同的生涯转折帮助策略所具有的长处和短处,为各国充分发挥当地的文化和社会条件的长处来帮助运动员度过生涯转折提供了参考依据。

资料来源:姒刚彦,李庆珠,刘皓.(2006).当代体育运动心理学跨文化研究述评.*心理学报*,*38*(3),468—474.

跨文化研究主要依赖纸笔调查和行为测量,但是,反应时、感知反应等方法未来也有可能被应用于跨文化研究领域中。从发展趋势来看,研究者将更多地使用多个文化维度结构、多种汇聚的方法来加强研究结果的解释力,具体包括使用多种因变量指标、引入多个协变量、采用新的数据分析方法,如多层线性模型、多层结构方程模型等(梁觉,周帆,2010)。

跨文化研究的不足:首先,跨文化研究涉及概念和测量的对等性问题。其次,跨文化研究需要将文化作为自变量来解释因变量上的变异,但研究者无法通过随机分组的方法来进行操纵,并排除可能的混淆变量的影响,因此,跨文化研究只能被视为准实验研究,其内在效度低于严格的实验研究,难以有力地论证文化与效应之间的因果关系(梁觉,周帆,2010)。

二、新技术在运动心理学研究中的应用

科学研究的重大突破总与新的研究方法和技术的出现有关。目前,神经科学技术、眼动技术、图像定格技术和虚拟现实技术已被广泛应用于运动心理学的研究,并取得了突出的成就。

(一) 神经科学技术

近二十年来,认知神经科学的方法与技术已经被广泛应用于心理学的各个研究领域。这些方法与技术又可具体分为侵入性方法和非侵入性方法两大类。前者包括:单细胞记录法与脑损伤法,主要运用于动物和某些患有自然脑损伤的病人;后者又称无创性脑功能成像技术,主要包括事件相关电位技术(ERP)、正电子发射断层扫描(PET)、功能性核磁共振成像技术(fMRI)、经颅磁刺激(TMS)等,都可以应用于正常被试(陈巍,2011)。在运动心理学的研究中,主要采用的是非侵入性方法中的事件相关电位技术和功能性核磁共振成像技术两种。

事件相关电位技术是一种脑电波(EEG)提取技术,通过计算机叠加技术将心理活动(如认知与情绪活动)产生的微弱的脑电信号,从自发脑电中提取出来。它是刺激事件,包括视觉、听觉、体感等物理刺激及心理因素,在大脑中引起的相应反应的客观真实的表现,开创了大脑功能研究的新纪元。该技术具有很高的时间分辨率(杨清全,2012)。近年来,我国学者应用该技术对运动领域中的空间注意、注意瞬脱、视觉搜索、时间视觉、知觉预测、运动决策等方面进行了大量研究,取得了丰硕的成果(周成林,赵洪朋,张怡,2012)。

功能性核磁共振成像技术是一种新兴的神经影像学技术,其原理是利用磁振造影来测量神经元活动引发的血液动力的改变。它的主要特点是图像质量高、重复性好、无辐射、无侵袭性等,并能够直接显示脑激活区的部位、大小和范围。从 20 世纪

90年代开始,该技术在脑部功能定位领域始终占有一席之地。然而,作为一种新的无创技术,其应用价值有待进一步验证,存在的问题也亟待引起研究者注意(刘力,李晓陵,等,2014)。与事件相关电位技术相比,功能性核磁共振成像技术有更高的空间分辨率。科尔库姆等人(Colcombe et al.,2006)使用功能性核磁共振成像技术进行研究时发现,与对照组相比,六个月有氧运动组老年人的前额叶、颞叶及顶叶的灰质和白质容量显著增加。科尔库姆等人和查多克等人(Colcombe et al.,2006;Chaddock et al.,2010)利用功能性核磁共振成像技术的研究发现,运动对大脑结构的影响所涉及的脑区还包括小脑、海马和背侧纹状体等,从而从科学的角度证实运动有助于大脑结构的良性改善(陈爱国,颜军,殷恒婵,2011)。

(二)眼动技术

与神经科学技术一样,眼动技术也可以帮助研究者深入心理现象的机制层面进行探索。眼球运动是视觉过程的直接反应,并且反映了多种人类认知活动,受多种认知因素的影响,如眼球的运动与注意、预期、记忆、推理等认知活动均有密切的关系。眼动技术的实施过程较自然、干扰较小,与心理学中其他研究方法相比,有其特殊的优越性,这一领域的研究因而变得异常丰富(吴迪,舒华,2001)。

体育比赛中,视觉是运动员获取信息的主要渠道,运动员必须及时通过视觉来辨别运动客体的空间位置和运动态势,以作出合理的动作反应。眼动仪的出现为研究运动员的视觉和眼动特征提供了可能。眼动技术在运动心理学中的应用主要利用的是"专家—新手范式";选取的常用指标是注视点、兴趣区、注视时间、视觉搜索率和静眼时间等,这些指标通常与反应时、准确率等指标一起作为研究的因变量。目前,有学者开始重视边缘视野的研究。部分国外专家利用眼动仪对篮球运动员的眼动特征进行了一定的研究。研究发现,运动员的视觉搜索模式与任务类型有紧密的关系,不同任务类型的运动员具有不同的眼动特征。通过比较"专家"和"新手"的不同眼动模式,有利于揭示"专家"运动员的视觉搜索方式和注视信息,有利于找到高效、实用的注视模式,为教练对"新手"运动员进行有的放矢的训练和指导提供借鉴(张运亮,等,2005)。

当代的眼动记录方法主要有电流记录法、探查线圈记录法、基于瞳孔和角膜反射的视频记录法、红外线普金野图像跟踪法。眼动记录技术的发展趋势是:(1)眼动仪的性能不断优化,为一些新范式的开发与使用提供技术保障;(2)眼动记录技术的生态效度不断提高;(3)眼动记录技术与其他研究技术相结合,如事件相关电位技术和功能性核磁共振成像技术的结合使用,为深入认知研究提供了全新的思路

(卞迁,等,2009)。

(三) 图像定格技术

图像定格技术(漆昌柱,2004;赵洪朋,周成林,2010),就是利用电视、电脑等多媒体设备播放特制的运动情景,并在某一特定时刻停止画面,要求被试对此情景下可能发生的运动结果作出判断,记录判断反应时和正确率。该技术具体可分为时间定格(或阻断)技术、空间定格(或遮蔽)技术和时空定格技术。图像定格技术现在已成为知觉预判和决策研究的一种重要方法。

时间定格(或阻断)技术是通过对比各时间段内的作业成绩,揭示影响知觉预测的关键时间段内的信息。例如,阿伯内西等人(Abernethy et al., 1993)采用时间定格(或阻断)技术研究了羽毛球运动中的决策问题。他们在4个不同的时间点进行定格:球拍触球前的167毫秒(涉及对手的站位和早期的躯体旋转),球拍触球前的84毫秒(手臂开始运动,但球拍的运动还很小),球拍刚好触球(挥拍动作完成,但没有羽毛球的飞行信息),击球后的84毫秒(羽毛球的早期飞行信息)。然后,要求被试对球的落点、方向和力量等方面的情况进行预测。

空间定格(或遮蔽)技术是将呈现的画面中的某一部分信息屏蔽,要求被试根据信息缺失的画面进行预测判断。空间定格(或遮蔽)技术能对被试预测时所依据的知觉信息进行更为直接的研究。例如,阿伯内西等人(Abernethy et al., 1993)也曾采用空间定格技术研究羽毛球运动员的预测能力。他们采用的空间定格条件是屏蔽手臂和球拍、屏蔽球拍、屏蔽头和脸、屏蔽下半身。

上述两种技术由于在机理上接近运动员在真实情境中的预测过程,因此所得的实验结果较为客观,生态学效度较好。在运用空间定格(或遮蔽)技术时,一般是用某一定格画面进行所有的实验。如果在空间定格时采用多种时间定格画面,就是更为复杂的时空定格方法。时空定格方法有利于研究不同知觉信息在不同的时间段里对被试的知觉预判的影响,具有更高的实验效率和生态学效度,但目前运用这种技术的研究还较为罕见。

(四) 虚拟现实技术

虚拟现实技术(virtual reality technology, VRT),又称灵境技术,是以计算机技术为核心,结合相关科学技术,如传感技术、仿真技术、微电子技术等而形成的高新技术。它提供了一种实时的、三维的虚拟环境,用户可根据自身的感受,通过多种传感设备,对虚拟环境中的物体进行考察或操作,参与虚拟环境中的事件。用户可获得视、听、触等直观而又自然的实时感知,从而"沉浸"于虚拟环境中(赵建华,1998)。

随着社会生产力和科学技术的不断发展,各行业对虚拟现实技术的需求日益旺盛,人们对虚拟现实技术的研究日益重视,虚拟现实技术也取得了巨大进展(赵沁平,2009)。20世纪末开始,在运动研究领域,有学者开始尝试使用虚拟现实技术。该技术有传统研究方法不可比拟的优势。它不仅能够模拟真实运动情境,真实再现现实运动情境,而且能够让运动员作出真实的动作反应,这种虚拟的运动情境和真实的动作反应可以与现实运动情境非常接近,是一种高水平的知觉动作匹配,因此更能够代表知觉和动作的关系,因而有助于提高研究的生态学效度(程勇民,2006;侯玉鹭,2010;赵洪朋,周成林,2010)。

专栏 1-5　　虚拟现实技术在运动领域中的应用

动作过程的心理表征对复杂动作的执行与控制十分重要,利用心理表征的结构维度分析(SDA-M),可以测量和评估动作的认知结构。沃格尔(Vogel,2013)介绍了技能获得过程中心理表征的发展,并展示了虚拟现实技术在其中的应用。在实际训练比赛中,教练和运动员的心理表征经常存在一定出入,导致两者的交流出现偏差,这种教练不能理解运动员的表征结构的现象叫作表征盲(representation-blind)。虚拟现实技术的引入有助于这个问题的解决,它还可以拓宽运动员的训练环境,使其在没有教练指导的情境中也可以训练。

虚拟现实技术还可以用来诱发情绪。心理学研究者通常在实验室中使用图片、声音、视频等材料诱发情绪。杨等研究者(Yang, Zhang, & Huang, 2013)则探讨了虚拟的积极和消极环境对与情绪相关的心理和生理指标的影响。结果发现,在虚拟的积极环境中,研究参与者的紧张、疲劳、状态焦虑等消极情绪下降,积极情绪提升;生理指标的表现是,皮肤导电性下降,高频 HRV 增加。在虚拟的消极环境中,紧张、愤怒、抑郁、状态焦虑等消极情绪的强度提高,积极情绪降低;生理指标的表现是,皮肤导电性提高,呼吸节律上升,低频 HRV 提高,高频 HRV 下降。以上结果说明,虚拟的积极和消极环境均能有效诱发相应的积极或消极情绪,虚拟现实技术可以用于心理学研究中的情绪诱发。

实验控制和生态学效度的权衡是令很多研究者头疼的问题。在运动心理学领域,这一问题尤为突出。虚拟现实因其逼真、自然的特点,有助于这一问题的改善,这就决定了它在运动心理学研究中具有潜在的应用前景。

虚拟现实技术在运动训练中应用的例子:

(1) 滑雪训练系统。受训者戴上一个三维的、宽视野的 HMD,站在两块可移动的钢板上,双手握住滑雪杆。同时,用几个摄像机和计算机监视受训者双脚的位置和站立的姿势。根据这些监视设备提供的数据,可以决定受训者所能接受的训练级别,如设置的地形难度和滑行速度等。随着训练的进行,可实时地对脑电图(EEG)、皮肤阻抗、心电图(EKG)、血压和眼睛的运动等进行监测。

(2) 曲棍球守门模拟系统。利用该系统,参与者可以做出各种守门的动作,当球射到参与者的身上时会反弹回去。这可以帮助提高守门员的技术水平,可以反复练习如何用跳起和倒地的方法挡住进球。

受训者在虚拟现实技术产生的虚拟环境中,在与虚拟的运动器械或竞技者相互作用中,熟悉了动作,掌握了技巧,而且无论什么样的动作或训练方式,都不会对受训者造成伤害,这是真实环境中的体育训练无法比拟的。

资料来源:(1) 赵建华.(1998).虚拟现实技术与教育.现代远距离教育,(4),35.(2) 张力为,孙国晓.(2013).当代运动心理学进展:研究方法.北京体育大学学报,36(9),42—48.

虚拟现实技术在运动领域的应用会涉及一些问题,如虚拟现实技术在运动领域应用的基础理论、虚拟现实的训练模式与策略、运动员在虚拟现实中会扮演什么角色、采用什么方法对运动员进行控制、训练内容如何呈现、运动员在虚拟现实中会起什么作用、教练如何对运动员进行指导、虚拟现实技术会对运动员的身心造成什么影响,等等。这些问题的研究与解决对保证虚拟现实技术在运动领域的应用效果将起决定性作用。

新技术的使用面临的普遍问题是仪器购置的经费、使用的准确性与效率问题。随着国家对科研经费投入的增加,以及运用这些新技术的科研工作的深入,当前面临的问题将来都能较好地解决。因此,利用新技术进行运动心理学科学研究的前景还是乐观的。

以上介绍的几种研究方法各有利弊,很难说哪一种方法最好。研究者应该根据研究任务的性质,以及自身拥有的人力、物力与条件,有选择地采用某种方法。在实际研究工作中,研究者只有综合运用各种方法,扬长避短,发挥各种方法的优势,才能更好地保证研究结果的客观性与有效性。

第三节 运动心理学的发展历史

虽然古代不乏中外哲学家对心理的论述,但现代科学心理学的诞生是 19 世纪后半叶的事情——以德国心理学家冯特(W. Wundt)于 1879 年在德国的莱比锡大学建立世界上第一个心理学实验室为标志。科学心理学尚且只有不到 200 年的历史,作为科学心理学的一个分支,现代运动心理学的历史自然更短。为促进中国运动心理学研究的发展,很有必要广泛了解各国的发展概况,博采众长。下面将对国内外运动心理学的发展作一些简要回顾。

一、运动心理学在国外

(一) 运动心理学在北美

运动心理学以 19 世纪末美国学者特里普利特(Triplett,1897)做的关于"在定速与竞赛中的动力因素"的实验研究为正式诞生的标志。特里普利特发现,单个人骑自行车比群体骑自行车的速度慢 20%,因此,他认为相比于单独活动,共同活动能促进工作效率,即观众效应或社会促进、社会助长。这个研究的划时代意义在于,它将实验方法引入了社会心理学的研究。由于这个研究涉及体育领域中的社会心理学问题,所以现代运动心理学、现代社会心理学的源起都能追溯到这个研究。

最早对运动心理学进行系统研究的是格里菲思(C. Griffith)。他于 1925 年在美国的伊利诺伊大学创建了世界上第一个运动心理学实验室,因而他被称为"北美运动心理学之父"。他致力于探讨与运动表现有关的生理和心理问题,研究领域主要集中在心理运动技能的特征、动作学习、个性与运动表现的关系几个方面。这些研究为运动心理学的发展奠定了重要的基础。此外,格里菲思的贡献还有:1923 年,在伊利诺伊大学开设了世界上第一门运动心理学课程;1926 年编写了世界上第一本运动心理学教材《教练心理学》;1928 年,出版了《运动心理学》,此书与先前出版的《教练心理学》被视为运动心理学领域的经典著作;1938 年,作为第一位运动心理学咨询师,受聘于芝加哥一家棒球俱乐部运动队。

在 20 世纪 20 年代和 30 年代,除了人格与应激对运动成绩的影响外,运动心理学研究并未广泛开展。这种状况一直持续到 20 世纪 60 年代才有所改观。

奥格尔维(B. Ogilvie)与他人合作,于 1966 年出版了《问题运动员以及如何处理运动员面临的问题》一书。该书推出的运动动机评估量表(Athletic Motivation Inventory, AMI)在运动领域广受好评。由于奥格尔维不仅在人格和应用运动心理学领域进行了开创性的工作(编制量表、为大学运动队及职业球队提供心理咨询),而且还为唤起公众对运动心理学的兴趣做了大量工作,所以他被誉为"北美应用运动心理学之父"。

美国于 1967 年成立了隶属于美国健康、体育、娱乐和舞蹈联盟(American Alliance for Health, Physical Education, Recreation, and Dance, AAHPERD)的北美运动和身体活动心理协会(North American Society for the Psychology of Sport and

Physical Activity，NASPSPA)。1977年，在维尔贝格(R. Willberg)的组织和领导下，加拿大动作技能学习和运动心理学会(Canadian Society for Psychomotor Learning and Sport Psychology，CSPLSP)成立。这两个机构的成立提升了人们对运动心理学研究的兴趣与水平。1967年，美国学者克拉蒂(B. J. Cratty)论述体育活动中的社会心理学问题的专著《体育活动的社会方面》正式出版。1968年，在美国举行的第二届国际运动心理学会议上，科研人员正式提出要研究运动、观众和选手行动的交互作用。

从20世纪70年代开始，北美的运动心理学开始真正繁荣起来。到了20世纪70年代末，运动心理学已从体育科学中独立出来，成为体育科学中影响最大的学科之一。由于运动心理学家人数的增多，系统的科学研究也随之增加，这些研究涉及的面很广，有的已经成为经典，对其后的研究起了引领与示范作用。运动心理学研究成果在质量与数量上的日益提高和丰富，促使北美运动和身体活动心理协会于1979年创办了影响很大的《运动心理学杂志》(现名《运动与锻炼心理学杂志》)(季浏，殷恒婵，颜军，2010)。

在这一阶段，马滕斯(R. Martens)于1975年出版了《社会心理学与体育活动》一书。他曾担任美国伊利诺伊大学的教授，任教期间，他不仅在学术上取得了一些原创性的成果，如提出多维焦虑理论，而且培养了一批运动心理学界的领军人物。他还是人体运动出版社(Human Kinetics Publisher)的创始人。基于这些贡献，他被称为"现代北美运动心理学之父"。

20世纪70年代末80年代初，心理学的原理与技术已普遍应用于运动领域。特别是，自20世纪80年代初以来，认知心理学的研究手段与方法已广泛应用于运动心理学，运动心理学界开始越来越多地关注运动中的注意、思维等认知方面的问题。想象和认知干预已成为心理训练的一个重要组成成分。这一切都有助于提高运动员的运动成绩，促进运动员个人身心的全面发展。

(二) 运动心理学在欧洲

法国教育家、现代奥运会的创始人顾拜旦(P. de Coubertin)于1913年在瑞士洛桑国际奥委会第二次会议上，宣告了运动心理学的诞生，他也因此被称为"欧洲运动心理学之父"。欧洲运动心理学的主要研究成果来自从20世纪60年代末到20世纪90年代前的苏联和东欧心理学家，他们的科研方向与研究领域有别于北美的运动心理学家，其差别主要表现在两个方面：(1)苏联和东欧国家的运动心理学研究能获得较多的国家行政支持，研究偏重于竞技体育，关注的焦点主要在于高水平运动员的心理特征、心理选材和心理训练等问题，而美国运动心理学尽管缺乏国家行政支持，研究课题多为各大学教授自选，但研究范围十分广泛——不仅关注竞技体育，而且关注群众体育，对不同性别、不同年龄、不同运动水平、不同身体状态的健全人与残疾人的运动心理都有所关注。(2) 在运动心理学研究的理论方面，以及如何使运动员做好心理准备方面，北美国家领先苏联和东欧国家，但是，在运动心理学知识的普及和应用方面，苏联和东欧国家领先北美国家(J. M. 威廉,1990;张力为,丁雪琴,1994;Cox,2015)。

1. 运动心理学在苏联

苏联运动心理学是以马克思、列宁主义的辩证唯物论为研究指导思想的，其科学基础理论主要基于生理学家谢切诺夫(I. M. Sechenov)和巴甫洛夫(I. P. Pavlov)关于人的高级神经系统活动的研究。此外，体育教育的创始人列斯特加夫特(P. F. Lesgaft)的著作为苏联运动心理学积累了丰富的资料。上述学者的工作为苏联运动心理学的产生提供了重要的条件。

20世纪20—30年代，苏联的运动心理学处于萌芽时期。运动心理学的开端可以追溯到1920年在莫斯科、列宁格勒设立的体育文化研究所的工作。1930年前后，苏联提出了运动心理学的研究计划，对竞技运动员的心理进行了追踪研究，并获得了一些成果。从1930年起，列宁格勒体育学院心理教研组开始研究体育与运动心理学问题。而且，自20世纪30年代中期开始，在莫斯科和列宁格勒体育学院，运动心理学已成为心理学课的内容，并且制定了"运动心理学"专门课程的第一个大纲。20世纪30年代以后，苏联主要采用的是综合研究法。1941—1945年的卫国战争时期，苏联运动心理学的研究几乎处于停滞状态，包括运动心理学家在内的所有心理学家，都将注意力集中在军队如何与德国法西斯侵略者斗争的问题上，主要研究恢复中枢和外周神经系统、运动器官和高级心理功能(如思维、语言)等的科学途径。

1945年以后，苏联设立了"运动心理委员会"，扩建了有关体育运动心理学的研究机构，苏联的运动心理学工作者，尤其是鲁季克(P. A. Rudik)和普尼(A. C. Puni)等人在这一阶段做了许多研究工作。1947年，苏联体育科学研究所下设运动心理学研究室，对运动心理学进行了有组织的研究。

20世纪50—60年代是苏联运动心理学迅猛发展的时期，这一时期的研究成果有运动员的动机倾向、运动员的心理承受能力、运动知觉、运动意识、注意力和定向能力、意志过程、情绪兴奋状态及其调节各项运动心理训练的特点等。在此同时，这一阶段还出版了一些有影响的专著。日本翻译了苏联许多运动心理学书籍。东欧各国以及中国的运动心理学研究都向苏联看齐。

苏联运动心理学界从 20 世纪 70 年代以来,便开始研制统一的培养高水平运动员的心理学保障体系,他们的工作重点主要集中于五个方面:(1)运动员运动能力的心理诊断;(2)运动员心理选材;(3)运动员的个性和心理特征对其运动成绩的影响;(4)运动员的心理训练;(5)运动员心理状态的调节。

自诞生至此后的几十年里,苏联运动心理学的研究范围逐渐扩大,研究程度日益加深,研究成果达到了相当高的水平,受到国际上的高度重视和赞扬。苏联运动心理学是与运动实践密切联系的,运动心理学家进入各个运动队是苏联运动心理学为实践服务的主要标志(詹建国,1987)。

虽然苏联在运动心理学方面进行了大量的研究,但是,由于苏联政府像对待军事机密一样控制有关研究成果的发表,所以世界各国对苏联运动心理学研究的详细情况的了解并不是很多。而苏联解体后,有关俄罗斯运动心理学的研究进展更是鲜有报道。

2. 运动心理学在德国

1921—1928 年间,德国的心理学家写了许多心理学教科书。舒尔特(R. W. Schulte)于 1921 年写的《在训练、比赛、体育活动中提高运动成绩》一书是最早的一本说明优秀运动员心理准备的书籍(祝蓓里,1992)。

20 世纪 50—60 年代,除了个性研究方面,联邦德国的运动心理学在其他领域的研究成果不是很突出。纽曼(O. Newman)1957 年出版的《运动和人格》是这个时期的代表性成果。

1969 年,联邦德国成立了运动心理学研究会。该会成立之初,对运动员的动机、克服抑制、集体动力过程、影响成绩发展的因素等问题做了大量研究,并主办了多次培训班,培训高级教练、普及运动心理学知识。可以说,该会的成立对促进运动心理学领域的科学研究和教学、协调运动心理学的科研计划、建立运动心理学工作者和科研机构之间的联系发挥了巨大作用。

联邦德国的运动心理学由于采取了先进的研究方法,并且得到了政府的资助和体育界的支持,因而成果丰硕,影响较大,成为一支国际运动心理学界不可忽视的力量。

3. 运动心理学在欧洲其他国家和地区

20 世纪 50 年代期间,许多国家成立了运动心理学分会,到了 20 世纪 60 年代后期,捷克、法国、西班牙、英国、北欧国家,以及大多数东欧国家都成立了全国性的运动心理学会。由于政治的原因,苏联解体前,东欧运动心理学的研究模式基本与苏联类似。由于得到政府充裕的研究经费的支持,精心的心理训练计划与严格的体质训练广泛结合,这使得有些权威人士认为:在20世纪90年代前,在应用运动心理学方面,东欧领先于北美。东欧运动心理学家在运动员选材、训练、竞赛准备的各个层次上都起了积极的作用(J. M. 威廉,1990)。

(三) 运动心理学在日本

日本的运动心理学历史可以划分为四个时期。

第一个时期为明治二十一年(1888年)到大正十二年(1923年),为心理学启蒙和积累资料的时期,主要是翻译和介绍外国文献资料,从一般心理学中吸取有关运动心理学的知识。这个阶段属于初创阶段,运动心理学没有严整的体系,其内容大多从生理学、运动科学和一般心理学的研究成果中吸取。

第二个时期为大正十三年(1924年)至昭和十六年(1941年)。自大正十三年(1924年)起日本就开始了有组织的运动心理学研究。大正十三年(1924年)成立了国立体育研究所,建立了专门研究心理学的部门,开始了用国家力量有组织地研究运动心理学的新阶段,但此时的研究人员偏少,研究队伍还未形成。这个时期的代表性著作有松井三雄的《体育心理学》和松腾岩男的《最新体育心理学概论》。

第三个时期为昭和十六年(1941年)太平洋战争爆发至昭和二十五年(1950年)日本体育学会成立,这是运动心理学由停顿过渡到复兴的时期。太平洋战争爆发后,日本军阀关闭了体育研究所,一切设施转入战时体制,运动心理学的研究也停滞下来。直到1945年日本投降后,体育列入小学到大学的教学计划,运动心理学成为体育专业学生的必修课,这门学科的研究才逐渐活跃起来。

第四个时期为昭和二十五年(1950年)至今,在这一时期,运动心理学蓬勃发展起来。昭和二十五年(1950年)日本体育学会及其下属的体育运动心理学专科分会成立,并创立了机关刊物《体育学研究》。这个时期的特点是:(1) 运动心理学不再作为教育心理学的应用部门,而成为一门独立的学科;(2) 结束了无组织、无计划的研究状态;(3) 研究的成果也有了交流发表的机会,每年一次的运动心理学学术年会从未间断,每次都有明确的主题。

昭和三十九年(1964年),东京奥运会的举行促进了日本运动心理学的发展。为了提高日本运动员的运动成绩,日本各界筹建了运动科学研究委员会,完成了许多重要的研究项目。其研究的重点在于运动员情绪状态的调控。为此,他们编制了个性调查表,并将东方古老的训练方法与西方的现代科学技术结合起来对运动员进行心理训练。在研究方法上也更为重视实验研究方法。

日本运动心理学经过多年的发展,已达到繁荣阶段。日本对各国的研究成果兼收并蓄,不因社会制度不同而有所偏废。不过,日本的运动心理学也有不足之处,主要表现在:基本理论因受到欧美各学派的影响而比较混乱,没有形成科学的世界观和方法论;吸收大于创新。

(四)国际运动心理学专业机构的发展

20世纪60年代以后,国际上一系列运动心理学专业机构得到发展,其中的某些专业机构还创办了自己的学术刊物(见表1-2)。

表1-2 与运动心理学有关的主要专业机构及其发行的学术刊物

成立时间	机构名称	发行刊物
1954年	美国运动医学会(ACSM)	运动与锻炼的医学与科学(MSSE)
1965年	国际运动心理学学(ISSP)	国际运动心理学杂志(IJSP)
1967年	北美运动和身体活动心理协会(NASPSPA)	运动与锻炼心理学杂志(JS&EP)
1969年	欧洲运动心理学联合会(EFSP)	
1977年	加拿大动作技能学习和运动心理学会(CSPLSP)	
1977年	美国运动心理学协会(SPA)(AAHPERD的分支机构)	
1985年	应用运动心理学促进会(AAASP)	应用运动心理学杂志(JASP)
1986年	美国心理学会(APA)第47支分会	
1988年/1989年	亚洲—南太平洋运动心理学协会(ASPASP)	
1992年	国际运动精神病学学会(ISSP)	

资料来源:(1) [美]Cox,R. H. (2015).运动心理学(第7版).王树明,等,译.上海:上海人民出版社,p. 10. (2) 卢俊宏,季力康. (2009).运动心理学:心理学在运动与健康之间的连结.应用心理学研究,夏(42),55—213.

自特里普利特的研究开始,国际运动心理学已经走过100余年的发展历程。随着心理学、体育科学的发展,国际运动心理学领域的研究范围不断扩大,内容也不断深入。在某种程度上,国际运动心理学大会主题的不断变化也可以反映出这种趋势。①

---

① 1965年、1968年分别召开了第1届和第2届国际运动心理学大会,自1973年开始,每四年召开一次国际运动心理学大会。2013年,国际运动心理学大会首次在中国北京召开。

专栏 1-6　　　国际运动心理学大会主题

第 1 届　运动员的心理准备;运动心理疗法的价值;运动动机、运动活动与个性

第 2 届　运动员的心理准备;运动动机;体育活动中的自我努力;运动心理学的学科性质

第 3 届　运动心理学的一般任务;竞争心理;运动训练与竞争能力;作为娱乐手段的身体活动和运动活动

第 4 届　儿童入学前后的体育心理学问题;缺陷儿童体育心理学的特征;青少年、成人的娱乐心理;运动活动的心理分析;竞技者心理紧张的问题;运动中必需的心理品质和动力学特征;社会心理学和体育活动

第 5 届　运动员生活的心理意义;体育与生活相适应;从初学者到运动员的训练方法;运动与生活中的自我控制;体育政策;指导和计划心理;21 世纪的运动心理学

第 8 届　计算机应用;教练与心理学;认知与决策;体育运动中的文化差异;测量与方法学问题;健康、幸福与心理学;运动操作与技能掌握;体育运动中的问题;职业训练;学校体育与心理学效应;社会心理过程;选材与发展

第 9 届　贯穿生命全过程的运动心理学;教师/教练、专职研究人员与心理顾问的共同话题;运动心理学与残疾人;身体活动与生活质量;理论与实践中的伦理学问题;最佳竞技表现的出现与终结;活动中的认知与知觉;社会心理手段;药物、暴力及其他道德问题;方法与测量;技能获得;性别、文化与体育运动;体育管理中的心理策略

第 10 届　新世纪开始的运动与锻炼心理学;情感、心境、情绪;攻击与暴力;临床问题;执教;认知过程;咨询和个体实践;发展问题;高水平运动表现;道德问题;性别问题;团体心理学;健康行为;运动策略的历史与未来;损伤与创伤;学习和表现的方法;管理;心理训练与心理干预;动机;奥林匹克运动及比赛教育;人格;自我知觉;技能获得;社会及文化的多样性;特殊群体;青年体育;职业发展问题;生活质量;研究的问题;体育教育

第 11 届　提高健康水平和运动成绩;享受美好生活;健康/幸福与生命的发展;运动表现;情绪/情感;心理辅导;教练技术;心理生理学;运动动机;社会心理学;差异学;运动技能学习;研究方法

第 12 届　运动与锻炼心理学中面临的新的挑战以及如何消除文化差异

第 13 届　(1) 锻炼与运动心理学,如提高运动成绩所需要的心理训练与准备、运动专家、运动中的认知、运动动机、运动中的心境与情绪、衰竭和过度训练、损伤的预防与恢复中的心理因素、心理生理学和神经科学的观点、领导、凝聚力、沟通技巧、运动中的道德、教练心理学、锻炼的心理效益、心理治疗中的锻炼、青少年参加体育运动的心理、运动中的职业发展和职业转换、毕生发展问题;(2) 运动控制与学习,如动作发展、技能获得;(3) 方法学,如方法学发展、方法学问题;(4) 特殊问题,如性别、文化、残疾、药物控制和饮食失调问题

资料来源:(1) 漆昌柱,徐培. (2001). 关于运动心理学发展方向的思考——历届国际运动心理学大会的主题分析. 湖北体育科技, 20(1), 52—53. (2) 张力为,毛志雄. (2007). 运动心理学. 北京：高等教育出版社, p. 8. (3) 唐征宇. (2015). 体育社会心理学. 上海：华东师范大学出版社, p. 6.

二、运动心理学在中国

"运动心理"作为一种思想有着久远的历史。众所周知,自有人类以来,个体参与社会生活,必然借助身体运动,而在身体运动中又必然同步出现人的心理活动。中国古代就已萌发了一些同体育运动有关的心理学思想。这些思想散见于《礼记》《庄子》《史记》《吕氏春秋》《梦溪笔谈》等名著中,包含运动发展心理、运动保健心理、技能形成心理、运动竞赛心理、运动战术心理、心理训练等方面的论述,闪烁着中国运动心理学早期思想的火花,对中国运动心理学的发展有着积极的影响(柴文袖, 1991)。

(一) 20世纪上半叶

在中国,"运动心理"作为一门学科,始于20世纪上半叶。清末民初,中国的各级学校已经开始设置体操课程。早在光绪二十九年(1904年),心理学就已列入师范生的必修课程,只是那时运动心理学的名称还未出现。这种情况一直延续到20世纪30年代。虽然如此,但早在20世纪初,一些有识之士就已经注意到体育运动与心理之间的关系问题。例如,1917年毛泽东以"二十八画生"的笔名在《新青年》杂志上发表的《体育之研究》一文就曾指出体育具有"强筋骨、增知识、调感情、强意志"的效用。1933年,中国著名体育教育家马约翰发表了中国最早涉及体育运动与心理之间关系的论文《运动训练之迁移价值》。该文指出,运动场是培养学生的积极场所,可以批评错误,鼓励高尚,陶冶情操,激励品质；刻苦锻炼可以培养青年的勇敢精神、坚强意志、自信心、进取心等；运动场上表现出的道德品格能够迁移(马约翰,1933)。

1942年,国立体育专科学校的吴文忠和肖忠国先生编译了《体育心理学》,他们以日本国立体育研究所心理学部部长松井三雄编著的《体育心理学》为蓝本,作了必要的增补。该书成为中国第一部体育运动心理学方面的书籍。

(二) 20世纪50年代和60年代

在中国,运动心理学成为一门独立的学科是1949年以后的事。

1. 准备阶段

20世纪50年代是全面学习苏联的普通心理学、在中国建立运动心理学的准备阶段。20世纪50年代初期，苏联专家相继来华讲授教育学、心理学、体育理论等。1957年，苏联体育心理学家鲁吉克教授编著的《心理学》中文版出版；各级师范学校中的体育科系已将心理学列为必修课程，但心理学教材的内容和体系都与其他科系没有区别，仅增加一些体育运动的例子。1958年，切尔尼科娃(O. A. Chernikowa)编写的《运动心理学问题》被译成中文。受苏联心理学的影响，中国的运动心理学开始起步。

2. 初步发展准备阶段

这个阶段是20世纪50年代末至"文化大革命"前的时期。20世纪50年代末期，运动心理学作为一门学科被正式列入体育专业课程设置。一方面，中国心理学工作者已在运动心理学方面积累了一些资料，尤其是1964年武汉体育学院和上海体育学院合编了《运动心理学》，这是中国体育院系的第一部专用心理学教材，它的出版在中国运动心理学发展历程中具有重要的意义；另一方面，苏联鲁吉克教授编著的《心理学》第16—20章也被译成汉语，并以《运动心理学》为名出版，成为国内体育院系运动心理学课程的主要教学参考书。可以说，这个阶段的中国运动心理学研究主要是接受苏联的理论体系，引用苏联运动心理学的研究成果。

3. 停止发展准备阶段

1966年，"文化大革命"开始，许多科研工作和学术活动遭受了空前的影响，心理学濒于灭绝。在这样的背景下，运动心理学的发展被迫停滞下来。从此，中国运动心理学的发展与国外的差距日益扩大。

(三) 20世纪70年代末以来

1976年，"四人帮"被粉碎，中国的科研领域迎来了春天，中国的运动心理学经短期恢复后，进入了蓬勃发展的新时期。

1. 学会成立与学术活动

1978年，中国心理学会在杭州召开会议时，哈尔滨师范大学刘慎年、河北师范大学李健周等发起组织体育运动心理专业委员会的倡议。1979年，在天津举行的第3届全国心理学学术年会上，设立了运动心理学专业分组，这是中国运动心理学的第一次学术会议。由此，中国心理学会体育运动心理专业委员会正式成立。1980年，中国体育科学学会成立，运动心理学会是其下二级学会，即中国体育科学学会运动心理学会成立。从此，中国运动心理学工作者有了自己的组织，中国运动心理学进入迅速发展时期。1986年,中国运动心理学会作为团体会员加入国际运动心理学学会;1991年,中国运动心理学会作为发起成员之一,组织建立了亚洲及南太平洋地区运动心理学学会(张力为,丁雪琴,1994)。

在中国运动心理学会的统一领导下,中国运动心理学工作者有计划、有步骤地开展科研协作,进行国内外学术交流和人才培养。迄今为止,中国运动心理学会已召开了十次全国性的学术会议,大大促进了中国运动心理学的繁荣发展。

2. 学科体系的构建不断完善

自20世纪80年代开始,运动心理学就已成为体育学的重点研究领域,全国已招收、培养了大批高水平的硕士与博士。随着中国心理学、体育学的不断发展,中国运动心理学学科体系也在逐步发展中不断走向成熟。其标志有两点:一是该领域产生了一大批高水平、高质量、高影响力的专家学者,形成了该领域的核心作者群,并具有主导作用;二是我国出版了一批具有重大影响的运动心理学方面的教科书。这些教科书尽管侧重点有所不同,但基本上都涉及一些共同的主题:运动中的认知、动力系统、心理技能训练;个性与体育运动;情绪与运动表现;动作技能学习;体育团体心理;道德与体育运动;运动与心理健康等。①

表1-3　中国知网(CNKI)运动心理学高频被引著作前20名②

序号	书名	作者	文献来源	出版时间	被引频次
1	体育心理学	马启伟主编	高等教育出版社	1996年	2 250
2	体育运动心理学	马启伟等	浙江教育出版社	1998年	1 671
3	运动心理学研究进展	张力为等主编	高等教育出版社	2000年	1 509
4	运动心理学	张力为等主编	华东师范大学出版社	2003年	862
5	体育心理学	祝蓓里等主编	高等教育出版社	2000年	740
6	体育科学常用心理量表评定手册	张力为主编	北京体育大学出版社	2004年	670
7	体育心理学	季浏等主编	高等教育出版社	2006年	640
8	学校心理拓展训练	毛振明等编著	北京体育大学出版社	2004年	261
9	体育心理学	刘淑慧主编	高等教育出版社	2005年	233

① 从学科制度的视角而言,特定学科内,只有在研究基础上获得了广泛共识的概念框架、方法体系和经典研究案例作为学科内核,构成学科教科书的主体内容后,该门学科的发展才走向成熟(方文,2001)。此处的标准正遵照此。

② 注:CNKI统计截止日期为2013-03-01。

续 表

序号	书 名	作 者	文献来源	出版时间	被引频次
10	运动心理学	张力为等译	清华大学出版社	2003 年	215
11	体育锻炼与心理健康	季浏主编	华东师范大学出版社	2006 年	176
12	运动心理学	张力为等编著	北京体育大学出版社	1996 年	165
13	体育心理学	季浏主编	高等教育出版社	2001 年	154
14	运动心理训练与评价	丁雪琴等	文津出版社	1997 年	146
15	心理技能训练指南	王惠民等编译	人民体育出版社	1992 年	133
16	体育心理学	杨宗义主编	西南师范大学出版社	1991 年	125
17	竞技心理训练与调控	王新胜等主编	北京体育大学出版社	2001 年	99
18	体育心理学	杨宗义译	人民体育出版社	1985 年	96
19	体育运动心理	李建周等	陕西人民教育出版社	1986 年	83
20	实用运动心理问答	刘淑慧等编著	人民体育出版社	1993 年	83

资料来源：崔建强,孔垂辉,刘文娟. (2013). 我国运动心理学领域学者学术影响力研究——基于中国期刊网分析. 北京体育大学学报,36(11),56—61.

3. 科学研究领域

总体而言,中国运动心理学的发展脉络基本与国际运动心理学一致(季浏,符明秋,1994)。国际运动心理学的研究成果往往为中国运动心理学的发展提供了良好的借鉴与启示。随着中国整体国力与科研水平的不断提高,中国运动心理学界有越来越多的原创性研究成果面世。

20世纪80—90年代,中国运动心理学的研究主要侧重于竞技运动中人的心理规律的研究与应用,涉及的研究领域较为广泛,主要包括运动与情绪情感、运动与人格、体育教学心理、竞赛心理、大众健身心理、心理训练、心理选材、心理诊断、心理咨询、体育教师和教练心理特征、运动专项心理(如体操、田径、游泳、跳伞、划船、击剑、射击、射箭、水上运动)等。而代表性的研究成果主要体现在心理训练、心理选材、心理诊断、心理咨询几个领域：1980年,武汉体育学院首次承担国家课题"优秀青少年运动员科学选材"中的"优秀运动员心理特征与选材"等子课题；1987年,中国运动心理学会承担了国家体委的重点科研项目"我国优秀运动员心理咨询和心理品质的调查研究"；国家级和国家体委(体育总局)体育科技进步奖中有15项运动心理学方面的奖项,运动心理学工作者为数届奥运会、亚运会科技攻关提供了有效的心理学服务(邱宜均,等,2003)。

进入 21 世纪以后,中国的运动心理学又有了新的发展,主要表现为研究的内容更加广泛。这一时期,除情绪、动机、人格、心理技能训练等传统的研究课题一直受到高度关注外,一些新的研究课题,如运动员的成长与职业生涯发展、运动情境中的人际关系、心理服务的提供、运动领域情绪与认知的关系等,正逐步受到研究者的重视。此外,研究的手段更为多元与复杂,在开展竞技心理研究时,运动心理学工作者积极借鉴相关领域的研究理念、研究方法与技术。例如,借鉴认知神经科学的研究思路与技术,尝试探讨运动员的知觉、注意、表象、判断与决策的心理机制,揭示心理训练的神经生理—心理基础,以期为竞技心理的应用工作奠定扎实的实证研究基础。中国运动心理学除了关注竞技领域的心理问题,也越来越关注大众健身领域的心理问题(迟立忠,张力为,2013)。

本章提要

- 运动心理学是研究运动情境下,人的心理与运动之间关系的学科。具体说来,它的研究对象涉及以下两个方面:(1)人的心理因素(认知、情绪与情感、意志、个性心理)对其参加运动的影响;(2)参加运动对人的心理产生的影响。
- 就学科之间的关系而言,与运动心理学关系最为密切的是体育心理学和锻炼心理学。它们是既密切联系又有所区别的三个学科。根据克拉蒂(Cratty,1989)的观点,运动心理学本身可分为实验运动心理学、教育运动心理学和临床运动心理学三个分支学科,每个分支学科又有不同的目的和内容。
- 运动心理学的研究任务有理论与实践两个方面。理论任务主要是揭示体育运动与人的心理(包括心理过程、心理状态、心理特点或品质、心理健康)之间的关系,以及在体育教学与运动训练中动作技能的获得和发展的心理规律。实践任务是为竞技运动和大众健身提供服务。
- 运动心理学的传统研究方法包括观察法、调查法、实验法、档案研究、模拟研究、个案研究和跨文化研究;近年来,神经科学技术、眼动技术、图像定格技术和虚拟现实技术已广泛应用于运动心理学的研究,并取得了突出成就。
- 运动心理学以 19 世纪末美国学者特里普利特(N. Triplett)做的关于"在定速与竞赛中的动力因素"的实验研究为正式诞生的标志。特里普利特发现单个人骑自行车比群体骑自行车的速度慢 20%,因此,认为共同活动比单独活动更能促进工作效率,即观众效应或社会促进、社会助长。这个研究的划时代意义在于它将实验方法引入了社会心理学的研究。由于这个研究涉及体育领域中的社会心理学问题,所以，现代运动心理学、现代社会心理学的源起都能追溯到这个研究。
- 法国教育家、现代奥运会的创始人顾拜旦（P. de Coubertin）于 1913 年在瑞士洛桑国际奥委会第二次会议上，宣告了运动心理学的诞生，也因此被称为"欧洲运动心理学之父"。
- 最早对运动心理学进行系统研究的是格里菲思（C. Griffith）。他于 1925 年在美国的伊利诺伊大学创建了世界上第一个运动心理学实验室，因而他被称为"北美运动心理学之父"。
- 鉴于奥格尔维（B. Ogilvie）和马滕斯（R. Martens）对运动心理学发展所作的贡献，他们被分别称为"北美应用运动心理学之父"和"现代北美运动心理学之父"。
- 1965 年，国际运动心理学会（ISSP）在罗马成立，标志着运动心理学开始正式走上科学的发展道路。
- 1979 年，中国心理学会体育运动心理专业委员会成立。1980 年，中国体育科学学会运动心理学会成立。1986 年，中国运动心理学会作为团体会员加入国际运动心理学学会，并参与了各类机构的众多学术活动。

教学活动设计

1. 尝试制作一张表格，列出运动心理学的发展脉络。
2. 请选择您喜欢的一位优秀运动员，对其成长的心路历程进行分析。

复习与思考题

1. 简述运动心理学与邻近学科的关系。
2. 简述运动心理学工作者工作的重心。
3. 试述运动心理学的研究任务。
4. 比较各种研究方法与技术的优缺点，并思考如何将它们应用到体育运动实践中。
5. 列出 5 位对运动心理学发展具有杰出贡献的学者。
6. 思考体育工作者为什么要学习运动心理学的知识和研究方法。

第二章 运动中的认知

本章细目

关键概念
第一节 运动中的知觉
一、知觉的分类
(一) 时间知觉
(二) 空间知觉
(三) 运动知觉
二、知觉预判
(一) 知觉预判的定义
(二) 知觉预判的意义
(三) 知觉预判的分类
(四) 影响运动员知觉预判的因素
(五) 如何培养运动员的知觉预判能力

第二节 运动中的记忆
一、记忆的三个阶段
(一) 信息编码
(二) 信息存储
(三) 信息提取
二、记忆的分类

(一) 瞬时记忆
(二) 短时记忆
(三) 长时记忆
三、遗忘
四、影响运动记忆的因素
(一) 目的任务
(二) 信息加工的深度
(三) 练习背景与测试背景之间的关系
(四) 识记动作的位置与距离
五、提高运动记忆有效性的策略
(一) 增强动作的意义
(二) 讲解与示范后立即进行动作练习
(三) 运用组块化学习策略,合理组织学习材料
(四) 动作练习要达到过度学习的程度
(五) 选择识记动作的最佳时间,避免前摄抑制和倒摄抑制

(六) 掌握遗忘规律,正确、及时地复习

第三节 运动中的思维
一、操作思维
(一) 什么是操作思维
(二) 影响操作思维的因素
二、运动战术思维
(一) 运动战术思维的概念
(二) 运动战术思维的过程
(三) 运动战术思维的特点
三、运动直觉
(一) 什么是运动直觉
(二) 运动直觉的本质
(三) 运动直觉的特点
(四) 影响运动直觉的因素
(五) 运动直觉的培养

本章提要
教学活动设计
复习与思考题

关键概念

时间知觉　　空间知觉　　运动知觉　　专门化运动知觉　　知觉预判
信息编码　　信息存储　　信息提取　　瞬时记忆　　短时记忆　　长时记忆
情景记忆　　语义记忆　　运动记忆　　陈述性记忆　　非陈述性记忆
外显记忆　　内隐记忆　　遗忘　　过度学习　　操作思维　　战术思维
直觉思维　　运动直觉

每一种运动行为都包含认知过程,而认知过程又影响着运动参与者运动表现的质量。20世纪60年代,随着认知心理学的兴起,运动心理学在认知领域也进行了充分的早期探索,并在20世纪70年代至80年代得到了快速发展。20世纪90年代,运动认知心理学的研究范围已经包括注意、感知觉、表象、学习、记忆、思维和决策等。进入21世纪,心理学家们在运动认知的各个领域展开了广泛而深入的研究。随着认知心理学及认知神经科学的不断发展,运动认知领域的研究将不再局限于传统的信息加工的观点和思路,而将通过多视角、多手段的方法不断深入(付全,李京诚,2013)。

第一节　运动中的知觉

一、知觉的分类

(一) 时间知觉

时间知觉是脑对客体运动的一瞬间或持续性与顺序性的反映。它在运动中主要表现为符合时机、时间节奏感、对运动事件的时间估计(祝蓓里,季浏,2000)。

1. 符合时机

符合时机是指准确地抓住适宜的一瞬间。这里的时机就是时间的某一点,其长度为0.1秒左右。符合时机的能力,一方面与人的神经系统的特点有关,另一方面与人的动体视觉有关。神经系统不灵活、不平衡或较弱的人,难以很好地掌握时机。而动体视觉差的人,要较好地掌握时机也存在一定难度。

2. 时间节奏感

时间节奏感是指人脑对客观上恒定的各种时间间隔的反映。不同的运动项目对时间节奏的要求不同。节奏与音乐的关系十分密切。有音乐素养的人,更善于按规定的节奏作即兴的身体动作。运动经验不同的人,掌握时间节奏的能力也不同。动作技能水平高的人能按时间节奏完成每一个动作,因而更易在体育比赛中取得成功。

3. 对运动事件的时间估计

所谓对时间的估计,就是对时间长短的判断。它可以分为两种:一是直接靠知觉对"现在"的时间长度的估计;二是靠回忆对过去持续时间的估计。人在体育运动中对时间的估计,往往与所规定的时间对自己有什么意义有关。正确地估计时间尤其对田径、体操、球类和游泳等项目具有十分重要的意义。体育教师或教练在体育教学与运动训练中应当注意加强对学生或运动员正确估计时间能力的培养。

(二) 空间知觉

空间知觉是人脑对客观事物的大小、形状、方位、深度和远近等空间特性的反映。它主要是视觉、听觉、运动觉、肤觉、平衡觉等感觉系统协调活动的结果。在体育运动中,人们不仅处于各种相对静止的客体的空间关系,而且处于各种运动的客体的空间关系,以及外界运动客体和身体运动的空间关系(祝蓓里,丁忠元,1990)。

在空间知觉的研究中,深度知觉的研究尤其受运动心理学工作者的关注。所谓深度知觉,又称立体知觉或凹凸知觉,是主体对立体的物体各部分间的深度(或凹凸)的反映,或是对两个物体前后相对距离的知觉。研究表明,人判断相对距离比判断绝对距离精确得多(祝蓓里,季浏,2000)。深度知觉是人们获取空间信息的重要途径,也是运动心理学中的重要心理指标。运动项目中很多技术动作都和深度知觉有关,如篮球的投篮、足球的传球、网球和羽毛球的接发球、田径运动员的调整步幅,等等。目前已有很多研究证明,深度知觉在体育运动中有着非常重要的地位,精准的深度知觉判断是运动员展现技术动作的必要条件之一(常庆,1984)。

专栏 2-1　　　　运动感知觉对篮球训练中远投命中率的影响

1. 研究对象和方法

1.1 研究对象:山东省高校篮球队员。

1.2 研究方法:文献法、测量法、统计法(TRULY-105 计算器)。测量法主要指标的选择参考了《远投训练中的心理学问题》一文,包括上肢所有活动关节部位所能产生的运动感知觉的指标,并根据篮球投篮技术特点进行选择。

1.2.1 深度知觉

目的：测量双眼辨别远近的能力。

材料：深度知觉测量仪。

方法：被试坐在仪器前 0.5 米处，通过观察孔进行观察。仪器内有两根立柱，一根为标准刺激，位置固定；另一根是变异刺激，先由主试调到某一位置，然后由被试根据观察用手转钮，调节到两根立柱的距离相等为止。主试记录两根立柱的实际距离，即误差。在双眼视觉的情况下，进行两次测试，由近、中、远依次进行调整，用相对平均差（X/500 米）表示辨别远近的能力，误差越小辨别远近的能力越强。

1.2.2 指掌感知觉

目的：测定指掌对力量的控制能力。

材料：握力器、重量辨别仪。

方法：被试平举优势手并手握握力器测出最大握力，测试前后不能改变平举动作。先让被试体验 1/2 握力的动觉标准，然后复制 2 次，主试记下被试这 2 次复制后的指数，计算 2 次的平均误差；然后进行 1/3 握力测试，同样复制 2 次，记录误差值。

8 种重量不等的刺激器，分别重 91 g、94 g、97 g、100 g、103 g、106 g、109 g，以 100 g 瓶作为标准刺激，混放后，要求被试把低于、高于和等于 100 g 的小瓶区分出来，记录平均误差。

1.2.3 腕感知觉

目的：测定手腕的旋内旋外角度控制能力。

材料：腕感知觉仪。

方法：被试优势手手握把柄，手臂伸直，体验动觉标准分别为 30°旋内旋外、60°旋内旋外，体验 3 次后测 2 次，记录平均误差值。

1.2.4 平衡觉

目的：测量一个人立于小支撑面上，身体处于静止、直立姿势时的平衡能力。

材料：立平衡测试法。

方法：被试重心位于支撑腿的脚上，脚平放，另一只脚放于支撑腿膝内侧，然后双手放于臀部，尽量长久地保持这一姿势，以时间计算成绩。

1.2.5 方位觉

目的：测定手臂动觉方位辨别能力。

材料：动觉仪、遮眼罩。

方法：被试戴上遮眼罩，将优势手放在动觉仪的活动板上，主试在动觉仪 70°处顶出阻挡活动板的小棒，然后让被试的优势手手臂从 0°开始，沿弧度分别向内和向外移动，直到不能移动为止，并要求被试记住手臂移动范围的感觉，然后取走 70°处的小棒，让被试手臂回到 0°处，并感受 70°的位移动觉，直到手臂停止移动为止，记下误差度数，做 2 次，求平均误差（$1/2[(X_1-70°)+(X_2-70°)]$）。

1.2.6 命中率测试采用 2×3 min 的投篮方法进行。

2. 结论与建议

2.1 远投命中率较高者在深度知觉测试中平均误差值较小。

2.2 肘部角度范围控制平均误差越小远投命中率越高。

2.3 从指掌、指腕指标来看,平均误差越小感知觉越好,对提高远投命中率越有帮助。

2.4 方位觉和平衡觉是两个不可少的因素,虽然所占比重较小,但有了良好的方位觉和平衡觉,对获得较高整体感知觉有促进作用;方位觉测试中平均误差越小,方位觉就越好;平衡觉测试中,其保持时间越长,平衡能力就越强。

2.5 从各项指标的分析中可知,被试的哪些因素影响了远投,在训练时就要注意此方面的训练。例如,肘部感知觉较差,可以采用多点和不同距离投篮,通过球的弧度控制练习来训练其出手角度控制的灵敏性。如果指腕感知觉较差,则要进行多角度投篮或进行勾手,以及注意上篮时高、低手的压腕和挑球的指、腕动作力量;同时,还要注意指腕力量的训练,如做指握撑练习;球感练习也应加强,良好的球感能在一定程度上提高远投命中率。

2.6 若要全面分析影响远投命中率的运动感知觉因素,还要对腿部、腰腹部、背部等下肢和躯干的感知觉进行相应研究。

资料来源:王冬立. (2011). 运动感知觉对篮球训练中远投命中率的影响. 山东体育科技,33(3),15—17.

(三) 运动知觉

1. 运动知觉的概念

运动知觉是物体在空间和时间上位移的知觉,它依赖于物体的运动速度、运动物体离观察者的距离,以及观察者本身所处的运动或静止状态(祝蓓里,丁忠元,1990)。

运动知觉需要视觉、听觉、肤觉、平衡觉、机体觉、运动感觉等系统的参与。例如,学生在学习"向后翻腾一周上双杠"的动作时,通过运动感觉系统获得身体倾斜角度的信息,从视觉系统获得身体所处空间位置的信息。有时,甚至温度觉(有助于判定身体或身体的某个部位)、机体觉(如头向下时,血液流向头部)也会影响运动知觉。正是由于这些感觉系统的协同活动,个体才产生了对自己某一动作的知觉。

总之,运动知觉是一种复杂的知觉,它是多种感觉系统协同活动的结果,其中又以运动感觉系统的作用为主。

2. 运动知觉的分类

第一,客体运动知觉和主体运动知觉。

客体运动知觉是人脑对外界运动物体或对象,如球、对手的动作、击剑的剑身,实际运动速度或幅度的反映。当观察者处于静止状态时，物体的实际运动连续刺激视网膜各点，从而产生物体运动的知觉；在用眼睛和头部的转动追随运动物体的情况时，尽管视像在网膜上是静止的，但是眼球和头部的动觉也会使人知觉到物体在运动。如果物体的运动速度非常慢，如物体移动的角速度小于 1°/s—2°/s，人就感知不到它在运动；反之，如果物体的运动速度很快，如物体移动的角速度超过 53°/s，人也同样感知不到它在运动，而只能看到一条光带，得到一道模糊的影像，即所谓的带形运动。

影响客体运动知觉的因素有运动物体的运动方向（水平运动或垂直运动）、运动物体离观察者的距离、运动物体的大小和形状，以及运动物体所处空间位置的大小、照明条件、观察者自身的位置与姿势等。

主体运动知觉是人脑对自身运动速度或幅度的反映。人对自身运动状况的知觉与本体运动感觉、平衡觉和触觉系统有关。此外，视觉、听觉也参与主体运动知觉的形成。这些感觉系统的协同活动使人知觉到各种运动形式，如直线型、圆周型、弓型等；使人知觉到运动的幅度（大、中、小）、运动的方向（上、下、前、后、左、右）、运动的连续性（瞬时的、长时的）、运动的速度和加速度（快、慢）以及运动的性质（曲体、直体、转体、推开）等。

第二，专门化运动知觉。

专门化运动知觉是运动员长期从事某一运动项目而形成的一种特殊的运动知觉，它由一系列运动感觉组成，能为运动员提供动作进行状况的信息，包括动作的顺序性和协调性、方向和幅度、频率和节奏、强弱和久暂等。它反映的某种动作技能的各个部分之间的联系，以及其与器械或环境之间的关系是一个有机的整体。常见的专门化运动知觉有速度感、球感、水感和平衡感等（祝蓓里，季浏，2000）。

速度感是在长期从事周期性运动，如田径、划船、自行车、滑雪等项目的过程中形成的一种专门化运动知觉。它是运动员准确估计自己的运动速度、正确使用力量和调节速度的必要心理因素。它在长期训练的过程中发展起来。例如，跑步运动员的速度感的发展过程经历了三个阶段。第一阶段，通过听自己脚步声的频率来估计自己的速度，或者根据视野中移过的事物的快慢来估计自己的速度。第二阶段，通过肌肉运动感觉系统对肌肉的紧张度、后蹬的力度和幅度，以及动作结构等复杂刺激的感知，在时间关系上逐步达到精确分化的程度。第三阶段，依靠视觉、听觉和动觉这三种感觉系统的协调活动来判断和调节速度。总而言之，主要是凭借动觉，有时也凭借机体觉（如心率、脉搏）的变化来估计自己的跑速。

球感是在长期从事球类运动的过程中形成的一种复合知觉。它是对球的形状、重量、弹性、硬度、击球的力量,以及球在空间中运动的速度、高度和方向的变化等方面的知觉。这种复合知觉是对练球时进入视觉系统、动觉系统和触觉系统的各种刺激物进行精细分析,并在大脑皮层上形成复杂而稳固的神经联系的结果。它可以帮助运动员正确判断踢球或发球的方向和高度,以及球的落点是否适当。

尽管在球场上正确确定自己的行动方向,采取有效动作,防止错误动作,也与运动员的深度知觉和边缘视觉(视野的大小)密切相关,但是,球感越好,越能正确判断球的运动和保持良好的控球能力,从而迅速又准确地回击球或投球。当运动员情绪过分激动,或者身体极度疲乏时,球感就会减弱;长期不参加球类运动,球感也会减弱,甚至消失。

水感是游泳的专门化运动知觉。它是由触觉(人的压力感觉、与水的贴近感觉)、肌肉运动觉(动作速度、强度、准确性、平衡性、柔和性与协调性)、温度觉等感觉系统组成的复合知觉。水感是人在游泳时对水的阻力、压力、浮力等刺激进行精细分化的结果。只有具有水感,才能调整划水动作的强度和速度,提高游泳的技能水平。所以说,水感也是运动员在对水的阻力、压力、浮力与划水强度的感觉之间建立精细而又复杂的协调关系的结果。一旦两者之间的关系发生变化,便会立刻被感知出来。当游泳运动员处在良好的竞技技术状态时,水感最为敏感。但是,当人的肌肉处于最紧张的状态时,水感的敏锐度会下降,甚至完全消失。

平衡感是辨别身体运动的速率和方向的知觉。它主要由前庭分析器来调节,也与视觉、动觉和内脏(机体)觉等感觉系统有关。人在快速跑、撑竿跳高、摔跤、体操、高台跳水、跳伞时,都需要依靠平衡感控制自己的身体姿势和动作。

尽管情绪的好坏会直接影响知觉的清晰性和完整性,但要提高学生或运动员的动作技能,应注意发展他们的各种专门化运动知觉。

二、知觉预判

(一) 知觉预判的定义

知觉预判也被称为知觉预测、知觉预期,是指个体利用知觉信息的部分资源或先行资源准确预测即将发生的事件的能力。在技能主导类对抗性运动项目中,它是个体最核心的心理素质,它要求运动员能根据对手姿势和身体某部位发出的信息线索提前做出部分或完整的应答动作。与其他能力的形成一样,知觉预判能力的形成是先天与后天因素相互作用的结果。优秀运动员在一些对抗性运动项目中往往具有出色的预判能力。例如,在拳击比赛中,直拳的速度是最快的,按理而言,在有效距离内,只要运动员出直拳就能击中对手的有效部位。然而,事实上,运动员直拳击中对手有效部位的概率并不高,这是因为绝大多数对手在对方出直拳以前就已经开始执行躲闪直拳攻击的动作程序了。同样地,有经验的篮球运动员也能做到在对手发起快速进攻配合前,预先到达自己的合理位置,提前控制或瓦解对手的技术和战术配合(王树明,尹小俭,2008;王东石,杨昭宁,朱锌,张敏,2013)。

知觉预判的研究方法有口语报告法、眼动记录法和图像定格技术等。

(二)知觉预判的意义

对比赛或活动各方,以及规则制定者来说,预判具有不同的意义。在某些情况下,要采取一定的措施防止运动员进行有效的预判。例如,在短跑比赛中,为了防止运动员抢跑,每轮比赛给运动员的预备时间要有变化,以增加运动员预判发令枪发出起跑信号的难度。而在另一些情况下,要采取一定的措施帮助活动者对将要进行的活动进行有效的预判。例如,舞蹈老师和军事教官为了让学员在排练和表演时能保持步调一致,通过喊动作口令,如"预备""齐步走""1—2—3—4",让学员对将要完成的动作有所准备、有所预期。

无疑,正确的预判有助于运动员在比赛中取得好的运动成绩。在开放性运动项目中,它能减少运动员对不确定性刺激的信息加工时间或阶段。然而,一旦预判失误,则会造成巨大的损失,这种情况在比赛中不乏先例。例如,拳击手预判对手可能出左拳,而实际上,对手出的是右拳;网球运动员预判对手的来球可能击向左方,于是迅速向左边跑动,准备接球,而实际上,对手的来球落在了他的右方……总之,预判失误是一件非常令人沮丧的事情。教练在平时对运动员进行指导的时候,应让他们在了解预判有益的同时,明白预判也存在一定的风险。预判到底是益处多还是风险多取决于多方面的因素,如场上得分情况、自己在场上所处的位置等。但值得一提的是,提高运动技能水平、增加临场经验可以使预判的益处最大化、风险最小化。

专栏 2-2　　　　　　　　预判的收益与代价

在对动作及相关情境信息进行预判时,如果预判正确,则能提高信息加工的效率;如果预判失误,则需付出沉重的代价。波斯纳等人(Posner et al., 1978)通过实验研究对动作预判的收益与代价进行了分析。实验要求被试注意电脑屏幕的中心位置,实验中会出现三种提示符号:"←"(表示信号将从左边出现)、"→"(表示信号将从右边出现)和"+"(中性提示符号,表示信号随机从左或右出现)。

提示符号出现一秒后,实验反应信号出现。实验要求被试不管信号刺激从哪边出现,都要尽快地将手指从按键上抬起。实验中三种提示符号出现的概率各为三分之一。然而,左右提示符号中只有80%是正确的,称为有效提示符号——左箭头出现,信号刺激从左边出现;右箭头出现,信号刺激从右边出现。剩下20%的提示符号是错误的,称为无效提示符号——左箭头出现,信号刺激从右边出现;右箭头出现,信号刺激从左边出现。研究结果显示:中性提示符号出现时,被试的平均反应时为265毫秒;有效提示符号出现时,被试的平均反应时为235毫秒;无效提示符号出现时,被试的平均反应时为304毫秒。被试在有效提示下的平均反应时比中性提示下快了30毫秒,即为预判的收益;而在无效提示下,被试的平均反应时比中性提示下慢了39毫秒,即为错误预判付出的代价。

资料来源:Schmidt, R. A., & Lee, T. D. (2010). *Motor control and learning: A behavioral emphasis*(5th ed.). Champaign, IL: Human Kinetics, pp. 83—84.

(三)知觉预判的分类

1. 空间预判

空间(或事件)预判是指个体通过了解空间可能会出现何种刺激,以及需要对每种预期的刺激做出何种反应来对即将进行的活动进行预判(Schmidt et al., 2010)。

如果被试有预告信息——提前获知了有关动作的某些特征的信息,如对手球路的方向等,那么他就能够提前完成反应时任务中的某些加工活动。进一步说,在有预告信息时,被试能够"绕过"反应的选择阶段,识别刺激后直接进入反应组织阶段。由于省掉一个环节,因此,与无预告信息的情境相比,在有预告信息的情境下,被试的反应时更短(如图2-1所示)。

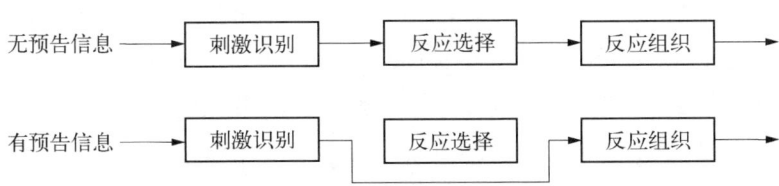

图2-1 有无预告信息时的信息加工阶段

资料来源:Schmidt, R. A., & Lee, T. D. (2010). *Motor control and learning: A behavioral emphasis*(5th ed.). Champaign, IL: Human Kinetics, p. 79.

获取预告信息对动作控制极其重要。因为在运动中,运动员在完成一个动作的同时,若对接下来要完成的动作的特征有所预知,就能提前对这个将要完成的动作做出计划,从而提高这个动作的完成速度与准确度。实际上,通过获取预告信息,运动员能够更好地预判将要完成的动作,而这在某种程度上,也减少了某些动作的开放性。足球罚点球是空间预判的一个极好例子。在罚点球时,守门员要成功地接住对方射来的球,就必须对对方罚球运动员的动作特征进行预判——提前对相关信息进行加工并作出方向性选择,否则,等对手罚出球后再选择动作就为时已晚,错失了良机。有研究指出,专家型守门员与新手型守门员的预判策略存在差异。专家型守门员根据罚球者支撑脚的位置和双脚与球的关系作出预判,新手守门员则利用不太可靠、不太有用的视觉搜索线索进行预判(Franks & Harvey,1997;Williams et al.,2004)。

2. 时间预判

借助空间预判,反应时的缩短相当有限;借助时间预判,反应时则大为缩短。所谓时间预判是指,个体通过预测刺激何时出现来预判将要进行的活动。时间预判涉及预备期的问题。以反应时实验为例,预备期是指从警报信号出现到刺激出现的这段时间。预备期的时间可以是固定不变的,如每次都是 2 秒;也可以是变化的,如每次预备的时间在 1—5 秒内变化(Schmidt et al.,2010)。与固定不变的时间相比,预备期时间变化的情况下,预判的难度更大(Mowrer,1940)。

如果预备期的时间有规律且很短,被试也知道作答的方式,经过一定的练习,被试的反应时可以缩短到基本与刺激同步。奎萨达等人(Quesada et al.,1970)的研究发现,如果预备期的时间总是 2 秒,被试的平均反应时可以缩减到 22 毫秒!这表明被试对刺激出现的时间进行了预判,并在刺激出现前就开始了相关加工活动。练习有助于提高预判的效率,即在一定范围内,练习次数越多,反应越快,反应时间减少的趋势是逼近一个极限而后稳定下来(杨治良,1998)。

通常,预备期的时间既不能过长,也不能过短。如果预备期的时间过短,被试可能来不及准备;如果预备期的时间过长,被试的准备状态可能会出现衰退而延误反应,导致被试要么不能有效地提前完成相关加工活动,要么反应过度提前,如短跑中的抢跑现象。许多研究(杨治良,1998)说明,尽管存在个体差异,但最有利的预备期时间大约是 1.5 秒。中村在研究蹲踞式起跑时把从预备口令到鸣枪的时间间隔分别定为 1 秒、1.5 秒和 2 秒,结果发现,间隔时间为 1.5 秒时,运动员从听鸣枪到手离地的反应时最短(藤田厚,1982)。

(四)影响运动员知觉预判的因素

影响运动员知觉预判的因素主要有运动水平、信息利用、视觉搜索策略和心理预期(赵洪朋,周成林,2010)。

1. 运动水平

运动水平的高低直接影响知觉预判的速度与准确性。例如,王树明和尹小俭

(2008)在关于羽毛球运动员动作前情境的预判绩效研究中发现：运动员存在明显的预判现象；运动员的预判能力与其运动水平呈正比；预判准确率是运动员运动水平的有效评价指标。

专家运动员与新手运动员由于拥有的专长知识不同，因此在知识表征、信息回忆与再认上有所差别。

第一，知识表征上的差别。弗兰奇和麦克弗森(French & McPherson,1999)认为，专家运动员与新手运动员面对相同运动情景时会形成不同的问题表征，并且专家运动员的"知识"是以陈述性知识、程序性知识、当前信息、比赛场景原型、竞赛脚本和特殊运动策略的形式存在的。

漆昌柱(2004)选取羽毛球运动员进行有关研究，结果发现，专家运动员问题表征的概念数量较新手运动员多，这主要表现在专家运动员具有更多的总概念、条件概念和行动概念。具体而言，专家运动员具有更多的"针对对手"的目标概念和远比新手运动员多的"基于内部信息"的条件概念；专家运动员较新手运动员表征的概念种类更全面；专家运动员在"条件—行动"这种概念间的联系上远比新手运动员多。其次，专家运动员较新手运动员在问题表征的层次结构方面更加复杂、精细。值得注意的是，关于运动领域中的知识表征问题，学界还存在一定分歧，这可能是方法学的局限造成的。

第二，信息再认与回忆上的差别。威廉姆斯(Williams,1998)研究了专家运动员和新手运动员在信息回忆与再认能力方面的差异，结果表明，专家运动员的回忆优势体现在结构性刺激上，而结构性刺激的预判绩效与回忆成绩的典型相关系数最高，说明与专项有关的知识会影响回忆的成绩。

王洪彪、周成林和王丽岩(2011)通过对羽毛球练习者工作记忆的研究发现：专家组练习者的工作记忆广度明显优于新手组练习者；在工作记忆提取速度上，专家组练习者要优于新手组练习者；专家组练习者的工作记忆能力强于新手组练习者。此研究进一步表明，专家运动员丰富的专项知识储备，为快速准确的知觉预判奠定了基础。

2. 信息利用

运动中的知觉预判依赖比赛情境中的外部信息等背景知识。虽然它们的数量有限，甚至还包含许多无关刺激的干扰，但其中有些信息能预示比赛中技术和战术的发展趋势，为运动员的预判提供依据。因此，有效的信息利用备受关注。目前，关于信息利用的研究主要集中在先行信息利用和不完整信息利用两个方面。

> **专栏 2-3**   **利用先行信息和不完整信息进行知觉预判**
>
> 在先行信息利用的研究中,学者们探讨的问题是运动员利用哪一时间段内的信息进行知觉预判。例如,琼斯(Jones)用电影定格技术考察了优秀网球运动员和初学者预判发球落点的能力,结果发现,在击球后 1/8 s 时定格的条件下,优秀运动员预判发球落点的正确率比初学者好。特南鲍姆(Tenenbaum)采用时间阻断技术研究了先行信息利用对知觉预判的影响。该研究设计了 7 个时间点:球触拍前 480 ms、320 ms、160 ms,球触拍时,以及球触拍后 160 ms、320 ms 和 480 ms。当呈现的画面停止后,要求被试报告球的落点,因变量是报告的错误率。结果显示,在球触拍前 480 ms、320 ms 与 160 ms 的时候,运动专家与次专家的知觉预判成绩均优于普通运动员。其他一些研究也得出了运动专家可以利用先行信息进行知觉预判的结论。
>
> 不完整信息利用问题探讨的是运动员究竟根据哪些信息进行知觉预判。阿伯内西等人(Abernethy et al., 1993)利用空间遮蔽技术探讨了不完整信息对预判羽毛球选手击球落点的影响。研究中,主试遮蔽了拍子、手臂、面部等部位,记录并对比专家与新手观看不同遮蔽部位时的作业成绩,结果发现,专家会利用握拍子的手臂信息来进行高效的知觉预判。
>
> 资料来源:赵洪朋,周成林.(2010).运动领域中知觉预测研究现状及发展趋势.沈阳体育学院学报,29(3),36—40.

3. 视觉搜索策略

视觉搜索策略是指视觉搜索时获取信息的原则与方法。人们普遍认为,运动员只有形成了经济有效的搜索策略,才能在紧张激烈的竞赛中快速获得和利用关键信息,进而准确完成预判。目前,该领域的研究主要集中在三个方面:(1)信息获取方式的研究——专家运动员在关键信息的提取上好于新手运动员,获取方式更为恰当;(2)视觉搜索组织原则的研究——专家运动员视觉搜索时注视时间短、注视次数少,眼动轨迹相对集中,说明专家运动员的视觉搜索具有简约、有效的特点;(3)视区利用上的研究——在视觉搜索时,专家运动员的优势可能表现在中央视觉和外周视觉的综合使用上,而并不仅仅表现在中央视觉方面。

4. 心理预期

在比赛过程中,如果运动员在心理上预期对手会使用某一项战术,那么运动员就有可能出现这样的预判:在该项战术出现前的先兆信息量比较少的情况下,如在准确预判概率只有 0.4 的情况下,判定对手会使用该项战术。这样的心理预期可能会造成预判速度提高而预判准确性降低。

除上述因素外,影响运动员知觉预判的主要因素还有:运动物体的速度与方向、目标位置、肢体运动类型和肢体运动范围、反馈信息,以及运动员的专门化运动知觉、注意分配能力、操作思维能力、认知风格、年龄与性别等(侯玉鹭,2010;张敏,胡咏梅,2013)。

(五) 如何培养运动员的知觉预判能力

专家运动员的知觉预判能力优于新手运动员,因此提高运动员的专项技能水平显得尤为重要。在运动训练中,要加强对运动员的认知训练和模拟训练。

20世纪90年代以来,有学者对促进决策优势形成的训练模型进行研究,结果令人振奋。在实验室研究中,大部分实验结果呈现出阳性,即专项化决策训练能有效改善预判反应时和正确率。20世纪末开始,在运动知觉研究领域,有学者开始尝试使用虚拟现实技术,并取得了良好的效果(详见第一章)。

第二节 运动中的记忆

一、记忆的三个阶段

信息加工的观点认为,记忆是一种积极的、能动的心理活动,是人脑对外界输入信息的编码(习得)、存储(保存)和提取的过程。

(一) 信息编码

信息编码是把信息编入记忆中的过程。听觉、视觉或语义编码,就是指按照材料的声音、视觉特点或含义分别编入记忆中。输入的信息只有被汇入已有的知识结构才能在大脑中得到保留,信息能否提取和提取的快慢,与编码的完善程度以及储存的组织结构有密切关系。因此,输入到大脑中的信息只有经过编码才能被记住。在特定情形下,当某个事物与人的需要、兴趣、情绪等紧密联系时,尽管只经历过一次,个体也能牢固地存储这种信息。例如,运动员第一次获得世界冠军,登上领奖台时的激动心情与情景,往往会使他终生难忘。

(二) 信息存储

信息存储是把在信息编码阶段已加工处理过的信息,如感知过的事物、体验过的情感、练习过的动作、思考过的问题等,以一定的形式保持在记忆系统中的过程。存储在大脑中的知识可以是事物的图像(具体的),也可以是一系列概念或命题(抽象)。存储是信息编码和提取的中间环节,它在记忆过程中起着非常重要的作用,没有信息的存储阶段,也就不可能有记忆。对刺激信息保持的质与量往往是衡量记忆绩效的重要指标。

（三）信息提取

信息提取是指在一定的情境下，从记忆系统中查找出已存储的信息，重现出来，并运用在特定事件与情境之中的过程。个体的记忆力如何，往往是通过对已存储信息的顺利提取而表现出来的。若个体在记忆过程中获得成功，即表明以上三个阶段是完整的：输入的刺激信息已经被编码，重要信息已被存储和提取；若个体在记忆过程中遭遇失败，则表明以上三个阶段中的一个或几个阶段可能出现了问题。

二、记忆的分类

人类记忆信息加工过程可以分为三个独立而又相互联系的阶段：第一阶段是瞬时记忆，第二阶段是短时记忆，第三阶段是长时记忆。

（一）瞬时记忆

瞬时记忆又称感觉登记或感觉记忆。外界信息首先经过眼、耳等感觉器官进入瞬时记忆，并按照感觉输入的原样在这里登记下来。例如，将球传给某一个人，此时，接球者的视觉会接收到对方球员的动态和周围的情景，并将它贮存在视觉记忆之中；同样，球场上发出的声响会贮存在听觉记忆之中；而传球引起的四肢肌肉感觉会贮存在动觉记忆之中。它具有三个特点：(1) 鲜明的形象性；(2) 信息保持的时间十分短暂，图像记忆保持的时间约为 1 秒，声象记忆保持的时间不长于 4 秒；(3) 记忆容量较大，几乎所有进入感觉器官的刺激信息都能被登记。

贮存在瞬时记忆中的材料，只有那些经过选择性注意的才能得到识别，并转入短时记忆，其余的信息则会很快消失。至于哪些信息被留下、哪些信息被过滤，这既依赖于客观事物本身的特点，也依赖于个体的主观心理因素，如对刺激信息的兴趣、需要等。

（二）短时记忆

短时记忆是指信息在头脑中的储存、保持时间不超过 1 分钟的记忆。它被视为信息通往长时记忆的中间环节或过渡阶段，是记忆对信息加工的核心之一。在短时记忆中，输入的刺激信息主要是以言语听觉的形式(听觉代码)被编码的。

短时记忆包括两个成分：一个是直接记忆，即输入的刺激信息没有经过进一步的加工编码，就在头脑中短暂存储，但是，其信息的容量相当有限；另一个是工作记忆，又称为操作记忆，是对输入的刺激信息再一次进行加工与编码，使其信息容量扩大，由于它与长时记忆中存储的信息发生相互作用，尤其是在信息的意义上建立了比较广泛的联系,因此,编码后的信息能够进入长时记忆永久存储。

对个体的动作行为而言,动作选择与组织所需的信息加工涉及工作记忆:首先,短时记忆中的环境信息,如所看物体的位置、一个飞行球的速度,可与长时记忆中的信息进行整合;然后,再根据自己的存储能力和具体的环境要求作出"行动计划";最后,在工作记忆中触发所准备的各种运动,以引起相关肌肉收缩和各种动作。

动作短时记忆是以操作过的动作、运动、活动为内容的短时记忆,如对学过的游泳动作、体操、某种习惯动作等的记忆。尽管动作短时记忆在识记时比较困难,但一旦记住便容易保持、恢复,不易遗忘。在一项动作记忆模拟实验中,亚当斯等人(Adams et al., 1966)让被试蒙住双眼,首先要求被试手沿滑道移动滑板至有固定标志的终点,然后将滑板移回至起点,间隔一定时间进行下一次练习(从10—120秒),最后移去固定标志,要求被试再移动滑板至前面的目标位置。结果发现,在10—60秒的间隔时间内,回忆位置的绝对误差随保持时间的增加而明显增大,此后的误差变化不大。这与前人关于短时记忆的储存、保持时间不超过1分钟的研究结论相一致。

短时记忆信息容量的单位是组块。组块是个体对信息进行的组织或再编码,它可以是字、词、词组、句子,也可以是动作。人类短时记忆的容量因识记内容的不同而有所差异,语词短时记忆的容量为 7 ± 2 个组块,动作短时记忆的容量为 5 ± 2 个组块。组块的大小,以个体的知识经验体系为转移;凡在经验中形成紧密联系的若干项目,均可作为一个组块,如单个动作或成套动作,后者虽然包含许多动作,却可作为一个组块。篮球中的运球急停、跳投技术,在熟悉篮球技术的师生头脑中,就是一个组块,但对篮球技术陌生者来说,就可能是三四个组块,甚至更多(祝蓓里,季浏,2000)。

专栏 2-4　　　　　　　　如何提高人的短时记忆容量

美国心理学家蔡斯(Chase)等人曾经报道过一个个案。这个人可以准确地回忆出80个随机给予的测验数字。进一步的研究发现,他曾是一名马拉松长跑运动员,多年的长跑经历使他养成了这样一种习惯,即在跑步过程中要记住需要的时间,而这些跑步时间通常是不同的。因此,他将那些测验的数字,看作自己跑步花费时间的随机数字,然后把它们组成自己各种长跑距离所需要的时间来加以记忆。例如,他把"3,4,9,2,5,6,1,4,9,3,5"记作"3分49秒2——跑1英里,56分14秒——跑10英里,9分35秒——慢跑2英里",等等。于是,他通过将这些数字与自己长时记忆中已经存储的

> 经验建立内在联系,将无意义的、随机出现的、无规律排列的测验数字,转化成了有意义的、便于记忆的组块。这种对刺激信息的加工处理和记忆策略,体现了精致性复述的实质,它使各种学习材料项目之间,形成了一种有意义的内在联系,并和已存储的知识经验联系起来。它可以使被加工过的刺激信息有效地向长时记忆转移,然后把它们纳入个体已有的知识系统和认知结构中去。由此可见,精致性复述是短时记忆信息保持的重要条件,也是加工处理的信息从短时记忆向长时记忆转移的重要方式。
>
> 资料来源:梁宁建.(2014).当代认知心理学(修订版).上海:上海教育出版社,p.150.

(三) 长时记忆

长时记忆是指在人脑中存储一分钟以上,几天、几月、几年,乃至终身的记忆。复述或练习可以使记忆长期储存。长时记忆的信息采用双编码(表象编码和语义编码)的方式,它的容量没有限制。一般而言,人对动作的长时记忆比对语词概念的长时记忆更持久。许多动作技能一旦形成,将终身不忘。然而,保持时间的长短与识记的课题有关。例如,弗莱希曼(Fleishman,1962)让被试识记追踪(tracking)课题,几乎两年后才发生遗忘。瑞恩(Ryan,1965)让被试识记平衡课题,保持的时间远比保持追踪课题的时间短。诺伊曼和安蒙斯(Neumann & Ammons,1957)让被试识记选择反应的课题,发现保持得很差,遗忘会很快地发生。亚当斯(Adams,1967)曾让被试识记连续性动作和不连续性动作,结果发现不连续性动作遗忘得较快,连续性动作遗忘得较慢。当然,保持时间的长短也与学习程度有关。梅尔尼克(Melnick,1971)让被试记忆平衡动作,当达到过度学习,即200%的程度时,保持即非常持久,遗忘难以发生。

关于长时记忆,有不同的分类方式。

1. 情景记忆和语义记忆

塔尔文(Tulving,1972)认为长时记忆由情景记忆和语义记忆两个部分组成。情景记忆是指个体接收和存储的关于个人特定时间内所经历的情景或事件,以及这些事件发生的时间和与相关空间相互联系的信息。简而言之,就是对亲身经历过的事件的记忆。例如,某人关于自己第一次登上世界冠军领奖台的记忆。语义记忆又叫逻辑记忆,是以语词为内容的记忆,具有高度的概括性、理解性和逻辑性。例如,对动作的原理、概念和比赛规则等的记忆。相对而言,情景记忆比语义记忆更容易保持。

2. 陈述性记忆与非陈述性记忆

陈述性记忆以陈述性知识为内容,即事实类信息。这类信息可以用言语表达,包括字词、定义、人名、时间、事件、概念和观念。它可以通过言传一次性获得,也可以通过意识性的回忆直接提取。

非陈述性记忆①是关于该怎样做事情或如何掌握技能的记忆,通常包含一系列复杂的动作过程,既有多个动作间的序列联系,也包括在同一瞬间同时进行的动作间的横向联系,在大多数情况下,这两方面共同构成的复合体无法用语言清楚地表述。它的形成需要多次重复测试。

程序记忆是非陈述性记忆中最主要的一种类别,主要包括对知觉技能、认知技能和动作技能的记忆。程序记忆以程序性知识为内容。程序性知识存储着人们如何去做事情的知识,例如,开汽车、骑自行车、打球、游泳、教课、做算术题等。程序记忆的保持可以非常持久,例如,一个人学会了骑自行车,即使隔了几年不骑车,经过短暂的重新适应后,他就又能骑得和以前一样好。个体能够在程序操作上十分熟练的一个原因是自动化的建立,即对程序的执行是无意识的,不需付出极大的努力,而且与无关任务之间不会产生相互干扰。例如,骑车与听广播同时进行。

3. 外显记忆和内隐记忆

外显记忆是指个体对各种各样事物的有意识记忆。对外显记忆的测验是一种直接测验。回忆和再认是检索外显记忆中刺激信息存储的两种主要方法。采用这两种方法进行外显记忆测验时,需在指导语中明确要求被试有意识地回想他们经历过的某些事件并将它们从记忆中提取出来。在生活中,回忆的难度高于再认。有时,为了完成一项技术动作,回忆与再认需要交替进行。例如,在学习一项新技能的时候,学生必须回忆教师的示范,从而决定做什么,这是回忆的过程;而在操作过程中,学生面对多种可能的情况要确定怎么做,这是再认的过程。又如,当一名棒球击球手确定一个球是否在击球区并决定是否要挥臂击球时,首先,他需要进行再认;其次,为了恰当地击中球,他又必须回忆做什么来实施这个行动;最后,他能够再认出已启动的击球动作是否恰当,从而作出动作的调整(杨治良,2012)。

内隐记忆是指个体无须作出有意识努力而对过去所经历信息的回忆或提取,它一般是自动发生的。对内隐记忆的测验是一种间接测验,它不要求被试有意识地回忆先前的事件,但先前的事件对当前的活动产生了影响,并反映在被试对一些任务

---

① 以前人们用程序性记忆来表述这个概念,但是,后来的研究者认为用非陈述性记忆能更好地反映遗忘症患者身上所保留的学习能力。例如,遗忘症患者可以学习与记住动作和知觉技能,而动作和知觉技能是典型的程序性记忆,此外,遗忘症患者还表现出正常的经典条件反射和操作性条件反射,并显示出语义启动效应,如用合适的方法还可以测出他们学习新的认知任务的能力。

的操作上。例如,您家门前挂了一块门帘,您每次进出门都要掀开门帘,突然有一天,门帘不在了,而您在进出门时会不自觉地做一下掀门帘的动作。究其原因,这是因为当您看见门的时候,就自动提取了以前您在此处的动作信息,只是您没有清楚地觉察到而已(杨治良,2012)。

上述分类也存在交叉。例如,有学者认为陈述性记忆包括情景记忆和语义记忆,它们都属于外显记忆;而非陈述性记忆属于内隐记忆。

编码时的意识状态(有意编码大于自动编码)和加工深度对长时记忆的检索会产生影响。

三、遗忘

遗忘是指识记过的东西,不能再认或回忆,或者错误地再认或回忆。它是保持的反面。一时不能再认或回忆的遗忘称为暂时性遗忘,不经复习永远不能再认或回忆的遗忘称为永久性遗忘。

不同类型的动作技能,遗忘的程度有所差异。例如,学会的骑自行车的动作技能很难遗忘,而学会的拼七巧板的动作技能相对容易遗忘。与不连续的动作技能相比,连续的动作技能保持的时间更长。究其原因,有两点:一是与不连续的动作技能相比,连续的动作技能包含的语言成分更少,众所周知,个体对动作的保持优于对语词的保持;二是与不连续的动作技能相比,连续的动作技能的一次练习往往包含更多次的重复练习,耗费的时间也更长(邓宏宝,2012;俞国良,戴斌荣,2007)。

四、影响运动记忆的因素

(一) 目的任务

提出明确的目的任务,对识记动作的效果及其保持的久暂具有关键性的作用。如果学习者明确了动作练习的意义和作用,使练习真正成为自己感知的对象,动作就容易被清晰地感知、深刻地理解,记忆效果就好。明确的识记目的和任务,能调动学习者识记的积极性并提高针对性,从而把全部的识记活动集中在所需识记的对象上,而且,学习者会采取各种各样的方式去识记。此外,长期任务要求的识记效果要好于短期任务要求的识记效果。例如,为了应付考试而临阵磨枪,由于目的任务明确,识记效果一般比较好,但是,考完试后,突击学习的内容很快就遗忘了。

> **专栏 2-5　　动作的意义对动作记忆产生的影响**
>
> 动作的意义影响动作的记忆。例如,人们对熟悉的规则图形的记忆要优于对不熟悉的、抽象图形的记忆;新学的动作如果与个体过去做过的动作相似,那么个体对这个动作的记忆要优于完全陌生的动作。
>
> 劳希耶和卡督毕(Laugier & Cadopi,1996)的实验结果阐明了动作的意义对动作记忆产生的影响。初学舞蹈的成年人观看由一名技术熟练的舞蹈运动员表演的由4个部分组成的系列舞蹈动作录像,其中每个动作包含了2—4个躯体、头部与肢体动作。"具体的"成套动作是在舞蹈中常常演练的套路;"抽象的"成套动作包含了不属于任何特定风格的舞蹈动作成分。观看了15次由这名舞蹈运动员表演的成套舞蹈动作后,要求被试演练一次这一系列的舞蹈动作。对这些被试演练的分析表明,与观看抽象系列的舞蹈动作相比,观看具体系列的舞蹈动作的被试对其形式与质量有更好地把握。对被试进行的访谈表明,具体系列的舞蹈动作对他们而言有更高程度的意义,当他们表演时,这种意义有助于他们记住这套舞蹈动作。
>
> 资料来源:[美] Magill,R. A. (2006). 运动技能学习与控制(第七版). 张忠秋,等,译. 北京:中国轻工业出版社,pp. 177—178.

(二) 信息加工的深度

信息加工的程度越深,其在记忆中保留的效果就越好。当识记的材料成为个体活动的直接对象时,识记的效果就好,其原因在于,成为直接对象后,这些材料得到了更多加工。同样,理解识记要比机械识记好、有意识记要比无意识记好,其原因在于,理解识记、有意识记要比机械识记、无意识记加工程度深。理解了的对象、有意识记的对象与长时记忆保持的知识经验发生了内在联系,并形成了网络结构。它们的存在不是孤立的,而是被纳入已有的知识网络中,成为其中的一部分。

(三) 练习背景与测试背景之间的关系

练习背景与测试背景之间的关系影响动作技能的保持。动作学习的背景既与环境因素有关,也与个体因素有关。例如,如果一个记忆实验是在实验室中进行的,那么环境背景就包括实验室中各类器件的摆放、隔音与照明效果、实验者和实验的时间等,而个体背景包括被试的情绪、完成动作时的肢体与肌肉状况、坐着或站着的位置,以及被试可利用的各种感觉反馈等。

测试背景与练习背景越相似,记忆效果越好,这种情况被称为编码特异性原则(Tulving & Thomson,1973)。该原则特别适合封闭型动作技能的学习。对封闭型动作技能而言,测试背景通常是稳定、可预知的。在某些情况下,测试目标与练习目标基本上是一致的。例如,篮球罚球时运动员基本上必须站在与练习投篮时相同的位置,以同样的距离把球投进篮筐。因此,教练应尽可能地模仿测试环境来为运动员设立练习环境。运动员在类似比赛环境中的练习经验是赛前演练必不可少的一环。

(四) 识记动作的位置与距离

个体对一个动作的储存涉及该动作的空间位置、距离、速度、力量和方向等信息。如何有效地储存和提取位置与距离的信息曾引起人们的广泛关注。最初的研究发现,对动作端点位置的记忆比对动作距离的记忆更牢固(Diewert, 1975; Hagman, 1978; Laabs, 1973)。其后,一个重要的研究结果表明,当动作端点位置的信息有一个相对可靠的回忆提示时,个体就会运用位置类型的策略来回忆这个动作(Diewert & Roy, 1978);然而,当位置信息完全不可靠且只有距离信息有助于信息回忆时,个体就会运用某种非动觉的策略(如计数)来帮助自己记住这个标准动作的距离。

位置信息记忆的另一个特点是,在个体身体范围之内,更容易记忆手臂动作末端的位置(Chieffi, Allpu, & Woodfin, 1999; Larish & Stelmch, 1982)。对肢体定位动作来说,人们通常把动作的末端位置与躯体部分联系在一起,并且将之用作提高回忆成绩的提示。这就意味着,如果肢体位置对成功完成某个动作技能来说是很重要的话,那么教练就应该以促进动作技能学习的方式来强调这些位置。例如,如果教练在教一个初学者学习高尔夫球的挥臂动作,那么教练就应该让这位初学者专注于挥臂动作中的关键位置点,这些关键点是棍棒挥出前准备姿态的起点或回摆的最高点;如果一名治疗师或体能教练在为一个需要不断弯曲或伸展其膝盖的患者进行治疗,那么强调腿的最低位置能帮助该患者记住最后的动作在哪个地方,并为下一步作出弯曲的努力设立一个目标;如果一名舞蹈运动员或普拉提学员对记住某个特定动作次序间手臂应该放在哪个地方感到困难,那么有关手臂位置的躯体部分就能帮助其更有效地记住这个位置。

值得一提的是,动作技能的指导者不应该直接让学习者看到自己肢体应该移动到的位置。有研究表明,对肢体运动位置的视觉记忆不同于动觉记忆(Simmering, Peterson, Darling, & Spencer, 2008)。这意味着,视觉信息不能提高对肢体运动位置的记忆,甚至有时会干扰对肢体运动位置的记忆。

除上述几点外,学习者的学习态度、识记时的情绪状态、识记动作的数量和结构、不同的感觉通道、识记动作的方法,以及学习氛围等都会对动作记忆产生影响。

五、提高运动记忆有效性的策略

(一) 增强动作的意义

与意义性较弱的动作相比,意义性较强的动作会记忆得更牢。增强动作意义的策略包括保证动作学习者形成清晰的运动表象和为所学动作提供有意义的语言标签。

1. 形成准确的运动表象

表象是指在知觉的基础上,头脑中呈现出来的事物形象。例如,当学生回想起肩肘倒立动作时,该动作就立即在头脑中浮现出来,犹如又看到教师在示范一样。视觉表象是在视感知觉基础上形成的,多表现为记忆和想象活动之中的感性形象。视觉表象和动觉表象结合在一起就构成了运动表象。运动表象反映着动作在一定时间、空间和力量上的特点,如身体位置、动作力量、幅度、方向速度等。在体育教学与运动训练中,运动表象是学习者掌握动作技能的精确性和正确性的重要保证。只有在清晰、稳定、准确的运动表象基础上才能形成正确的运动记忆。[①] 在进行运动记忆时,必然会有相应的运动表象出现,并伴有熟悉感。如果学习者不能形成准确而清晰的运动表象,就不能准确掌握动作技能。因为学习者总会以自己头脑中重现出来的运动形象为"蓝本"去完成动作。而运动记忆的加强,会反过来促进运动表象的完善和精确,并将它牢固地贮存下来。

2. 提供有意义的语言标签

另一个增强动作意义的有效策略是给这个动作加上一个有意义的语言标签。谢伊(Shea,1977)的实验最早证实了为动作添加语言标签会对动作记忆产生有益的影响。他让被试在一个半圆的手臂定位仪器上移动控制杆直到停止。当被试达到效标位置时,给一组被试提供一个符合效标位置的钟面位置数字;另一组被试得到一个诸如无意义的三字母音节的不相关的语言标签;第三组被试则没有得到有关效标位置的语言标签。结果显示,得到钟面标签的被试组在60秒间歇期后没有错误增加,而其他两组被试在回忆中出现了很多错误。在另一个相关实验中,温特和托马斯(Winther & Thomas,1981)指出,当有用的语言标签加到定位的动作上时,小孩(7岁)的记忆成绩与成人相等。

---

① 运动记忆是一种复杂综合的记忆,它包括逻辑记忆、情绪记忆和动作记忆。动作记忆是运动记忆的主要成分,但不是唯一成分。

视觉表象是运动表象的一个重要组成成分,它和语言标签一样,都有助于学习复杂的动作技能。原因有四:(1)视觉表象和语言标签降低了所操作动作语言指令以及彼此之间关系的复杂性;(2)视觉表象和语言标签有助于把一个抽象的复杂动作排列转化为一个更具体、更有意义的成套动作;(3)视觉表象和语言标签引导了操作者的注意力,使其专注于动作的结果,而不是动作本身,这有助于技能的操作;(4)视觉表象和语言标签通过加快对行为记忆描述信息的提取,促进了运动规划的过程(Johnson,1998)。

(二)讲解与示范后立即进行动作练习

体育教学与运动训练中,教师或教练示范后应使学习者在最短的时间内及时进行模仿练习。因为间隔时间过长,视觉表象会发生动摇或模糊,以此为线索进行模仿练习难以保证准确性或容易出现错误,从而影响运动表象的正确形成。同时,也要注意及时校正来自视觉的信息与来自自身本体感受器的信息的不吻合之处,尽可能在学习者完成动作后的 25—30 秒,同步反馈信息或快速反馈信息。如果不能及时传输信息,有关这个动作的记忆将会损失 20%—30%,从而不同程度地影响体育教学与运动训练的效果。

(三)运用组块化学习策略,合理组织学习材料

要想增加短时记忆的容量,组块是关键。对材料的组块化实际上就是把若干组块组合成数量更少、体积更大的组块的心智操作,它能使输入的信息有效地进入长时记忆。常见的组块化方式是类别群集,即按一定的类别来记忆一系列项目。有证据显示,当个体有机会对一套动作进行加工时,他会自发地创造有组织的结构。例如,自由体操的每个套路由许多单独的部分组成。对体操初学者来说,会把一套自由体操看作诸多动作技能的组合。而随着练习的进行,学习者学习这些动作技能的方法也在发生变化,他开始把这些套路组织成单元或动作群,把三四个组成要素看成一个部分。其结果是在恰当的时机,以适当的节奏和协调性来表演这套完整的动作。而且,这也是在记忆中储存这套复杂动作的更有效手段。

一般而言,专家运动员比新手运动员能更有效地利用组块策略。思达克斯(Starkes,1987)曾做过一项研究,被试是 11 岁的舞蹈初学者与舞蹈专家,主试向他们呈现由 8 个成分组成的芭蕾舞成套动作。结果发现,舞蹈专家几乎完美地回忆出了这套动作,而舞蹈初学者大约只能正确回忆出这套动作的一半。然而,当以一个未组织的动作序列方式呈现同样数目的成套动作时,就能够正确回忆出的动作成分数而言,两者之间不存在差异。这个结果表明,舞蹈动作序列的组织结构是导致舞蹈专家更优的回忆成绩的一个重要因素。此外,还有研究报告指出,一名成人国家级芭蕾舞主力演员在看过一次动作套路演示后,就能够表演出其中由 96 个成分组成的一系列动作。总之,对学习材料的组块化是一种降低工作记忆负荷并提高记忆力的有效策略。

(四)动作练习要达到过度学习的程度

所谓过度学习,是指在刚刚记住和学会,即达到 100% 的熟记程度的基础上,继续学习某种知识和技能到接近学习者最高潜能的程度,即达到 150% 的熟记程度。如果学习某一动作要达到没有错误,需反复练习 10 次,为达到过度学习的程度,就应再练习 5 次,即总共练习 15 次。过度学习并非浪费时间和精力,因为在一定范围内,动作保持量是随着练习次数的增加而递增的。因此,增加练习的重复次数,应达到比刚刚能充分再现所学动作的次数还要多的程度,并要求学习者在重复练习时,保持同先前学习时一样的注意状态,这样才能使动作形象牢固地贮存在动作记忆之中。但是,这并不意味着动作的重复练习次数越多越好,超过了一定的限度,可能会出现注意分散、厌倦、疲劳等消极影响,从而降低识记和保持的效果。重复练习应当保证质量,避免错误。

(五)选择识记动作的最佳时间,避免前摄抑制和倒摄抑制

前后学习的两种材料,若无任何关系,一般不会产生什么影响。例如,学完一套体操动作,再学习唱歌。然而,当两种学习材料之间存在一定的相似性,而初学者又很难将它们之间的差别辨别出来时,对它们的学习往往会产生一种相互干扰作用,表现为前摄抑制与倒摄抑制。

前摄抑制是指先前学习的材料对保持和回忆后学习的材料的干扰作用。很多研究者曾试图解释前摄抑制对记忆的动作信息产生影响的原因,其中的一种解释是,当先前学习的动作形式与标准动作形式相类似时,记忆信息容易产生错乱;前摄抑制将会随着先前相似动作数目的增多而增强。例如,斯特-马利亚等人(Ste-Marie et al., 2001)的研究表明,体操裁判对一名体操运动员表现的评价可能受到体操运动员赛前热身时表现的影响。

倒摄抑制指后学习的材料对保持和回忆先学习的材料的干扰作用。除相似度以外,前后两种学习材料的难度、时间的安排,以及识记的巩固程度等因素也会对倒摄抑制产生影响。

若要有效避免前摄抑制与倒摄抑制,应做到四点:(1)识记新动作应在精力充沛、注意力集中、情绪高涨、兴趣浓厚的条件下进行,并以安排在课或训练的基本部分前阶段为宜;(2)识记新动作后,马上从事另一种活动是不适宜的,因为在这种情

况下，新的信息会代替旧的信息，并使留在记忆中的信息成倍地减少；(3) 在同一次课上，先后识记的两种材料应当按照先难后易的原则加以安排，即先学习新授的、难度较大的动作技能，然后复习已初步掌握的动作技能；(4) 教学与训练计划中应注意教学内容难易程度的搭配，尽可能避免同一次课上或训练中讲授动作结构相似的新动作技能，以免产生动作间的相互干扰。

(六) 掌握遗忘规律，正确、及时地复习

为了更好地巩固动作记忆，防止消退，必须加强复习，强化已保持的动作技能。体育教学与运动训练中，除了需要大脑积极思维，还需要人体肌肉的活动和身体的运动，需要花费一定的体力和能量，需要各种感知觉，特别是视觉和动觉的协调配合。这些特点决定了动作技能学习的方法和手段不能完全沿用知识学习的方法和手段。在动作技能学习过程中，复习时间的安排也不能完全套用"复习时间越早越好"的观念，而应在学习动作后的两三天内，有组织地指导学习者练习，提高动觉控制能力。复习方法要多样化，以激发学习者的兴趣，增加学习者的新颖感，改变单纯个人练习的缺点。而且，体育教师与教练应当明确，在学习动作技能的不同时期，复习的作用与目的是不同的。在开始阶段，复习是为了检查动作表象的准确性，使之达到最大的精确程度。在基本掌握动作后，复习则用以补充已经建立的动作表象中出现的各种遗漏，因为只有在动作学习结束时，动作表象才能在记忆中把所获得的动作技能的正确形象巩固下来。此外，在编排体育课程与运动训练表时，也要注意两节体育课或训练课不宜连上，两节课之间不能安排得过近或过远。

第三节　运动中的思维

思维是人脑借助言语、表象和动作实现的对客观事物的间接与概括的反映。它对体育运动有着重要的作用。运动中，思维的作用主要表现为：模拟、预测运动进程；在运动的进程中接受反馈，调节和控制动作形成；促进新的动作技能形成等。运动中的思维主要包括操作思维、运动战术思维和运动直觉。

一、操作思维

(一) 什么是操作思维

体育运动中，人的思维过程以操作思维为主要形式。在高水平运动竞技中，操

作思维测验被认为在运动员认知特征的评定中,具有比一般智力测验更好的预测效度。

1. 操作思维的概念

所谓操作思维,是指反映肌肉动作和操作对象的规律,以及它们之间相互关系的思维过程。这种思维通常不与抽象概念相联系,而是直接借助动作操作来实现,它的主要特点在于行动性。对动作的操作主要以预测对手或同伴最可能采取的行动为基础。一旦预测到对手或同伴最可能的"一步",就想到自己的行动步骤应当是怎样的,而且需要及时、迅速地作出相应的反应。操作思维是以思维的速度和思维的步骤,即"时数"与"步数"为标志的。在球类和一对一的运动项目中,任务和条件是不稳定的,其任务是在运动的过程中解决的。学生或运动员必须把对手与各种信息、球的移动和同伴的站位(或动作)连在一起作出决定。也就是说,学生或运动员必须考虑到对手或同伴的每一步行动。学生或运动员的操作能力是在从事这些运动项目的过程中得到相应的发展的(祝蓓里,季浏,2000)。

2. 操作思维的测定方法

第一,五格三筹码法。1965年,苏联学者普希金设计开发了"五格三筹码"实验来对操作思维进行测试。此后,"五格三筹码"实验得到了最广泛的应用,成为操作思维研究的经典范式。

专栏 2-6　　　　　　　　操作思维的测定方法

目的:测定操作思维的准确性、敏捷性和随机应变性的意识。

器材:五格盘1个,3个标有"1""2""3"的筹码。

程序:(1)主试向被试讲解并演示测试的方法和要求:3个筹码开始的摆法不一,每次都要求被试以最短的时间、最少的步数,按照规定的走法把3个筹码对号摆在五格盘"1""2""3"的位置上。(2)按照测试制定的3个筹码4种不同的摆法,要求被试各做一次,记下每次所走步数和所用时间。

结果:试做一次,计算后3次所用的时间和步数的平均数。

指示语:这是一块标有"1""2""3"数字的五格盘,这是标有"1""2""3"的3个筹码。你需要按照规定将筹码放入五格盘的格子,共做3次。开始的摆法要变换3次,你要像走棋子一样把这3个筹码对号摆到五格盘的规定位置上。

走子规则:每个筹码每次只能往相邻的空格子内移动一步,不能跳格,不能斜插,不能进有子的格子,一个筹码移动一格算一步,要求在最短的时间内,用最少的步数,把筹码按顺序在五格盘上摆好。

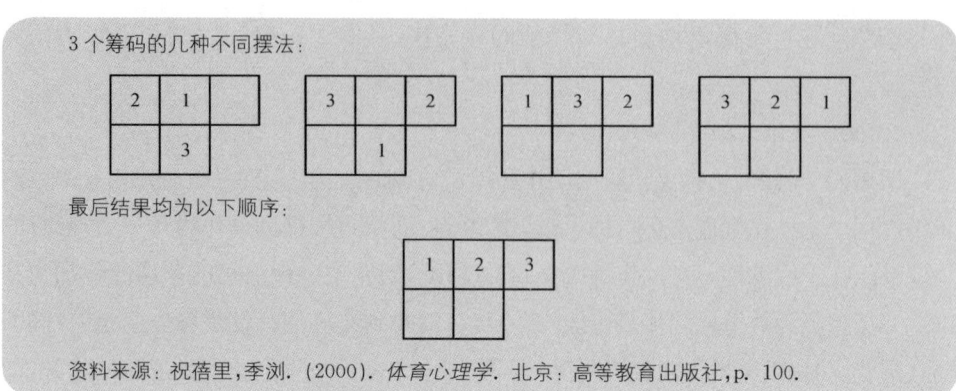

资料来源:祝蓓里,季浏.(2000). 体育心理学. 北京:高等教育出版社,p. 100.

第二,BTL‑SW‑V1.2 操作思维测试软件。国内,针对篮球、羽毛球、田径、排球等运动项目的相关研究发现,"五格三筹码"实验中的操作思维与竞技能力之间没有规律性的正比关系。梁承谋等人(2007)对传统的操作思维研究提出了新的质疑。他认为,以往研究的"五格三筹码"实验中的各种具体思维活动,因为没有严格的时间限制,所以其实质是变相的逻辑思维结果,未能真正反映操作思维的本质。操作思维研究应紧紧把握住直觉性这一特性,才能有所突破。在信息加工理论视角下,结合传统的河内塔实验,梁承谋等人设计开发了新的操作思维测试工具——BTL‑SW‑V1.2 操作思维测试软件(该系统通过了国家科技部的鉴定),其中每步的时间被计算机严格控制在 2 秒以内。有研究者认为,操作思维应具有比逻辑思维更好的预测效度(刘改成,2011)。

> **专栏 2‑7　　BTL‑SW‑V1.2 操作思维测试软件的开发与检验**
>
> 现代大多数的竞技运动,训练及竞技均日趋激烈。无论是掌握运动技能还是表现运动技能,都需要发达的操作思维作为认知基础,这在开放性运动技能中表现得尤为突出。梁承谋等人选择典型的开放型运动项目摔跤、羽毛球、击剑进行研究——运用 BTL‑SW‑V1.2 操作思维测试软件对 81 名摔跤运动员、195 名羽毛球运动员、45 名击剑运动员进行认知心理学方式测查。整个研究有三个明显特点:(1)用计算机程序实现测试过程,计算机自动记录操作步数、持续时间,以及错误步数和延搁时间,解决记录精度问题;(2)控制每一步的操作时间。摔跤项目因为软件编制原因,无明确要求,指导语提示要求尽快完成;羽毛球项目要求连贯完成每一步操作,步与步之间无明显停顿;击剑项目则规定每步的操作时间不超过 2 秒,否则重新开始;(3)引入文森特学习曲线统计法,控制"熟练程度"因素,从学习进程的角度探讨操作思维与竞技能力的关系。

> 研究结果发现：(1) 操作思维是瞬时的、直觉性的，并且是影响竞技能力的重要因素。羽毛球、击剑两项目健将组与一般组比较，男子运动员，操作性思维步数差异均有显著和极显著性；(2) 运用文森特学习曲线①，可以反映运动员的学习能力，3 个项目各类运动员操作思维学习曲线各有特点，提示优秀运动员具有一定的学习能力上的优势。
> 　　总之，该研究证实 BTL-SW-V1.2 操作思维测试软件是一个有效的测试工具，能有效地区分优秀运动员和一般运动员。
> 　　资料来源：梁承谋，程勇民，付全，刘改成，于晶，魏高峡. (2007). BTL-SW-V1.2 操作思维测试系统的开发与检验. 体育学刊，14(6)，34—36.

（二）影响操作思维的因素

自 20 世纪 80 年代开始，国内众多学者不断探索着影响运动员操作思维的因素。

1. 运动项目

研究中涉及的运动项目包括篮球、排球、乒乓球、羽毛球、体操、武术、田径等。20 世纪八九十年代，以及 21 世纪初，大量以五格三筹码法进行的研究发现，对抗性球类项目的运动员，其操作思维优于非对抗性项目的运动员。

对抗性项目中，由于人与人、人与器械之间的关系的不确定性大大增加，因而运动员的信息加工量也大大增加，中枢神经系统迅速、灵活、大量地作出决策的机会也大大增加，长期训练会迫使运动员对这种任务要求产生适应性，提高其在运动情境中迅速、灵活、大量处理信息并作出决策的能力，而这种能力正表现在操作思维中。因此，有学者提出假设，在各类运动项目中，信息加工数量和信息加工时间的要求越高，运动员的操作思维水平也越高，反之，则越低（张力为，毛志雄，2007）。

21 世纪 10 年代，刘改成（2011）为考察不同运动项目操作思维的类属差异，以新研发的 BTL-SW-V1.2 操作思维测试软件对来自不同项群共 10 个项目的 304 名高水平运动员进行测试。研究显示，所测 10 个运动项目具有显著操作思维类属差异。研究根据操作思维能力的高低，构建运动项目的操作思维类属理论，其中，乒乓球、羽毛球、曲棍球和跆拳道为一类，称为高操作思维类；赛艇、游泳、体操、武术（套路）、射击（步枪）和举重为一类，称为低操作思维类。前一类显著优于后一类，即操作步数少、操作反应快且操作思维学习能力强。

---

① 文森特（Vincent）学习曲线是心理学研究中使用的一种特殊学习曲线，它运用独特的表达方法，显示不同学习阶段的不同学习效果：即把每个被试的学习全过程分成 10 等份，然后把每个被试相应学习阶段的学习效果加以平均，这样就能如实反映所有被试在各个学习阶段的学习状况（赫葆源，1982）。

2. 运动水平

在对从事同一项目的运动员进行比较时,往往运动水平越高者,操作思维越好。具体表现为:优秀运动员的操作思维优于一般运动员;专业运动员的操作思维优于业余运动员;运动者优于不运动者。换句话说,在同一运动项目中,只要信息加工数量和信息加工时间具有至关重要的意义,那么运动水平越高,操作思维水平也越高;反之亦然。例如,许尚侠(1983)选取专业篮球队运动员、体育学院篮球班学生和少体校篮球班学生为研究对象,以"五格三筹码"实验为研究工具进行研究,结果表明,体育学院篮球班学生的操作思维优于少体校篮球班学生,而专业篮球队运动员的操作思维又优于体育学院篮球班学生。尤其是在时数(思维的速度)方面,前者明显优于后者;高亮(2009)以 BTL-SW-V1.2 操作思维测试软件为测试工具,对男子武术散打运动员进行研究,结果也发现,不同水平的男子武术散打运动员之间的操作思维表现不同,优秀运动员在操作步数和总时间上都优于一般运动员,且操作步数上的差异达到显著水平。

但是,也有一些研究并没有在"运动水平越高,操作思维水平越高"的假设上达成一致。例如,邱宜均、贝恩渤(1984)以"五格三筹码"实验为研究工具进行研究,结果发现甲级队男女排球队员操作思维(时间方面),均比同年龄的大学生业余排球队员和普通大学生对照组差,且都达到了 0.01 的显著性水平。而大学生业余排球队员与普通大学生对照组相比,差异并不显著。由此说明,文化程度是影响操作思维(时间方面)的重要因素;而在文化程度相同时,参加过排球运动训练的被试总体要稍优于没有经过训练的被试,由此可见,训练因素也有一定影响。

此外,我国学者许尚侠的研究还发现年龄对操作思维的影响不大,也就是说,操作思维的发展并不是由年龄的增长决定的;而学习任务与操作思维的发展密切相关,从事体育学习和运动训练的人,操作思维的发展较从事其他学习任务的人高(许尚侠,1983)。

二、运动战术思维

(一) 运动战术思维的概念

运动战术思维是指在运动竞赛前和运动竞赛过程中,预测比赛进程、确立战术意图、制定各种战术方案、规划和动用各种战术手段的思维过程(祝蓓里,季浏,2000)。

在体育竞赛中,运动战术思维是一种十分重要的思维。竞技场上的情况错综复杂,要想克敌制胜,必须了解自己,了解对手,以己之长,克彼之短。因此,制定一套有效的、适应性强的战术是取胜的关键。

运动战术思维的培养是一个长期积累的过程。教师应在平时的训练赛中有意识地让学生注意运用合理的战术。比赛是形成、检验战术的最好时机,引导学生在激烈的对抗中积极思考与总结,及时调整战术,敢于采用新的战术,将有利于他们运动战术思维能力的提高。

(二)运动战术思维的过程

深入、全面地了解对方的实力,包括对方的身体能力、技术水平、战术特点和个性特征,并与我方实际情况进行认真细致的比较,作出客观的评价。

准确估计临场各种客观环境和条件,并预先作好充分准备。

通过对各种信息的分析与综合,正确地预见战局的发展方向和对方的行动趋势,并准备数套应对战术。

能在比赛中迅速对各种情况作出准确判断,识破对方的战术意图,并采取相应的战术措施,且不让对方识破。

根据场上情况的突然变化,迅速而有效地改变战术或调整自己的行动方案。

(三)运动战术思维的特点

1. 有效性

运动员的运动战术思维要与场上具体情境相结合。思维的内容和材料来自当时比赛场上的各种信息。在比赛过程中,运动员必须不断正确地预见和判断对方的战术意图并分析双方的能力。为使运动战术思维有效,不仅要迅速实施所采取的决定,而且要在行动中不断加以校正。

2. 敏捷性

敏捷性要求运动员的运动战术思维过程既敏锐又快捷,特别是在意外危急的情势下,更需要迅速搜索情境中的信息,并作出综合判断,选择最有效、最合理的行动方式,抓住战机,扭转局面。反之,则会导致失败。

3. 灵活性

在比赛中执行战术计划时,必须依场上的形势变化,灵活、机动地动用战术,不能刻板地被赛前制定的战术困死。当条件变化时,要敢于采用新的战术。

4. 预见性

战术方案的制定建立在广泛搜集各种信息情报的基础上,通过对信息情报的分析、综合、判断和推理达到对战术运用结果的预见。

5. 创造性

创造性是指在战术方案的制定和战术手段的选择上有自己的创见，不囿于人们习以为常的方法和手段，能够出奇制胜。

6. 与情绪和意志紧密联系

坚强的意志和积极的情绪能提高思维的积极性和创造性。加强理智对消极思维的控制，对成功地计划各种战术方案、预测和确立战术意图，以及设计实现战术方案和战术意图的方式具有十分重要的意义。

专栏 2-8　少年男子足球运动员防守战术意识思维决策活动研究

该项研究表明，高水平的运动实践者在采取战术行动时最先考虑的是要有明确的目的，不盲目行动。盲目行动在比赛中往往会造成失误，白白浪费体力，而且会被对手拖入被动。在明确了自己的战术行动目的之后，如保护或盯人等，就应当尽快付诸行动以达到自己的目的，如寻找自己的防守对象。要注意，在寻找自己的防守对象时，这个"对象"显然是一个宽泛的概念，它可能是一个具体的对方队员，也可能是一片本方无人防守的空当，或者是对方队员的一条传球线路，等等。这也是一个非常重要的意识概念。只有在明确了自己的防守"对象"后，才能够根据与防守"对象"的空间位置关系来确定自己的防守位置；而当自己进入适当的防守位置后，应当考虑的显然是如何进行防守，即采用什么样的方法和手段来防守；在这一点确定之后，自然又应当考虑在什么时机实施最后的防守行动。完成具体防守动作的时机是防守成功的最关键因素，如果不能在最佳时机实施防守行动，那么，这种防守的效率或成功率必然是很低的，甚至是失败的。上述防守运动战术思维决策活动表明，高水平的运动实践者防守时的运动战术思维决策有着"目的明确，步骤清晰，自然流畅，环环相扣"的显著特点。

该研究还指出，随着情况和位置的变更，控球队员的运动战术思维决策活动过程的"模式"也在变化。专家组的运动战术思维决策活动的变化在后场具有明显的"场区"特点和"对抗状态"特点，在中场和前场则表现出明显的"场区"特点而没有表现出明显的"对抗状态"特点。训练水平高的职业队员及训练水平较高的青年队员与专家组的运动战术思维决策活动变化有较高的相似趋势。水平较低的少年男子足球运动员的防守战术思维决策活动与高水平的运动员防守时的战术思维决策活动有显著的差异。因此，尽快使少年足球运动员熟悉高水平运动员的防守战术思维决策活动特点，积极向高水平运动员的思维活动特点靠近，是提高少年男子足球运动员防守战术思维决策水平的重要任务。

资料来源：董昱，张廷安，杨刚. (2003). 少年男子足球运动员防守战术意识思维决策活动研究. 北京体育大学学报, 26(2), 274—276.

三、运动直觉

(一) 什么是运动直觉

1. 运动直觉的概念

运动直觉是直觉思维的一种特殊表现形式,是指个体在复杂的运动情境中,根据有限的信息,不依据某一固有的逻辑规则,迅速而直接地对运动情形进行分析,从整体上识别、判断、估计运动现象和规律的运动思维(殷克明,2002)。

运动员常常利用运动直觉解决运动中的问题。例如,足球罚点球时,守门员不能等到罚球员的脚触球后才移动扑救,因为球飞行约 11 米所用时间,远远快于人对复杂刺激进行反应并移动的时间。守门员必须根据罚球手过去的习惯、可能的战术、助跑的动作,甚至前一个罚球手射门的情况等先行信息,在极短的时间内作出判断和决策。

2. 运动直觉在运动中的作用

运动直觉能力对学生或运动员体育学习、运动训练和比赛获胜都起了至关重要的作用。

首先,运动直觉在体育学习和运动训练中的作用主要表现在两个方面:一是发现和纠正错误动作时,学生或运动员常常突然间顿悟了动作毛病出在哪里、根源是什么、解决问题的途径是什么;二是指导者和学习者在学习与训练过程中信息交流的相互意会。指导者在将自身经验传授给学习者或指出学习者动作存在的问题时,有时会感到自己语言贫乏。这并不是因为指导者表达能力不足,而是问题本身就不易言传,需要由学习者自己体会。显而易见,这种体会是以学习者的专业知识和运动直觉能力为基础的。

其次,运动直觉在比赛中的作用主要表现为当机立断,能迅速对瞬间发生的运动变化作出反应。在开放性运动项目中,这种作用更为显著。例如,排球运动员接、垫、扣球时,来不及等到看清球的方向再做动作,需要凭超前的思维预测完成相应的动作;篮球断球前的判断、对假动作的识别、对同伴和对方队员各种意图的猜测,以及棒球、垒球比赛中击球手对投球手投球的时空判断,拳击或击剑比赛中运动员对对手出拳、出剑的判断等都离不开运动直觉(任未多,邢玉香,1989)。

(二) 运动直觉的本质

1. 与运动知觉的关系

运动直觉与运动知觉既有密切联系,又有本质不同。

第一,运动知觉是运动直觉形成的基础。没有运动知觉,运动直觉就成了无源之水。运动知觉对象结构的性质必将影响运动直觉的效果。一般而言,运动直觉强的人,其运动知觉也必然比较敏锐。例如,球类运动员在紧张的比赛中,主要是靠直觉思维判明形势、随机应变的,所以他们的知觉特别敏锐。优秀的传球手能清晰地看到球的动向,并据此做出接传球的准备和反应。因此,有经验的教练都把训练运动员的知觉作为一项重要的基本任务。

第二,运动直觉不等同于运动知觉。鉴于运动知觉对运动直觉具有重要的意义,曾有学者认为,运动知觉预测的实质就是运动直觉思维(马启伟,1996)。然而,运动直觉思维虽有赖于运动知觉,但它们之间有质的不同。运动知觉预测属于知觉的范畴,是一种感性认识,并不具有反映事物性质、联系和关系的功能;而运动直觉是一种非逻辑思维,虽然有赖于运动知觉,但它仍属于思维的范畴,是一种理性认识,不仅能反映事物的外在联系和关系,而且能揭露事物的本质和规律,反映事物的内在联系和关系,在功能上可以达到与推理思维相同的效果。

2. 与其他思维形式的关系

直觉思维不等于经验思维。尽管直觉思维与经验思维均以经验为前提,但是经验思维要求当前情境在总体上与原有经验完全相同或基本相似,而直觉思维不是过去经验的简单复现,而是一种创造性的建构过程。直觉思维通常以想象力拓展和改造原有经验,创造性地弥补经验的某些空白(任未多,邢玉香,1989)。

运动直觉与科学直觉同属认知思维,但运动直觉不同于科学直觉。首先,运动直觉是主体处于适宜的运动兴奋状态下产生的,这一状态与当时的运动情境有关。而科学直觉有时在反复思考后的松弛状态下产生,如在休息、散步甚至朦胧中出现。其次,运动直觉是运动情境与信息复合刺激诱发的一时性产物,不会反复出现;而科学直觉是冥思苦想后的顿悟,或是循着某一思路而产生的,出现后常常萦绕脑际。最后,运动直觉的结果难以用逻辑思维验证,而科学直觉通常同时或随后辅以逻辑思维验证。

运动直觉也不同于艺术直觉,后者带有很大的主观性和情感性。而运动直觉恰恰相反,一旦主体带有主观性和情感性,势必影响直觉的正确性。

运动中的直觉与战术思维的关系极其密切。例如,张廷安(1997)在对我国男子少年足球运动员的进攻战术活动进行研究时,提出的足球战术意识的思维类型中包括直觉思维。他指出,由于足球比赛中的直接对抗程度是所有球类项目中最激烈的,因此,常常要在极度对抗的状态下进行战术思维活动,以经验的"直觉"的方式解决自己面临的战术任务。谭朕斌(1998)提出,战术思维的形式依篮球运动员在场上的不同位置和承担的不同战术任务而有所侧重,中、前锋队员多与局部战术配合有关,所以他们常常以经验和直觉的形式来进行战术思维。此外,他认为,在培养篮球运动员的运动战术思维的过程中,既要重视理性的、逻辑的思维训练,又不能忽视非理性的、直觉的思维训练。只有将两者有机结合起来,才能全面提高运动员的运动战术思维水平。

运动中的直觉有助于激发创造性思维。在激烈对抗的运动场上,运动员有时创造性地随意组合或即兴发挥而做出一些高难度动作,这些难以再现的高超表演,正是创造性思维的产品,它是在外界多种刺激瞬间诱发的运动直觉的引导下完成的。

(三) 运动直觉的特点

1. 无意识性

运动中的无意识内容主要来自两个方面:(1)非意识性,指原有训练过程中获得的处于意识阈水平之下的内容,它们虽然暂时未能上升到显意识水平,却并未消失,在一定条件下仍可转换成显意识的知识。(2)自动化,指通过训练处于显意识水平的理性化经验,由于熟练而暂时"积淀""下潜"于无意识或前意识的领域,可在一定条件下迅速上升进入意识的中心,而无须付出巨大的意志努力。

对于运动直觉过程,运动者既不能清晰地意识到,也不能进入长时记忆。这主要是因为运动场上大量的其他信息同时或接连进入大脑,冲击或抑制了运动直觉活动过程在大脑中的记忆,也导致主体无法解释自己的行为。

2. 快速性与灵活性

由于运动直觉是以跳跃的方式对事物的最后结果的直接把握,而不是在逻辑思维的长链上逐环推进,从而省去了一些中间过程。运动直觉通常又是以自动化或半自动化的方式进行的,主体不一定要付出巨大的意志努力,从而大大节省了时间。另外,运动场上的战况瞬息万变,要求运动员必须具有相应的瞬间判断和应变能力,缺乏这种能力将导致运动员陷入无所适从、束手无策的境地。

3. 直接性

运动直觉的判断往往与大强度的身体运动联系在一起,判断的结果正确与否通过即刻的动作成败就可以得到验证。

4. 情景性

运动直觉由外界运动刺激激发并随运动情景的变化而变化。它是一种心物感应活动,是人脑与环境相互作用的结果。换言之,运动直觉是主体在一定状态和心理定式下,在运动情景中对运动现象瞬间产生的一种共鸣与沟通。因此,运动直觉的结果没有普适性。

5. 或然性

或然性指的是事件随机发生,具有不确定性。由于没有思维的逻辑验证,运动直觉判断的结论既可能正确,也可能不正确,具有或然性的特点。然而,由于运动员的直觉能力具有强弱好坏之分,运动直觉判断结果的正误率往往取决于运动员的运动直觉能力。运动直觉能力越强,成功判断的概率越高。

(四) 影响运动直觉的因素

1. 运动水平

有关实验研究已经证实,只有高水平运动员才有较好的运动直觉能力,初学者的运动直觉能力往往较差。例如,波尔和格伦克罗斯(Paull & Glencross, 1997)曾对棒球投击环节进行分析。他们指出,在棒球比赛中,从投手快速挥臂到球飞至击球区约费时 470 毫秒,而在球离击球区大约 6—7 米时,击球员就必须挥棒击球,这样,击球员就必须在投手掷出球大约 240—260 毫秒时完成认知操作。这比人对一个警报信号的反应时慢不了多少,却比人在复杂选择情境下的反应时快得多。优秀棒球选手在如此短的时间内可以进行正确判断,借助的正是运动直觉(王斌,2002)。

韩晨(2000)借鉴国外研究中的知觉预测模式,考察了棒球优秀运动员与一般水平运动员在判断球通过好球区落点时的准确率和时间。实验结果表明,两组被试的操作成绩由于运动训练技术水平的不同而表现出显著差异。随着定格与情境压力因素的转换,两组被试的操作成绩在不同水平上呈现出相似的走向,从而用实验揭示出棒球投击环节背后隐藏的运动直觉对操作成绩的影响。

运动水平对运动直觉具有一定的制约作用,这在一定程度上表明,运动直觉主要是后天学习的结果。

2. 运动项目

不同运动项目和项群的运动直觉表现可能会有所不同。在技能主导类的同场对抗性项群中,运动直觉的表现丰富、典型且明显。这是由开放式运动技能和该项群竞争激烈、攻防转换快和技战术复杂多变的特点所致,因为运动直觉的直接性、快速性和或然性等特点正好符合这类项群的特征。因此可以推测,在技能主导类的隔网对抗类和格斗类项群中,也会有较多和较典型的运动直觉表现;而在一些技能主导类的准确性和难美类项群上,运动直觉的表现会相对少一些。在一些体能主导类项群,特别是耐力性项目上,运动直觉的表现会较少,而且不明显。不同项群运动知觉表现的高低如图2-2所示。

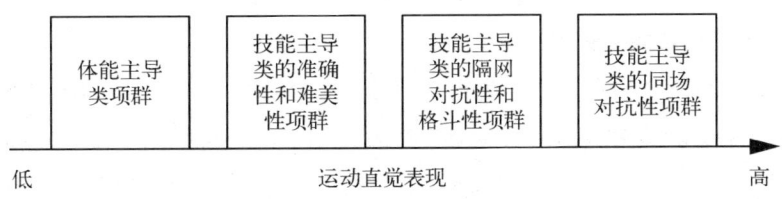

图2-2 不同项群的运动直觉表现
资料来源:王斌.(2004).运动直觉的理论建构.北京体育大学学报,27(2),184—187.

3. 经验积累

运动直觉虽与人的天赋有关,但它的形成还有赖于后天知识和经验的积累。从表面或形式上看,直觉好像是"无源之水,无本之木",而实际上它是以相应的知识、经验为基础的。一般说来,知识越渊博,经验越丰富,直觉思维的成效也越高。例如,一个有经验的教练在观察运动员训练中的气色、姿势、神情、动作质量以及呼吸和脉搏后就可以作出直觉判断,从而掌握运动员的运动量,提高其训练质量(叶国强,1992)。

知识经验为什么会提高直觉思维的功效?这是由于知识经验有助于知觉过程的重新组织,使知觉对象结构化,同时也能使人闻一知十、触类旁通,从而使人领悟到事物之间没有直接反映出的内在关系。然而,尽管运动知识和经验有助于形成运动直觉,但它只是直觉思维的必要条件而不是充分条件。运动知识和经验只有在其他条件的配合下,才能发挥它应有的作用。

4. 个体特点

人在各种心理品质上都存在个别差异。虽然人们可以推测运动直觉主要在后天形成,但不能排除这一事实,即有一类人可能天生就是直觉型的,他们具有形成较好的运动直觉的一些条件。运动直觉能力强的运动员往往能够在变化快、信息少的比赛情境下迅速而准确地作出判断,因而在运动场上常有一些"超常"的表现。

(五)运动直觉的培养

1. 增加直觉意识的发生机会

在体育学习、运动训练和比赛中,拓宽信息渠道,多观察、多练习、多交流、多思考。同时，利用声像电化教学反复创造观摩和研究的机会，有意识、有目的地增加直觉意识的训练。被誉为体操王子的李宁以前经常观看苏联体操运动员的录像片，培养直觉思维能力，创编自己的新动作。1985年国际体操新规则中首次出现了四个以中国运动员名字命名的动作，其中就有"吊环李宁——正吊臂后悬垂前摆上接直角支撑"和"双杠李宁——大回环转体180度成支撑"（叶国强，1992）。

2. 鼓励合理猜测与试错

适当地鼓励学生或运动员在体育学习、运动训练和比赛中对运动情境作一些合理的猜测与估计。体育教师或教练对学生或运动员的直觉判断的错误应持宽容的态度，必要时还可以做些安抚工作。一味指责，只能引起他们的情绪波动，抑制他们的运动直觉能力的发展（殷克明，2002）。

3. 加强实战与表象训练

在体育学习和运动训练中，在不确定的经验情况下进行试探性的反复实验，进行比较、分析、试验、修正，最后筛选出最佳方法，在确定方向的情况下进行强化练习，达到熟能生巧的境界。

要鼓励运动员赛前、赛中、练前、练后的想象和表象回忆。目前，运动心理学界认为，表象训练与自我暗示相结合的方法，对培养运动直觉能力大有裨益。如前所述，运动直觉的产生和发展离不开想象对旧有知识经验的拓展，表象或想象训练有助于发展运动员的想象能力，从而使运动直觉能力得到发展。

4. 急骤思维联想法的运用

把当代国外畅行的急骤思维联想法运用于运动领域，进行运动情景的急骤联想或急骤应变等各种变式的训练，是培养运动直觉能力的有效方法（殷克明，2002）。

5. 一旦直觉出现要抓紧完善和验证

一旦运动直觉被触发信息和机遇启动，应十分重视，抓紧完善和验证，不要随便放弃和中断。

本章提要

- 运动认知主要包括运动中的感知觉、记忆、思维和注意。运动中的感知觉主要涉及运动中的时间知觉、空间知觉和运动知觉。专门化运动知觉是运动员长期从事某一运动项目而形成的一种特殊的运动知觉，它包括速度感、球感、水感和平衡感。
- 知觉预判也被称为知觉预测、知觉预期，是指个体利用知觉信息的部分资源或先行资源准确预测即将发生的事件的能力。在技能主导类对抗性运动项目中，它是个体最核心的心理素质,是先天因素与后天因素相互作用的结果。正确的预判有助于运动员在比赛中取得好的运动成绩。影响运动员知觉预判的因素有运动水平、信息的利用、视觉搜索策略和心理预期。加强对运动员的认知训练和模拟训练有助于培养他们的知觉预判能力。

- 信息加工的观点认为,记忆是人脑对外界输入信息的编码、存储和提取的过程。它可以分为瞬时记忆、短时记忆和长时记忆三个独立而又相互联系的阶段。其中,长时记忆又可以分为:(1)情景记忆和语义记忆。情景记忆是对亲身经历过的事件的记忆。语义记忆又叫逻辑记忆,是以语词为内容的记忆。相对而言,情景记忆比语义记忆更容易保持。(2)陈述性记忆与非陈述性记忆。陈述性记忆以陈述性知识为内容,即事实类信息,这类信息可以用言语表达,包括字词、定义、人名、时间、事件、概念和观念。非陈述性记忆是关于该怎样做事情或如何掌握技能的记忆,通常包含一系列复杂的动作过程。程序记忆是非陈述性记忆中最主要的一种,主要包括对知觉技能、认知技能和动作技能的记忆。(3)外显记忆和内隐记忆。外显记忆是指个体对各种各样事物的有意识记忆。对外显记忆的测验是一种直接测验。内隐记忆是指个体无须作出有意识努力而对过去所经历信息的回忆或提取,它一般是自动发生的。对内隐记忆的测验是一种间接测验。
- 编码时的意识状态(有意编码大于自动编码)和加工深度会对长时记忆的检索产生影响。
- 影响运动记忆的因素有:目的任务、信息加工的深度、练习背景与测试背景之间的关系、识记动作的位置与距离。促进运动记忆有效性的策略有:增强动作的意义,讲解与示范后立即进行动作练习,运用组块化学习策略与合理组织学习材料,动作练习要达到过度学习程度,选择识记动作的最佳时间,避免前摄抑制和倒摄抑制,掌握遗忘规律且正确及时地复习。
- 运动中的思维主要包括操作思维、运动战术思维和运动直觉三种形式。
- 操作思维是指反映肌肉动作和操作对象的规律,以及它们之间相互关系的思维过程。它的主要特点在于行动性。对动作的操作主要以预测对手或同伴最可能采取的行动为基础。影响操作思维的因素主要有运动项目和运动水平。
- 运动战术思维是指在运动竞赛前和运动竞赛过程中,预测比赛进程、确立战术意图、制定各种战术方案、规划和运用各种战术手段的思维过程。运动战术思维的特点包括有效性、敏捷性、灵活性、预见性、创造性,并与情绪和意志紧密联系。
- 运动直觉是直觉思维的一种特殊表现形式,是指个体在复杂的运动情境中,根据有限的信息,不依据某一固有的逻辑规则,迅速而直接地对运动情形进行分析,从整体上识别、判断、估计运动现象及其规律的运动思维。运动直觉能力对学生或运动员的体育学习、运动训练和比赛获胜至关重要。运动直觉的特点包括无意识性、快速性与灵活性、直接性、情景性和或然性。影响运动直觉的因素有运动水平、运动项目、经验积累和个体特点。培养运动直觉要增加直觉意识的发生机会,鼓励合理猜测与试错,加强实战与表象训练,运用急骤思维联想法。直觉一旦出现就要抓紧完善和验证。

教学活动设计

1. 根据自己的实际情况,探索出适合自己的提高运动记忆有效性的策略。
2. 在某次实战前,制定一个有效应对赛场情境的战术计划。

复习与思考题

1. 试述如何培养学生或运动员的专门化运动知觉。
2. 简述知觉预判的意义。
3. 试述影响运动员知觉预判的因素。
4. 简述影响运动记忆的因素。
5. 试述提高运动记忆有效性的策略。
6. 简述运动直觉的特点。
7. 试述如何培养学生或运动员的运动直觉。

第三章 运动中的情绪

本章细目

关键概念

第一节 心境状态与运动表现

一、什么是心境状态

（一）心境状态的概念

（二）心境状态产生的原因

（三）心境与其他心理因素之间的关系

二、心境状态的测量

三、心境状态剖面图和摩根的心理健康模型

四、运动中的心境状态与其他因素之间的关系

（一）成就水平

（二）运动类型

（三）主观评价

五、赛前心境状态对运动表现的预测

六、心境状态与运动疲劳的监测

七、人格与心境状态的交互作用模式

对运动表现的预测

第二节 唤醒与运动表现

一、唤醒的概念

二、唤醒的测量

三、唤醒水平与运动表现的关系

（一）倒 U 形假说

（二）内驱力理论

（三）个人最佳功能区理论

（四）逆转理论

第三节 焦虑与运动表现

一、什么是焦虑

二、焦虑的分类

（一）特质焦虑和状态焦虑

（二）躯体焦虑和认知焦虑

（三）躯体状态焦虑、认知状态焦虑和状态自信心

三、焦虑的测量

（一）纸笔测验

（二）行为测量

（三）生理生化指标的测定

四、焦虑与运动表现的关系

（一）马滕斯的多维焦虑理论

（二）琼斯和斯万的强度、方向和频率理论

五、影响运动焦虑的因素

（一）个人因素

（二）情境因素

六、如何克服体育运动中的焦虑

本章提要

教学活动设计

复习与思考题

关键概念

心境状态　　心境状态剖面图　　唤醒　　倒 U 形假说　　内驱力理论
个人最佳功能区理论　　逆转理论　　特质焦虑　　状态焦虑　　躯体焦虑
认知焦虑　　状态自信心　　焦虑的强度　　焦虑的方向　　焦虑的频率
交互作用模式

人的情绪是依据其生理需要是否得到满足而产生的一种主观体验。它在运动中的功能主要表现为动力功能,即情绪在运动中具有激发、组织、维持和导向等作用。运动中的情绪主要有心境、激情、紧张和焦虑几种表现形式,它们与运动表现关系密切。因此,情绪历来是运动心理学研究的一个重点。

第一节　心境状态与运动表现

一、什么是心境状态

(一) 心境状态的概念

心境是人在一个相当长的时间内持续存在的某种情绪状态。它持续而微弱,稳定而弥散,使整个人都处于某种情绪之中。心境具有对其他心理活动与行为的监视作用和控制效果。心境有积极和消极之分。愉快、恬静的心境有积极的作用,而郁闷、担心和紧张的心境有消极的影响。良好的心境有助于积极性的发挥,克服困难,提高活动的效率;消极的心境使人沉闷,容易在困难面前低头、退缩,并使活动效率减弱(朱智贤,1989)。

(二) 心境状态产生的原因

心境状态产生的原因是多方面的,工作的顺逆、事业的成败、生活中的重大事件、学习的优劣、教师的批评与表扬、运动竞赛的胜负、人际关系、天气的变化、生活环境或自然景色,甚至身体健康状况等,都能唤起不同的心境状态。然而,人有时也无法清楚地觉察某种心境产生的确切原因和它的作用。

(三) 心境与其他心理因素之间的关系

心境与人的认知和个性存在相互作用、相互影响的关系(邢建辉,姒刚彦,1996)。

1. 心境和认知

一方面,认知对心境有一定的影响,即因刺激而产生的对该刺激的认知和反应,在一定程度上决定了心境的性质。另一方面,心境也会对认知产生影响,即人们一般会作出与心境和谐一致的判断,记住并引发与心境和谐一致的材料,最后以与心境相一致的方式采取行动。也就是说,心境对推理内容、信息加工方式、决策风格等都有影响。良好的心境能引发积极的记忆与想象,而不良的心境会导致带有消极色彩的认知。人对有关刺激的认知加工反应的速率、方向和性质,在一定程度上受心境性质的制约。总之,心境和认知并不是两个孤立的心理因素,它们相互作用、相互影响,构成了心理过程中不同的心境性质和不同的认知结果。

2. 心境和个性

人的个性既受一定的遗传素质的制约,又受后天环境和教育的影响。在一定程度、一定范围内,个性和心境也相互影响、相互作用。

就个性对心境的影响看,由于不同主体的需要、动机、兴趣和气质类型等不同,在同一刺激作用下,心境的性质、强度和持续时间也有所不同。所以说,个性倾向性和个性心理特征对心境的性质、强度和持续时间具有一定的制约作用。

此外,心境对个性也有一定的反作用。一般来说,不同性质、不同弥散程度的心境会导致主体对外界刺激的不同态度和不同反应形式。久而久之,人的兴趣、动机、能力、性格等也会发生相应的变化,即个性和心境在一定程度、一定范围内趋于一致。

二、心境状态的测量

心境状态优劣的测量是中外学者十分关注的问题。目前,对心境与体育运动之间关系的研究大部分采用心境状态剖面图(Profile of Mood States, POMS)。心境状态剖面图不仅是我国运动心理学研究中较常使用的量表,而且也是国际运动心理学研究中使用最为广泛的心境状态测量量表之一(Cox, 2002)。

心境状态剖面图是由美国的麦克奈尔(D. M. McNair)等人于1971年编制的一种心境状态自评量表,包括紧张、抑郁、愤怒、精力(或活力)、疲劳、慌乱6个分量表,共65个形容词。每个题目有5个等级分数:"0"表示全无;"1"表示有一点;"2"表示中等;"3"表示很多;"4"表示非常多。测量时要求被试在10分钟内,根据自己一周来的心境状态,在这些描述心境状态的形容词中选择最符合自己情况的等级,然后分别计算出各分量表的原始分数,并通过查阅常模,计算每个分量表的T分数(张力为,任未多,2000)。最后,用点线图的方式将各分量表的 T 分数绘制出来,得出被试的心境状态剖面图。

1992 年,澳大利亚的格鲁夫(J. R. Grove)等人简化和发展了心境状态剖面图,将原来的 65 个题目简化为 40 个,并增加了"与自我有关的情绪"分量表,后由我国学者祝蓓里等人修订,并建立了中国学生常模(张力为,毛志雄,2003)。心境状态剖面图用起来比较简便,尽管要求 10 分钟内完成,但许多被试 3—5 分钟内即可完成。

专栏 3-1　　　　　　　　简式心境状态剖面图

姓名_____　性别_____　文化程度_____
项目_____　等级_____　日　　期_____

请根据下列词单评估你在上一周(包括今天)的感受。列出的每一个形容词均只能在五种选择中选出最符合你的实际感受的一项,并在相应的小圆圈内打"√"。

	几乎没有	有一点	适中	相当多	非常地
1. 紧张的	○	○	○	○	○
2. 生气的	○	○	○	○	○
3. 无精打采的	○	○	○	○	○
4. 不快活的	○	○	○	○	○
5. 轻松愉快的	○	○	○	○	○
6. 慌乱的	○	○	○	○	○
7. 为难的	○	○	○	○	○
8. 心烦意乱的	○	○	○	○	○
9. 脾气坏的	○	○	○	○	○
10. 劳累的	○	○	○	○	○
11. 悲伤的	○	○	○	○	○
12. 精神饱满的	○	○	○	○	○
13. 集中不了注意的	○	○	○	○	○
14. 自信的	○	○	○	○	○
15. 内心不安的	○	○	○	○	○
16. 气恼的	○	○	○	○	○
17. 筋疲力尽的	○	○	○	○	○
18. 沮丧的	○	○	○	○	○
19. 主动积极的	○	○	○	○	○

20. 慌张的	○	○	○	○	○
21. 坐卧不宁的	○	○	○	○	○
22. 烦恼的	○	○	○	○	○
23. 倦怠的	○	○	○	○	○
24. 抑郁的	○	○	○	○	○
25. 兴致勃勃的	○	○	○	○	○
26. 健忘的	○	○	○	○	○
27. 有能力感的	○	○	○	○	○
28. 易激动的	○	○	○	○	○
29. 愤怒的	○	○	○	○	○
30. 疲惫不堪的	○	○	○	○	○
31. 毫无价值的	○	○	○	○	○
32. 富有活力的	○	○	○	○	○
33. 有不确定感的	○	○	○	○	○
34. 满意的	○	○	○	○	○
35. 担忧的	○	○	○	○	○
36. 狂怒的	○	○	○	○	○
37. 抱怨的	○	○	○	○	○
38. 孤弱无助的	○	○	○	○	○
39. 劲头十足的	○	○	○	○	○
40. 自豪的	○	○	○	○	○

资料来源：祝蓓里，季浏. (2000). 体育心理学. 北京：高等教育出版社，pp. 267—268.

三、心境状态剖面图和摩根的心理健康模型

摩根(W. P. Morgan)是最早在运动和锻炼情境中应用心境状态剖面图的研究者之一。他曾对世界级水平的优秀运动员(包括摔跤、长跑、自行车手和划船手)进行研究，结果发现：(1) 与常模样本相比，优秀运动员的心境状态剖面图表现为消极情绪得分低而精力得分高；(2) 优秀运动员比非优秀运动员表现出更健康的心境状态剖面图，摩根将这一现象称作心理健康模型。根据这个模型，成功的运动员被认为是一个心理健康的个体。摩根绘制了优秀运动员的心境状态剖面图得分图(如图3-1所示)。优秀运动员的心境状态剖面图通常呈冰山形状，即所有的消极情绪得分都低于一般水平，而精力得分高于一般水平，该心境状态剖面图也因此被称作冰山剖面图；不成功的运动员，其心境状态剖面图则较为平坦。

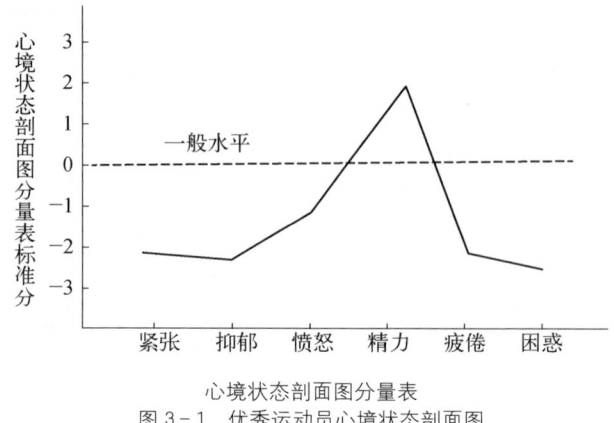

图 3-1 优秀运动员心境状态剖面图

四、运动中的心境状态与其他因素之间的关系

（一）成就水平

摩根的研究指出，心境状态剖面图是评价运动员潜能的有效工具，可以用来区分不同技术水平的运动员。但是，摩根之后，也有许多学者的研究未能支持他的观点。持异议的学者们认为，摩根等人提出的是运动员心理健康状态的冰山剖面图，它只能说明运动员与非运动员的心理健康水平有所不同，而不能鉴别运动员的运动能力水平，更不能作为选拔运动员的依据，而且在使用时，使用者必须很小心地防止社会期望效应。例如，比迪等人(Beedie, Terry, & Lane, 2000)对13项涉及2 285名运动员心境状态的研究进行元分析后发现，不同水平的运动员的心境状态是相似的，只在精力维度上有微小的差异(Cox, 2012)。

（二）运动类型

对于心境状态对运动表现的预测效果，比迪等人(Beedie et al., 2000)的研究得出下列结论：(1) 与封闭性技能相比，对开放性技能表现的预测要好一些；(2) 与团体项目相比，对个人项目表现的预测要好一些；(3) 与长时间的运动项目（如篮球、排球）相比，对短时间的运动项目（如划船、摔跤）表现的预测要好一些。

（三）主观评价

与客观评价相比，主观评价时，运动员心境状态与运动表现的关系更强。比迪等人(Beedie et al., 2000)的研究①指出，如果只是要预测某位运动员在比赛中是输

---

① 比迪等人(Beedie et al., 2000)的研究是一项二次元分析的结果，包含16个小研究、102个效果量和1 126个被试。这个研究的整体效果量为0.35，属于小到中等水平的效果量。效果量为0.20、0.50和0.80，可以分别看作弱、中等和强相关(Cox, 2015)。

还是赢,或预测他是否会比别的运动员表现得好,那么心境状态对运动表现的预测就较差(效果量为 0.28);如果是看运动员的表现是否接近个人的预期值或以前的最好成绩,那么心境状态对运动表现的预测就较好(效果量为 0.37)。

专栏 3-2　　　　　　　主观自我参照结果的例子

当行为结果是主观的或以自我为参照的,而不是客观的时,预测的效果量更好。主观自我参照结果的例子如下。

1. 赛后对行为的自我评价

在赛后对行为的自我评价过程中,运动员有机会在主观上评价自己对行为的感觉,而不必考虑客观的行为结果(赢或输)。

2. 个人最佳的百分比

运动员的行为可以依据其个人最佳表现的百分比来评价。如果他输掉了比赛,但个人的最佳表现达到了 95%,这就比赢得了比赛但个人的最佳表现只达到了 90% 的结果好。

3. 与预期的比较

与预期的比较就是运动员将自己的实际表现与预期表现进行对比。无论客观的结果如何,只要运动员的实际表现优于他的预期,那么,就可以认为他在运动中有一个好的表现。例如,在正常情况下,某田径运动员的 100 米跑的成绩为 10.35 秒,而这次比赛他的成绩是 10.23 秒,那么无论这次比赛他的排名如何,都可以说他的表现不错。

资料来源:[美] Cox,R. H. (2015). 运动心理学(第 7 版). 王树明,等,译. 上海:上海人民出版社,p.173.

五、赛前心境状态对运动表现的预测

莱恩等人(Lane & Terry,2000)提出了一个心境状态的概念模型,用于解释赛前心境状态与运动表现之间的关系。莱恩等人认为,抑郁是调节心境状态与运动表现之间关系的一个中介变量。如图 3-2 所示,高抑郁导致愤怒、紧张、困惑和疲惫增强,活力下降,这些会对运动表现产生不良的消极影响。而在无抑郁的情况下,活力对运动表现具有积极的促进作用;疲惫和困惑对运动表现具有消极的不良影响;愤怒和紧张与运动表现具有倒 U 形的关系,这类似于唤醒与运动表现之间的关系,即适度的愤怒和紧张对运动表现具有促进作用,但过高的愤怒和紧张会对运动表现产生破坏性影响。

莱恩等人(Lane et al., 2002)曾采用心境状态剖面图(青少年版),对 451 名学龄儿童进行心境测试。测试在一项跑步比赛开始前10分钟进行。该项比赛是一种根据距离和时间的自我参照比赛。研究结果显示：与概念模型相一致，抑郁组被试的愤怒、困惑、疲惫和紧张的得分比非抑郁组高，而精力的得分低一些；与非抑郁组相比，抑郁组被试的愤怒、紧张、困惑、疲惫和精力情绪存在较强的相关性。正如预期的那样，无论抑郁水平如何，精力都可以显著地预测运动表现的提高；但是，困惑和疲惫未能如预期那样预测运动表现的降低；对于抑郁组被试，愤怒可以预测运动表现的降低，但是，非抑郁组被试的愤怒以及两组被试的紧张都未能如预期那样影响运动表现。总之，这一研究为莱恩等人（Lane & Terry,2000）的概念模型提供了部分支持。

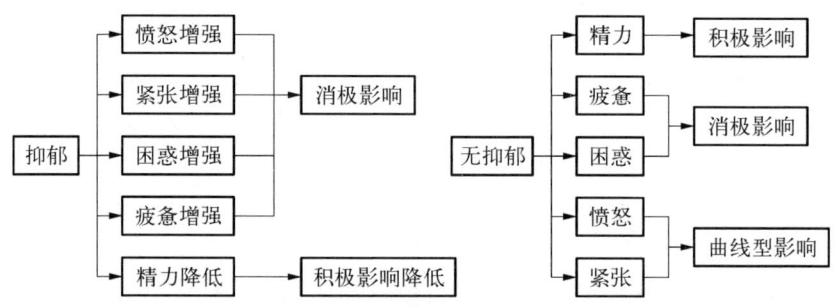

图3-2 赛前心境状态预测运动表现的概念模型

资料来源：[美]Cox,R. H. (2015). 运动心理学(第7版). 王树明,等,译. 上海：上海人民出版社,p.174.

六、心境状态与运动疲劳的监测

运动疲劳是大强度训练引起的生理心理症状。承受较高强度训练的运动员或多或少都有运动疲劳的经历。运动疲劳的运动员常常具有消极的情绪体验，如焦虑、抑郁、愤怒等。与无运动疲劳的运动员相比，运动疲劳的运动员更为冷漠、厌倦、急躁等。枯燥的高强度训练是造成严重运动疲劳的主要原因，而心境状态失调被认为与不适应的运动负荷相关。国外学者利用心境状态剖面图量表进行的研究显示，过度疲劳或过度训练会导致明显的负性心境状态。当训练刺激增加，心境状态困扰也随之增加，特别是训练时间太长时，训练负荷量越重，心境状态困扰也越大。心境状态困扰包括沮丧、愤怒、疲劳增加和精力下降。相对地，训练负荷减轻时，情绪也会得到改善（袁航，李京诚，陈晓利，2004）。当运动员过度训练时，他们的心境状态会出现反冰山剖面图，也就是说，紧张、抑郁、疲劳和慌乱等消极情绪得分较高，而精力得分较低。因此,人们将心境状态剖面图作为运动训练负荷的监测指标以防止过度训练。

我国学者廖八根等人(2004)在对心境状态剖面图量表进行修订的基础上,尝试运用心境状态剖面图量表对运动疲劳进行监测。他们以广东省男女举重、游泳、田径队的102名运动员为对象,将进行大、中负荷训练后自诉有疲乏感、经1—2天休息后疲乏感不能消除、随后没有严重伤病而周成绩下降者,定为过度训练者。研究结果表明,运动员处于过度训练时,心境状态量表总分显著升高,但不同性别在分量表的表达方式上不一致,男性在疲劳—迟钝和愤怒—敌视两个分量表上表现突出,而女性在紧张—焦虑、抑郁—气馁两个分量表上表现明显。该研究认为,用心境状态剖面图量表来诊断过度训练的准确性,男性为80%,女性为84.8%。

七、人格与心境状态的交互作用模式对运动表现的预测

在运动心理学关于行为的研究中,特质论心理学家在考虑运动行为的成因时,通常只考虑人格特质的影响,而不考虑特殊情境可能会影响个体的运动行为;情境论心理学家则主张运动行为大多是由环境决定的,人格特质的作用较小。然而,交互作用理论认为,虽然人格特质和情境因素确实都能影响运动行为,但特质论与情境论不能真正地预测运动行为,在预测运动行为时,需要将人格特质与情境因素一并考虑,不仅要意识到人格特质和情境因素可以单独决定行为,而且要注意它们可以以独特的方式相互作用或相互结合来共同影响运动行为。例如,一个具有高度攻击性特质的足球迷,在自己喜欢的球队失败时,如果是和他的母亲一起看球赛,他可能不会产生暴力行为;而如果是和与他一样具有高度攻击性特质的朋友一起看球赛,他的暴力特质就可能会被引发(季浏,殷恒婵,颜军,2016)。因此,交互作用理论提出了人格特质和情境预测运动行为的公式:

$$运动行为 = 人格 + 情境 + 人格 \times 情境 + 误差$$

公式中的误差是指所有可能影响运动行为但无法测量的因素。

有研究者在利用交互作用理论预测运动表现时,将测量获得的心境状态作为情境因素,发现人格特质与心境状态确实存在相关。例如,帕拉帕韦西斯等人(Prapavessis et al.,1994)将运动员按人格变量划分为高分组和低分组,观察各组别的表现发现,在某些特定的情绪状态下,不同组别的表现各不相同;席尔瓦等学者

(Silva et al.,1981)用某些特定的人格特质和心境状态来预测运动员的能力,发现预测的准确率可达80%。

第二节 唤醒与运动表现

一、唤醒的概念

唤醒指有机体总的生理性激活的不同状态或不同程度。这种状态是进行脑力活动或体力活动的生理基础,由神经系统的兴奋性水平、腺和激素的水平,以及肌肉的准备性所决定。

当内部或外部刺激作用于感受器所产生的神经冲动沿传入神经进入延脑后,将沿着两条通路行进:一条是特异性神经通路,它沿着延髓背侧,经中脑、间脑到达大脑皮层的特定区域,引起特定的感觉,如各种视觉或听觉;另一条是非特异性神经通路,它沿着延髓腹侧,贯穿延髓、中脑、间脑的脑干网状结构,弥散性地投射到大脑皮层的广大区域,引起皮层下所经部位及皮层的兴奋状态,这也被称为唤醒或激活(马启伟,张力为,1998)。

个体总是处于某种唤醒水平,即便处于睡眠状态,大脑和肌肉中仍然存在着生物电的活动。因此,如图3-3所示,可以说个体的唤醒水平总是在从深度睡眠到高度兴奋这一连续线上变化。唤醒水平的变化与刺激的强度关系密切,而与刺激的性质之间的相关性较小。无论是令人高兴的还是痛苦的刺激,都可能在唤醒水平上出现相似的变化(季浏,殷恒婵,颜军,2010)。

图3-3 唤醒水平的连续线

唤醒有三种表现。脑电唤醒,指刺激可以使脑电出现去同步化的低压快波;行为唤醒,指非麻醉动物唤醒时都伴随的行为变化;植物性唤醒,指自主神经系统的活动。三者可以同时存在,也可以单独存在。唤醒对维持与改变大脑皮层的兴奋性、保持觉醒状态起主要作用。它为注意的保持与集中,以及意识状态提供能量。

唤醒和应激有所不同。应激是一个过程而不是一种状态,它是个体对环境威胁与挑战的适应和应对过程,包括应激事件、认知评价和应激反应三种主要成分。个体在应激中的生理、认知、情绪和行为反应会在唤醒水平中表现出来,如应激反应中的焦虑会表现为个体唤醒水平的提高。

二、唤醒的测量

唤醒的测量通常是通过生理指标或心理自我陈述问卷来进行的。鉴于唤醒的概念更多是指有机体的生理激活状态,而心理自我陈述问卷更多用来测量个体的焦虑水平,所以这里主要介绍唤醒的生理测量方法。

常用的唤醒生理测量方法有六种(胡桂英,2008):(1) 脑电图(EEG)。脑电波由 α 波(8—13 Hz)到 β 波(14—30 Hz)的变化,标志着唤醒水平由十分放松状态向兴奋状态的变化。(2) 皮肤电(GS),即测量皮肤对电流的传导性与电阻。唤醒水平的提高可导致汗液分泌的增加,使皮肤的导电性升高。(3) 心率(HR)。心率增加或其他改变可能意味着唤醒。唤醒水平的提高会伴随心率的上升。(4) 血压(BP)。唤醒水平的提高与血压的增高有一定关系。(5) 肌电图(EMG)。局部的肌肉紧张情况可以通过肌电图得到反映,其强度和形式可以反映个体所处的唤醒水平。(6) 肾上腺素、去甲肾上腺素或皮质醇的浓度。当个体处于应激时,这些生化指标的变化可以在尿样或血样中被检测出来。

唤醒的生理测量有许多优点。首先,它不受言语表达能力的影响;其次,它几乎适用于所有人,自我观察能力并不是生理测量的先决条件。

但是,唤醒的生理测量也有不足之处。第一,测量手段之间的相关性不高;第二,不能解释为什么甲运动员对应激情境的反应是心率改变,而乙运动员对同一应激情境的反应是肠胃活动增加;第三,用于生理测量的某些仪器价格昂贵、笨重,使用不方便。

三、唤醒水平与运动表现的关系

目前,已有多种理论从不同视角来解释唤醒水平与运动表现之间的关系。

(一) 倒 U 形假说

1. 什么是倒 U 形假说

倒 U 形假说是人们在有关唤醒水平与运动表现之间关系的研究中讨论得最多的一

种理论,这一理论最初来自耶克斯—多德森定律(Yerkes & Dodson,1908)(见图3-4)。

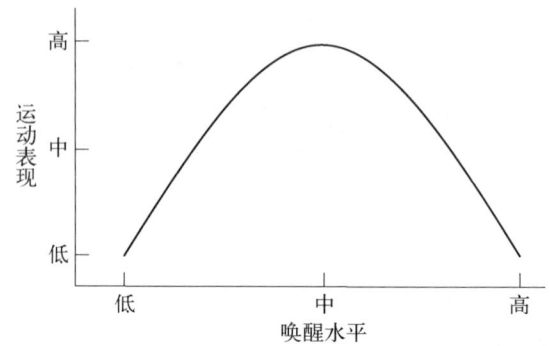

图 3-4　倒 U 形假说对唤醒水平与运动表现之间关系的解释

倒 U 形假说的第一个理论预测涉及不同唤醒水平与运动表现之间的关系。该理论认为,在昏昏欲睡的低唤醒水平到中等唤醒水平的临界点之间,运动表现将随着唤醒水平的提高向好的方向发展。当唤醒水平超过中等唤醒水平的临界点继续向高度唤醒方向发展时,唤醒水平的进一步提高将导致运动表现的逐渐恶化或成绩下降。一般而言,中等程度的唤醒对运动表现最为有利。

2. 影响倒 U 形假说的因素

影响倒 U 形假说的因素有工作任务性质和个体差异。

耶克斯和多德森在 1908 年令大白鼠完成不同难度工作任务的经典实验中就提出:"需要精细知觉辨认和复杂连接的工作技能,在较弱刺激下容易获得。相反,对简单工作的习惯建立,需要在强刺激下才易形成。"马奥尼(Mahoney,1979)指出,单一力量性任务(如举重)可以从高水平的唤醒中获益,而对于许多认知性任务(如高尔夫球),高水平的唤醒会造成不利的影响。奥克森丁(Oxendine,1970)对有关唤醒水平与任务性质之间关系的研究进行了总结,得出了三个结论:(1) 高水平唤醒对力量、耐力和速度性运动项目起促进作用;(2) 高水平唤醒对比较复杂、精细且要求协调、稳定的任务起阻碍作用;(3) 稍高于平均水平的唤醒对所有的运动任务都是适宜的。

马启伟等人(1996)提出,完成以体能成分为主的任务时,最佳唤醒水平处于较高的位置;任务的技能成分越多,最佳唤醒水平的位置就越低。如图 3-5 所示,不同的运动项目可能需要不同的唤醒水平以发挥出最好的成绩。短跑属于典型的体能性项目,赛前和赛中都需要相对较高的唤醒水平,才能创造佳绩;射击属于典型的技能性项目,赛前和赛中都需要相对较低的唤醒水平,才能一鸣惊人。

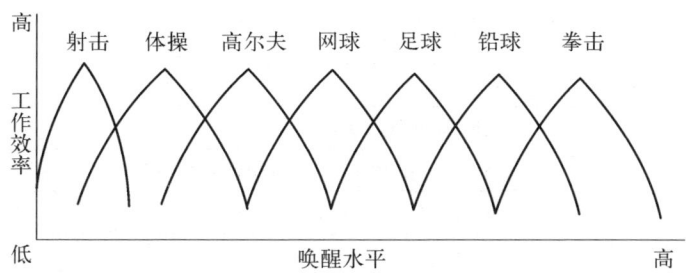

图 3-5 不同运动项目的最佳唤醒水平参考点

资料来源：张力为，毛志雄．(2003)．*运动心理学*．上海：华东师范大学出版社，p.72.

表 3-1 几种典型运动技能的最佳唤醒水平

唤醒水平	运 动 技 能
5 级（极度兴奋）	橄榄球阻挡和擒抱
	赛跑（约 201—402 米）
	仰卧起坐
	俯卧撑
	引体向上
4 级	助跑跳远
	很短距离或很长距离的赛跑
	推铅球
	游泳比赛
	摔跤和柔道
3 级	篮球技术
	拳击
	跳高
	大部分的体操技术
	足球技术
2 级	棒球投手和击球员
	花式跳水
	击剑
	足球前卫
	网球

续表

唤醒水平	运动技能
1级	射箭和滚球战
	篮球罚球
	橄榄球的踢球入门
	高尔夫球赛中向洞穴击球和短距离的推击
	花式滑冰画"8"字
0级(正常状态)	

资料来源：马启伟,张力为. (1998). 体育运动心理学. 杭州：浙江教育出版社, p. 100.

由于每个人具有的个性特征和技能掌握水平不同,因此对于相同的任务,每个人的最佳唤醒水平有所不同。有些人需要在较高的唤醒水平下才能获得满意的运动表现,而另一些人在较低的唤醒水平上出现优良表现的可能性最大。与最佳唤醒水平关系更为密切的个性因素是特质焦虑和性格的内外向性。例如,学生甲是一个容易紧张且性格内向的人,唤醒水平的微弱上升就会令其越过倒U形的顶点;学生乙有着较低的特质焦虑和外向的个性,其能忍受很高的唤醒水平而不影响自身的运动表现。因此,甲、乙两位学生在唤醒水平与运动表现的关系上,会存在明显的差异(季浏,等,2016)。

许多有关体育运动的实验研究的结果都证实了倒U形假说,但也有一些学者持不同的见解,他们越来越多地注意到唤醒水平与运动表现之间关系的复杂性,认为倒U形假说将两者的关系简单化了,现有的各种理论解释似乎还难以作为对这一关系进行解释的最后结论(季浏,殷恒婵,颜军,2016)。

(二) 内驱力理论

内驱力理论最初由赫尔(Hull, 1943)提出,后由斯彭斯等人(Spence et al., 1956)加以修正。该理论认为,运动表现是内驱力与习惯的乘积,可用公式表示为：

$$运动表现(P) = 内驱力(D) \times 习惯(H)$$

赫尔将内驱力的概念等同于生理唤醒,指所有行为均含有的普遍的和非特定的活动冲动。习惯指个体在完成运动技能时正确的和错误的反应所占的比例优势。例如,一个篮球初学者在罚球线上的投篮命中率是10投2中,即失误的比例达到80%,其此时的习惯表现为错误的或不熟练的投篮动作占优势地位。若一个高水平篮球运动员在同样情况下的投篮命中率是10投8中,即成功的比例达到80%,那么该运动员的习惯表现为正确的或熟练的投篮动作占优势地位。

内驱力公式对运动表现和唤醒水平之间的关系是如此解释的:在内驱力或唤醒水平提高时,运动表现或操作成绩是提高还是下降,取决于习惯。如果习惯为正,即习惯是正确的或优势反应是正确的,则运动表现或操作成绩提高;如果习惯为负,即习惯是错误的或优势反应是错误的,则运动表现或操作成绩下降。内驱力理论认为,唤醒水平与运动表现之间实际上是一种线性关系(如图 3-6 所示)。

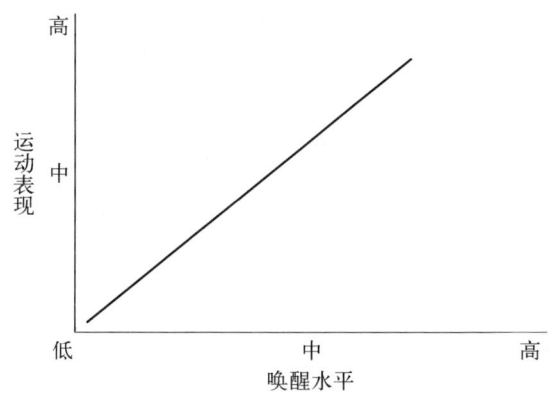

图 3-6 内驱力理论对唤醒水平与运动表现之间关系的解释

内驱力理论给人的启示是,在技能学习的初期阶段,当错误的或不熟练的动作反应占优势时,应尽量消除不必要的压力,使运动员在比较低的唤醒水平下练习,以降低错误动作的优势反应。而在技能学习的后期,当正确的或熟练的动作反应占优势时,可以通过提高唤醒水平来提高正确动作的优势反应,从而促进运动表现的提高。

内驱力理论提出的这种简单线性关系,可用于解释从事简单活动任务时人的唤醒水平与运动表现之间的关系,但不适用于解释复杂的或新的活动任务。因为在很多运动项目中,如足球、篮球、体操和乒乓球等,要界定某种个体行为习惯是正确的反应还是错误的反应很困难。

(三) 个人最佳功能区理论

苏联学者汉宁(Hanin,1989)提出的个人最佳功能区理论认为,每个运动员的技能操作过程中都存在一个理论上的个人最佳功能区段,当唤醒水平处于这一区段时,运动员有更多的机会获得最佳运动表现。该理论区别于倒 U 形假说之处在于,它否定中等唤醒水平较之低或高的唤醒水平更有利于技能操作的观点,而是强调个体的差异。汉宁认为,不同的运动员具有不同的最佳功能区段,即运动员能够最大限度地发挥自身竞技水平的唤醒程度存在个体差异。换言之,对某项运动活动而言,并不存在一个统一的适合于所有人的最佳唤醒水平。汉宁提供了一些数据来支持他的观点。他认为在赛前一周左右,运动员就可以准确预测自己的赛前状态焦虑。在一次重要的赛事前,根据运动员所认为的自己会出现的感觉来填写状态焦虑量表。另外,如果预期的赛前焦虑水平不在最佳功能区段范围之内,那么赛事临近时,教练就可以利用某种形式的干预,帮助运动员调节焦虑感。如果运动员报告说他认为自己的赛前焦虑比较低,教练在比赛开始前就可以运用某些方法帮助运动员提高他的状态焦虑。

个人最佳功能区理论注重个体差异,其对运动实践的指导意义在于,重视每一个运动员赛前的最佳唤醒水平,帮助他们到达各自的最佳功能区段。然而,值得注意的是,有一些调查的结果并不支持这一理论,而另外一些研究只是对这一理论有很弱或部分的支持。

(四) 逆转理论

1. 什么是逆转理论

逆转理论是由倒 U 形假说引申出来的,是对倒 U 形假说的一个有益补充。它的基本观点是,唤醒水平和主观体验到的愉快程度或操作成绩之间的关系不是简单的倒 U 形,而是 X 形(见图 3-7)。

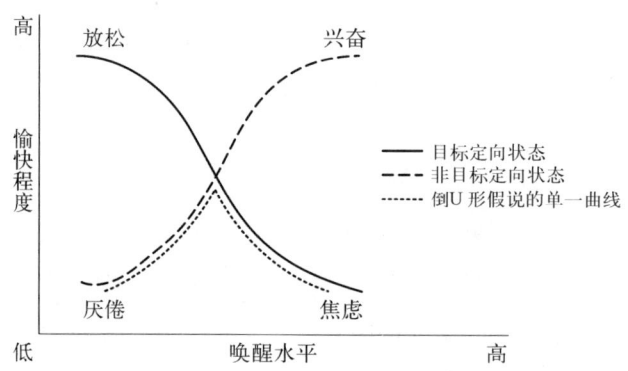

图 3-7 唤醒水平与情绪体验的关系

资料来源:马启伟,张力为. (1998). *体育运动心理学*. 杭州:浙江教育出版社, p. 121.

从图 3-7 中可以看出,同一种唤醒水平可能对应两种完全不同的主观体验。低唤醒既可能被体验为放松,也可能被体验为厌倦;高唤醒既可能被体验为焦虑,也可能被体验为兴奋。一种唤醒水平到底会引起什么样的主观体验,主要取决于学生或运动员处于何种动机状态。在目标定向状态下,低唤醒被体验为放松,高唤醒被体验为焦虑;而在非目标定向状态下,低唤醒被体验为厌倦,高唤醒被体验为兴奋。目标定向状态是指有明确活动计划和严肃态度的动机状态,非目标定向状态是指活动带有自发性和娱乐性的动机状态。一个人能时而处于目标定向状态,时而处于非目标定向状态,这就是逆转。也就是说,逆转理论图中的两条线并不是毫无关联的,一个人能在这两条线中跳动。这种跳动就是逆转。在实际训练中,将唤醒水平调到最佳状态是一件很困难的事情,与调节唤醒水平相比,转变动机状态可能更为迅速和容易(蒋丰,2003)。

2. 影响逆转理论的因素

影响逆转理论的因素有三:人和环境的变化、饱和效应,以及需要的满足。

人和环境的变化会引起逆转。例如,一位运动员到异地参加一项重要比赛,他本来处于目标定向状态,但到了比赛地后,由于吃住都好,享受到了前所未有的待遇,结果赛前他体验到的不是紧张而是兴奋。这里,就发生了从目标定向状态到非目标定向状态的逆转。

长期处于一种状态,就会产生饱和效应,这种饱和效应可能会引起逆转。例如,一位运动员当初玩乒乓球是因为兴趣,把它当成娱乐。但是,当他成为一名专业乒乓球运动员后,长时间的乒乓球训练使他产生了饱和效应,渐渐地,打乒乓对他来说不再是兴趣和娱乐,而成了一种任务。其实,对这位运动员来说,他是从非目标定向状态转变为了目标定向状态。

在一种可变性动机状态中,个体的需要没有得到满足时,挫折感也可能会引起逆转。

值得一提的是,上述三个因素是发生逆转的必要条件,但不是充分条件。这就使得逆转的发生到目前为止不能随意控制,这也是逆转理论应用于实践的最大障碍。

第三节 焦虑与运动表现

一、什么是焦虑

焦虑是一种伴随某种不祥之事可能发生的预感而产生的令人不快的情绪,包含紧张、不安、惧怕、愤怒、烦恼、压抑、神经过敏、担忧,并伴随着自主神经系统唤醒的一种复杂的情绪体验。美国社会心理学家卡根(J. Kagan)等人发现,人在不知道将会发生什么、不知道人们期望自己做什么、不知道最好的行动方针是什么的情况下,都有可能产生焦虑情绪。事情的不确定性是焦虑产生的根源(祝蓓里,季浏,2000)。

20世纪60年代起,焦虑问题越来越多地引起运动心理学工作者的兴趣,许多研究都试图解释焦虑的性质,以及焦虑与运动表现的关系。

二、焦虑的分类

(一) 特质焦虑和状态焦虑

卡特尔和沙伊尔(Cattell & Scheier, 1961)以及斯皮尔伯格(Spielberger, 1966, 1972)明确阐述了特质焦虑和状态焦虑的概念,并制定了相关量表进行相应的测量。

1. 特质焦虑

特质焦虑是指在各种情境中都容易产生焦虑反应的倾向,它是相当稳定的个体个性心理特征。一般而言,特质焦虑高的人,常会表现出焦虑,为许多事情担忧,对未来所有的事情几乎都有一种模糊的、心神不宁的感受。例如,某个特质焦虑高的运动员,无论是在训练、比赛中,还是在平时待人接物、发言、谈话、处理日常事务中,都具有情绪紧张、焦躁不安、忧心忡忡的倾向。

2. 状态焦虑

状态焦虑是指个体在特殊情境中表现出来的焦虑,是个体对变化的环境条件、环境压力的反应,是暂时性的,随时间而波动的,是一种包含生理成分、行为成分和认知成分的情绪特征群,其中的主要成分是认知成分,包括对自己能力和活动结果效价的认知等。例如,第一次参加重大比赛的运动员,在即将开始比赛时体验到的紧张、不安、恐惧等消极情绪,就是比赛前的状态焦虑。其程度的高低,取决于个体对比赛情境的认识、对自身运动技术水平的评价,以及比赛经验的多少等。特质焦虑与状态焦虑也有一定的关系。一般而言,特质焦虑高的人,也容易产生状态焦虑。

(二) 躯体焦虑和认知焦虑

利伯特和莫里斯(Liebert & Morris, 1967)首先提出,焦虑可能包含认知忧虑和情绪唤醒两种成分。根据焦虑在内容上的多维性,可以将焦虑分为躯体焦虑和认知焦虑。

躯体焦虑是焦虑的生理性特征,是由自主神经系统的唤醒引起的体验,通过心跳加快、呼吸短促、手心冰凉潮湿、胃部不舒服、头脑不清晰或肌肉紧张感的提高而表现出来。认知焦虑是焦虑的认知性特征,是指个体在主观上认识到有某种危险或威胁情境而产生的担忧,主要以担忧失败、对自己说一些消极的话和产生不愉快的视觉想象为特征。认知焦虑通常是由个体对自己能力的消极评价或对活动结果的消极期望引起的。躯体焦虑和认知焦虑虽在概念上独立,但在应激情境中可能存在共变的关系。

(三)躯体状态焦虑、认知状态焦虑和状态自信心

1982年,马滕斯(Martens,1982)提出将运动竞赛焦虑分为认知状态焦虑、躯体状态焦虑和状态自信心三个方面。躯体焦虑和认知焦虑上文已作介绍,躯体状态焦虑和认知状态焦虑只是更强调两种焦虑在运动中出现的状态特点。状态自信心是指在竞赛时或竞赛前后,运动员对自己的运动行为抱有的能否取得成功的信念。

三、焦虑的测量

(一)纸笔测验

由于只有体验到焦虑的本人才能直接描述这种焦虑的特点和强度,因此,焦虑的测量多采用自我陈述问卷。纸笔测验也是测量焦虑最常用的方法之一。表3-2列出了运动心理学家最常用的几种测量焦虑的量表。

表3-2 运动心理学家常用的焦虑量表

焦虑的类别	维度	量表	出处
特质	单维	斯皮尔伯格特质焦虑量表(TAI)	Spielberger(1983)
		运动竞赛焦虑测验(SCAT)	Martens, Vealey, & Burton (1990)
	多维	认知躯体焦虑问卷(CSAQ)	Schwartz, Davidson, & Goleman (1978)
		运动焦虑量表-2(SAS-2)	Smith, Smoll, Cumming, & Grossbard(2006)
状态	单维	斯皮尔伯格状态焦虑量表(SAI)	Spielberger(1983)
		竞赛状态焦虑测验(CSAI)	Martens(1977,1982)
	多维	激活—钝化调查表(AD-ACL)	Thyer(1986)
		竞赛状态焦虑量表-2(CSAI-2)	Martens, Vealey, & Burton (1990)
		修订的竞赛状态焦虑量表-2(CSAI-2R)	Cox, Martens, & Russell(2003)

资料来源:[美]Cox, R. H. (2015). 运动心理学(第7版). 王树明,等,译. 上海:上海人民出版社,p. 157.

专栏 3-3　　　　竞赛状态焦虑量表-2(CSAI-2)

[指导语]下面是运动员在赛前对自己的常见感受的描述。仔细阅读每一句话,然后用"√"标出您此时此刻各种感受的程度。回答无对错之分,每一句话不必花太多的时间去考虑,但要选出最符合您此时感受的选项。

	一点也不	有点儿	适中	非常强烈
1. 我对此次比赛感到担心。	1	2	3	4
2. 我感到神经紧张。	1	2	3	4
3. 我的心理是稳定的。	1	2	3	4
4. 我怀疑自己。	1	2	3	4
5. 我感到心神不宁。	1	2	3	4
6. 我感到身体舒适。	1	2	3	4
7. 我担心此次比赛不能像往常那样比得好。	1	2	3	4
8. 我身体感到紧张。	1	2	3	4
9. 我感到自己对这场比赛有信心。	1	2	3	4
10. 我担心会在比赛中失败。	1	2	3	4
11. 我感到胃部紧张。	1	2	3	4
12. 我对这场比赛有把握。	1	2	3	4
13. 我担心在这种压力下不能成功。	1	2	3	4
14. 我感到身体是放松的。	1	2	3	4
15. 我有信心面对这场挑战。	1	2	3	4
16. 我担心在比赛中发挥不好。	1	2	3	4
17. 我心跳得很厉害。	1	2	3	4
18. 我相信我会有出色的表现。	1	2	3	4
19. 我担心是否能达到我的目标。	1	2	3	4
20. 我感到胃部下沉。	1	2	3	4
21. 我感到精神是放松的。	1	2	3	4
22. 我担心别人会对我的表现感到失望。	1	2	3	4
23. 我的手又湿又凉。	1	2	3	4
24. 我很有信心,因为在我的内心我已达到自己的目标。	1	2	3	4
25. 我担心不能集中注意力。	1	2	3	4

资料来源:胡桂英.(2008).运动心理学.杭州:浙江大学出版社,p.227.

(二) 行为测量

行为测量主要借助观察法进行。通过观察运动员赛前的一些行为表现,可以了解其焦虑的程度。运动员在赛前焦虑时,往往有下列行为表现:手掌出汗、口干舌燥、声音失真、尿频、肌肉紧张、肠胃活动紊乱、心跳加快、呼吸急促、坐立不安、注意力不集中、恶心、饮食习惯改变、失眠、易怒、身心易疲劳、精神错乱等。

(三) 生理生化指标的测定

生理生化指标的测定参见本章第二节有关唤醒的测量。

四、焦虑与运动表现的关系

在运动心理学领域,焦虑与紧张、唤醒、担忧、应激、兴奋等词被认为是同义语。唤醒更多时候是指个体的生理激活状态,而焦虑是一种体验生理反应的紧张心理状态。焦虑水平的提高往往伴随生理唤醒水平的提高。许多学术工作者已经约定俗成地将状态焦虑测量作为确定唤醒水平的主要研究方法(Cox,2015)。因此,上一节介绍的唤醒与运动表现的关系可以用于解释焦虑与运动表现的关系。此外,马滕斯的多维焦虑理论,以及琼斯和斯万的强度、方向和频率理论(Jones & Swain,1992)也可以用于解释焦虑与运动表现的关系。

(一) 马滕斯的多维焦虑理论

马滕斯的多维焦虑理论将运动竞赛焦虑分为认知状态焦虑、躯体状态焦虑和状态自信心三个维度。根据三个维度各自的性质,以及它们各自随时间变化的模式,多维焦虑理论对每一个维度与运动表现的关系作了不同的解释。首先,由于认知焦虑的特征是将自己的注意从与任务有关的线索转移到与任务无关的线索和社会评价上,因此,当认知焦虑水平提高时,运动表现相应降低,两者呈负相关的线性关系。其次,研究已经发现,当积极的成功期望水平提高时,自信心增强,而且积极的成功期望对运动表现有显著影响,故随着自信心的增强,运动表现水平也会相应提高,两者呈正相关的线性关系。最后,多维焦虑理论指出,以生理特征为主的躯体焦虑与运动表现的关系,呈倒 U 形曲线。

(二) 琼斯和斯万的强度、方向和频率理论

由于通过测量焦虑水平的强度来研究焦虑与运动表现之间的关系,各研究所得的结果不尽相同。于是,20 世纪 90 年代,琼斯和斯万在多维焦虑理论的基础上,提出了一种有关竞赛焦虑的强度、方向、频率的观点。该观点主要认为,以往的研究只测量竞赛焦虑的强度,不能全面了解竞赛焦虑的实际情况。应当重视学生或运动员

对考试或竞赛时的焦虑体验的方向性解释,即应当分析他们是将考试焦虑或竞赛焦虑体验为积极的、对运动表现具有促进作用的,还是将考试焦虑或竞赛焦虑体验为消极的、对运动表现具有阻碍作用的。同时,还应重视学生或运动员焦虑体验的发生频率,即某种强度的焦虑体验是经常出现的,还是不经常出现的。琼斯和斯万假设,运动员不但在竞赛焦虑体验的强度上具有差异,而且在方向和频率上也存在差异,并认为后两种差异更为重要,与运动表现的关系更为密切。

为了验证焦虑方向理论,琼斯和斯万于1995年对板球运动员进行了一项研究。在这项研究中,他们对竞赛状态焦虑量表-2进行了修订,增加了每个题目的焦虑方向评定,即运动员对焦虑的解释是有利的还是不利的,并要求运动员在一份7级量表中确认自己体验到的焦虑强度对运动表现是起抑制作用还是促进作用。结果表明,优秀板球运动员与一般运动员在认知焦虑和躯体焦虑的强度分数上不存在差异,但在焦虑的方向性解释上存在差异。根据焦虑定向分数而不是强度分数,可以把优秀运动员和非优秀运动员区分开。

琼斯和斯万提出的强度、方向和频率理论,是以多维焦虑理论及其竞赛状态焦虑量表-2为基础的,但由于此观点提出的时间不是很长,所以实证研究数量有限,故此观点有待进一步验证。

五、影响运动焦虑的因素

影响运动焦虑的因素包括个人因素和情境因素两大类(孙少强,孙延林,2006)。

(一) 个人因素

1. 期望

学生或运动员会保持一定的有关成功的希望和梦想。技能水平高的学生或运动员都有一个成功的历史,基于这些过去的努力,他们期望在今后的比赛中获得好的成绩。这些期望就是焦虑的一个源泉,即过去的成绩形成对将来成绩的期望。

2. 认知评价

评价决定情绪。因此,如果一个学生或运动员把他的对手看作一个危险或潜在的失败根源,焦虑就会出现。

3. 应对方式

一些应对策略的使用或不使用,如对裁判解释过多,只能增加焦虑。而对一些应激源采取忽视不理的态度能减少焦虑。考虑一些学生或运动员自身不能控制的因素的影响也会增加焦虑。

4. 特质焦虑

此点前文已作介绍。

5. 完美主义

完美主义者很少对其表现感到满意,并且往往作失败预期,他们倾向于高焦虑。体育运动也如其他类型的活动一样,被认为是工作而不是游戏。弗罗斯特等人(Frost et al., 1991)的研究发现,如果运动员在"过于关心错误"的维度上得分高,则会产生焦虑和自信心降低。遗憾的是,完美主义者倾向并不把体育竞赛作为愉快的来源。

6. 害怕成功或失败

有时,学生或运动员过往的成功或失败经历会引起焦虑。成功可以带来对未来的期望,而担心不能实现重要他人(如教练、父母、观众)的期望是焦虑的普遍来源,在这一点上,运动员和非运动员非常相似。

7. 低自信心

低自信心的学生或运动员比高自信心的学生或运动员在体育运动中的焦虑水平高,他们会在潜意识里给自己增加过重的心理压力,而这种压力在比赛中会演化为一种运动焦虑。

(二) 情境因素

1. 竞争

竞争过程是有内在威胁的,因为它包含对一个人的能力的内在和外在评价。而能力感的需要又是生活的基本的和自然的动机。因此,竞争是满足这个需要的潜在威胁。

2. 压力

当外界夸大比赛成绩的重要性,例如,社会以成败论英雄,媒体宣传中将运动员比赛成绩与国家、集体荣誉紧密联系在一起,以及生活中重要他人(教练、老师或家长)对学生或运动员的比赛成绩给予过高期望,认为某场比赛的胜负将对学生或运动员未来的前途和命运产生重要影响而学生或运动员又认为对手过于强大时,他们的心理会背上沉重的包袱,感受到巨大的压力。

3. 计划

有无计划会直接影响参赛者焦虑水平的高低。赛场犹如战场。如果赛前有周密的战术计划,对对手的技术和战术特点有充分的了解,做到有备而来,就能提高参赛者的自信心,减少其赛前与赛中的焦虑。相反,如果赛前无周密的战术计划,不了解对手,赛前就很可能自信心不足,而在赛场上,面对对手陌生的技术和战术特点,就很可能顿时陷入恐慌。

六、如何克服体育运动中的焦虑

克服体育运动中的焦虑的方法有很多,如音乐、呼吸、饮食、休息、宣泄、转移注意力等。但是,最为有效的方法还是进行有计划的心理技能训练。心理技能训练的方法有很多,如何具体应用这些方法,请参阅本书第十章的有关内容。

本章提要

- 人在运动中的情绪主要有心境、激情、紧张和焦虑。
- 心境是人在一个相当长的时间内持续存在的某种情绪状态。对心境与运动表现之间关系的研究大都采用心境状态剖面图(POMS)。摩根的研究发现,优秀运动员的心境状态剖面图呈冰山形状,即所有的消极情绪得分都低于一般水平,而精力得分高于一般水平。运动员的心境状态与其成就水平、运动类型和主观评价有关。心境状态可以作为运动疲劳的监测手段。人格与心境状态的交互作用模式能对运动表现进行预测。
- 唤醒是指有机体总的生理性激活的不同状态或不同程度。个体的唤醒水平总是在深度睡眠到高度兴奋这一连续线上变化。唤醒有脑电唤醒、行为唤醒和植物性唤醒三种表现形式。唤醒的测量通常通过生理指标或自我陈述问卷来进行。目前,已有倒 U 形假说、内驱力理论、个人最佳功能区理论、逆转理论等学说,从不同视角来解释唤醒水平与运动表现之间的关系。
- 倒 U 形假说认为,随着唤醒水平的提高,运动表现也将向着好的方向发展。当唤醒水平超过中等唤醒水平的临界点并继续向高度兴奋方向发展时,唤醒水平的进一步提高将导致运动表现的逐渐恶化或成绩下降。一般而言,中等程度的唤醒对运动表现最为有利。
- 内驱力理论认为唤醒水平与运动表现呈线性关系,可用公式 $P=D \times H$ 来解释。在内驱力或唤醒水平(D)提高时,运动表现或操作成绩(P)是提高还是下降,取决于习惯(H)。如果习惯为正,即习惯是正确的或优势反应是正确的,则运动表现或操作成绩提高;如果习惯为负,即习惯是错误的或优势反应是错误的,则运动表现或操作成绩下降。该理论适用于解释从事简单活动任务时的唤醒水平与运动表现之间的关系,但不适用于解释复杂的或新的活动任务。

- 个人最佳功能区理论认为,每个运动员在技能操作过程中都具有一个理论上的个人最佳功能区段,当唤醒水平处于这一区段时,运动员有更多的机会获得最佳运动表现。
- 逆转理论是由倒 U 形假说引申而来的,是对倒 U 形假说的一个有益补充。它的基本观点是,唤醒水平与主观体验到的愉快程度或操作成绩之间不是简单的倒 U 形关系,而是一种 X 形关系。同一种唤醒水平可能对应两种完全不同的主观体验,低唤醒既可能被体验为放松,也可能被体验为厌倦;高唤醒既可能被体验为焦虑,也可能被体验为兴奋。一种唤醒水平到底会引起什么样的主观体验,主要取决于个体处于何种动机状态。
- 焦虑是一种伴随某种不祥之事可能发生的预感而产生的令人不快的情绪。
- 马滕斯的多维焦虑理论将运动竞赛焦虑分为认知状态焦虑、躯体状态焦虑和状态自信心三个维度。认知状态焦虑与运动表现呈负相关的线性关系;躯体状态焦虑与运动表现呈倒 U 形曲线关系;状态自信心与运动表现呈正相关的线性关系。
- 琼斯和斯万有关竞赛焦虑的强度、方向和频率的观点认为,除了要测量竞赛焦虑的强度,还应重视运动员竞赛时焦虑体验的方向。当运动员将竞赛焦虑体验为积极的,它便对运动表现具有促进作用;当运动员将竞赛焦虑体验为消极的,它便对运动表现具有阻碍作用。同时,还应重视运动员焦虑体验的发生频率,即某种强度的焦虑体验是经常出现的,还是偶尔出现的。琼斯和斯万假设,运动员不但在竞赛焦虑体验的强度上具有差异,而且在方向和频率上也存在差异,并且后两种差异更为重要,与运动表现的关系更为密切。
- 影响运动焦虑的个人因素有期望、认知评价、应对方式、特质焦虑、完美主义、害怕成功或失败和低自信心;影响运动焦虑的情境因素有竞争、压力和计划。克服体育运动中的焦虑的最为有效的方法是进行有计划的心理技能训练。

教学活动设计

1. 在某次重要的比赛或其他体育活动前,选一种焦虑量表对活动参与者进行测试,然后将其焦虑分数与比赛或活动结果进行比较,了解这两者之间的关系。
2. 小组讨论应如何看待运动中存在的焦虑现象。

复习与思考题

1. 简述什么是冰山剖面图。

2. 简述心境状态与运动表现之间的关系。
3. 简述倒 U 形假说。
4. 简述焦虑的几种分类方法。
5. 简述焦虑与唤醒的关系。
6. 试述影响运动焦虑的因素有哪些。

第四章　运动动机

---- 本章细目 ----

关键概念

第一节　运动动机概述
一、什么是运动动机
（一）运动动机的概念
（二）运动动机的功能
二、运动动机的种类
（一）内部动机和外部动机
（二）直接动机和间接动机
（三）生物性动机和社会性动机
三、运动动机与运动表现之间的关系

第二节　运动动机的理论
一、成就动机理论
（一）什么是成就动机
（二）运动情境中的成就动机
（三）影响运动成就动机的因素

二、自我效能理论
（一）什么是自我效能感
（二）自我效能感的作用
（三）影响自我效能感的因素
三、目标定向理论
（一）目标定向理论的观点与分类
（二）不同目标定向对个体参加体育活动的影响
（三）目标定向理论在体育运动中的运用
四、自我决定理论
（一）什么是自我决定理论
（二）外部动机的分类
（三）自我决定动机的连续体
（四）自我决定理论在体育运动中的运用

第三节　运动动机的培养与激发
一、内部动机的培养与激发
（一）明确学习与训练的目的
（二）激发运动兴趣，维持运动好奇心
（三）设置合适的目标
二、外部动机的培养与激发
（一）利用学习与训练结果的反馈作用
（二）适当地开展竞赛活动

本章提要
教学活动设计
复习与思考题

关键概念

运动动机　　内部动机　　外部动机　　直接动机　　间接动机　　生物性动机
社会性动机　　成就动机　　自我效能　　目标定向　　任务定向　　自我定向
外部调节　　内摄调节　　认同调节　　整合调节　　目标设置　　反馈

个体行为的结果往往与其主观积极性有关。决定个体是否能顺利进行体育学习、运动训练、体育比赛的一个最重要的主观因素是运动动机,因为上述活动往往意味着艰辛的付出,如果没有良好的运动动机,学生或运动员以及体育爱好者将很难坚持从事上述活动,并取得良好的效果。因此,培养和激发青少年的运动动机,充分调动他们参与体育学习与运动训练的积极性,使他们自觉、主动、愉快、长期不懈地从事体育运动,并从中获得积极的身心效应,就成为体育工作者的一项重要任务。

第一节　运动动机概述

一、什么是运动动机

(一) 运动动机的概念

运动动机是激励人们参加体育运动的内在原因或内部动力,它决定着体育运动参与者在体育运动中的倾向性、活动强度和坚持性。运动动机产生的条件是,个体有参与体育活动的内在需要,而运动环境和条件诱因又与之相适应。这将形成一种驱动力,推动个体参与体育活动。

(二) 运动动机的功能

1. 激发功能

运动动机能激发个体参与体育活动,使个体由静止或其他活动状态转向体育活动状态。有运动动机的个体对有关运动的信息更为敏感。当运动的动机达到一定水平时,个体会主动选择一定的运动场所进行体育活动。运动动机激发力量的大小,是由运动动机的性质和强度决定的。

2. 指向功能

运动动机的指向功能就是其选择功能,具有把个体的体育行为引向某一特定体育活动目标的作用。个体运动动机被激发后,具体从事何种体育活动(如跑步、打球、做操等),与其体育活动的方向和追求的目标有关。不同的运动动机会产生对不同运动目标的选择。此外,与无动机的个体相比,动机较强个体的思想和行为会更为集中地指向满足动机的客体或事物。例如,一名球探与一名普通球迷同看一场足球赛,由于球探有特殊动机,其行为指向与普通球迷不同,因此主要将注意力集中在他需要的球员的表现上(皮连生,2004)。

3. 强化和调整功能

运动动机的强化和调整功能是由个体的活动与其所预期目标的一致程度来决定的。当个体的体育活动行为产生后,运动动机维持着这种体育活动,并调节着体育活动的强度和持续时间。运动行为产生以后,个体是否坚持这种体育活动或是否能达到最终目标,受运动动机的强化和调节。当体育活动的结果与个体追求的目标一致时,相应的运动动机就会获得强化,体育活动的积极性就会得到加强;反之,当体育活动的结果与个体追求的目标不一致时,相应的运动动机就得不到强化,体育活动的积极性就会降低。作为心理的调节力量,运动动机通过影响体育活动而调整运动行为。

在具体的运动实践中,运动动机的上述功能的表现很复杂。这种复杂性主要表现在三个方面:(1)不同的运动动机可以通过相同的体育活动表现出来,不同的体育活动也可能受相同或相似的运动动机驱使。例如,虽然很多青少年都认真学习、刻苦训练,其运动动机却可能不同——有的是为了将来能更好地报效国家,有的是想将来能找到一份好工作,有的是迫于教师、教练或家长的压力;与之类似,同样是为了健身,有的人选择跑步,有的人选择打球,有的人选择游泳。(2)就单个动机而言,其性质也是复杂的。以健身为例,它既可以满足个体的生理需求,也可以满足个体的社会需求。(3)个体的运动行为通常受多种动机支配,往往是多种动机整合的结果。例如,运动队中的两个人之所以能成为朋友,除感情因素外,往往还有现实利益的因素,如经济收入、家庭背景等。

因此,在考察个体的运动行为时,必须揭示其运动动机,因为只有这样才能对其运动行为作出准确的判断。

二、运动动机的种类

(一)内部动机和外部动机

根据动机产生过程中内在需要和外界诱因谁起主要作用,可以将运动动机分为内部动机和外部动机。

内部动机指主要由个体的内在需要转化而来的动机,即源于个体自身好动、好奇或好胜的心理,如渴望从运动中获得身体上的快感、乐趣、刺激,以及希望在运动中满足自尊心、上进心、荣誉感、义务感、归属感和自我实现等心理需求的动机。外部动机指主要由外部条件(诱因)诱发而产生的动机。例如,外界的奖励、某些体育荣誉称号等都可能成为激发个体运动动机的外部条件(俞国良,戴斌荣,2007)。

一般而言,个体的运动行为是由内部动机和外部动机共同推动的,但在某一时刻往往以一种动机为主。相对而言,内部动机的推动力量较大,维持的时间也较长。因为,由内在需要引发的活动本身就可以使个体得到某种满足,而且活动本身就是对活动者的一种奖励,如运动乐趣的获得、竞争的参与、运动效能感的提高等,无需外力的作用。外部动机的推动力量较小,持续作用的时间也较短。外在条件一旦消失,由外在条件引发的动机也会很快失去作用。外部动机对内部动机的影响既可以是积极的,也可以是消极的。外部动机既能加强内部动机,也能削弱内部动机,这主要取决于外部奖励的方式,以及个体对内部奖励和外部奖励重要程度的认识。

专栏 4-1　　　　　德 西 效 应

关于内部动机和外部动机的关系,美国心理学家德西(E. L. Deci)做过一系列实验。他将被试分为三组,让他们去完成一些十分有意思的题目。甲组被试在开始解题之前就被告知每解出一道题将支付多少酬金,乙组被试是在完成规定的解题任务之后宣布解出一题的酬金,丙组被试则不给任何报酬。在规定的解题时间结束后,三组被试留在各自的房间里,所有房间都放有杂志和另外一些同样类型的问题。他们可以在房间内随意从事任何活动,没有其他人在场,也不对他们提出任何要求。实验的假设是,此时仍去解题的人,是纯粹出于兴趣,即受内部动机驱使。

实验结果表明,不给任何报酬的丙组和实验后才给报酬的乙组,要比实验前就告知给予报酬的甲组有更多的人在实验后的自由活动时间里继续解题。因此,德西得出这样的结论:奖励会产生削弱内在动机的效应。这种效应随后被称为德西效应。

随着研究的进一步深入,学者们认为,将动机分为内部的和外部的不足以揭示行为自我激发和调节的本质特征,而真正影响行为自我激发和调节的是人们对行为的自主性或控制性意识。自主性是指自主选择行为和承担行为责任的程度。控制性是指在某种压力下做出特定行为的程度。奖励是一种社会控制手段,限制了人的自主性。德西认为,事先被告知将给予奖励的被试,在完成工作任务的过程中,会把当前做的事归因于自己将为此得到报酬,也会考虑给予的奖励对其所要完成的任务而言是否值。而在完成解题任务后才被给予奖励的被试,其内部动机未被削弱,这一点或许正是考虑给予奖励的时机的依据。

不过,德西效应仅指单独给予奖励所产生的结果。如果在给予奖励的同时伴以对能力的积极肯定的正反馈,效应就复杂了。这种情况既可能引起内部动机的下降,也可能提高或维持内部动机水平。这与个体的需要水平和自我意识等因素有关。这里所说的正反馈是指,在给予奖励的同时,用语言或其他形式表明奖励是对受奖人能力和贡献所作的一种积极性肯定。

资料来源:张力为,毛志雄. (2003). 运动心理学. 上海:华东师范大学出版社,p. 20.

(二) 直接动机和间接动机

根据个体参与运动的兴趣特征和心理动因的指向性,可以将运动动机分为直接动机和间接动机。直接动机以直接兴趣为基础,指向体育学习、运动训练和锻炼活动的目标、内容、方法或组织形式等当前的、直接的特征。例如,有的运动员对自己从事的运动本身感兴趣,从中可以最大限度地发挥和体现自己的潜力,体验到一种能力感,即指向运动训练本身的动机。间接动机以间接兴趣为基础,指向运动可能给生理、心理和社会带来的延迟结果与间接结果。例如,有的运动员因为取得优异成绩而获得奖励,这种奖励所维持的动机源于间接动机,即指向运动训练结果的动机。

个体的运动行为既可能由直接动机引起,也可能由间接动机引起,或者由两者的共同作用引起。直接动机与体育学习、运动训练和锻炼活动本身相联系,动机内容相对具体,行为的直接动力作用较大,不失为推动个体参与体育活动的一种有效力量。但是,当体育活动内容具有一定难度,需在较长时间内花较大努力才能学会和掌握,或个体对某一练习方法和形式产生单调感与枯燥感时,直接动机的局限性就会凸显出来,其作用的影响范围和持续时间也会相应减小。而间接动机虽然相对遥远,与当前体育活动的直接联系较少,但它与长时间体育活动后产生的最终结果和社会意义相联系,其影响持续的时间较长,能使学生、运动员或健身者更自觉、持久地进行体育活动。因此,直接动机和间接动机具有相互联系、相互补充的作用(胡桂英,2008)。

(三) 生物性动机和社会性动机

根据个体参与体育学习、运动训练和锻炼活动的心理动因是以生物需要还是以社会需要为基础,可以将运动动机分为生物性动机和社会性动机。

生物性动机是以个体的生理性需要为基础的先天具有的动机。例如,为了获得刺激、眩晕、运动愉快感觉或宣泄身心能量而参加体育活动的动机,就属于生物性动机。当这种生理性需要得到满足时,生物性动机便趋于减弱;反之,如果这种生理性需要得不到满足,个体就会产生心理烦躁、行为不安、注意与情绪难以控制的状态。

社会性动机是以个体的社会性需要为基础的后天习得的动机。例如,个体为了促进与他人的交往、获得社会和他人的认可、施展自己的才华、获得事业上的成功、形成归属感等而参加体育活动,就属于社会性动机。与生物性动机作用持续的时间相比,社会性动机具有更为持久的特征。一般而言,参加体育活动的动机多属于社会性动机。

三、运动动机与运动表现之间的关系

运动动机与运动表现之间并不是简单的线性关系,而是一种倒 U 形曲线关系(可参阅第三章倒 U 形假说)①。运动动机存在一个最佳水平,中等左右的运动动机水平最有利于运动表现,即在一定范围内,运动表现随运动动机强度的增大而提高,但当运动动机超过一定限度(最佳值),运动表现不仅不再提高,反而会出现下降。这是因为,运动中注意力的集中程度在很大程度上与动机有关,动机越强,注意力越集中,但对某一内容的高度注意是以对其他内容的不注意,即注意范围狭窄为代价的。因此,由过强的运动动机引起的注意力高度集中,对执行运动任务,特别是需要较大注意范围的复杂运动来说是不利的。另外,过强的运动动机一般都会引起个体的紧张,甚至焦虑。尽管适度的紧张和焦虑是完成运动任务的必要条件,但过度的紧张和焦虑会削弱和降低运动表现。

运动动机的最佳水平不是固定不变的,而是会根据运动任务性质的不同而变化。一般来说,随着运动任务困难程度的增加,运动动机的最佳水平呈现逐渐下降的趋势,即运动任务比较简单时,运动动机的最佳水平偏高,而运动任务比较复杂和困难时,运动动机的最佳水平偏低(见图 4-1)。

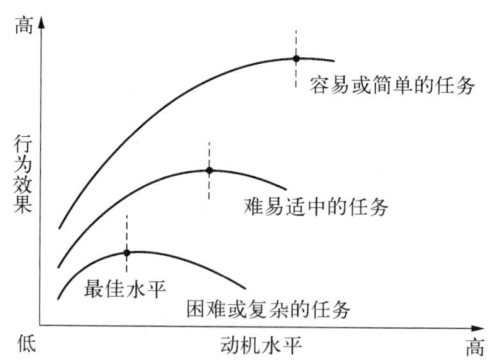

图 4-1 任务性质对运动动机强度与运动表现之间关系的影响

---

① 动机强度的高低是通过唤醒水平的高低表现出来的。目前,学术界对动机强度与活动效率(或操作表现)之间关系的解说主要借助耶克斯—多德森定律(倒 U 形假说)。

第二节 运动动机的理论

关于个体动机产生与发展的机制,心理学工作者进行了大量的理论探讨和实验研究,提出了多种不同的观点和看法。其中,涉及运动领域的主要有成就动机理论、自我效能理论、目标定向理论和自我决定理论。

一、成就动机理论

(一) 什么是成就动机

成就动机是指在个体的成就需要的基础上产生的,使个体乐意去做自己认为重要的或有价值的工作,并努力达到完善地步的一种内在推动力量。成就动机是后天获得的,具有社会意义(李新旺,2003)。

麦克莱兰(D. C. McClelland)和阿特金森(J. W. Atkinson)等人对成就动机进行了系统研究,他们的理论可以用下列公式表示:

$$Ta = (Ms - Maf)(Ps \times Is) + Mext$$

个体在竞争活动中的成就动机(Ta)是一种合成动机,受下列因素的影响:追求成功的倾向(Ms)、避免失败的倾向(Maf)、对行为成功可能性大小的主观估计(Ps)、取得成功的诱因价值(Is)和外部动机(Mext)。其中,$Is = 1 - Ps$,$Ps = 0.5$ 时,$Ps \times Is$ 能取得最大值。当 Ms>Maf 时,Ta 是正值,表明个体的成就动机较高,表现出对成就活动的渴望;当 Ms<Maf 时,Ta 是负值,表明个体的成就动机较低,表现为回避成就活动。

(二) 运动情境中的成就动机

在运动情境中,成就动机不同的个体对体育活动任务的选择也有所不同。

成就动机高的个体往往会积极参与体育活动,倾向于选择与自己能力相当的体育任务,特别是中等难度($Ps = 0.5$)的体育任务,因为这种任务既存在成功的可能性,也具有一定挑战性。他们的自信心强、焦虑低,敢于参与竞争,勇于表现自己,不怕困难和失败,良好的心态往往促使他们取得体育学习、身体锻炼与运动竞赛的良好效果。

成就动机低的个体为保护自尊,倾向于回避中等难度的体育任务,避免与他人比较。他们往往选择困难极大或极小的体育任务。选择难度很大的任务,是因为绝大多数人都完不成,并非真正的失败;选择很容易的任务,是因为成功完成这种任务的可能性很大,可以减轻失败带来的恐惧心理。他们回避竞争和挑战,自信低,焦虑高,害怕困难和失败等,不良的心态使他们忧心忡忡、心情压抑、厌学怕练,最终导致体育学习、身体锻炼和运动竞赛成绩不佳。

(三) 影响运动成就动机的因素

影响学生或运动员运动成就动机的主观因素有年龄、性别、体育能力、运动成败经验等,客观因素有家庭、学校、社会环境和任务难度等。在众多影响因素中,体育能力知觉对运动成就动机的形成影响最大,而体育能力知觉又与过去的成败经验密切相关。因此,在体育学习与运动训练中,体育教师或教练不应过于强调运动成绩或比赛名次与等级,而应要求学生或运动员与自己过去的成绩相比较,或比较其达到某个预定目标的程度和所花费的时间。这样的比较可使学生或运动员更多地体验到成功,从而使他们的运动成就动机得到加强(祝蓓里,季浏,2000)。

二、自我效能理论

(一) 什么是自我效能感

自我效能感是指个体对自己能否成功地实施某一成就行为的主观判断。这一概念最早由社会学习理论的创始人班杜拉(Bandura, 1977)提出。班杜拉认为,人类的行为不仅受行为结果的影响,而且受人的认知因素形成的对结果的期望的先行因素的影响。在运动情境中,个体能否主动、积极、自信地学习、尝试、完成技术动作,敢于接受挑战、战胜困难,自我效能感起了重要的作用。

(二) 自我效能感的作用

自我效能感形成后,会对个体的行为产生极为深刻的影响。

第一,决定个体对活动的选择和对活动的坚持。自我效能感高的个体倾向于选择富有挑战性的任务,在困难面前能坚持自己的行为。自我效能感低的个体则相反。

第二,影响个体在困难面前的态度。自我效能感高的个体敢于面对困难,富有自信心,相信通过坚持不懈的努力可以克服困难;自我效能感低的个体在困难面前缺乏自信,畏首畏尾,不敢尝试。

第三,影响活动时的情绪。自我效能感高的个体在完成动作技能的过程中情绪饱满、乐观而稳定;自我效能感低的个体则常常因为怀疑自己的能力而对将要完成的任务充满恐惧和焦虑。

第四,影响新行为的获得和已有行为的表现。自我效能感高的个体因敢于尝试新动作而使动作掌握的速度较快,他们也能在不同的场合表现自己所学的新动作。自我效能感低的个体则相反。

(三) 影响自我效能感的因素

1. 个体自身行为的成败经验

一般来说,成功经验会增强自我效能感,反复的失败会降低自我效能感。因此,要提高学生或运动员在运动中的自我效能感,体育教师或教练安排的动作学习的难度和复杂性,以及设定的动作完成的目标和要求,既要符合学生或运动员的总体能力,也要兼顾个别差异,尽量使每个学生或运动员都能获得成功。

然而,成败经验对自我效能感的影响还受个体归因方式的左右。如果个体把成功归因于外部不可控的因素就不会增强自我效能感,但把失败归因于外部不可控的因素也不一定就会降低自我效能感。因此,个体的归因方式会直接影响自我效能感的形成。

2. 替代性经验

个体的许多效能期望来自观察他人所获得的替代性经验。然而,能否成功获得这种经验,一个关键因素是观察者与榜样的一致性问题。个体通过观察其他学生或运动员的运动行为,特别是观察和想象与自己能力相近的人成功完成动作技能的运动行为而获得的间接经验,对自我效能感的形成与改变也有很大的影响。这可以增强学生或运动员的信心,使他们相信自己也能完成相同的运动任务。

3. 言语劝说

在影响自我效能感的各种因素中,言语劝说因其简便有效的特点而得到广泛应用。言语劝说包括说服性的建议、劝告、解释和自我规劝。在体育教学与运动训练中,体育教师或教练常常通过言语劝说来说服学生或运动员相信自己的能力。学生或运动员的自我规劝也能使他们在完成特定任务时付出更大、更持久的努力。

4. 情绪和唤醒

适度的唤醒和良好的情绪有助于提高学生或运动员自我效能感。而过度的唤醒和不良的情绪,如高度唤醒造成的过度紧张、焦虑和不安等,会使学生或运动员低估自己的运动能力,产生无法胜任的认知,从而使他们的自我效能感下降。

三、目标定向理论

目标定向是指个体参加某一活动时所依据的成就目标倾向。它不是要达到的具体行为数量标准,而是内心追求的成就取向。目标定向理论是自我效能理论对成就动机研究的进一步拓展,对目标定向理论的研究已成为现代认知理论中动机问题研究的热点。

(一)目标定向理论的观点与分类

1. 目标定向理论的观点

目标定向理论的产生源于有关学者对学业情境中学生的成就动机和行为的研究,后来由杜达和尼科尔斯(Duda & Nicholls,1992)将其引入运动界,用于理解运动中的成就动机。尼科尔斯认为,能力是理解成就动机的关键,由于能力知觉方式存在差异,当个体面临一项成就活动时,就会形成不同的目标定向,而不同的目标定向又会反过来影响个体的不同行为方式。

2. 目标定向理论的分类

在运动动机的研究中,一般将目标定向分为任务目标定向和自我目标定向两种,可简称为任务定向和自我定向。[①]

任务定向者参加体育运动往往由内部动机激发。他们对自己的能力的知觉以自我为参照,即注重当前与过去的自身对照,强调掌握任务。在体育活动中,他们可能会更偏向于竭尽全力完成任务和获得运动技能与知识。不论其自身感知能力如何,他们在面对眼前的任务时都有可能采取适宜的行为方式。例如,选择合适的竞争对手和任务;在面对困难和失败时能持之以恒、积极进取;其目标有很强的条理性,符合其实际能力,并具有持续性。在竞技比赛中,他们更关注自己的技术、战术表现,通过充分努力提高成绩,不对自己的能力作消极评价,对成功的标准有多元的理解——成功是超越自我,而不仅仅是获取金牌。

与任务定向相反,自我定向者参加体育活动往往由外部动机激发。他们对自己的能力的知觉是以他人为参照的,即注重当前与对手比较后获得的名次,他们主观成功的最终根源是在竞争中打败或超越对手(最好是能用更少的努力),在成就情境中表现出的行为方式则是在选择工作难度上趋向两极化(最难的和最容易的)、避免

[①] 不同的学者对目标定向分类的称谓不同。和学习相联系的定向一般称任务目标定向,又称学习目标定向、掌握目标定向、任务卷入;和表现相联系的定向一般称自我目标定向,又称成绩目标定向、能力目标定向、自我卷入。

挑战、不努力、工作的持续性差。高自我定向的人即便是在其能力知觉较高时,也可能表现出以上行为。在竞技运动中,他们对取胜的重视远甚于对任务的掌握,体验到的是难以忍受的竞争气氛。比赛胜负也往往会引起自我意象骤变,即成功时认为自己比对手优越,能力的自我感知被夸大;失败时则哀叹境遇,降低自我评价,产生潜在的习得性无助。

陈坚和姒刚彦(1999)运用运动中任务定向和自我定向问卷与学业中任务定向和自我定向问卷对武汉市体育运动学校198名学员进行了测试,以了解少体校学员在运动情境和学业情境中目标定向的基本情况。该研究以及杜达和尼科尔斯(1992)的研究均表明:任务定向是一种积极、主动、比较理想的目标定向状态,它和亲社会行为以及与运动参与相适应的成就信念有关;而自我定向是一种消极、脆弱、容易导致适应不良的目标定向状态,它和消极的社会行为以及与运动参与不相适应的成就信念有关。然而,个体的目标定向不是一成不变的。当个体的认知、情感、价值观等发生变化时,其目标定向也可能发生一定变化。

由于个体在运动时,并不是单一的目标定向,常常是两种目标定向的混合。所以,有学者根据任务定向和自我定向两个维度,将目标定向进一步分为四种类型:高任务定向/高自我定向、高任务定向/低自我定向、低任务定向/高自我定向、低任务定向/低自我定向(胡桂英,2008)。

有研究(Dunn, Causgrove-Dunn, & Syrotuik, 2002)指出,对年轻的运动员而言,最好的组合是两种目标定向都很高,最糟糕的组合是两种目标定向都很低。高任务定向和高自我定向的运动员会表现出最高的动机水平且胜任感最强。

专栏 4-2　　　　　　　　　任务定向优于自我定向

国内外不少研究指出,对学生或运动员而言任务定向比自我定向优越。

金和威廉斯(King & Williams,1997)以学习武术的学生为被试,证明了武术成绩与任务定向密切相关,而与自我定向无关。另外,他们还发现,学生的满足感和幸福感与任务定向相关,与自我定向无关。

弗拉乔波洛斯等人(Vlachopoulos & Biddle,1997)进行了一项大样本研究,对超过1 000名英国体育课学生进行目标动机测量。调查得出这样的结论:应该提升体育课学生和运动员的任务定向。

邓恩等人(Dunn et al., 1999)和莱米雷等人(Lemyre et al., 2002)各自对冰球和足球运动员的研究表明,高任务定向运动员更加尊重社会规范、规则、裁判和对手,具有较高的体育道德水平;而高自我定向运动员更加赞同故意伤害行为,不太尊重社会规范、规则、裁判和对手,具有较低的体育道德水平。

> 博伊克斯多斯等人(Boixados et al., 2004)对男子青年足球运动员的研究发现,低任务定向和高自我定向的男子青年足球运动员对粗野动作的认可程度最高,而高任务定向和低自我定向的男子青年足球运动员对粗野动作的认可程度最低。
>
> 孙德荣和刘瑞静等人(2015)以430名青少年学生为被试,考察不同目标定向组合和不同自主性动机水平的学生选择课外体育活动的差异,结果显示:高任务/高自我、高任务/低自我的青少年平均每天在课余时间进行体育锻炼的时间最长,其次是低任务/高自我,而低任务/低自我的青少年花费的时间最少。
>
> 资料来源:(1)[美]Cox, R. H. (2015). 运动心理学(第7版). 王树明,等,译. 上海:上海人民出版社,p.88. (2)孙开宏,季浏,王坤. (2014). 青少年运动员体育道德取向的预测:个体与情境. 天津体育学院学报,29(5),369—375. (3)孙德荣,刘瑞静,范金玲,王贵良,杨勇涛,孙延林. (2015). 目标定向、动机自主与青少年课外身体活动选择的关系. 天津体育学院学报,30(2),141—146.

虽然有许多研究(如专栏4-2)指出,运动情景中,任务定向优于自我定向,但是,就此而得出"自我定向不好"的结论,似乎有点武断并容易产生误导。在不同任务定向水平下,与之相匹配的自我定向水平有所不同。霍奇等人(Hodge & Petlichkoff,2000)曾用平均数与聚类分析的方法对257名橄榄球运动员进行研究。结果发现,当处于高或中高程度的任务定向水平时,运动员对自己打橄榄球能力的认识水平与很高的自我定向水平相关。因此,就主观能力知觉而言,自我定向水平高并不一定是不好的(Cox,2012)。

(二)不同目标定向对个体参加体育活动的影响

1. 对体育活动目的的认识

任务定向者多把参加体育运动看作掌握动作技能、给自身带来益处、成为好公民等内在的亲社会的结果,他们在运动中能深刻地认识到努力学习、与他人合作等的重要性;而自我定向者往往把参加体育运动看作获得高声望、从外界获取利益和荣誉的工具等外在的个人的结果(孙延林,李实,陈桂岭,1998)。

2. 归因方式

一般而言,自我目标定向强调能力的归因,而任务目标定向强调努力的归因。在一项研究中,让高中生完成体育运动中的任务定向和自我定向问卷,并让他们指出对一系列体育运动中获得成功的原因的同意程度,这一系列原因可以分为四个维度,即动机或努力、能力、欺骗和外部因素。结果表明,任务定向和认为"体育活动中的成功是由于努力"的信念存在正相关;自我定向则相反,它与认为"体育活动中的成功是由于具有先天能力"的信念存在正相关(孙少强,孙延林,2006)。

3. 对体育道德的影响

不同目标定向者对运动情境中取得成就的正当手段的理解是不同的。有关高中篮球运动员的研究指出,任务定向与注重运动道德精神呈正相关;自我定向与认可欺骗行为呈正相关;高自我定向者较低自我定向者更趋于赞同采用故意伤害行动。其他学者(Stephen & Bredemeier,1996)对女子青年足球运动员的研究结果与上述一致。

目标定向也与亲社会或反社会行为有关。现有的不少研究(如专栏4-3)指出,亲社会行为与任务定向呈正相关,而反社会行为与自我定向呈正相关。低道德功能与自我定向相连是因为自我定向的运动员的能力知觉依赖于战胜别人,他们更可能在胜利的危急关头破坏规则,表现出不符合运动精神的行为;而任务定向的运动员将自己的注意力集中在当前的任务上,关注的不是获胜,而是能否充分发挥自己的潜能,因此他们表现出更符合运动精神的行为(Cox,2015)。

专栏4-3　　　　　　　　目标定向与亲社会行为

塞奇和卡瓦萨鲁(Sage & Kavussanu,2007a)的一项研究指出,分配到自我或竞争动机气氛的参与者比分配到掌握动机气氛的参与者表现出更高水平的反社会行为。塞奇和卡瓦萨鲁(Sage & Kavussanu,2007b)进行的一项类似研究也指出,可以用目标定向预测亲社会行为:亲社会行为与掌握目标定向以及社会目标定向的某些方面有关,而反社会行为与竞争目标定向以及社会目标定向的某些方面有关。

在研究道德功能过程中认识到测量亲社会行为与反社会行为的重要性后,卡瓦萨鲁等人(Kavussanu & Boardley,2009)编制了一个运动中亲社会行为和反社会行为的量表(PABSS)。该量表由20个题目组成,用来测量直接面向同伴的亲社会行为、直接面向对手的亲社会行为、直接面向同伴的反社会行为、直接面向对手的反社会行为。相关研究表明,目标定向通过道德分离对对手的反社会行为产生了直接的和间接的影响(Boardley & Kavussanu,2010)。

莱米雷等人(Lemrye,Roberts,& Ommundsen,2002)以511名男子青少年运动员为被试,测量了倾向性目标定向、知觉能力和道德功能。道德功能是衡量尊重社会规范、尊重规则和裁判、尊重个体对运动的所有承诺和真正地尊重与关心对手的一种指标。结果显示:(1)自我定向对运动精神的四个维度都有消极的影响;(2)知觉能力对道德推理的四个维度都有显著的积极影响;(3)知觉能力调节(决定)自我定向与尊重规则和裁判之间的关系,表现为最高的尊重规则和裁判与低自我定向和高知觉能力相伴随,而最低的尊重规则和裁判与高自我定向和低知觉能力相伴随。

资料来源:[美]Cox,R. H. (2015). 运动心理学(第7版). 王树明,等,译. 上海:上海人民出版社,p. 86.

4. 运动乐趣

不同目标定向者从运动中获得的快乐感是不一样的。几乎所有有关目标定向的研究都发现,任务目标定向与运动情境中的乐趣和满意度呈正相关。例如,杜达(Duda,1989)以高中生为被试进行的一项研究结果显示,任务定向与从事体育活动时的乐趣感有可靠的正相关,而与枯燥感呈负相关。有关学者对参赛运动员的调查显示:无论在赛前还是在赛后,无论竞技水平高低,无论比赛结果胜负,高任务定向者均报告有较大的运动乐趣(内在乐趣);而自我定向者往往根据比赛的胜负来评价运动乐趣(季浏,殷恒婵,颜军,2010;刘淑慧,任未多,张力为,王惠民,李京诚,1995)。

5. 学习策略和方式

目标定向通过使用操作方法来影响成就行为。任务定向注重提高运动技能的过程、练习方法的有效性,以及练习中使用更多的策略和方法。洛克巴姆和罗伯茨(Lochbaum & Roberts,1993)观察了学校参加竞技运动的男女运动员的目标定向与练习方法间的关系,发现高任务定向者即使掌握新技能有困难,也还是愿意听取教练讲授并努力尝试掌握,更能认识到系统而规范的练习的益处;自我定向的运动员易倾向于把练习看作无效的方法。这可能与任务定向者更注重活动过程,而自我定向者更注重结果有关。

两种目标定向者在成就动机和行为等方面的主要差异见表4-1。

表4-1 体育运动情境中不同定向者在成就动机和行为等方面的差异

因 素	任务目标定向者	自我目标定向者
成功的定义	提高、进步	与他人相比的高成绩
参与的重要性	努力、掌握	与他人相比的高能力
参与运动的动机	健康、交际	竞争、获得再认
努力程度	较高	较低
自信心	易提高	易波动、易受损
注意的集中表现	学习过程	引起焦虑
对困难或挫折的态度	持之以恒	出现适应不良的行为
参与的兴趣和满意度	较高	较低
对成功的归因	更相信努力	相信努力,但更强调外在因素
运动中的欺骗和不当行为	不赞成	倾向于认可
对运动目的的看法	努力、合作	高地位、高名声、财富

续表

因　素	任务目标定向者	自我目标定向者
学习策略	正反馈、进行深层加工策略	负反馈、进行深层加工策略
对运动成绩的关注	更少、焦虑程度低	更多、焦虑程度高

资料来源：季浏，殷恒婵，颜军．(2010)．体育心理学(第 2 版)．北京：高等教育出版社，p. 35.

（三）目标定向理论在体育运动中的运用

如何有效系统地干预学生或运动员学习或训练过程中的目标定向状态，是体育教学和运动训练中的一个重要研究课题。

20 世纪末，有学者(陈坚，姒刚彦，1999)提出，这个领域的未来研究主要集中在以下五个方面：(1) 在我国文化背景下，应对目标定向理论及其测试工具进行全面的检验。这方面的研究已在着手进行，目前，初步研究已取得与国外研究基本相一致的结果。(2) 将目标定向理论运用到运动训练和竞技比赛中去，特别是集体项目、非直接进行身体接触的竞技项目，如篮球、排球、足球、体操、跳水、射击等。不断研究和探索目标定向理论在竞技运动项目中的实用价值。(3) 运用目标定向理论对体育教学过程中各个教学阶段学生的学习动机、行为方式、学习态度和学习策略等进行调查研究，以便深入了解学生的目标倾向，从而使教师能采取有效的教学方法引导学生，为体育教学和运动实践提供指导。(4) 深入研究体育教学方法，注重教师自身扮演的角色，在整个教学过程中为学生提供充分的任务定向的信息，引导学生形成良好的目标定向。(5) 结合目标定向理论研究和探讨大众参与体育锻炼的行为方式、情感体验，以及体育锻炼给人们带来的心理效应，积极推动全民健身运动的发展。

此后近 20 年来，国内这个领域的大部分研究都是围绕上述几个方面进行的。

四、自我决定理论

（一）什么是自我决定理论

自我决定理论是由德西和瑞安(Deci & Ryan, 1985)提出的。该理论认为，个体的行为动机可以分为内部动机、外部动机和无动机三种类型。其中，内部动机是指个体受对活动本身的兴趣驱动而作出某种行为；外部动机是由活动的外部结果引起的；无动机又可称为缺乏动机，是指个体对从事某项活动失去了动力。

自我决定理论是一个宏观的理论体系，由相互联系的五个亚理论构成，即认知评价理论、有机整合理论、因果定向理论、基本需要理论和目标内容理论。其中,基本需要理论是自我决定理论的核心。基本需要理论认为,人类具有三种基本心理需要——自主需要,如一位篮球运动员喜欢决定投篮的时机和掌控比赛结果的感觉;能力需要,如某人认为自己是一名优秀的跑步运动员;归属需要,如某位学生希望成为某一运动队的成员。它们是促进个体行为动机的环境特征。这三种心理需要是人类先天具有的,并且跨文化、跨情境地普遍存在,对个体的成长、完善和健康具有不可或缺的作用,与个体的幸福感密切相关。如果社会环境能满足这三种需要,那么就可以促进个体外部动机的内化,有利于形成内在目标定向。而且,自主需要的满足能够让个体体验到自己的行为是由自我决定的而不是受外部控制的(丁维维,毛志雄,2014)。

(二) 外部动机的分类

根据自我整合水平的不同,外部动机又可进一步划分为外部调节、内摄调节、认同调节和整合调节四种类型。

1. 外部调节

外部调节代表了外部动机中自我决定程度最低的行为调节方式,是指个体为了获得外部的奖励或者避免受到惩罚而从事某项活动。例如,为了避免别人嘲笑自己体型不好而参加健身活动。

2. 内摄调节

内摄调节是指个体为了某些不得已的原因而从事某项活动。例如,运动员从事竞技运动,是因为他认为退出将愧对教练或父母;学生为了避免自身体弱带来的内疚感和自我责备而参加体育锻炼。

3. 认同调节

认同调节是指个体认同其从事的活动的重要性。例如,运动员认为竞技运动能带给他很多益处——"运动教我学会自律";学生或运动员认为参加体育锻炼或竞技运动能获得愉快体验,促进社会交往,等等。

4. 整合调节

整合调节代表了外部动机中自我决定程度最高的行为调节方式,是指个体将其从事的活动与自身的需要整合到一起,即调节过程与个人的自我感完全融合。例如,健身者认为体育锻炼完全符合自己"生命在于运动"的价值观;运动员将自己从事的竞技运动视为生命中不可缺少的一部分。整合动机与内部动机相关联,但又存在不同。内部动机的特点是看重对活动自身的兴趣,而整合调节的特点是看重行为对结果的重要性。

外部调节和内摄调节因源于外在结果和缺少自我决定而被归为控制型动机,认同调节和整合调节因具有较多的自我决定而与内部动机一起被归为自主型动机。瑞安等人(Ryan et al.,2009)提出,自主型动机不仅能直接促使个体参与体育锻炼并长久维持,而且能对个体的情绪体验、心理健康、内外定向等产生间接而长远的影响;控制型动机虽能激发个体参与体育锻炼,但不能长期维持这种参与(项明强,2013)。

(三)自我决定动机的连续体

研究人类行为时不仅要考虑动机的强度或数量,还要考虑动机的性质。动机的发展是一个从无动机到外部动机再到内部动机的连续过程,体现了个体行为的自主性由低到高的变化趋势,反映出优化和完善动机的关键在于外部动机向内部动机的转化。根据自我决定程度的不同,无动机、外部动机和内部动机构成了自主性从最弱到最强的连续体(如图4-2所示)。

图4-2 自我决定与自主性连续体

运动员自我决定动机这一概念表示的是运动员参与某项运动的原因,自我决定动机连续体上的不同位置反映的是运动员在运动中的自我卷入程度的高低或自主性的高低。这直接关联到运动员在运动中体验到多大的乐趣、具有多高的训练比赛满意感以及心理疲劳程度(孙国晓,张力为,2013)。

这几种动机作为连续体的存在不是孤立的,它们可以发生转化,即动机内化。自我决定理论认为,外部动机能够转化成内部动机。

(四)自我决定理论在体育运动中的运用

自我决定理论的正确性在体育运动的背景下得到了广泛的支持和验证。比德尔等人(Biddle et al.,1999)在一项关于锻炼行为意向的预测性研究中发现,自主性动机对锻炼行为具有显著的预测作用。如果在外部压力下参加体育活动,虽然控制性动机的负面影响不会在短期内显现出来,但是,一旦外在压力消失,个体的体育行为也将随之消逝,这对长期坚持参加体育活动是极为不利的(吴清,李格,蔡赓,2015)。

孙国晓和张力为(2013)在有关自我决定动机对运动员心理疲劳影响的研究中发现:大部分研究支持,在高自我决定动机的一端,内部动机与心理疲劳呈负相关;在低自我决定动机的一端,无动机与心理疲劳呈正相关;在自我决定动机的中间部分,外部动机与心理疲劳的关系尚不明确。

第三节 运动动机的培养与激发

运动动机的培养与激发,是两个既相互联系又相互区别的概念。运动动机的培养是学生或运动员将社会、体育教师或教练向他们提出的客观要求转化为主观需要的过程;运动动机的激发是把已经形成的运动需要充分调动起来。因此,培养是激发的前提,而激发的结果进一步加强了原有的运动需要,使已有的运动动机得到进一步的巩固和加强。

一、内部动机的培养与激发

相对于外部动机,内部动机是一种更稳定、更持久的动机。运动中的内部动机是促进学生或运动员身心和谐发展、形成终身体育观和能力的重要保证,因此,运动动机的培养与激发首先要从内部动机的培养与激发入手。

(一) 明确学习与训练的目的

加强对学生或运动员的体育学习与运动训练目的教育,可以帮助他们正确认识体育学习与运动训练对他们身心全面发展的重要意义,使学生或运动员把当前的学习与训练同参与未来的社会生活以及理想与前途联系起来,从而端正体育学习态度,形成间接的远景性运动动机,提高体育学习与运动训练的自觉性。

对学生而言,要让他们认识到,体育学习与锻炼不仅是现代社会对学生的要求,而且也是学生适应现代社会的重要手段。对运动员而言,要让他们认识到,运动训练水平与他们未来的职业生涯息息相关。对体育教师和教练而言,学习与训练目的的教育应该贯穿在日常的体育教学和训练活动之中;在每节体育课开始或每一新技术动作练习之前,应该首先说明体育学习与运动训练的目的、任务,阐明该节课或该项技术动作(或某个技术环节)的学习对个体身体素质、运动能力发展,以及终身体育习惯形成的意义,以引起学生或运动员的求知欲望和探索体育知识与运动技能的需要。当学生或运动员对体育学习与运动训练的目的有了深刻的认识,他们就能将外部的要求与内心的希望转化为运动需要,从而增强体育学习与运动训练的动力和自觉性。

(二) 激发运动兴趣,维持运动好奇心

运动兴趣是个体积极地认识、探究或参与体育运动的一种心理倾向,由低到高依次有有趣、乐趣和志趣几个不同的水平。有趣是运动兴趣的初级水平,有趣不断地发展积累,由量变引起质变,由被动的、观赏性的兴趣转化为主动参与的兴趣,由不太稳定的愉悦倾向(情绪性的)发展为比较稳定的热爱倾向(感情性的),从而形成乐趣。只有达到乐趣阶段,运动兴趣才能转化为推动个体主动、积极参加体育运动的巨大内部动力(季浏,殷恒婵,颜军,2010)。

好奇心是个体遇到新奇事物或处在新的外界条件下产生的注意、操作、提问等行为倾向。作为一种优势心理过程,好奇心驱动个体主动接近当前刺激物,积极思考与探究。当个体的运动好奇心被诱发、唤醒、增强时,个体必然会产生一种对运动特有的期待与渴望,推动个体运动认知过程有效进行。运动好奇心既是先天具有的,也是后天习得的,既是运动认知的成分,也是运动动机的成分(刘云艳,张大均,2004)。

因此,运动兴趣和运动好奇心成为培养和激发个体运动内部动机的基础。

1. 运动需要的满足

运动需要主要指学生对体育运动的自身价值,如趣味、娱乐、竞技、健身、健美等,产生的一种渴求趋势,或掌握某项体育运动技能的一种需要。运动需要会促使学生或运动员对其渴求学习或参与的体育活动产生极其浓厚的兴趣,并表现出极大的学习和参与热情(季浏,殷恒婵,颜军,2016)。运动动机是在运动需要的基础上产生的,而运动需要只有在达到一定强度时才能成为推动个体参加体育活动的内部动力。因此,要培养和激发学生或运动员的运动动机,首先要满足他们的运动需要。目前,大多数学生或运动员的运动需要与下列三种需要有关:追求乐趣的需要、归属的需要和展示自我的需要(张力为,毛志雄,2003)。

第一,满足学生或运动员追求乐趣的需要。体育的魅力之一就是它的趣味性。为了满足学生或运动员追求乐趣的需要,应在体育教学与运动训练中注意五点:(1)使学生或运动员的能力适合体育学习与运动训练任务的难度。如果个体在一项活动中反复体验失败,他不可能觉得这项活动是有趣的,只有成功的体验才能给个体带来愉悦的享受。(2)使体育教学与运动训练的方法和手段多样化。因为单调、刻板、无味的活动很容易使人产生厌倦的心理。(3)让所有学生或运动员都积极参与到体育学习与运动训练中。如果他人都有机会从事某项活动,而只有自己被排斥在这项活动之外,就很容易使被排斥者产生一些负面的情绪和心理,最终导致他们对这项活动失去兴趣。(4)在体育教学和运动训练中根据学生的特长分派任务。干自己擅长的事情,更容易在活动中获得成功,因而也更容易享受到成功完成任务带来的乐趣。(5)允许学生或运动员在体育学习和运动训练中享有更多的自主权。只有自主性需要得到满足,个体才会全身心地投入任务和负起责任。

第二,满足学生或运动员归属的需要。20世纪60年代,人本主义心理学家马斯洛(A. H. Maslow)提出了著名的需要层次理论。他指出,人的需要从低到高分为五个层次:生理需要、安全需要、归属和爱的需要、尊重需要和自我实现需要。一旦生理需要与安全需要得到满足,归属和爱的需要就成为主导人们生活的优势需要。归属和爱的需要追求的是友谊、接纳和认同,是社会中个体的基本需求。这种需要若得不到满足,个体将感到强烈的孤独和无助,从而焦虑、担忧、缺乏安全感,并产生被群体排斥的种种痛苦。

学生或运动员参加体育运动时,往往要将自己归属于某一体育团体,如某个体育班级或某个运动队。认同该体育团体的规范与目标,与其他成员分工合作,为自己所属的体育团体努力、拼搏、取得佳绩。在这个过程中,学生或运动员会感到自己是受欢迎、有价值、被尊重的,也会为自己是该体育团体中的一员而感到满足与自豪。与此同时,归属感的获得又产生新的动力,促使学生或运动员更积极地投入到体育运动中。

第三,满足学生或运动员展示自我的需要。根据马斯洛的理论,人的最高层次的需要是自我实现的需要,在各类社会活动中,人都渴望被他人或各种社会组织接纳、肯定、承认、赞美、表扬、鼓励等,即希望有尊严地生活,并获得一种内在的心理满足。感到自己有价值(能力与成功)的需要是体育运动中最普遍、最强烈的需要。由于过去的运动经历与归因方式不同,每个学生或运动员对运动中自我价值的解释也有所不同,而这会对运动动机和运动行为产生直接的影响。体育教师或教练要做的一项重要工作就是尽量为更多的学生或运动员提供运动成功的机会,帮助他们进行正确的运动归因和目标定向,使他们感到自己在运动中是有价值的,帮助他们认识到体育运动中充满着挑战与机遇,只要自己肯努力、肯拼搏,就有可能充分发挥自己的体育潜能,展示自己的体育才能,取得令人满意的运动成绩,不断提高运动能力,不断提高自我效能,不断提升自我价值。

2. 创设问题情境

成功的体育教学与运动训练应不断创设问题情境,提出一些学生或运动员无法利用现有知识解答的问题,挑战他们现有的理解能力,从而激发他们的好奇心、求知欲,引导他们产生内部运动动机。

学生上体育课或参加体育锻炼,以及运动员参加运动训练,都是在体育教师或教练直接设计或间接控制的情境中进行的。因此,在教学和训练内容要求不变的情况下,体育教师或教练要尽量变化教学与训练的方法,使其具有新异性,使每节体育课或每次运动训练有新东西,使学生或运动员有新收获。

体育教师或教练创设一定的问题情境,可以引起学生或运动员探索体育活动结果的意向和期待心理,激发他们的认知内驱力。例如,可在教学或训练活动之初提出启发性问题,让学生或运动员通过观察、对比或实践得出动作要领的答案等(马启伟,1996);在教授某个技术环节之前,可通过提问设疑或让学生尝试的方式引起学生的好奇和思考活动(刘永东,徐信,翁俊杰,2006);具体到篮球教学中,教师可以提出投篮出手时篮球的旋转方向是向前还是向后、哪几个手指最后拨球等问题,引导学生思考,激励他们进行积极主动的探索(姜富革,张美霞,2004)。

(三) 设置合适的目标

1. 目标设置

在体育活动中,目标设置是指根据个体的运动能力和技能水平,确定在一定的时间期限内所要达到的运动学习和身体锻炼目标,以及达到目标所采用的步骤、策略和时间安排。其作用主要表现在能够将学生或运动员的注意和行为指引到体育活动任务上,激发他们的努力和正能量,提高他们的运动表现,使他们能长时间地坚持参与体育活动,为完成体育活动目标而主动设计和执行最恰当的实现目标的策略和手段(祝蓓里,季浏,2000)。

2. 运动中目标设置的原则

在运动中设置目标,遵循六个原则:长期目标与短期目标相结合;设置明确、具体的目标;设置现实的、具有挑战性的目标;因人而异设置目标;团体成员参与团体目标的设置;设置多级目标。

第一,长期目标与短期目标相结合。根据实现目标的时间长短,可以把目标分为长期目标与短期目标。例如,"我每周做三次,每次做三组,每组做二十次负重一深蹲练习,一个月内提高腿部力量10%",这是短期目标;"我争取两年内达到国家健将标准",这是长期目标。

一般来说,短期目标比长期目标有效,最容易对个体的行为产生立竿见影的推动作用,因而更能激发个体的内在兴趣。但是,短期目标必须有长期目标的引导,这样个体的行动才能更加自觉、长久。因此,设置目标时应将长期目标和短期目标相结合。

长期目标与短期目标结合的最理想形式,是使用"阶梯形"目标设置。其具体步骤是:首先,确定个体经过努力奋斗所能达到的最终目标;然后,确定目前个体完成该项运动的基础水平或一般水平表现;最后,确定几个指向实现最终目标并且难度逐步加大的目标。例如,在篮球教学过程中学生"阶梯形"目标的实现,具体如图4-3所示。

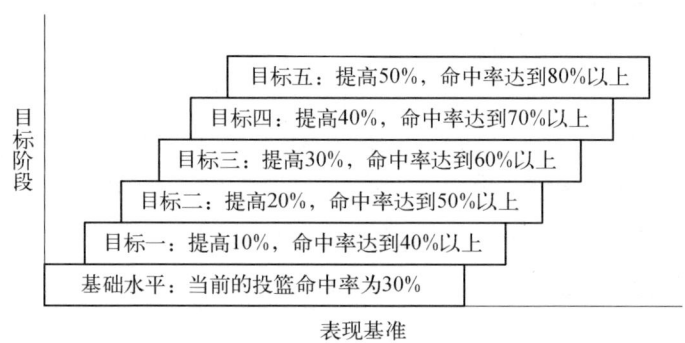

图4-3 定位投篮"阶梯形"目标设置
资料来源:殷恒婵.(2012).*体育心理学*.北京:开明出版社,p.31.

第二,设置明确、具体的目标。明确、具体的目标是可测量、能进行数量分析的目标。例如,一位开学时投篮命中率为30%的学生提出本学期末投篮命中率达到80%的目标。模糊的目标是指那些不具体、难以进行数量分析的目标。例如,有的运动员会给自己设置"尽最大努力""表现得更好一些"的目标。大量的研究结果表明,设置明确、具体的目标比设置模糊的目标或不设置目标更有益于体育活动效率的提高。因为明确、具体的目标不仅有助于激发明确、有效率的行为,而且有助于考察结果的评估和量化检验是否达到了目标。这种反馈对目标的动机功能具有极重要的意义。

第三,设置现实的、具有挑战性的目标。现实目标是指通过艰苦努力可以达到的目标。不现实目标是指无论付出多少努力也不可能实现的目标。现实目标往往是中等偏难一点的目标,这类目标对个体具有一定的挑战性;不现实目标往往是难度过高的目标。一个好的目标应该既有一定的难度,又是可实现的。设置的目标有一定难度,令个体现有水平与要达到的目标之间存在一定的差距,可以使个体产生适度的内部紧张,这更能调动个体的积极性,激发他们从事体育活动的内部动机,充分挖掘他们的运动潜能。设置的目标是可实现的,有利于个体在运动中获得成功的体验,满足其成就需要,建立运动自信心,最终有助于培养和维持个体的运动兴趣,使他们形成终身参与体育的习惯。如果设置的目标难度过低,则不能充分激发个体从事体育活动的内部动机,也不能使他们的运动潜能得到充分发挥。如果设置的目标难度过高,个体在运动中可能会反复经历挫折,从而失去运动自信,最终退出或回避体育活动。

第四,因人而异设置目标。由于个体之间存在个别差异,所以即使是同一个体育团体中的成员,每个人设置的目标也应有所不同。设置目标时,外部人员或个体对自己能力的恰当评价与判断是设置成功目标的重要依据。如果不能正确分析和评价个体的体能水平、运动技能水平和心理素质,就有可能制定出过高或过低的运动目标。因此,体育教师或教练应尽一切努力,帮助每个学生或运动员设置合理的目标,以便能最大限度地激发其不断挑战自我的愿望。

第五,团体成员参与团体目标的设置。参与团体目标的设置有助于个体更清楚地了解目标,更努力地实现目标。此外,个体参与目标的设置,可以增强个体的组织归属感,从而更能激发其动机。在体育团体中,所有成员一起制定目标不仅可以尊重每个人的意志,促进团体成员间的相互交流和沟通,而且有助于提高每个人的责任感和积极性,充分发挥每个人的创造性。在体育教学和运动训练的过程中,体育教师或教练应努力创造一种民主氛围,让班级中的每位学生、运动队中的每个成员参与到目标的制定中。例如,在足球教学课上进行头顶球练习时,教师让每个学生报出自己目前头顶球的个数,将水平相同的人分在一组,然后,教师与各组学生一起制定各组将努力达到的头顶球个数。这样做既体现了学生的个人意愿,使学生感受到一种责任感,又充分考虑了学生的个体差异,有利于激发学生的动机(季浏,殷恒婵,颜军,2016)。

第六,设置多级目标。为了减轻激烈的竞技体育运动带来的心理压力,不少专家、学者建议,个体在从事激烈的体育活动时,可以设立多级目标,这有助于减轻"不成功便成仁"的单一目标造成的强大心理压力。一般可设置下列三级目标:(1)理想目标,超水平发挥时应达到的目标;(2)现实目标,正常发挥时应达到的目标;(3)低限目标,无论出现什么意外情况,都应奋力达到的目标。

目标设置是一个动态的调整过程,个体在参加体育活动的过程中,可以根据内外部的情况对已设置的目标进行不断调整、修改和补充。

二、外部动机的培养与激发

并不是所有人在任何条件下参加体育运动都是出于内部动机,外部动机如果使用恰当,也是推动个体积极参加体育运动的一种有效手段。因此,必须采取有效的手段来培养与激发学生或运动员参加体育运动的外部动机。

(一) 利用学习与训练结果的反馈作用

1. 反馈的含义

反馈是指有机体在处理信息的过程中,把来自运动器官(如手、足等身体部位)的效应信息,经过感受器传导到大脑神经中枢,获得有关动作的正确性、精确度或适合性信息的过程。通过反馈获得的动作信息,涉及动作本身的知识和动作结果的知识两个方面。例如,在排球发球时,击球之后,发球者会立刻通过视觉得到球是否发准(落在球场内)的信息,这就是动作结果的知识。另外,体育教师或教练在学生或运动员接球之后,告诉他接球时,他的手臂过分弯曲,这时,教师或教练提供给他的是关于动作本身的知识。这两种知识对学习者来说,都是通过反馈获得的,对改善其动作技能来说都是重要的(祝蓓里,季浏,2000)。

通常情况下,学生或运动员在练习初期主要通过视觉或听觉等外部感觉获取反馈信息,在练习后期则主要通过运动感觉等内部感觉来获取反馈信息。反馈不仅具有提供信息的价值,能够对体育学习与运动训练的方式起调节作用,而且对学生或运动员的运动动机具有激励作用。

2. 不同类型的反馈在体育运动中的应用

(1) 按照信息的来源,可以将反馈分为内在反馈和外在反馈两种。

内在反馈又被称为固有反馈或自然反馈,它是练习者不依赖外界帮助,只借助自身的内外部感觉而获得的反馈,即它可以是练习者在执行某个动作时肌肉中的动觉感受器提供的感受,如做了一个错误的潜水动作后感觉到的刺痛,也可以是练习者对自己行为结果的直接观察,如投篮后可以看到球是否投中。

外在反馈又被称为附加反馈、追加反馈和增补反馈,它是由体育教师、教练或某种自动化的记录装置提供给练习者的反馈信息,通常是在练习者得不到内在反馈信息时给予的,是对内在反馈的增加和补充。例如,在练习射击时,是否击中了靶心,往往要由别人告诉练习者。又如,在练习舞蹈动作时,教练会对练习者的动作进行一些点评和指导。

外在反馈又可进一步分为结果反馈和绩效反馈。结果反馈是在运动之后由别人以言语的方式提供给练习者的有关动作结果的相关信息,如教练讲的"这次你没有击中目标"。结果反馈可以很具体,也可以有一定的概括性,还可以包括诸如"很好"的奖励成分,有时也会重复内在反馈。需要指出的是,结果反馈是关于运动结果是否达到目标的反馈,而不是关于运动本身的反馈。

绩效反馈是关于学习者做出的运动模式的反馈信息。它更多的是指导者提供给练习者的旨在改正错误运动模式的反馈,而不是在运动环境中产生的结果。它可指练习者模糊意识到的运动的一些方面,如投篮练习中教练说"压腕不充分"等;还可指练习者通常意识不到的身体中的过程,如血压或具体运动单元的活动,通常称生物反馈。比较常见的一种绩效反馈是录像回放,即把练习者练习的过程录制下来,再回放给练习者。

(2) 按照提供信息的时间,可以将反馈分为即刻反馈和延迟反馈。

体育教师或教练给学生或运动员提供的反馈,如是在完成动作的过程中提供的,即为即刻反馈;如是在动作完成后间隔一定时间提供的,则称为延迟反馈。例如,学生在练习推铅球时出现了错误动作,体育教师立即发出"蹬地""送髋""抬头""挺胸"等指令性信息,使学生按照体育教师的正确指令进行练习,这属于即刻反馈;体育教师结合阶段性考核为学生提供的有关动作的信息反馈,则属于延迟反馈。

研究表明,对初学者来说,即刻反馈的效果较好,而且反馈间隔时间越久,获得动作技能的速度越慢。如果能恰当而及时地给予反馈,可以使个体在做下一次动作时有正确的动作速度、方向、力量和幅度,立竿见影地取得良好的学习效果。但是,如果体育教师或教练能合理地采用阶段性反馈,针对学生或运动员所做动作的错误作全面的分析和指导,同样可以取得良好的教学与训练效果。

也有研究(Swinnen,1990)发现,在某些特定情境中,即刻反馈不利于动作技能的形成。这是因为即刻反馈可以提供解决问题的信息,可以对练习者起到强大的指导作用,这在练习的早期很有用;但随着练习的进行,个体对反馈产生了依赖,这种依赖对个体利用其他学习信息造成了阻碍,使个体无法形成自身的错误觉察能力,最终导致练习绩效下降。金亚虹(2005)的研究指出,即刻反馈更有利于复杂技能、开放性技能和不熟练技能的学习,而恰当的延迟反馈较利于简单技能、封闭性技能和较熟练技能的学习。反馈延迟时间的适宜值可能与练习技能的复杂程度与性质,个体的年龄、成熟度和技能水平,以及获取信息的通道有关。

> **专栏 4-4　　及时反馈的学习效果**
>
> 及时了解自己学习的结果会对学习产生相当大的激励作用。例如,在罗西(C. C. Ross)和亨里(L. K. Henry)的一个实验中,一个班的学生被分为三组,每天在学习以后接受测验。对于第一组,主试每天告诉其学习结果;对于第二组,每周告知其学习结果;对于第三组则不告知其学习结果。如此进行八周后,改换条件,除第二组仍旧每周告知其学习结果外,第一组和第三组的情况对调,即不再告知第一组学习结果,而每天告知第三组学习和测验后的学习结果。这样再进行八周。结果发现,第八周后,除第二组显示出稳定的进步外,第一组与第三组的情况有了很大变化,即第一组的成绩逐步下降,而第三组的成绩逐步上升。
>
>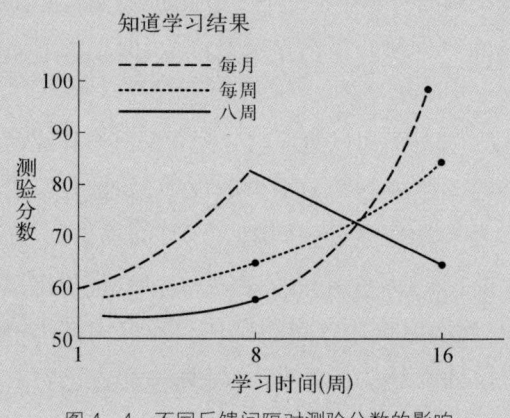
>
> 图 4-4　不同反馈间隔对测验分数的影响
>
> 资料来源:李新旺. (2003). 心理学. 北京:科学出版社,p. 61.

(3) 按照提供的信息的性质,可以将反馈分为建设性反馈和非建设性反馈。

建设性反馈是指提供的信息是特殊的、限制在一定范围内的、有利于提高动作技能的反馈。所谓非建设性反馈,是指提供的信息是重复的、非特殊的、对动作技能的改进没有任何用处的反馈。例如,学生学习排球的发球动作时把球打到了场外,体育教师对他说:"这个球抛得较高,又在你的前上方,你的重心要转到前面一只脚上,你的眼睛要看着球,而且你的手臂要伸得长一些。"这样的信息对初学者来说是有效的、特殊的,属于建设性反馈。但是,如果体育教师只对他说:"你看,你的球打到了场外。"这样的信息对初学者来说就是无效的、非特殊的,属于非建设性反馈。

3. 正确的评价

正确运用表扬与批评、奖励与惩罚是反馈的另一种形式。正确的评价对学生或运动员的体育学习和运动训练具有促进作用。

> **专栏 4-5　　　　　　　　评价对学习效率的影响**
>
> 赫洛克(E. B. Hurlock)的实验说明了评价对学习效率的影响。赫洛克以 106 名小学四五年级的学生为被试,要求他们练习难度相同的加法 5 天,每天 15 分钟。他把被试分为四个等组:控制组单独在一处学习,不予任何评论;甲组为受表扬组;乙组为受训斥组;丙组为受忽视组,既不受表扬也不受训斥,只静听其他两个实验组受表扬或训斥。如图 4-5 所示,结果表明,受表扬组学生每次都有进步;受训斥组学生的成绩不如受表扬组;成绩最差的是控制组,因为他们的练习没有一点诱因,且越来越差;受忽视组本身虽不被直接强化,却可从受表扬组和受训斥组那里获得间接强化,故其成绩虽不如受表扬组与受训斥组,但稍好于控制组。
>
>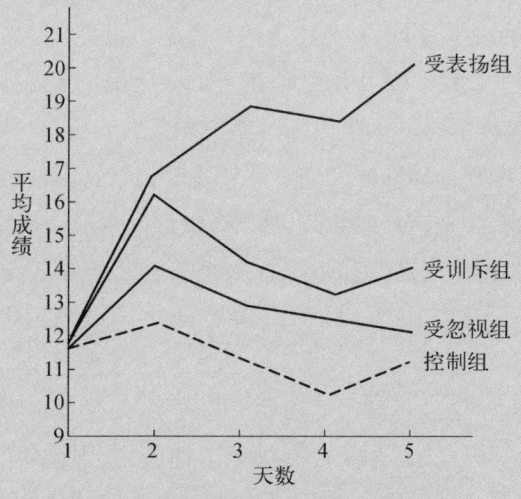
>
> 图 4-5　不同评价方式对学习效果的影响
>
> 这个实验说明,表扬可以比批评、指责更好地促进学生的学习效果提升,而适当的批评也能提高学习效果。
>
> 资料来源:(1) 莫雷. (2007). 教育心理学. 北京:教育科学出版社,p. 280. (2) 李新旺. (2003). 心理学. 北京:科学出版社,p. 62.

表扬的方式比表扬的次数更重要。当表扬是针对某一行为结果,并且具体可信时,表扬就是一种有效的激励因素。同时,表扬应该针对优于常规水平的行为。这是说,如果学生或运动员平常就做得比较好,那么就不宜对他达到常规水平的行为进行表扬;而对于那些平时表现不佳,但是有所进步的学生或运动员,体育教师或教练就应该给予表扬。

表扬的有效性取决于它的具体性、可靠性,以及与行为结果的依随性,体育教师或教练在运用表扬与批评时,要根据学生或运动员的个人特点,做到客观、公正、全面、恰到好处,既要赏罚分明,又要以理服人。表扬如果被滥用或言过其实,就会失去效力或导致学生和运动员骄傲自满、狂妄自大;批评和惩罚若失之公允或被用来整治学生和运动员,则更容易激起他们的反感和对立情绪。

(二) 适当地开展竞赛活动

竞赛是激发青少年体育学习和运动训练积极性的一种有效手段。若能合理地组织、利用竞赛,青少年的运动成就动机将得到加强。竞赛有个人间的竞赛、集体间的竞赛和自我竞赛几种形式,其中竞争性最强的是个人间的竞赛。个人间的竞赛运用得好,可以极大地提高体育学习与运动训练的效果。但这种竞赛也容易产生一些弊病。例如,为了取胜而不择手段,甚至违背体育道德。竞赛成绩的两极分化也可能使获胜者骄傲自满,使失败者形成习得性无助。因此,应提倡多在集体间开展竞赛。集体间的竞赛可以使集体中的每个成员都有参赛和获胜的机会,从而增进个体对集体的责任心与归属感,增强集体的凝聚力。此外,鼓励自己和自己竞赛,也是体育教师和教练在激发学生或运动员的运动动机时值得提倡的策略。自我竞赛采用的是自我参照,即将自己现有的成绩与过去的成绩进行比较,关注的焦点不是与他人比较的名次,而是自己的进步程度。这种形式的竞赛可以减轻青少年在运动中可能形成的过重的心理负担。

竞赛虽然有激励学生或运动员运动动机的效果,但是任何形式的竞赛活动都会给个体带来一定的心理压力。如果竞赛被频繁地使用,则会使心理负担过重,导致情绪上的过度紧张、焦虑。这既不利于学生或运动员运动技能的学习与发挥,也不利于体育团体中良好体育道德氛围的形成。

此外,帮助学生或运动员掌握体育学习与运动训练的策略和方法,使他们学会学习与训练,增强他们在运动中的自我效能感,引导他们对体育运动的结果进行正确归因,改变体育教学与运动训练的环境等,也是培养与激发学生或运动员运动动机的有效手段。

本章提要

- 运动动机是激励人们参加体育活动的内在原因或内部动力,它决定着体育活动参与者在体育活动中的倾向性、活动强度和坚持性。运动动机具有激发、指向、强化和调整的功能。
- 根据动机产生过程中内在需要和外界诱因起主要作用者,可以将运动动机分为内部动机和外部动机。内部动机是指主要由个体的内在需要转化而来的动机,外部动机是指主要由外部条件诱发而来的动机。一般而言,个体的运动行为是由内部动机和外部动机共同推动的,相对而言,内部动机的推动力量较大,维持的时间也较长。外部动机既可能加强内部动机,也可能削弱内部动机,这主要取决于外部奖励的方式以及个体对内部奖励和外部奖励重要程度的认识。

- 根据个体参与运动的兴趣特征和心理动因的指向性,可以将运动动机分为直接动机和间接动机。直接动机以直接兴趣为基础,间接动机以间接兴趣为基础。
- 根据个体参与体育学习、运动训练和锻炼活动的心理动因是以生物需要为基础,还是以社会需要为基础,可以将运动动机分为生物性动机和社会性动机。
- 现有研究指出,运动动机与运动表现之间存在着倒 U 形曲线关系。
- 成就动机是指,在个体成就需要的基础上产生的,激励个体乐意去做自己认为重要的或有价值的工作,并努力达到完善程度的一种内在推动力量。成就动机高的个体倾向于选择中等难度的体育任务,成就动机低的个体倾向于选择难度极高或极低的体育任务。影响运动成就动机的主观因素有年龄、性别、体育能力、运动成败经验等,客观因素有家庭、学校、社会环境、任务难度等。
- 自我效能感是指个体对自己能否成功实施某一成就行为的主观判断。自我效能的作用表现为:(1) 决定个体对活动的选择以及对活动的坚持性;(2) 影响个体在困难面前的态度;(3) 影响活动时的情绪;(4) 影响新行为的获得和已有行为的表现。影响自我效能的因素有:(1) 个体自身行为的成败经验;(2) 替代性经验;(3) 言语劝说;(4) 情绪唤醒。
- 目标定向是指个体参加某一活动时所依据的成就目标倾向。一般将目标定向分为任务目标定向和自我目标定向两种。任务目标定向者参加体育活动往往受内部动机激发,他们对自己的能力的知觉以自我为参照,强调掌握任务。自我目标定向者参加体育活动往往受外部动机激发,他们对自己的能力的知觉以他人为参照,对取胜的重视远甚于对任务的掌握,体验到的是难以忍受的竞争气氛。有研究表明,任务目标定向是一种积极、主动、比较理想的目标定向状态。高任务目标定向和高自我目标定向的运动员表现出的动机水平最高、胜任感最强。不同目标定向对个体参加体育活动的影响表现在:(1) 对体育活动目的的认识;(2) 归因方式;(3) 体育道德;(4) 运动乐趣;(5) 学习策略和方式。
- 自我决定理论认为,动机的发展是一个从无动机到外部动机再到内部动机的连续过程,体现了个体行为的自主程度由低到高的变化趋势,反映出优化和完善动机的关键在于外部动机向内部动机的转化。根据自我整合水平的不同,外部动机又可进一步划分为外部调节、内摄调节、认同调节和整合调节四种类型。
- 内部动机的培养与激发手段有:(1)明确学习与训练的目的;(2)激发运动兴趣,维持运动好奇心;(3)设置合适的目标。外部动机的培养与激发手段有反馈和适当地开展竞赛活动。

教学活动设计

1. 根据教学与训练大纲的要求,给自己制定一个课外体育锻炼的计划(每个阶段目标都要明确)。
2. 与同学协商创设一些运动情境,使更多的人获得运动中的成功体验。

复习与思考题

1. 什么是运动动机?运动动机有哪些功能?
2. 不同种类的动机对个体运动行为有什么影响?
3. 说明运动动机水平与运动表现的关系。
4. 简述目标定向的种类和特点。
5. 简述运动中目标设置的原则。
6. 什么是自我效能感?简述自我效能感的作用。
7. 如何利用反馈提高学生或运动员的体育学习与运动训练效果?
8. 如何培养和激发学生或运动员的运动动机?

第五章 运动中的归因

===== 本章细目 =====

关键概念
第一节 归因理论
一、海德的理论
二、琼斯和戴维斯的相应推断理论
三、凯利的三度理论
四、维纳的成败归因理论

第二节 运动中的归因
一、内外部归因
（一）内外源
（二）协变性原则
二、稳定性
三、可控性
四、运动中的典型归因

第三节 影响运动归因的因素
一、内部因素
（一）个性特征
（二）成就动机
（三）情绪
（四）自我效能感
（五）运动能力知觉
（六）年龄

二、外部因素
（一）社会文化背景特征
（二）运动项目特征
（三）比赛结果
（四）运动队的凝聚力

第四节 运动中的习得性无助感
一、什么是习得性无助感
二、习得性无助个体的主要心理特征
（一）自我效能感低
（二）消极思维
（三）情绪失调
（四）人际关系不良
三、学生或运动员形成习得性无助感的原因
（一）客观原因
（二）主观原因
四、如何矫正学生或运动员的习得性无助感
（一）教给学生或运动员有效的体育学习与运动训练策略，提高体育学习与运动训练的效率

（二）引导学生或运动员树立正确的体育目标导向
（三）以鼓励为主，帮助学生或运动员形成积极的自我概念
（四）通过归因训练来提高学生或运动员的自我效能感
（五）创设良好的人际交往环境

第五节 运动中的归因偏差与归因训练
一、归因偏差
（一）基本归因偏差
（二）行动者与观察者归因偏差
（三）归因中的利己主义倾向——自我满足策略
二、归因训练
（一）再归因训练
（二）运动中的归因训练的具体措施

本章提要
教学活动设计
复习与思考题

关键概念

归因   内外源   稳定性   可控性   协变性原则   习得性无助感
归因偏差   归因训练   自我保护策略   自我夸张策略

对于学生或运动员在体育运动情境中的表现,人们或许常常会提出下列问题:"为什么某某会输掉或赢得这场比赛?""如果某某再努力一点,他是否能取得更好的运动成绩?""某某取得今天的运动成绩,是否与他的运气有关?"等等。对这些问题的回答实际上涉及对引起体育运动结果的原因进行探索的过程,即归因的过程。

归因活动是一种普遍的心理现象,它渗透在人们社会生活的各个领域。自20世纪80年代起,体育运动领域的归因研究日益增多。这主要是因为个体对自己在体育运动中成败原因的认知影响着他们未来参与体育运动的态度、动机、情感与意志力,并最终影响个体的运动行为及其结果。因此,在体育教学与运动训练中,体育教师或教练必须及时了解学生或运动员的体育学习和运动训练的状态,帮助他们对已出现的体育学习或运动训练、竞赛结果进行正确归因,更好地总结经验教训,以便他们能以一种良好的心态在未来的体育运动中少走弯路,取得更好的运动成绩。

第一节 归因理论

归因是指个体对自我或他人行为结果的原因进行分析、解释和推测的认知过程(祝蓓里,季浏,2000)。

归因理论是对动机进行认知分析的理论。该理论假设,人们总是力求在自己认知的基础上解释、理解和预测各种事件。

一、海德的理论

美国心理学家海德(Heider,1944,1958)最早提出归因理论。海德认为,人们都有一种理解、预测和控制周围环境的需要。为了满足这种需要,人们会根据各种线索解释已经发生的行为和事件的原因。只有了解了事件和行为变化的原因,人们才能理解这个世界,预测世界的变化,从而达到控制世界的目的。海德提出的基本归因模式如图 5-1 所示。

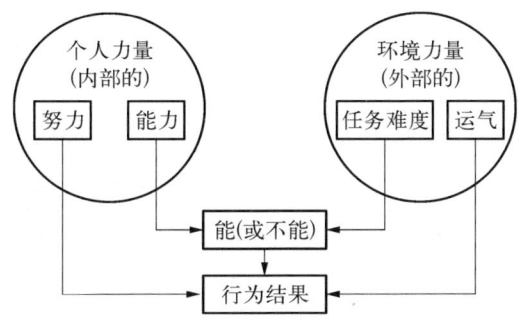

图 5-1 海德的基本归因模式图

资料来源：Cox，R. H. (2002). *Sport psychology: Concepts and applications*(5th ed.). New York: McGraw-Hill,p. 51.

根据海德的观点，行为的结果可以归因于个人的力量和环境的力量，或者同时归因于这两个因素。个人的力量与环境的力量互补。因此，他提出了下列公式(Cox,2002)：

$$行为的结果＝个人的力量＋环境的力量$$

个人的力量由能力和努力构成；环境的力量由任务难度和运气构成。能力和任务难度相结合，就形成了被称为"能够"或者"不能够"的维度。如果任务很难，则必须有很高的能力才能完成。也就是说，如果一个很有能力的人失败的话，必定是因为任务的难度太大。

二、琼斯和戴维斯的相应推断理论

这个理论由琼斯和戴维斯(Jones & Davis,1965)提出。所谓相应推断是指外显的行为是由行动者内在的人格特质直接引起的，或者说，一个人的行为与其人格特质是一致的。例如，人们看到某位运动员在运动场上常与他人发生冲突，于是认为这个运动员天生就具有攻击性，这时运用的就是相应推断的步骤。如果能够知道某一个体行为的真正目的，那么对其个性的推断就会更有把握。而了解了行动者的意图之后，下一个步骤就是对其个性本质的推断。在由行动者的意图推断行动者的个性本质的过程中，应考虑三个基本因素。

第一，社会赞许性。越受大多数人喜欢的行为，其社会赞许性也越高。个体的行为都有试图迎合社会需要的特点，因此，那些合乎社会规范或社会期望的行为很难反映一个人的内在特质。相反,行为的社会赞许性越小,本质归因的可能性越大,相应推断的可靠性就越高(章志光,金盛华,1996)。例如,女孩一般喜欢舞蹈、体操类的活动,若有一个女孩不喜欢这类运动,而更喜欢极限运动,那么人们便可以由此推断这位女孩个性比较独特。

第二,独特性。独特性是个性本质的重要因素。个体与他人行为的共同性因素越少,相应推断的可靠性就越高。例如,有几个学生走进某球馆,跟管理人员打招呼,这些共同行为可以说明这些学生到球馆来是想锻炼。如果其中某个学生称呼管理人员为"舅舅",那么这一独特行为将有助于人们作出他是来看望亲戚或重亲情的相应推断。

第三,选择自由性。如果人们知道某人的行为是自由选择的,那么其行为与态度大多是一致的,否则就难以作出相应推断(章志光,金盛华,1996)。例如,NBA篮球明星林书豪从小生长在一个充满民主气氛的知识分子家庭,他文化成绩不错,哈佛大学本科毕业后选择做职业运动员,这可以视为他喜欢体育的态度表现。

三、凯利的三度理论

凯利(Kelley,1967)认为,人们在归因的过程中会涉及三个方面的因素:客观刺激物、行动者、所处关系或情境。这三个方面构成了一个协变的立体框架,所以叫作三度理论。三度理论遵循的总原则是协变性原则。对上述三个因素中任一因素的归因都取决于行为的下列三个变量:(1)区别性——针对客观刺激物,即行动者是否不对其他同类刺激作出相同的反应;(2)一贯性——针对情境,即行动者是否在任何情境和任何时候都对同一刺激作出相同的反应;(3)一致性——针对人,即其他人是否也会对同一刺激作出与行为者相同的反应(章志光,金盛华,1996)。

例如,人们看到某人在看球赛时高声喊叫,在进行归因时,他们需要了解:(1)这个人是看这场球赛时才高声喊叫,还是看所有球赛时都高声喊叫,这是区别性信息;(2)这个人是在看球赛时才高声喊叫,还是在别的场合也高声喊叫,这是一贯性信息;(3)是看球赛的所有人都高声喊叫,还是只有这个人高声喊叫,这是一致性信息。

四、维纳的成败归因理论

维纳(Weiner,1972,1979)提出,可以根据三个维度对成败的原因进行分类(见表5-1)。这三个维度是:(1)内外源维度,将导致成败的原因分为内部原因和外部原因。内部原因即个人自身的原因,包括个人的能力、努力等;外部原因即个人自身之外的原因,包括任务难度、运气等。(2)稳定性维度,将内部和外部原因进一步分为稳定的原因和不稳定的原因。(3)可控性维度,将稳定和不稳定的原因再细分为个人自身能控制的原因和个人自身不能控制的原因(皮连生,2004)。

表 5-1 维纳的归因模型

	内　　部		外　　部	
	稳定的	不稳定的	稳定的	不稳定的
可控的	稳定的努力(平时的努力)	不稳定的努力(对特定任务的努力)	他人稳定的努力(他人一直提供的帮助)	他人不稳定的努力(这次活动得到的帮助)
不可控的	能力	情绪、健康	任务难度	运气

后三种理论都是对海德的归因理论的扩充和发展。所有的归因理论都有一个共同的特点,即以观察他人的外显行为为开端,以探求导致这一行为的原因为目的(孙时进,2006)。由于维纳特别强调个人所处的文化背景以及不同社会观念、个人技巧、人际关系等因素对归因的影响,因此,维纳的归因理论成为当今归因研究中最有影响的理论(章志光,金盛华,1996)。本章此后对体育运动中归因的各方面的分析均以维纳的归因理论为基础。

第二节　运动中的归因

运动中的归因主要涉及内外部归因、稳定性和可控性三个方面。

一、内外部归因

(一) 内外源

在体育运动情境中,倾向于内部归因的人常常将自己体育运动的好成绩归因于自己运动能力强或努力;反之,倾向于外部归因的人常常把失败归咎于任务太难、运气不佳、教练不好、裁判不公平等外部原因。

一般来说,内部归因的个体要比外部归因的个体成绩好,内部归因比外部归因有更为成熟的归因指向。因此,教练或体育教师应该鼓励运动员或学生通过建立运动自信心,以及在合适的时候对运动表现进行内部归因而变得更具内部归因倾向(Cox,2002)。

> **专栏 5-1　　　　　　　　内外源归因的研究**
>
> 罗特(Rotter,1971)利用自己研制的内外源归因量表进行研究,得出了以下几个结论:
> (1) 出身于经济地位低的家庭中的儿童倾向于外源性归因;
> (2) 随着年龄增长,儿童有由外源性归因向内源性归因转化的趋势;
> (3) 高度外源性归因的人感到他们是受环境摆布的,他们不断感到受外部压力的控制。
>
> 罗特的研究表明,从发展的观点来看,倾向于内源性归因的人更为成熟。参加运动有助于一个人转向内源性归因。然而,并不是所有外源性归因都是不成熟的表现。有时候,外源性归因更为合适,也是个体所期望的。比如,一个裁判故意把一个队的犯规次数判得多于另一个队的两倍。这时,运动员把他们的输归因于裁判不好,可能是完全正确的。
>
> 我国运动心理学者祝蓓里、张艺宏(1993)借助他们自己编制的运动成就责任归因定向问卷对1 500名青少年运动员进行研究,结果发现,我国青少年运动员有随着年龄的增长而从以内源性归因为主逐渐向内外源较为平衡的方向发展的趋势。尤其是在失败的情境下,15岁以上的男性比女性更具平衡发展内外源结构的倾向。祝蓓里、张艺宏认为,这是心理成熟的表现。他们的研究表明,在我国青少年运动员中,极端的内源性归因者和极端的外源性归因者并不多见,大多数运动员处在内外源维度的某一点上。从事集体项目和个人项目的运动员没有差异。
>
> 资料来源:祝蓓里.(1992).运动心理学原理与应用.上海:华东化工学院出版社,pp. 151—152.

然而,个体的归因方式不是一成不变的,它与个体的体育运动成绩之间存在相互影响的关系。例如,一个总是把自己体育成绩差归因于外部因素的学生,如果长期、反复多次地得到较差的体育成绩,他就可能会逐渐由外源性归因转为内源性归因,认为自己的体育成绩差是由自己的体育能力弱导致的。

在体育教学与运动训练过程中,体育教师与教练要通过各种手段了解学生或运动员的归因情况,并根据归因变化的规律,调节给予学生或运动员的体育运动成绩的反馈信息,以使学生或运动员能利用这些反馈信息获得最大的动机量值。

(二) 协变性原则

个体常常根据别人完成同一项任务时的成绩来解释或预测对成功和失败的归因,即当别人的成绩与自己的成绩一致时,会把它归于外部的原因;当别人的成绩与自己的成绩不一致时,会把它归于内部的原因。这种现象被称作协变性原则。例如,当某个运动员打败了一个在网球比赛中赢了每个人的选手时,他肯定会把自己的胜利归因于能力、水平高等内部原因;而当一个人在某次测验中得了满分,并了解到每个人都能得到满分时,他就会把它归于外部原因,如测验难度低。这是进行归因的逻辑模式(祝蓓里,1992)。

二、稳定性

维纳等人(Weiner et al.,1973)的研究表明,当个体目前的成败与自己过去的成败不一致,且与别人的成败也有所不同时,个体通常归因于不稳定的内在因素;当个体目前的成败与自己过去的成败相一致,且与别人的成败相同时,任务的难度往往是归因所在;当个体目前的成败与自己过去的成败相类似,但与别人的成败不同时,能力便成为归因所在。

弗里茨和维纳(Frieze & Weiner,1971)的一项研究要求被试对假设性的成功或失败在能力、努力、任务难度、运气方面进行归因。结果表明,当呈现的成绩与过去的成绩一致时,被试归因于稳定性因素的分数高;当呈现的成绩与过去的成绩不一致时,被试归因于不稳定的因素的分数高;当过去从未取得过成功而这次取得了成功时,被试把成功归因于不稳定的运气这一因素的得分最高;但是,当与过去的经验相一致地失败了的时候,被试归因于不稳定的运气这一因素的得分最低。

下面以一个体育系学生考试成绩的好坏来说明归因的稳定性维度。如果某学生以前体育考试都得高分,且这次体育考试又得高分,但其他学生这次都没考好,那么人们会趋向于认为这个学生的体育能力一定很强;如果其他学生也考得很好,那么人们会趋向于认为体育考试要求的技术动作一定很简单。反之,如果这个学生以前体育考试总考得不好,这次体育考试却得了高分,而其他学生都没考好,那么人们会趋向于认为这个学生得高分一定是因为运气好,侥幸而已;如果这个学生以前体育考试成绩不行,这次也没考好,而别人也一样没考好,那么人们会趋向于认为一定是体育考试要求的技术动作难度太大。如果这个学生以前体育考试都考得很好,这次却没考好,而其他人考得都不错,这时人们会趋向于认为他不够努力或身体状况欠佳等。

运动员把成功或失败归因于稳定的因素还是不稳定的因素,与期望和习得性无助感有关。根据维纳的观点,把某一行为的结果归因于稳定的因素的个体比归因于不稳定的因素的个体更期望该行为再次发生。例如,如果一个运动员把输归因于运气不好,就说明他认为下一次可能不会输。如果他把输归因于缺乏能力,则说明他认为下一次还会出现同样的结果(季浏,殷恒婵,颜军,2010)。

三、可控性

可控性是指行动者行为的动因是否能为自己所控制。如果是可控的,则意味着行动者可以通过自己的主观努力改变行为及其后果。

有研究(金盛华,1995;皮连生,2004)认为,具有内外控归因倾向的运动员在体育运动中存在以下三方面的差异。

第一,具有内控归因倾向的运动员更相信自己在体育运动中所起的主导作用,认为体育运动的结果由自身的因素(如体育能力或努力)决定;而具有外控归因倾向的运动员往往看不到努力与体育成就之间的积极因果关系,喜欢将自己的成败归因于比赛场馆、天气、观众、裁判、抽签决定的比赛出场顺序等外部不可控因素。

第二,具有内控归因倾向的运动员自信心强、成就动机较高、焦虑水平更低,面对体育运动中的失败和挫折时,能付出更为艰苦的努力;而具有外控归因倾向的运动员自信心较弱、成就动机较低、焦虑水平更高,对自己的体育能力和努力都失去信心,在面对体育运动中的失败和挫折时,常常将责任外推,不愿探索解决问题的有效途径。

第三,无论体育运动的结果如何,具有内控归因倾向的运动员都会促使自己投入更多的精力,显示出对所从事体育运动的更高的积极性;而具有外控归因倾向的运动员对所从事的体育运动往往缺乏兴趣,不愿投入更多的精力和付出更多的努力。

由于与其他因素相比,自身的努力具有可控性,因此鼓励年轻的运动员把失败归因于努力不够是明智之举(祝蓓里,季浏,2000)。

专栏 5-2　　　　　　　　　控 制 点 理 论

罗特的控制点理论认为,个人对自己生活中发生的事件的后果,会有不同倾向的归因,即对生活后果的控制力量的位置有不同的理解。对某些人来说,个人生活中的多数事情的后果,取决于个人在从事这些事情时的努力程度,他们相信后果总的来说取决于自己在相关事情上的投入,他们相信自己能控制事情的发展及其后果。这一类人的控制点在个人内部,是内部控制的,因而被称为内控者。而另一些人认为,个人生活中的多数事情的后果,是各种个人不能控制的外部力量作用的结果,他们相信社会的安排、命运和运气等因素决定了自己的状况,而自己的努力无济于事。这种人倾向于放弃对生活事件后果的责任,控制点位于个人之外,是外部控制的,因而被称为外控者。

20 世纪 60 年代以来,国内大量关于内外控制点问题的研究,已经确认了控制点理论的正确性。维纳等人 1970 年的研究发现,内控者倾向于有高成就动机,而外控者倾向于有低成就动机。德韦克等人(Dweck et al.,1973)的研究则表明,内控学生对学习有更多自信和自我负责倾向,会不断给自己提出更高的成就目标,喜欢向困难任务挑战,并有更大的挫折耐受力;而外控学生缺乏信心,焦虑水平更高,对成就活动缺乏兴趣,将成功归因于运气且缺乏信心。内控学生比外控学生更喜欢学习,成绩也更好。

资料来源:金盛华.(2005).社会心理学.北京:高等教育出版社,p. 139.

四、运动中的典型归因

极端、绝对的归因不多见,大部分运动员的归因倾向,都可以在内部—外部和稳定—不稳定的维度上找到自己的位置。此外,极端内控或外控归因倾向的运动员也较为罕见。

鲁德和吉尔(Rude & Gill,1982)利用开放式归因问卷对女子排球运动员(排球比赛之后)和男女运动系学生(完成运动迷宫之后)的研究指出,运动中的基本归因类型应当是内部、稳定和可控的归因。赢的队员比输的队员更倾向于作内部、稳定和可控的归因,即使是对一个团体进行归因,赢者归因于稳定的原因的分数也比输者要高得多。可控性是赢者的一个重要归因,相互合作则通常是运动队的一种重要归因(Cox,1985)。

第三节 影响运动归因的因素

一、内部因素

(一)个性特征

不同的个性特征会导致不同的归因倾向。有研究指出,具有外向性特质的运动员(他们往往是低特质焦虑者)面对成功或失败时倾向于内部归因;具有内向性特质的运动员(他们往往是高特质焦虑者)在获得成功或遭遇失败时倾向于外部归因。这主要是因为前者比较乐观、随和、渴望幸福的事,倾向进攻,相信自己的能力,对自己充满自信,因而面对成功或失败时会尽力从自己身上找原因;而后者比较安静,做事瞻前顾后,遇事缺乏主见,对自己信心不足,在获得成功或遭遇失败时会努力从外部寻找原因(谭先明,许永刚,陈小敏,1998)。

(二)成就动机

个体的成就动机将影响其对成功和失败的归因。越来越多的运动心理学家的研究支持这一观点：高成就动机者倾向于将成功归因于能力,将失败归因于缺乏努力;而低成就动机者倾向于把成功归因于运气,把失败归因于缺乏能力。田宝(1997)在运动领域的研究也证实了上述观点。此外,在研究成就动机与归因的关系时,要结合文化背景、运动队和不同个体的特点来进行(徐慧明,蒋代新,2004)。

(三) 情绪

维纳(Weiner, 1985)在对归因的研究中区别了两类主要情绪：结果依赖情绪和归因依赖情绪。前者属于对结果的自然反映,情绪反应中没有归因的成分,运动员对成功的最初反应是愉悦或高兴,对失败的最初反应是失望或悲伤。后者则与认识到的结果的起因或理由相联系,它能够有效地帮助教练或运动心理学家了解运动员的认知活动过程。如果一个运动员把自己的情感掩饰得很好,那么让他回答什么原因导致了他的赢或者输,或许能够判断出他当时的感觉如何。同样,如果一个运动员不想解释他对成败的归因,那么人们也可以通过他对成败的情绪反应来推断出他潜在的归因(张力为,任未多,2000)。

如表5-2所示,在成就情境中,将行为结果归于不同的原因维度,会使个体产生不同的情感反应。

表5-2 与不同结果和归因组合有关的情感

		结 果	
		成 功	失 败
内外源	内 部	自豪	自尊减少
		自尊	自尊减少
		满意	满意减少
	外 部	没有关于自我的情感	没有关于自我的情感
可控性	可控的	自信	羞耻
		胜任	负罪
			沮丧
	不可控的	感激	愤怒
		同情对手	诧异
			惊讶
稳定性	稳定的	满怀希望	没有希望
	不稳定的	不确定	满怀希望

资料来源：Cox, R. H. (2002). *Sport psychology: Concepts and applications* (5th ed.). New York: McGraw-Hill, p. 60.

(四) 自我效能感

高自我效能感者倾向于把失败归因于不够努力,而低自我效能感者倾向于把失败归因于能力低。同样,如果把成功归因于内部的或可控的原因,如能力或努力,则自我效能感将提高。

(五) 运动能力知觉

王树明和张静(1998)利用拉塞尔(R. Rusell)的归因维度量表等问卷对大学生的运动能力知觉、归因和坚持性进行了研究。结果表明:体育优等生和差生无论在运动能力知觉还是在以后的坚持性方面都存在显著差异;高运动能力知觉的大学生更倾向于内部、稳定、自我可控性归因,锻炼更具坚持性;运动能力知觉和对运动结果的归因与运动坚持性显著相关。

(六) 年龄

一般而言,随着被试年龄的增大,其归因逐渐定型并内化,要使之改变是比较困难的。另外,成年被试会对实验者进行的理想归因模式训练产生怀疑,这将直接影响归因训练的效果(张力为,任未多,2000)。

此外,性别也是影响个体归因的一个重要因素,此部分内容将在第八章进行详细论述。

二、外部因素

(一) 社会文化背景特征

有研究指出,由于文化背景的不同,西方国家的人倾向于用个体因素来解释事件,而亚洲国家的人多使用情境来归因(王登峰,侯玉波,2004)。

在不同文化中,成功与失败可能有着不同的含义。因此,对成败的归因也可能随着文化的不同而有所不同。例如,伊朗的孩子倾向于认为能力影响成败,而美国的孩子倾向于认为努力和意志力是成败的关键(Cox,2002;张力为,毛志雄,2003)。

运动员的归因方式也受其所处的社会文化背景特征的影响。例如,杜达(Duda,1987)的研究显示,与美国西南部的印第安裔大学男女运动员相比,英裔运动员(尤其是男运动员)更可能采用社会比较法来评价运动中的成功与失败,并以成败来衡量自己能力的大小,他们将获胜看成自己已达到的目标;而美国西南部印第安裔运动员会根据个人控制能力与活动过程来评价目标的完成情况。进一步研究还发现,付出努力而不是为了显示自己的能力是评价目标完成的重要指标(季浏,符明秋,1994)。

(二) 运动项目特征

国内外有研究表明,在运动情境中,从事集体项目和个人项目的运动员所报告的内外源没有区别。但是,也有大量研究证明,集体项目中的个体与个人项目中的个体的归因方式存在差别。例如,鲁德和吉尔(Rude & Gill,1982)的研究表明,集体项目中的运动员更可能进行可控的或不可控的归因。有些研究进一步发现,某些特定项目的运动员,其归因方式会受到专项性质和结构的影响。例如,跳水、体操、花样滑冰等由裁判评分决定比赛结果的项目,运动员往往将运动成败归于外部、不稳定和不可控的因素;而田径、游泳等依据客观标准决定比赛结果的项目,运动员往往将成败归因于内部、稳定和可控的因素。此外,吉尔(Gill,1980)的研究还发现,在双人项目中,运动员更可能将失败归因于自我因素,不会因失败而责备同伴(季浏,符明秋,1994)。

(三) 比赛结果

由于受现代体育市场化的影响,运动员对比赛结果看得较重,总是自发地对运动结果进行归因。一般来说,失败的结果比成功的结果更可能引起归因,而且出乎意料的失败比预料到的失败更趋向原因探究。虽然胜负是运动归因的一个重要方面,但是归因也和其他方面有关。例如,胜方也许对自己的表现不满意,负方也可能对自己的全场表现较为满意。有研究表明,满意的胜者比不满意的胜者的内部归因更高(徐慧明,蒋代新,2004)。

(四) 运动队的凝聚力

一些研究表明,运动队的凝聚力也影响着队员对成功和失败的归因方式。凝聚力高的篮球队,其队员之间的归因方式非常相似,当失败时,队员们更可能将失败归因于外部和不稳定的因素,如运气、对手令人意外的高度发挥等,而不是归因于内部和不可控的因素;相反,凝聚力低的球队,队员在失败时可能谴责整个队,而不是考虑个人的责任(季浏,符明秋,1994)。

此外,主力队员和非主力队员在归因的自我可控性方面也存在着显著差异,而家庭背景、训练年限、运动等级等也是影响运动员归因的因素(刘丽云,徐慧明,2005)。

第四节 运动中的习得性无助感

一、什么是习得性无助感

习得性无助感是指个体经历了失败与挫折后,面临问题时产生的无能为力、丧失信心的心理状态与行为。个体形成了习得性无助感,会导致学习与生活中积极性和主动性的丧失。这将给个体一生的发展带来相当不利的影响(见专栏5-3)。

专栏 5-3　　　　　　　关于习得性无助感的研究

习得性无助感的概念最初是由塞利格曼(Seligman,1967)和他的同事在研究动物行为时提出的。塞利格曼等人在实验中先是将狗固定在架子上进行电击。在这之后,他们把狗放在一个中间用矮板墙隔开的实验室里,狗只要跳过板墙就可以回避电击。结果,一般的狗都非常容易地学会了逃避电击,但是,绝大部分实验狗没有学会回避电击,它们先是乱抓乱叫,后来干脆趴在地板上忍受电击,不进行任何反应。这一实验结果表明,动物在经过努力仍无法避开有害和不愉快的情境时获得的失败经验,会对其今后应付特定事件的能力起干扰和破坏作用,致使他们消极地接受命运,不作任何尝试与努力。塞利格曼称这一现象为习得性无助感。随后,心理学家又证明,这种习得性无助感在人类行为中也会出现。

20世纪70年代末,德韦克等人(Nelson & Dweck,1977;Diener & Dweck,1978)曾对儿童习得性无助行为作了一系列研究。他们发现,具有同等能力的儿童在失败情境或挑战任务前有两种不同的反应倾向。一种是习得性无助倾向,表现为低估自己的能力,对任务反感,并有退避倾向;另一种是自主性倾向,表现为相当自信。他认为,这截然不同的行为表现,主要是与儿童的目标定向以及儿童对智能的不同理解有关。习得性无助儿童认为自己的智能是固定不变且不可控的,他们追寻的是表现目标,相信成功或失败是判断一个人有无能力的依据,所以他们尽可能采用获得成功或避免失败的策略来提高和维系自尊。而自主性儿童认为自身能力可以在学习活动中得到发展,他们寻求的是学习目标,相信挫折和失败可以帮助自己获得新的学习技能,所以他们选择挑战性的目标,在学习目标下体验和获得自尊。

德韦克(Dweck,1975)提出并测试了一个治疗策略。他将一些习得性无助儿童分成两组,一组的环境没有失败,另一组是归因重新训练的环境。在第一组中,通过计划好了的成功不断提升儿童的信心。在归因重新训练组中,儿童在经历失败后得到指导,要把失败归因于诸如努力这样的不稳定因素。结果显示,在训练结束的时候,面对同样的预先设计好的失败,归因重新训练组的儿童的承受力要比只有成功的那组儿童好得多。因此,帮助儿童改变他们的归因方式,也许比单纯地创造成功更有益。但这并不是说经历成功不重要,它也是重要的。但是,帮助儿童进行建立信心或者保护信心的归因,也能够提高他们的表现和自我效能感。

资料来源:马勇琼.(2004)."习得性无助"学生的心理特征及其教育措施.江西社会科学,(5),174—176.

在体育运动中,归因对习得性无助感的发展、强化和持续过程具有重要作用。当失败被感知为不可控的,并且被归因为由内部的、稳定的、整体的因素引起时,习

得性无助感的效应达到最大。在体育运动领域,这是一个非常困难的研究主题。原因之一在于,如果习得性无助感真的被体验到了,根据定义,将会有许多被试退出体育运动,而这就使研究者陷入了困境(张力为,任未多,2000)。

二、习得性无助个体的主要心理特征

(一) 自我效能感低

习得性无助个体对自己完成学习任务的能力持怀疑态度,倾向于制定较低水平的学习目标以避免获得失败的体验。活动中,他们往往会想象失败的场面,并将潜在的困难看得比实际更严重,力不从心之感使他们对学习望而却步。

(二) 消极思维

习得性无助个体常常不能进行恰当的自我认识,久而久之,他们就会产生一种焦虑情绪,自信心就会受到伤害,形成"我不行、我笨"等消极自我暗示。

(三) 情绪失调

习得性无助个体在情绪与情感上经常表现出烦躁、冷淡、绝望、颓丧、害怕、退缩、被动、心灰意冷、自暴自弃等,并由此陷入抑郁、焦虑的状态,这使得他们的身心健康特别容易受到损害。

(四) 人际关系不良

习得性无助个体大多性格多疑,缺乏对他人的信任感,同时也认为自己在团体中不受欢迎,这使得他们与同伴的关系日渐疏远,容易引起人际关系的紧张。

三、学生或运动员形成习得性无助感的原因

(一) 客观原因

1. 家长、体育教师和教练的教育方式不当

一般而言,家长、体育教师和教练的积极期待有助于学生或运动员体育运动中自信心的建立和体育能力的提高,反之亦然。

若家长、体育教师和教练总是用命令的语气(直接控制策略)对学生或运动员说话,则有可能阻碍他们认知的发展,导致他们相信只有家长、体育教师和教练可以解决问题。而当学生或运动员寻求适当的帮助,家长、体育教师和教练拒绝了他们,并鼓励他们停止正在从事的探索性活动,对他们的能力作更多伤害性的、轻蔑的评论时,这将使他们的自信心遭受更大的打击(蒋艳菊,彭雅静,2008)。

2. 不良的体育学习、训练和比赛环境

应试教育与竞技体育模式无视学生或运动员的个体差异。有一些家长、体育教师和教练对学生或运动员的期望过高,在体育学习、训练或比赛中常常提出一些超出他们体育能力的要求,使他们无论怎样努力都只能成为体育学习或竞技比赛中的失败者,而长期的失败可能会导致他们产生无助感。

3. 不良的信息反馈方式

恰当的建设性反馈有助于学生或运动员动作技能的改善,而过多的非建设性反馈不仅无助于学生或运动员动作技能的改善,而且反而会增加学生或运动员的心理负担,使他们在面临失败时惊慌失措,技术动作更易变形,形成恶性循环,从而更易获得习得性无助感。

(二) 主观原因

1. 不正确的归因

当个体将失败的结果归因于一些内部、稳定的因素时,自我评价与活动的动机水平都会下降。习得性无助的学生或运动员在归因模式上存在障碍,他们习惯将体育学习与竞技比赛中的失败归因为自己体育能力低、智力差等不可控的内在稳定因素,而仅把体育学习与竞技比赛中的成功归因于偶然的运气、任务难度低等不稳定因素,从而形成一种消极的解释风格和对失败的消极期待。这将会导致他们对体育学习与训练缺乏自信,并最终导致他们退出体育运动。

2. 无效的体育学习与运动训练策略

体育学习与运动训练策略是学生或运动员为了更有效地学习和掌握某一运动技能而作出的各种选择和采取的各种措施。它主要从两个方面影响体育学习与运动训练的成败:一是体育学习与运动训练的速度;二是最终能达到的运动水平。有效策略的选择和使用在某种程度上可以避免体育学习与运动训练的盲目性与无系统性。具有习得性无助感的学生或运动员往往不能有效或充分地利用有关策略来学习或练习,具体表现为不知道什么是重要的信息、不知道该学什么或练什么、不知道如何合理地组织信息使其变得更有利于学习与训练。

四、如何矫正学生或运动员的习得性无助感

(一) 教给学生或运动员有效的体育学习与运动训练策略,提高体育学习与运动训练的效率

体育教师或教练要让学生或运动员强烈地意识到有效的体育学习与运动训练

策略对体育学习与运动训练效果的积极影响,激发他们对体育学习与运动训练的需求动机。在日常的教学与训练活动中,体育教师或教练可以向学生或运动员传授具体的体育学习与运动训练策略,帮助和引导他们学会对有关策略的调整和运用,并在此基础上,进一步激发他们的体育学习与运动训练的内部动机,最终帮助他们提高体育学习与运动训练的效率。

(二) 引导学生或运动员树立正确的体育目标导向

家长、教师和教练要帮助学生或运动员建立起正确的体育学习与训练目标,即引导他们将学习、训练过程本身视作努力的目标,着重引导他们积极投入体育学习和训练任务。避免仅仅把体育成绩当作努力的目标是避免学生或运动员形成习得性无助感,培养他们自主行为的一个重要方面。

(三) 以鼓励为主,帮助学生或运动员形成积极的自我概念

教师、家长和教练要帮助学生或运动员正确面对失败,要重视他们自身的进步,不要过多地将他们与他人比较,而要以鼓励性评价为主,引导他们充分肯定自己的优点,增强他们的自信心,从而形成积极的自我概念。

(四) 通过归因训练来提高学生或运动员的自我效能感

有必要通过一定的归因训练,纠正习得性无助学生或运动员的错误认知模式,鼓励他们将运动表现不佳归因于自身努力不够,帮助他们建立新的认知模式——只要持续不断地努力,他们将不断从困境、无助中走出来,从而使他们获得一种对体育运动情境的控制感。

(五) 创设良好的人际交往环境

良好的人际交往环境有助于学生或运动员形成心理上的安全感。因此,教师或教练应重视加强班级或运动队人际交往环境的建设,提倡积极向上、平等互助的良好人际关系,启发学生或运动员的多种兴趣,满足他们多层次的需要,使他们在体育学习和运动训练活动中提升自信心和成就感(马勇琼,2004)。

第五节 运动中的归因偏差与归因训练

归因理论描述的基本上是一种合理、有逻辑的过程。但是,人们在对他人或自己的行为进行归因时,由于选取的参照系不同,以及自身的认知经验和信息处理与逻辑判断的能力不同,因此所作的归因可能并不总是既合逻辑又合情理的。此外,

归因者自身的利益、需要和动机会使其在归因的过程中带有一定的感情色彩,使其以有利于自己的方式作出主观推断。上述这一切都容易导致归因偏差。

一、归因偏差

(一) 基本归因偏差

基本归因偏差又称主要归因错误,常在判断他人行为时表现出来。它主要指个体对他人行为进行归因时往往将行为归因于内部稳定的个性特征,如能力与性格等,从而低估了情境的作用。例如,人们常常将运动员的比赛失利归因于没有尽全力、缺乏良好的性格、运动能力不足等,而忽略了其他影响比赛成绩的更为重要的外部环境因素。

基本归因偏差产生的原因主要有两点:(1) 存在主义哲学思潮的影响使人们形成了人应为自己的行为负责的观念,因此容易在归因时重视内部因素而轻视外部因素的作用。(2) 显著性的影响。显著性主要指刺激引起注意的特点。当人们站在观察者的立场对行动者的行为进行判断时,行动者是显著的,而什么东西显著,什么东西就被认为是主要原因(章志光,金盛华,1996)。

(二) 行动者与观察者归因偏差

行动者对自身原因的归因分析与观察者对同一行为的归因分析是不同的,行动者倾向于强调情境的作用,作出情境归因;而观察者倾向于强调行动者特质的作用,作出内部归因。

对行动者与观察者归因偏差的原因主要有两种解释(章志光,金盛华,1996;张力为,毛志雄,2003):(1) 着眼点不同。行动者很难直接深入地观察自身的行为,于是他们的注意力偏重于外在的情境因素;观察者则把注意力集中于行动者及其内在因素。(2) 信息来源不同。行动者对自己过去的行为比较了解,他们的反应会因不同情境而有所差别,这种信息是观察者难以获得的。由于观察者对行动者过去的行为方式了解较少,所以他们往往假定行动者当前的行为方式与过去的行为方式一致,于是归因于行动者的内在因素。

在体育运动领域中,行动者与观察者归因偏差有重要的实际意义。对于同一失败情境,运动员与教练可能会有完全不同的归因。例如,某运动员比赛成绩不好,就他本人(行动者)而言,他可能以对手实力太强、自己运气不佳等外在因素来解释比赛的失利;但就教练(旁观者)而言,他往往以这位运动员平时训练不够努力、赛前没有作充分准备或运动能力太差等内在因素来解释这次比赛的失利。运动员与教练的这种归因冲突可能会引起破坏性的结果——在以后的运动训练中,运动员可能满腹怨言,认为教练不理解自己、自己平时的刻苦训练没有得到良好回报,训练积极性不高,不能有效地接受教练的指导,运动员—教练关系恶化,最终导致运动员离队或更换教练。所以需要采取有效的手段解决这一问题。虽然在归因的其他研究领域,对这种"他人"的归因已有丰富的研究成果,但是,当前体育运动归因研究中,研究重心多在自我归因上,而极少涉及观察者的归因。因此,对这一领域的探索有着极其重要的价值。

(三) 归因中的利己主义倾向——自我满足策略

归因中的协变性原则被认为是一种符合逻辑模式的归因。但是,有大量的研究证明,人们在对自己的行为进行归因时常有不符合逻辑的归因表现——利用自我满足策略来归因。自我满足策略又由自我保护和自我夸张两种策略组成。

1. 自我保护策略

在自我保护策略下,人们会把失败全部归因于外部因素。归因中的自我保护倾向表现为自我设阻。例如,运动员在参加重大比赛前,对自己是否能取胜没有充分的把握,害怕比赛失利会遭受他人的耻笑和轻视。为了避免这种不愉快的后果,有些运动员可能采取自我设阻的方式,如赛前故意受伤、故意与队友、家属和教练发生矛盾、冲突,故意忘记带自己习惯用的运动器械(如球拍等)登场,或制造其他身心不舒适的症状等。这样做的目的是为将来可能发生的比赛失利留一条后路,通过归罪于这些因素,从而减少个人应对行为后果所负的责任。然而,如果在这些困难存在的情况下,依然能获得好的比赛名次,那么就更能显示个人"功力"的不凡。采取这种自我保护策略的人虽然可以不必面对自己缺乏某种优良特质的难题,却会降低成功的可能性。

2. 自我夸张策略

在自我夸张策略下,人们把成功全部归因于努力和能力等内部因素。

人们为什么有自我满足的倾向? 这主要是因为人们对自己成功或失败的真正原因虽有正确认识,但为了使别人对自己产生一个良好的印象,便只好"往自己脸上贴金",推卸自己的责任。人们自我满足的倾向往往随自我卷入的深浅而不同,自我卷入越深,自我满足的程度也越高。

3. 有关研究争议

有关研究表明,在客观地确定成功或失败的条件下,个体倾向于用自我满足策略来选择归因;而在主观地确定成功或失败的条件下,即个体根据自己理解的"目标实现的情况"来进行归因时,会把失败同时归因于内部因素和外部因素,在认为自己不够努力的同时,觉得裁判的判决不公。不过,具有自我满足倾向的个体更倾向于把失败归因于这两种因素中的外部因素,即认为他们自己没有作出极大的努力是由某些外部因素(如裁判不公)造成的。

吉尔在1980年的一项研究中,要求男女篮球运动员在赢球或输球后说明成功或失败主要是他们自己运动队的责任,还是他们对手的责任。结果表明,运动员倾向于把成功归因于自己的运动队,而把失败归因于对手,这支持了自我满足策略的假设。但是,当要求运动员说明成功或失败主要在于他们自己(内部因素),还是在于他们的队友(外部因素)时,结果表明,获胜队的队员认为主要责任在于自己的队友,而输球队的队员认为主要责任在于其自身。这一研究并没有支持自我满足策略的假设。

上述不同研究结果说明,归因过程不可能单纯合乎或不合乎逻辑。从某种程度上说,每个人都会运用自我满足策略,差别只在于用得多还是少。归因时,究竟采用符合还是不符合逻辑的方式,这与个体的自尊心高低有关(祝蓓里,1992;章志光,金盛华,1996)。

二、归因训练

所谓归因训练,是指通过一定的训练程序,使个体掌握某种归因技能,形成比较积极的归因风格。归因训练的基本思想是,归因是一个主观的过程,在个体对自己行为的因果知觉中,存在各种归因偏差,通过归因训练,个体可以获得各种形式的归因反馈信息,从而消除归因偏差。此外,归因训练也是一种良好的心理干预手段。归因训练能改变个体对同一成败事件的不同解释,从而有助于减轻个体心理的不适感,使个体能够获得一种良好的心理感觉。

在体育运动中,归因训练的主要目的是提高学生或运动员在未来体育学习与运动竞赛中的成就动机。归因训练的途径有很多,再归因训练是归因训练中的一种重要方法。

(一) 再归因训练

常用的再归因训练方法有三种(章志光,金盛华,1996)。

1. 团体发展法

这种方法要求归因训练以团体讨论的方式进行。小组成员在一起讨论和分析行为产生的原因,并由一名受过一定心理学训练的教师或教练对各人及整个小组的情况作出比较全面的分析，引导他们进行正确的归因。然后，要求每个人填写归因量表，从一些备择原因中选出与自己行为最有关的因素，并对几种主要因素所起作用的程度作出评定。教师或教练通过对这些自我评定和归因结果进行的统计分析，及时给予小组成员以反馈，指出归因偏差，鼓励比较符合实际的、积极的归因。

2. 强化矫正法

在采用这种方法进行归因训练时，让学生或运动员在规定的时间里完成某种行为，然后，要求学生或运动员在事先准备的归因因素列表中作出选择，对行为进行归因。每当学生或运动员作出比较积极的归因时，随即给予鼓励或奖赏，同时，对那些很少作出这类归因的学生或运动员给予暗示和引导。

3. 观察学习法

采用这种方法时，让学生或运动员观看几分钟归因训练的录像片，录像片中表现学生或运动员在完成某一行为时进行归因的情况。在运用这种方法时，应尽可能使录像片中学生或运动员的特征（性别、年龄等）与受训学生或运动员相似，所从事的行为也应尽可能与这些学生或运动员的实际行为相一致，在观看录像后还应让学生或运动员重复类似的行为，从而使观察学习的效果更好地迁移到平常的体育学习和训练中。

（二）运动中的归因训练的具体措施

在运动领域中，关于归因训练的研究较为罕见。在竞技体育方面，目前对运动员心理技能训练的关注正在逐渐提高。归因训练作为一种认知干预技术，对运动员失利之后的心理调整和恢复应是十分有利的。而在体育教学与大众健身方面，有效的归因训练能显著促进学生或健身者更好地完成训练任务，达到体育教学与锻炼的目的。体育运动中的归因训练可以从以下八个方面着手（马启伟，张力为，1998）。

1. 进行积极的反馈

有研究指出，以给予积极反馈为主、偶尔给予批评的效果比其他反馈形式的效果好。当学生或运动员失败时，要使他们感到自己虽有缺点，但仍被集体、教师或教练完全接受和喜欢。在尽量为学生或运动员提供积极反馈的同时，要使学生或运动员的态度从"这不是我的过错"向"这是我的责任"转化。

2. 增加成功的体验

个体只有有了一定的成功感，才能建立积极的心理定式，相信自己可以把握命运。为此，可以按照年龄、技能水平、体能水平将学生或运动员分组，进行教学和训练，以使不同的学生或运动员有更多机会体验成功。

3. 建立成功与失败的恰当标准

成功的标准是相对的。应让学生或运动员根据自己的具体情况为自己制定不同的成功标准。这一标准应是具体、明确、富有挑战性的,能不断给他们提供成功体验。

4. 明确各种影响因素的可控性

教师或教练应指导学生或运动员明白哪些因素是可控的,哪些因素是不可控的,并将他们的注意力引向那些可控的因素,而忽略那些不可控的因素。饮食、睡眠、准备活动、注意指向、战术应用等属于可控的因素;天气、场地、比赛时间、裁判、观众、记者、教练、队友、对手等属于不可控的因素。

5. 设置明确与具体的目标

设置明确与具体的目标可以帮助学生或运动员接受个人的责任。内控型的学生或运动员有较高的自我定向和自我调节技能,他们更愿意为自己的成绩和今后的发展承担个人的责任。外控型的学生或运动员则可以从这种目标设置中获益,因为它可以帮助他们更清楚地意识到设置目标——做出努力——达到目标的因果关系,意识到自己的努力可以实现或部分实现自己的目标,从而增强控制事物结果的现实感和自信心。

6. 强调个人努力

应当教育学生或运动员,个人努力是提高技能水平、运动成绩的最重要的决定因素,这能够带来更好的动机效果并产生更好的运动成绩。特别是对于那些水平低、成绩较差的学生或运动员,努力定向的归因显得更为重要。因为,如果将失败归因于缺乏能力,则极可能导致他们退出体育运动。

7. 谨慎地比较个体之间的差距

个体在分析其他人的长处时,应注意使用客观的标准和恰当的期望。例如,如果使用操作性的、具体的评论来指出学生或运动员的不足,有助于技能较差的学生或运动员明确了解自己须付出怎样的努力才能改进技术,同时不会产生失落感和羞愧感。

8. 实事求是

如果学生或运动员确实已尽了最大的努力,却仍未成功,这时,就不宜运用努力归因引导他们。不分场合地一味进行内部、可控归因,易造成与实际不符的情况,会使学生或运动员产生对教师或教练的不信任和抵触情绪等。这将不利于学生或运动员自信心的建立和运动成绩的提高。

> **专栏 5－4　　如何有效帮助运动员重建归因方式**
>
> 归因中应注意的问题是,研究人员的提问方式可能会使被试对成绩的认识产生偏差。例如,研究人员询问"你把成功(或失败)归结于什么原因"可能会使运动员感到他是成功(或失败)的。
>
> 在归因训练中,要客观地判断运动员对成绩所作的归因的性质。具有适应不良动机模式的运动员(将失败归因于内部、稳定、不可控的因素),其归因模式会对其产生消极作用,因此,应采取有效的方法,帮助其重建归因方式。此处举一案例如下。
>
> 教练:"萨莉,你好像认为上次比赛中你接球失误是由于缺乏技能。"
>
> 萨莉:"不只是技能。我确实不具备成为一个优秀网球选手的素质。我的肢体不是很协调,而且以后也不会变得协调。"
>
> 教练:"事实上,我知道许多网球运动员,他们在最初也是这样感觉的。我想你也和他们的情况一样。"
>
> 萨莉:"你真的这样想吗?"
>
> 教练:"是啊。离下一次比赛还有一周,在这一周内我会和你一起练习脚法。我相信下次你能做得更好,因为练习是有用的,只不过是需要时间。"
>
> 在这个案例中,教练巧妙地向运动员暗示:造成她失败的原因可能是某些能改变的事情(技能),为改变这种情况,她能做一些事情(练习)。教练没有鼓励萨莉逃避为自己的成绩负责(运气差),而是向她指出,她能控制自己、成绩是可以改变的(不稳定归因),进而指明她可以采取一些措施改变造成她失败的原因(技能)。
>
> 在归因训练中,教练必须有耐心,并持有积极的态度,他们不应期望运动员能立即改变长期形成的适应不良的归因模式。为了帮助学生或运动员选择合适的归因形式,他们最好采取以下措施:(1)记录学生或运动员对成功和失败所作的归因并分类;(2)围绕每一次的成败结果,与学生或运动员讨论那些会引起更高的成功期望和更多努力的原因或归因;(3)为那些总是作出对未来成绩产生负面影响的归因的学生或运动员提供相应的归因训练计划;(4)为了取得最好的成绩,将计划好的目标设置与归因训练结合起来。
>
> 资料来源:Cox,R. H. (2002). *Sport psychology: Concepts and applications* (5th ed.). New York: McGraw-Hill, pp. 65—66.

本章提要

- 归因是指个体对自我或他人行为结果的原因进行分析、解释和推测的认知过程。体育运动中的归因主要涉及内外部归因、稳定性和可控性三个方面。
- 倾向于内部归因的人常常将自己体育运动成绩好归因于自己运动能力强或努力;反之,倾向于外部归因的人常常把失败看作任务太难、自己运气不佳、教练不好、裁判不公平等外部原因。一般而言,内部归因个体的成绩比外部归因个体的成绩好,内部归因个体比外部归因个体有更为成熟的归因指向。然而,个体的归因方式不是一成不变的。它与个体的体育运动成绩之间存在相互影响的关系。内外部归因可以相互转化。

- 个体常常根据别人完成同一项任务时的成绩来解释或预测对成功与失败的归因,即当别人的成绩与自己的成绩一致时,会把它归于外部原因;当别人的成绩与自己的成绩不一致时,会把它归于内部原因。这种现象被称作协变性原则。
- 研究表明,运动员把成功或失败归因于稳定原因还是不稳定原因,与期望和习得性无助感有关。根据维纳的观点,把某一行为的结果归因于稳定原因的个体比归因于不稳定原因的个体更期望该行为再次发生。
- 可控性是指行动者行为的动因是否能为自己所控制。如果是可控的,则意味着行动者可以通过自己的主观努力改变行为及其后果。由于与其他因素相比,自身的努力具有可控性,因此鼓励学生或运动员把失败归因于不够努力是明智之举。
- 极端、绝对的归因不多见,大部分学生或运动员的归因倾向都可以在内部—外部和稳定—不稳定的维度上找到自己的位置。此外,极端内控或极端外控归因倾向的学生或运动员也较为罕见。
- 影响运动归因的内部因素有个性特征、成就动机、情绪、自我效能感、运动能力知觉和年龄;外部因素有社会文化背景、运动项目、训练年限、比赛结果和运动队的凝聚力。
- 习得性无助感是指个体经历了失败与挫折后,面临问题时产生的无能为力、丧失信心的心理状态与行为。在体育运动中,归因对习得性无助感的发展、强化、持续过程具有重要作用。当失败被感知为不可控的并且被归因为由内部的、稳定的、整体的因素引起时,习得性无助感的效应达到最大。矫正学生或运动员的习得性无助感的方法有:(1)教给学生或运动员有效的体育学习与运动训练策略,提高体育学习与运动训练的效率;(2)引导学生或运动员树立正确的体育目标导向;(3)以鼓励为主,帮助学生或运动员形成积极的自我概念;(4)通过归因训练来提高学生或运动员的自我效能感;(5)创设良好的人际交往环境。
- 受各方面因素的影响,人们在归因时有时会产生偏差。人们在对自己的行为进行归因时常有不符合逻辑的表现——利用自我满足策略来归因。自我满足策略又由自我保护和自我夸张两种策略组成。在自我保护策略下,人们把失败全部归因于外部因素。在自我夸张策略下,人们把成功全部归因于努力和能力等的内部因素。

教学活动设计

1. 运动员小明的训练成绩最近一直停滞不前,教练和他自己都非常焦急。如果这种状况再持续下去,会对小明造成什么不良影响?有什么好的办法能帮助小明克服目前的窘境?请组织班级的学生讨论这个问题。
2. 小王和小孙在平时的训练中成绩不相上下,但在最近的一场重要比赛中,小王取得了很好的成绩,小孙则一败涂地。组织班级学生讨论,利用什么样的归因方法才可以保证两人在以后的训练与比赛中都有良好的心态?

复习与思考题

1. 简述维纳归因理论的三个维度的名称以及每一个维度的分类。
2. 什么是协变性原则?试举例说明。
3. 影响运动归因的主要因素有哪些?
4. 体育运动中的归因训练应从哪些方面着手?试分别举例说明。
5. 怎样帮助青少年学会内源性归因?试举例说明。
6. 简述导致学生或运动员在体育教学或运动训练中形成习得性无助感的原因。你有什么办法帮助他们克服习得性无助感?
7. 如何利用再归因训练的方法帮助学生或运动员提高运动自信心?试分别举例说明。

第六章 运动与人的社会性发展

———————————— 本章细目 ————————————

关键概念

第一节 运动与人的社会化

一、社会化概述

(一) 社会化的重要性

(二) 社会化的分类

(三) 社会化的主要特点

二、社会化的心理机制

(一) 社会角色引导

(二) 社会比较

(三) 社会学习

(四) 亚社会认同

三、运动对人的社会化的作用及促进人的社会化的途径

(一) 运动对人的社会化的作用

(二) 运动促进人的社会化的途径

第二节 运动与人的自我发展

一、自我概念概述

(一) 关于自我的理论

(二) 什么是自我概念

(三) 自我概念的功能

(四) 自我概念的测量方法

二、身体自我、运动参与和心理健康

(一) 什么是身体自我概念

(二) 身体自我概念的测量

(三) 体育活动与身体自我概念的关系

(四) 身体自我概念与心理健康

三、身体自我概念形成的影响因素及培养途径

(一) 影响身体自我概念形成的因素

(二) 如何培养青少年形成积极的身体自我概念

本章提要

教学活动设计

复习与思考题

关键概念

社会化　　角色　　社会比较　　自我概念　　亲历学习　　观察学习　　同一性
自我图式　　身体自我概念

人的成长发展受先天、后天因素的多重影响。其中,良好的外部社会环境对人的成长发展起了至关重要的作用。运动不仅有良好的健身功能,而且承担着众多的社会功能。运动场所为人际间的互动提供了一种良好的机会。运动有助于青少年社会化的形成、自我概念的建立、个性的发展和完善。

第一节　运动与人的社会化

体育是社会的缩影,体育在促进人的社会化方面发挥了积极、有效的作用。运动为个体提供了社会规范教育的场所和实践社会规范、社会角色的机会。身体教育和运动教育不仅有助于个体获得社会生活的基本能力、理解和遵守社会规范、潜移默化地形成良好的社会道德意识和社会角色感,而且有助于个体学会控制自己的情感和意志、促进良好个性的形成与发展、更好地适应社会等。

一、社会化概述

社会化是指在特定的社会与文化环境中,个体形成了适应该社会与文化的人格,掌握了该社会公认的行为方式(时蓉华,2002)。

(一) 社会化的重要性

新生儿只能被称为自然人或生物人。对于任何个体,仅仅依靠自身机体自然成长所获得的能力是无法作为一个正常的社会普通成员存在的。实际上,个体从出生起就被置于一定的社会环境之中,不可避免地会与周围的个体和社会发生交往,并受其影响。在与社会的互动中,个体获得了社会生活的基本能力,掌握了社会的道德规范和行为方式,形成了独立的人格,担当起了一定的社会角色,从而成为一个社会人。可以说,个体的成长过程,是一个不断从自然人向社会人转变的过程。个体通过社会化适应社会,获得发展的基点。社会则通过社会化培养它的继承者,使得人类文化可以延续并不断发展(金盛华,2005)。

专栏 6-1　　社会化是自然人成为社会人的必要条件

许多事实证明,儿童要能健康地成长,成为一个符合社会要求的成员,不仅需要在身体上受到照顾,而且需要与社会成员进行交往,发生感情上的联系,否则个体的社会化就会受到损害。

对那些被故意安排在与外界隔离的环境中长大的孩子进行的研究更有说服力。美国有一个孩子名叫安娜,被人们发现时年仅 6 岁。她是个私生子,因此,她的外祖父坚持把她藏在顶楼的一个房间里,不许她见人。安娜只能得到最基本的身体上的照顾和关心,实际上失去了与他人相互作用的机会。人们发现她时,她不会讲话,不会走路,不会保持整洁,也不会自己吃东西。她感情麻木,表情呆滞,对人毫无兴趣。她的状况表明,生物学上的能力在使她成为一个完全的社会人方面所起的作用是多么微小。为使安娜社会化,研究者付出的努力只取得了有限的成功。4 年半以后,安娜死去了。不过,她在死前已经知道并学会了一些单词和短语,但从未讲出完整的句子;她还学着摆积木、穿珠子、洗手、刷牙、听从指令,并爱玩洋娃娃;她学习走路,但走起路来很笨拙。她将近 11 岁离开人世时,只达到两三岁孩子的社会化水平。

上述事例表明,作为个体的人,不经过正常的社会化就无法成为一个正常的社会人。

资料来源:时蓉华.(1998a).*社会心理学*.杭州:浙江教育出版社,p. 93.

(二) 社会化的分类

社会化的分类可从横向和纵向两个角度来划分。横向角度是根据社会化的具体内容而进行的分类,它可以分为语言社会化、生活基本技能(生活自理和谋生技能)社会化、行为规范(法律和道德)社会化、角色社会化、心理素质社会化、政治社会化、民族社会化和性别角色社会化几个方面。纵向角度是根据个体成长阶段而进行的分类。下面重点介绍纵向角度的分类(时蓉华,2002;金盛华,2005;孙时进,2006)。

1. 早期社会化

早期社会化是发生在生命早期的基本社会化。它主要使儿童掌握语言、学习技能,使儿童将社会规范与价值标准逐步内化,与周围的人建立感情,了解他人的思想与观点,学习他人的态度,从而使儿童与周围环境保持平衡。

2. 预期社会化

预期社会化是引导人们学习今后将要扮演的角色。例如,当儿童玩过家家的游戏时,他们是为将来要扮演的父母亲的角色进行预期社会化。各级各类学校根据培养目标设置的课程、组织的活动以及开展的教育等,都是为学生将来走上工作岗位要承担的社会角色作预先的准备。运动训练计划也有着同样的目的。

3. 发展社会化

发展社会化是指在个体早期社会化的基础上进行的,对个体产生的新期待和需要其完成的新任务、扮演的新角色等。在个体顺利实现社会化的发展过程中,要求他用新近学到的知识、技能对已有知识、技能加以补充、改组或矫正,最后使新的知识、技能与已有的知识、技能融为一体。

4. 反向社会化

反向社会化是指年轻一代将文化知识传递给年长的一代。在传统社会中,反向社会化是十分少见的,在现代社会中却十分普遍。在社会急剧变化、生产技术迅速更新的时代,新的信息日益增多,年长一代掌握的许多知识技能可能已变得陈旧过时,而年轻一代对外界各方传来的信息接收得很快,于是年长一代的社会化往往有可能受到年轻一代的影响。

5. 再社会化

再社会化是个体舍弃过去接受的一套社会规范和价值标准,重新学习社会要求的社会规范和行为方式的过程。再社会化常常是在人们部分或全部脱离了其以前的社会生活的情况下出现的。例如,人们背井离乡、移居他国、改变宗教信仰,或专业运动员退役后重新择业,都会发生再社会化的问题。

再社会化经常发生在"全控机构"中。在这种情况下,个体的生活受到限制与绝对控制,与外界的往来几乎被隔绝。例如,青少年被选拔进入专业运动队进行封闭式训练后,都在不同程度上与过去的生活方式决裂;他们对自己生活中的许多方面都失去了自主权,在强大的压力下被迫服从运动队的严格管理,重新学习新的生活与行为方式。

(三) 社会化的主要特点

1. 以生物的遗传因素为基础

遗传因素是指由上代传给下代的关于生物体的构造和生理机能等的因素,包括人的遗传素质、生理结构、神经系统。遗传因素,特别是人脑,为个体社会化奠定了生物学上的基础,为自然人转变为社会人提供了可能。而其他动物,由于缺乏人类的生物遗传条件,即便是在人类社会中成长,也不可能社会化为具有人的意识的个体。

2. 共同性与个别性的统一

个体的社会化与个性化是辩证统一的过程。个性的形成与发展是在一定生理基础上和一定社会条件下,伴随着社会化的过程而进行的。一方面,个体社会化的结果是形成某些共同特性,如接受特定社会共同的价值规范、遵守共同的行为规则、具有某些共同的心理特征等;另一方面,社会化并不是把所有的人塑造得完全一样,而是一个使个体具有个性的过程。因而,社会化过程也是个性化过程,人在进行社会化的同时也在进行着个性化。

3. 终身性

由于人的一生是一个动态发展的变化过程,所以人的一生是不断学习各种角色、不断社会化的一生。正是社会化的终身性帮助个体不断协调与社会的关系,更好地在社会中生活,同时促进社会不断向前发展。

4. 发展不均衡

社会环境对不同年龄阶段个体产生的影响不同。个体的神经系统是其接受社会影响而发生变化的物质基础。现代生理学研究表明,神经系统,尤其是高级中枢的大脑皮层具有高度可塑性。而且神经系统的可塑性与其年龄呈负相关,即年龄越小其可塑性越大,年龄越大其可塑性越小。因此,良好的早期教育对个体社会化的影响至关重要。

专栏 6-2　　　　早期生活经历对个体社会化的影响

国外有人曾从孤儿院挑选了 40 名婴儿,对他们进行隔离喂养实验。他将这些婴儿分别关在严格控制的隔离的笼子里喂养,完全剥夺他们与社会的联系。尽管几年之后,这一实验因受到当时社会舆论的强烈谴责而被迫中止,这 40 名婴儿却全部变成了白痴。这是因为他们的生理机构(大脑)在出生之后得不到社会的熏陶,缺乏周围人的爱。即便后来社会各界多方关心与资助,花费众多精力加以挽救,也无济于事。

如果个体在幼年阶段接受正常的社会文化熏陶、父母的家庭教养以及学校教师的教育,身心得以健康发展,那么成年之后,即使由于特殊原因脱离社会环境,其性格虽会受到一定的损害,但在程度上会大大减轻,并迅速恢复。我国东北有一个叫刘连仁的工人,在日本侵略东北时被抓去当煤矿工。他死里逃生,躲进了深山老林,从此与世隔绝,野居生活十多年。后来,当他被发现时,不仅对世界形势一无所知,而且语言能力也受到阻碍,但他恢复得很快,最后可以从事正常的生产劳动。以上事例表明,社会生活条件在个体社会化过程的不同阶段具有不同的影响,故应重视儿童的早期教育。

资料来源:时蓉华. (1998b). 新编社会心理学概论. 上海:东方出版中心, p. 53.

5. 具有主观能动作用

社会化是一个双向的过程。在社会化过程中,个体并不是无条件地、被动地接受他人与社会的影响,而是会表现出一定程度的主动性,在接受外界影响的同时也在对外界发生作用。这种主动性随着个体年龄的增加、自我意识的增强而日益明显。

不过,需要指出的是,社会化这一概念本身的视角,强调社会对个体的影响和个体对社会的适应,而不是强调个体影响社会和社会为适应个体需求、促进个体发展必须进行不断地调整和完善。

二、社会化的心理机制

社会化的心理机制包括社会角色引导、社会比较、社会学习和亚社会认同四个方面(金盛华,2005)。

(一) 社会角色引导

每一个体都在一定的社会团体中担当一定的角色。在现实社会生活中,角色是个体自身与社会的桥梁。由于社会对不同的角色有不同的要求和期待,所以角色引导着人们生活的诸多侧面,并影响着人们的实际生活状况,以及人们的行为方式与内在心理状态。如果个体对角色的期待模糊不清或对角色的认知不正确,则其角色的实现就会发生不适应或冲突。例如,如果同一支篮球队的两位队员都认为自己的角色是引导球队进攻,那么他们很可能为谁应将球带到前场而发生冲突。个体在角色改变时不能摆脱旧角色的身份对他的影响,也会导致对新角色的不适应并进而发生冲突。生活中经常可以见到这类问题。例如,职业运动员退役后重新择业,可能会有相当长的一段时间感到不适应,他们可能会饮食紊乱、睡眠质量下降、心情郁闷或烦躁等。有效的目标设置可以帮助运动员清晰地定位自己的角色。

(二) 社会比较

随着个体的不断成长和自我意识水平的不断提高,其自我评价的需要越来越强。在现实生活中,很多时候并不存在个体可以信任的纯粹客观的评价标准。一般而言,人们面临的情境越缺乏客观标准,要求社会比较的倾向就越强。因此,只有通过社会比较才能形成明确的自我评价。

1. 社会比较的含义

社会比较,又称人际比较,是个体把自己的处境和地位,包括能力、观点、身体健康状况等,与他人进行比较的过程。它涉及认知、情感和行为等不同成分的比较,是人类在相互作用过程中不可避免、普遍存在的一种社会现象。

2. 社会比较的类型

关于社会比较的类型,心理学家提出了不同的理论假说和模型。按照比较对象的不同,可分为与现实中的他人进行的比较,以及与头脑中建构的信息进行的比较。前者又可进一步细分为平行比较、上行比较和下行比较(邢淑芬,俞国良,2005)。

第一,与现实中的他人进行比较。

平行比较,即与同自己相似的人比较。费斯廷格(Festinger,1954)首先提出了相似性假说。该假说认为,个体倾向于与自己能力和观点相似的他人进行比较,以了解自己的观点和能力,因为相似的他人可以提供更多真实有效的信息。后来的心理学家进一步发展了相似性假说,认为与自己行为表现相关的他人的特定属性(如性别、努力程度、经验等)的相似性,以及能代表自己对未来行为表现作出正确预期的他人,是比较中需要重点考虑的因素。由于存在平行比较,所以同辈群体在个体,特别是青少年的社会化中具有重要影响。

上行比较,即与比自己优秀的人比较。个体为了寻找与他人的差距,达到自我进步的目的,喜欢与比自己水平高的他人进行比较。个体的预期会对上行比较的效果产生决定性作用。如果预期自己将来会和上行比较目标不同,就会产生一种对比效果,个体就会萌生一种自卑感,产生更为消极的自我评价,如与体育能力很强的人进行比较后,得出自己体育能力差的结论;如果个体预期自己将来会与上行比较目标相当,就会产生一种同化效果,提升其自我价值感,如与一个体育能力很强的人进行比较,然后得出结论,认为自己的体育能力也很强。一个具有良好自我肯定感的人,倾向于上行比较,这种积极导向的社会比较会激发个体更多的自我努力,并向积极的社会化方向发展。

下行比较,即与比自己差的人比较。当个体遭遇失败、丧失等消极生活事件时,他的自尊和心理健康水平就会下降,这时他倾向于与比自己处境差的人比较,以此来维持其自尊和主观幸福感。因此,下行比较可以通过降低个体自我评价的参照体系,以维持积极的自我评价,它是压力事件和心理健康的一种应对机制,具有很好的适应和调整功能。不过,也有研究者认为下行比较是一种以情绪为定向的应对策略,坚持性在其中不起作用。如果个体没有良好的自我肯定感,总是进行下行比较,将导致其自发的自我努力活动减少,从长期来看,这将最终阻碍个体的进一步发展。

第二,与头脑中建构的信息进行比较。在社会比较过程中,个体可能会仅仅根据自己的想象,在头脑中主动建构他人的想法和做法,并与之进行比较。通过此类建构性比较而获得的自我产生式的比较信息可能会先于现实比较而产生。

3. 社会比较的动机

社会比较的动机有自我评价、自我完善和自我满足。

个体进行社会比较,是为了获得关于自己能力和观点的准确的自我评价,是出于维护积极自我评价的根本需要。例如,一个学生考了满分,他不满足于只了解自己的分数,还迫切想知道其他同学的成绩,将自己的成绩与其他同学的比较。这种社会比较的目的,是为了了解自己在社会比较上有多大优势,从而为自己的成就感和自我肯定感找到来源。

个体进行社会比较的动机是对自我完善的追求。当个体与比自己优秀的人比较时,不仅对自己有鼓舞作用,而且可以获得如何提升自己的有效信息。

下行比较理论认为,个体倾向于与比自己差的人进行比较,来维护自尊和主观幸福感,从而实现自我满足的目的。也就是说,个体进行下行比较主要是为了使自己现在的自我感觉好一些。下行比较是应对压力事件的一种机制。但是,若长期使用下行比较,会降低个体的成就动机,对个体的未来长期发展没有益处。

4. 社会比较的策略

当个体面临消极的社会比较信息时,会采取各种各样的社会比较策略来应对威胁,以维护个体积极的自我评价。社会比较策略主要包括回避比较、选择新的比较维度等。

回避比较是个体采用的一种自我保护性策略。回避比较不会使个体感觉良好,只会在一定程度上避免或减轻由比较带来的痛苦。

选择新的比较维度,是个体采用的一种补偿性策略——个体通过关注自我的积极方面,来抵消或平衡自我的消极方面引发的自尊受到的威胁。换言之,当个体某个领域的自我概念受到威胁时,会通过关注自己其他领域的才能或长处来抵消威胁。

除了上述两种主要策略,个体还会采取下列几种社会比较策略:降低比较维度对自己的重要性、从心理上疏远比自己优秀的人、降低社会比较的水平和数量、夸大优秀他人的能力等。

由于社会比较对人的社会化过程有着重要影响,而且自我比较的方向直接决定着自我的发展方向,因此,引导个体,特别是儿童和青少年扩展社会比较范围、深化社会比较内容,是促进他们社会化和积极发展的重要途径。对于儿童和青少年,在引导他们进行超出自身所属社会群体范围的广泛社会比较的同时,促使其重视个人内在的历时性比较,会有助于他们扩展视野,形成适当的自我概念,并向更高社会化目标发展(金盛华,2005)。

(三) 社会学习

以班杜拉为代表的社会学习理论者认为,个体的学习可以分为亲历学习和观察学习两种。

1. 亲历学习

亲历学习是通过直接经验得到的学习。喜爱运动的父母常常训练他们的子女或为子女提供各种参与运动的机会,以引导他们的子女掌握特定的运动技能。对儿童来说,这种教导至少具有三种主要作用:(1) 能了解他们的父母或老师认可的合适的社会行为规范;(2) 获得了新的技能与反应;(3) 受奖励的影响,激发了参与运动的动机,增加了运动行为出现的频率。

2. 观察学习

观察学习有时也被称为社会学习或替代学习,是指通过观察环境中他人的行为及其后果而发生的学习。班杜拉非常重视观察学习对人的思想观念和行为形成的影响。他将观察学习分为注意、保持、复制和动机四个子过程。

注意过程是指学习者对被观察对象的特征有选择地观察。注意是观察学习发生的前提条件。置身于运动情境中的学习者观察什么是由注意过程决定的。影响注意过程的因素有很多,榜样的地位(如年龄、性别等)及其反应结果(如受到惩罚或奖励)、学习者自身的学习经历、当前情境的影响(如老师的教导),都是唤起注意的重要变量。

保持过程是指将观察到的信息转化为符号的形式并贮存在长时记忆中。认知心理学家的一种观点是,个体通常对被观察到的信息进行形象和语义两种编码。例如,人们在学习太极拳时,一方面仔细观看示范动作,动作表象被贮存在长时记忆中;另一方面,为了帮助记忆,还给动作起一些名字,如"金鸡独立""白鹤亮翅"等。由动作表象可以联想到动作名称,由动作名称也可以联想到动作表象,从而增强被观察到的信息的保持。

班杜拉认为,可以通过认知复述和动作演练两种形式促进保持。

专栏 6-3   学会成为一名什么样的运动员

小明是少年足球队的守门员。在一次比赛中,他在球门附近不知道被谁打晕了。对此,小明感到异常愤怒。他马上揍了离自己最近的对手的鼻子作为报复。裁判将他罚下场。事后,教练对小明说他不应该过于冲动。然而,在一个偶然的场合,他听到教练对他人称赞自己,夸他是一位"勇士"。

> 回到家里,父亲对他的表现感到无比自豪,并对他说,在运动场上不要主动侵犯他人,但倘若自己无缘无故受到他人的伤害,则一定要狠狠地给予对方还击,没有哪位优秀运动员是甘愿忍气吞声受他人欺负的。
>
> 从此以后,小明成了一位让对手感到惧怕的守门员。人们常常看到他在运动场上有一些过火的行为。小明还在不断地观察成年运动员的表现,他想成为运动场上的一位勇敢斗士,既使对手感到害怕,又不至于使自己受到惩罚。
>
> 资料来源:季浏,殷恒婵,颜军. (2006). 体育心理学教与学指导. 北京:高等教育出版社.

复制过程指将符号化的内容转化为相应的行为。要将运动情景中看到并记住的榜样行为转化为外显行为,个体必须选择和组织反应要素,在信息反馈的基础上精炼自己的反应,即自我观察和矫正反馈。

习得适当的运动角色行为之后,个体是否使用这一行为模式取决于由强化引起的动机作用。观察学习中的强化,不仅包括直接强化,而且包括替代强化和自我强化。替代强化是指个体因观察到榜样的运动行为取得成功或失败、奖励或惩罚后而增强或减弱产生同样运动行为的倾向;自我强化是指运动角色行为达到自己设定的标准时,个体以自己能够支配的报酬来增强、维持自己的运动行为的过程。例如,在美国的棒球比赛中,黑人运动员在外场的位置占有绝对优势。这是由于黑人运动员刚刚跨入职业棒球运动的行列时,在这些位置具有相对丰富的角色榜样。与此相似的是,女性有史以来表现出的运动参与不足的现象主要是由于角色榜样和有益的运动经验十分缺乏的缘故。总之,观察榜样及其行为,可以学会新的运动角色的行为技能,获取某种行为结果的有关信息,以及各种运动情境的知识。

(四) 亚社会认同

亚社会是指相对于宏观大社会的直接社会环境,有时也指对应于较大社会背景的较小社会背景。划分亚社会的方法有多种。个体居住的社区、学习和工作的机构,以及个体所处的年龄段都可以作为划分亚社会的标准。处于不同社会环境压力下的个体,其价值观与生活方式会存在一定差别。例如,在同一座城市,高档社区与中低档社区、公办学校与民办学校、普通学校与少数民族学校、中老年人与青少年可能在许多方面有不同的文化模式。

个体社会化的进程以一个个亚社会为基点。在不同的亚社会环境下,个体会受到不同要求、期望和奖惩的引导。个体的顺利成长和发展以完成对亚社会的良好适应为前提。不同的亚社会生活经验是个体在获得社会化的同时实现个性化的重要原因。

在对个体的要求、规范、价值倾向和强化手段等方面,亚社会环境与大社会环境既存在相一致的方面,也存在不一致甚至相悖的方面。当这两种社会环境不一致时,个体就会在社会化过程中产生矛盾和冲突,并且,当这种冲突又被个体清醒地意识到时,他就会产生适应大社会还是认同亚社会的压力问题。例如,一位从小接受奥林匹克文化教育的青少年运动员,在看到队友在教练或领队的鼓励下服用兴奋剂或采取其他不道德的手段取得好成绩并受到他人赞赏时,他已建立的体育道德价值观就可能发生动摇,并对未来感到迷茫,甚至无所适从。

青少年还没有形成成熟的自我价值系统,他们通常很难通过自身的努力来消除上述两种社会环境不一致所带来的压力。因此,从社会化引导的角度来说,引导青少年的亚社会环境保持与大社会环境的良性接触和融合,是引导青少年社会化的重要一环。这一目标的实现,通常需要大社会和亚社会的双重适应。大社会要在与亚社会的接触中试图了解和接受亚社会中符合亚社会群体年龄特点的文化价值,同时,亚社会群体也要学会在与大社会的沟通中矫正自身的角色定位和承担更多应当承担的社会责任,从而使自身的社会化历程顺利向下一阶段过渡。

三、运动对人的社会化的作用及促进人的社会化的途径

(一) 运动对人的社会化的作用

运动既是社会发展的产物,又对社会发展起着积极的推动作用。运动从它诞生之日起,就与人的社会化密切联系在一起,成为实现人的社会化的重要手段之一。运动对人的社会化的作用具体表现在以下五个方面。

1. 完善身体机能,促进生活技能的掌握

活动是人的天性。个体只要生存着,就必须活动。运动是增强身体素质的各种活动。运动的基本手段是身体练习。各种身体练习,都是人类生活、劳动、军事等技术的提炼和综合,它们源于生活,高于生活。受身心发展特点的制约,个体在生命发展的不同阶段,其身体练习的重点有所不同。例如,在婴幼儿期,个体主要是学会坐、爬、站、走、跑等基本身体活动技能;在少儿期,个体通过身体练习,学会跑、跳、投掷、负重、支撑、悬垂、攀登等技能;在老年期,个体则通过健身活动使肢体保持良好的活动能力,从而推迟和延缓身体的衰老。可以说,运动对个体的一生具有重要的影响。

总之,运动可以增强人的体质,促进个体的正常生长发育和机能发展,完善其身体生理机能的协调,使个体对来自身体内外部刺激的反应更加迅速、正确,而这不仅

有利于建立和巩固各种条件反射,促进身体素质和基本活动能力的全面发展,提高机体对自然环境的适应能力,而且有利于个体学习、掌握基本生活知识和技能,并为其社会性发展奠定良好基础(曹晖,曹国民,2002)。

2. 提供社会规范教育的场所

运动提供了人际交往的多种范式。运动中必须确立各种行为规范,如奥林匹克精神与原则、体育道德、运动员作风、比赛规则、竞赛规程等,并通过裁判、仲裁、公众舆论、大众传播媒介等进行监督和实施。由于运动具有娱乐性的特点,故运动规范虽具强制性,但不会给人造成精神压力,个体也容易并乐于接受它。

对青少年进行运动规范训练是一种可以经常重复并加以控制的社会化过程,它不会给社会造成任何损失。这一过程可以在体育教师、教练、家长或其他人员指导下进行,也可以由青少年自己内化完成。青少年在参与运动的过程中,逐渐学会认识和遵循运动的特定规则和公平竞争原则,如违反规则受罚、创造良好运动成绩会得到奖励。因此,这一过程可以视为对社会法规和伦理道德学习的模拟。运动中的每个项目均有特定的规则,不同项目有不同的规则,酷似一个"法制社会"。在某种意义上,青少年参与运动就是一种良好的社会适应性学习过程。

3. 确立生活目标,建立价值观念

运动的竞争性特点有助于激励儿童与青少年积极向上、不断进取、战胜自我、超越自我。如果儿童经常处在这样一种积极的心理状态之中,并能将其移植到其他活动中去,那么,这将有利于他们树立正确的生活目标,建立正确的价值观念。

运动是许多儿童和青少年追求的生活目标,并且不少人把加入运动员行列作为一个中短期的生活目标。对有运动天赋的孩子来说,这是他们应该珍惜的权利。社会要尊重他们的这一权利,也有义务在他们结束运动生涯时及时引导他们选择新的生活目标。

儿童和青少年运动目标的确立有助于他们今后职业的选择、家庭的建立和积极人生态度的养成。这是因为运动能将孩子们训练得有更高的独立性和自立能力。

4. 培养社会角色

所谓运动中的角色,是指个体在由体育而结成的社会关系中所处的地位。这种地位有其权利、义务和相应的行为要求。任何一种体育活动,尤其是集体项目的体育活动或游戏,往往都由一定的活动或游戏角色以及角色之间的相互作用构成,这些角色除了体育活动或游戏中本身的特定意义外,还有某种社会角色的符号或模拟意义(张国力,1992)。例如,棒球运动中处于投手位置的人,有向击球者投球的权利

和义务;而游击手有处理从中央方向飞来的球的权利和义务;游击手只要不与投手交换位置,就没有向击球者投球的权利和义务。

集体运动项目中的角色通常是以复式角色的形式存在。例如,张某既是后卫,又是主力队员;李某既是足球前锋,又是队长。

有意识地让学生扮演超出他本人能力与特性界限的角色,如让替补队员担当主力队员的角色,能够提高学生的自豪感和自觉性,刺激其通过加倍努力获得成功。通过体育角色的学习,可以使学生体会到凭借个人努力是可以成功扮演各种角色的,从而体验到人的主观努力是改变社会地位的重要途径。

5. 促进良好个性的形成和发展

参加运动需要较强的自发性和反复练习的耐心,所以对个性的影响很大。国外多项研究表明,个体幼小时期获得的户外游戏经验,在个体长大后能够促使其积极参加运动,而且与同辈群体相比,这些个体具有的运动中不可缺少的体力、技能、勇敢、果断、灵敏、聪明、机智等品质会得到较高的评价。一般来说,能力强的人都比较有人缘和亲和力,更具创造性和适应性。运动能力出色的人同样如此。对儿童和青少年来说,参加运动并使之成为生活的一个组成部分,对促进他们的体力与技能的提高十分重要。而由此带来的成功的喜悦和满足感,以及来自伙伴的赞誉和肯定,更可以推动他们良好个性的形成和发展(卢元镇,2001)。

专栏 6-4　　　　体育游戏对儿童社会化的促进作用

体育游戏以其特点吸引着儿童,并通过规则使儿童理解和遵守规范。体育游戏首先以它的规则,对孩子们进行社会化。例如,在"老鹰捉小鸡"的体育游戏中可观察到,哪怕装扮老鹰角色的是一个纤细柔弱的女孩,而装扮小鸡的是一个调皮强健的男孩,只要小鸡被老鹰捉住,他就会乖乖地退出小鸡队伍,站在一旁为别的小鸡呐喊助威。

体育游戏以其时间和空间上的优势,培养儿童的道德感和社会角色感。据观察统计,直至12岁之前,户外游戏与运动在儿童闲暇时间中的比重一直居于首位。在一些趋近成年人参与的正规运动项目的游戏中,运动规则对孩子们的社会化效果更明显。例如,孩子们在街头巷尾用砖瓦石块或书包、衣帽就地摆出了足球门,互相约定用手一指,就形成了足球场的边线、端线和球门线。这种场地的规范性显然是极差的,足球门的宽度还可以看到,其高度却没法测量,边线、端线和球门线也都没有任何准确的标志。然而,这并不妨碍一场热烈的,甚至是精彩的足球比赛的进行。因为孩子们已有极强的道德感和约束力,将球门的高度、边线、端线的位置刻画在了心里,所以在游戏中,因场地的不规范造成的争执并不多见。这时,体育游戏已从实质上教会孩子从道德的高度去理解规则。

> 参加足球游戏的孩子,除了扮演守门员角色,没有谁养成用手处理球的习惯(尽管对他们来说,用手比用脚更方便)。这是因为,违反规则用手去处理球,所受到的是"耍赖""不与你玩啦"的奚落和驱逐。
>
> 　　体育游戏发展了儿童的身体,激活了他们的思维,为完善他们的基本生活技能奠定了坚实的基础。体育游戏对孩子们的社会化的作用,还表现在培养孩子们的社会价值目标和社会角色感的体验上。在他们自己的生活圈中,能被他们最先亲身感知的现实的"英雄"就是体育游戏中的常胜者——"大将""大王""头子"之类。孩子们会在体育游戏中刻意模仿他们,这种选择与模仿往往具有积极的道德意义,如模仿别人的勇敢、坚强、热心帮助他人等。当他们成长到9—10岁后,由于性别互动效应的作用,男孩女孩在一起参加体育游戏时,会各自表现得更加自强、自律,这种体验对他们进入性别角色无疑是一种启蒙。
>
> 资料来源:刘德佩. (1990). 略论体育与人的社会化. 体育科学,(5),17—20.

(二) 运动促进人的社会化的途径

运动主要通过体育文化、家庭、学校、同伴、社区和大众传播工具的影响促进人的社会化。

1. 体育文化

体育文化是关于人类运动的物质、制度和精神文化的总和。它包括体育认识、体育情感、体育价值、体育理想、体育道德、体育制度和体育的物质条件等。体育文化可以分为主流体育文化和亚体育文化两种。主流体育文化是在体育文化竞争中形成的,具有高度融合力、较强传播力,受到社会广泛认同的体育文化。亚体育文化是指那种在一定历史时期内处于非主导地位或具有地域性定义的体育文化。例如,现在世界主流体育文化是奥林匹克文化,一些民间传统体育活动则属于亚体育文化范畴。当然,主流体育文化和亚体育文化之间的关系也不是绝对的,在一定条件下,它们的地位可以互相转化。

由于体育文化影响着个体的生活方式,其中包括思考方式和行为方式,所以从文化的角度来看,运动在个体由自然人向社会人的转化过程中起了重要作用。

2. 家庭

个体一降临于世,其社会化进程便开始了。家庭是社会的最小细胞,是个体最早接触到的外部社会环境,也是个体社会化的第一场所,更是习得社会规范的重要途径。父母教育观念和教养方式直接影响着父母对儿童的态度,对儿童进行教育的期望、目标、途径、策略和行为,是影响儿童社会化的重要因素。

家庭成员的运动兴趣与爱好、运动态度与信念、运动行为与习惯、参与运动的频率、角色模式、对运动的重视程度,以及家庭所处的社会阶层、结构和活动模式,都影响着儿童广义的社会化和运动领域中的社会化。例如,家庭成员可以有意识地引导儿童学习一些特定的运动技能。儿童也可以模仿家庭成员参加运动的行为——许多著名运动员的子女也相继踏入运动领域,其中的主要原因就在于父母为子女提供了可模仿的角色。此外,从社会阶层的角度进行分析,在国外,一般来说,高尔夫球、网球的参与者来自较高的社会阶层,而足球、篮球、拳击、棒球等运动吸引着较低社会阶层的参与者。

3. 学校

学校是社会正式规定的负责使年轻人社会化、学习特定本领和价值标准的机构。学校里的社会化可以通过各种正规的课程和各种有组织的课外活动进行。学校的作用主要是通过教材、教育组织形式、考试与考核等把社会规范、道德准则,以及历代积累起来的知识技能传授给下一代。我国的各级各类学校都设有体育课。与其他社会系统一样,体育教育在学生社会化的过程中也发挥了重要作用,而且这种作用也随运动项目、运动角色、学生性别差异和身心发展的不同阶段而有所变化。体育教学的主要任务是通过学生直接的身心活动,实现人类运动方式,以及蕴含在这些运动方式里的人类运动文化的传递。学校体育的各个环节均可突出教育的内容和因素,把社会的主流价值观、社会崇尚的道德规范和信仰等贯穿其中,寓教于体,寓教于乐,寓教于苦累之中(黄金鹏,2005)。

4. 同辈群体

同辈群体是指由兴趣爱好、年龄特点、身份地位、文化程度等极为接近的人组成的群体(黄希庭,等,2003)。由于它具有平等性、自发性、开放性、领袖人物的自然性等特点,并且能够满足儿童,特别是青少年的心理、社会需求,因而也更容易赢得他们的认同。

同辈群体在青少年中普遍存在。随着青少年年龄的增长,同辈群体对他们的吸引力和影响力逐渐提高,而父母和教师的吸引力和影响力逐渐降低。同辈群体的规范和价值经常被个体作为社会化过程中的重要参照体系,因而成为个体社会化的一个重要环境因素。

同辈群体对个体影响的大小主要取决于群体和个体之间本质上的对应程度,以及个体社会化阶段的心身发展水平。它们对青少年成长发展的影响既有积极的一面,又有消极的一面。积极的影响主要是提供最初的比较正式的角色扮演的机会和人际交往的机会,消极的影响主要是背离主流文化。

由于同辈群体在青少年社会化过程中能够发挥重要作用,所以父母与教师必须对青少年的同辈群体多加关心与引导,使之健康发展。

5. 社区

随着世界各国经济、文化、科技的迅速发展和人民生活水平的日益提高,运动已逐渐深入社会的每一个角落,成为人们日常生活中不可缺少的重要组成部分。在社区的每一个角落,凡是有人群的地方,都可以看到人们健身的身影。许多社区能够为个体提供参与运动的机会,部分发达国家的社区甚至能够为儿童、青少年提供体育锻炼的计划,因此,社区是个体习得运动角色的重要场所(戴晶斌,邓赐平,1998)。

6. 大众传媒

大众传媒指多种不同的传播媒体,如报纸、杂志、图书、电视、电影、广播、唱片等。它们通过新闻报道、舆论宣传、知识教育、生活娱乐等方式,为广大社会成员理解和接受社会所倡导的价值观念、奋斗目标、社会规范和行为方式等,提供了一个广泛的社会环境。在现代社会中,随着大众传媒的日益发达,它对个体社会化的影响日益加重。

20世纪70年代以来,大众传媒的深度参与,使现代体育发生了深刻变革,它们成为体育发展的最重要的推动力量之一,而体育也成为最受媒体欢迎的传播客体。大众传媒对青少年逐步形成和深化体育意识、建立正确的体育价值观具有重要意义。许多青少年正是借助大众传媒了解、喜欢上运动,懂得运动的规则。通过大众传媒的广泛宣传,一批体育明星成为青少年崇拜的偶像和最好的角色榜样之一。

第二节 运动与人的自我发展

自我指认识或行动者的主体,是由知、情、意三个方面构成的统一体,主要受后天和社会环境的影响,包括自我意识、自尊、自我调节等因素。自我发展历来被认为是人的社会性发展的重要成分,在青少年心理发展研究中占有重要位置。自我概念是人格研究的一个重要主题,是自我意识的重要组成部分,在广义上与自我意识等同,反映自我认识甚至自我意识发展水平的高低,对自我体验和自我调节有深刻的影响(孙少强,孙延林,2006)。

一、自我概念概述

(一) 关于自我的理论

关于自我的理论有很多,本书主要介绍奥尔波特(Allport,1937)、埃里克森

(Erikson,1968)和马科斯(Markus,1977)的自我理论。

1. 奥尔波特的自我理论

奥尔波特把自我的发展过程分为生理的自我、社会的自我和心理的自我三个阶段(时蓉华,2002;崔丽娟,才源源,2008)。

自我概念最原始的形态是生理的自我。生理的自我,又称物质的自我,是个体对自我躯体、性别、体形、容貌、年龄、健康状况等生理特质的意识。它以躯体需要为基础。个体出生后,直到第8个月才开始出现生理的自我概念,并在3岁左右基本成熟。他们这个阶段的心理发展特点是以自我为中心。

社会的自我涉及宏观与微观两个方面。从宏观方面而言,社会的自我是个体对自我隶属于某一时代、国家、民族、阶级与阶层的意识;从微观方面而言,社会的自我是个体对自我在群体中的地位、名望、受人尊敬、接纳的程度、拥有的家庭、亲友,以及其政治经济地位的意识。

从3岁到青春期以前的13、14岁是个体接受社会文化影响最深的时期。儿童通过各种各样的社会活动学会扮演各种各样的社会角色、遵守社会的规范,并承担起一定的社会责任与义务。在这个过程中,学校中的社会化是他们建立自我概念的重要阶段。

心理的自我,又称精神的自我,是个体对自己智能、兴趣、爱好、气质、性格等方面心理特点的意识。从青春期到成年期,个体的自我概念已趋于成熟,心理的自我得到充分发展。从青春期开始,个体的生理、情绪、思维能力都发生了本质的急剧变化(如性的成熟与觉醒、想象力的丰富、逻辑思维能力的发展等),逐渐脱离对成人的依赖,并且从成人的保护、约束下独立出来,表现出主动性与独立性,强调自我的价值观与自我理想,这些都会促使其自我概念趋向主观性。

2. 埃里克森的自我同一性危机理论

埃里克森认为,人的一生受其所处的社会文化因素的影响,自我的发展要经历不同的阶段。其中,青春期是人生发展最重要的一个时期。这个时期,个体开始体会到自我概念问题的困扰,即开始考虑"我是谁"这一问题,体验着角色同一与角色混乱的冲突。所谓同一性是指青少年在自身的形象、角色、价值、目标等人生重要方面建立起成熟的自我意识,并且实现个人的内部认识与自身外部特征相一致。

自我同一性的形成与职业的选择、性别角色的形成、人生观的形成等有着密切的联系。在青春期,自我同一性或关于自我特征的清晰自我概念的建立,是个体自我发展的重要任务。这个时期,如果自我同一性没有建立起来,那么,在未来的生活中,他就可能表现出同一性混乱;如果个体能把与自我有关的各方面很好地整合起来,他所想的和所做的与他的角色概念相符合,那么,他便获得了较好的角色同一性。

表6-1 埃里克森个体心理发展的八个阶段

婴儿期(0—1.5岁)	基本的信任感对基本的不信任感
儿童早期(1.5—3岁)	自主感对羞耻感与怀疑感
学前期(3—6、7岁)	主动感对内疚感
学龄期(6、7—12岁)	勤奋感对自卑感
青年期(12—18岁)	自我同一性对角色混乱
成年早期(18—25岁)	亲密感对孤独感
成年中期(25—50岁)	繁殖感对停滞感
成年晚期(50岁至死亡)	自我调整与绝望期的冲突

3. 马科斯的自我图式理论

自我图式理论由认知心理学家马科斯提出。自我图式是自我概念的组成要素,是个体有关自己某些具体的能力与特征的认知。一个图式就是一个具体的成分概念。受到图式理论的影响,自我图式研究更强调自我概念的动态性质。自我图式作为自我概念的存在方式,会对人们认知周围世界、信息的获取和记忆等发挥模式化影响(金盛华,2005)。

马科斯将自我分为可能自我和动态自我两个部分。可能自我是基于自我图式而指向未来的自我概念,即个体希望自己将来在某一方面会怎样或该怎样。可能自我既包括人们梦想成为的自我,也包括人们害怕成为的自我。可能自我受个体自身特点和社会化因素的双重影响,以具体的目标形式激励个体或引导个体的行动,同时也为当前的自我提供评价并解释当前的情境。

动态自我是指某一特定时刻的自我概念。动态自我是自我的一种主动、有力且不断变化的动态结构。各种各样的自我动机与环境一起决定了动态自我的内容。动态自我会影响个体与自我有关的信息加工、情感调节和动机过程,也会对人们的社会知觉、与他人的相互作用等产生影响。在概念的本质上,动态自我与许多心理学家提出的主体我是相一致的。

(二)什么是自我概念

1. 自我概念的定义

自我概念,又被称为自我观念或自我意识(时蓉华,2002),是个体对自己存在的觉察,它涉及个体对自己的生理状况(如身高、体重、形态、身体健康状况等)、心理特征(如兴趣爱好、能力、性格、气质、情感等)以及自己与他人的关系(如自己与周围人相处的关系、自己在所属团体中的位置和作用等)的自我知觉,是个体对自己形成的稳定的认识和评价。

2. 自我概念的层次结构

沙沃森(Shavelson,1976)等人认为,自我概念是多维的、多层次的,具有如下关键特征:(1)自我概念是多维的,一般的自我概念又被称为总的自我概念或总体自我概念、整体自我概念,分为学业自我概念和非学业自我概念。学业自我概念又分为具体学科的自我概念,如数学自我概念、英语自我概念等;非学业自我概念又分为社会的、情绪的和身体的自我概念等。(2)自我概念是有层次的,一般的自我概念处于最顶层;个体对更广范围的知觉处于中层,如社会的自我概念、身体的自我概念和学业的自我概念等;个体对特定情景中行为的知觉处于最底层,如一般的锻炼行为。(3)自我概念的维度随着个体的成熟而不断增加,并随个体年龄的增长和成熟而趋于复杂化。(4)自我概念是描述性的和评价性的。

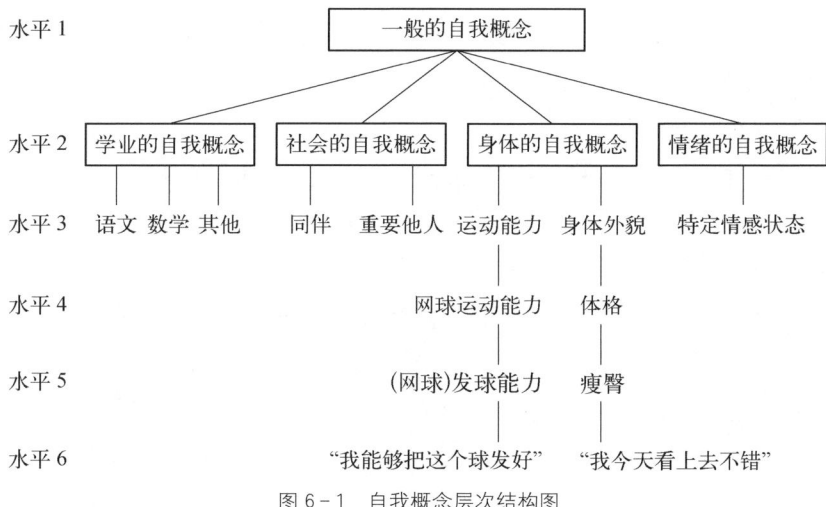

图 6-1 自我概念层次结构图

资料来源:Bull,R. (1997). The performer as a person. In B. Davis(Ed.),*Physical education and the study of sport*(3rd ed.). London:Mosby,p. 315.

(三) 自我概念的功能

1. 自我评价

恰当的自我评价,对个体的健康心理生活和行为表现,以及社会生活中人际关系的协调等有较大的影响。个体对自己作出的自我评价,除了受其认知、动机、需要、愿望等心理因素的影响,还与个体作出评价时的自我概念背景有关。同样的经验对于不同自我概念背景的人,具有不同的意义。

梅德维克等人(Medvec et al., 1995)在一项研究中发现,奥运会上的银牌得主不如铜牌得主快乐。这与人们一般认为的银牌得主应该比铜牌得主感觉好的看法不一致。对于这种现象,梅德维克这样解释:银牌得主会设想,如果他们在策略上作一点改变或再努力一点就能得到金牌,因此他们用失败来解释自己的成绩。这就导致他们感到"虽胜尤败",因而对胜利的喜悦体验反不如铜牌获得者(金盛华,2005)。这说明,决定获奖者对成绩的情绪反应的因素不是客观成绩本身,而是获奖者对自己成绩的解释与评价。

2. 信息加工

个体往往对与自我有关的刺激特别敏感。例如,当个体被要求在词汇表上选择自己喜欢的词汇时,往往倾向于选择自己姓名中含有的字和词。此外,与自我相一致的刺激更易得到有效加工,并有助于回忆和再认。例如,个体对自身经历和行为方面的记忆要比对他人的强。而且,个体往往对与自我结构不一致的信息采取抵制的态度,但也有少数人可能对与自己不一致的观点予以特别的关注,并逐步接受。

3. 维持自我一致性

个体需要按照保持自我一致性的方式行动,而自我概念能使个体保持内在一致性。积极的自我概念会引导个体按照社会期望的方向发展,消极的自我概念则引导个体放松自我约束(金盛华,2005)。

自我概念的这一功能还影响个体对环境和伙伴的选择。常与自己保持一致的个体,能在各种环境中保持良好的与自我相一致的自我想象,喜爱选择能表达自我的环境;而常与环境保持一致的个体,能在各种环境中保持理想人物的构想,他们更爱选择良好的、经过精心改造的环境。而且,个体喜欢选择对自己有特殊用途或能引起自己愉悦体验的他人作为伙伴。

4. 动机

动机在个体的目标和自我概念间起着中介作用。当个体认为自己在某一方面有潜力或希望并确信自己能够实现某些目标的时候,就有一种强大的力量推动着他去行动。而且,个体往往是按照自我定义来不断完善自己的。例如,将自己定义为"好学生"的学生,可能对自己现有的表现和取得的成绩不够满意,因而会加倍地努力,以达到自己心目中"好学生"的标准。

5. 自我控制

自我控制是指个体对自身的心理与行为的主动掌握(朱智贤,1989)。它对个体的生活、学习和工作具有动力作用。当主观的我要求客观的我符合其期望水平时,自我控制有助于推动个体的认知机能处于积极活跃的状态,促使个体为争取优异的表现、获得社会的赞许而付出不懈努力。此外,它还对个体态度的转变、情感的调节具有决定作用。

(四)自我概念的测量方法

目前,测量自我概念的方法有很多,下面介绍两种使用最为广泛的量表。

1. 罗森伯格单维度自尊量表

自尊是指个体对自身整体状况的满意水平。自尊是行为的动力,对身心健康具有决定性作用。由于人们对自尊概念的理解不同,因而所提出的自尊结构也有着高度区别。波普(Pope,1988)认为,自尊由知觉的自我和理想的自我两个维度构成。知觉的自我就是自我概念,是个体对自己具备或不具备各种技能、特征和品质的客观认识。理想的自我是个体希望自己成为什么人的一种意向和一种想拥有某种特性的愿望。当知觉的自我与理想的自我一致时,自尊就是积极的,当知觉的自我与理想的自我不一致时,自尊就是消极的(金盛华,2005)。

由于自尊与自我概念之间存在密切的关系,所以对自尊的测量也成为了解个体自我概念的一种手段。

美国心理学家罗森伯格(M. Rosenberg)1965年编制了测量个体整体自尊的自尊量表(Self-Esteem Scale,SES)。中文版由季益富和于欣引进并翻译。该量表适用于青少年与成人。国内外对自尊量表都报告了较高的信度和效度,它是心理学界使用最多的自尊测量工具。

自尊量表的另一个突出优点是简单明了,易于施测和评分。该量表只有10道题目,采用自评方式,要求被试在"4=完全符合"到"1=很不符合"四个等级上评价自己。其中正向题和反向题各半。量表总分越高,表明自尊水平越高。精简的题量使测量更易进行,可有效减少被试的逆反情绪和疲劳效应,简明的陈述句式也便于被试理解和作答,而正向题和反向题的设计可避免被试的定向思维并有助于鉴别被试作答的认真程度。

> **专栏 6-5　　　　　　　罗森伯格自尊量表**
>
> [指导语]下面几句话是对一个人的感受的描述,请选出与你的实际情况相符合的数字。
>
> 1. 我感到我是一个有价值的人,至少与其他人在同一水平上 …………… 1　2　3　4
> 2. 我感到我有许多好品质 ………………………………………………… 1　2　3　4
> 3. 归根到底,我倾向于觉得自己是一个失败者 …………………………… 1　2　3　4
> 4. 我能像大多数人那样把事情做好 ……………………………………… 1　2　3　4
> 5. 我感到自己值得自豪的地方不多 ……………………………………… 1　2　3　4
> 6. 我对自己持肯定态度 …………………………………………………… 1　2　3　4
> 7. 总的来说,我对自己是满意的 ………………………………………… 1　2　3　4
> 8. 我希望我能为自己赢得更多的尊重 …………………………………… 1　2　3　4
> 9. 我确实时常感到毫无用处 ……………………………………………… 1　2　3　4
> 10. 我时常认为自己一无是处 ……………………………………………… 1　2　3　4
>
> 资料来源:汪向东,王希林,马弘. (1999). 心理卫生评定量表手册(增订版). 北京:中国心理卫生杂志社,pp. 633—637.

2. 田纳西自我概念量表

田纳西自我概念量表(Tennessee Self-Concept Scale,TSCS)由美国田纳西州心理卫生部心理医生费茨(W. H. Fitts)于 1965 年编制,并于 1988 年进行了修订。该量表基于自我概念的多维观点而编制,主要依据的是临床经验。田纳西自我概念量表有两种形式,一种供咨询和辅导用,一种供临床治疗和研究用,题目完全相同,都是在 5 点量表上作答,只是记分方式存在差异。该量表适用于 12 岁及以上被试。田纳西自我概念量表能较客观地测量个体的自我概念,全面评估个体的自我认知水平,是一个使用简单、便于广泛应用且能描述多向度自我概念的量表。该量表是目前国际上最常用的自我概念测量量表,其信度和效度得到了广泛认证和肯定(林邦杰,1980)。

目前,国内许多研究使用的是台湾学者林邦杰于 1978 年修订的中文版田纳西自我概念量表。中文版田纳西自我概念量表也被证实有很好的信度和效度。该量表共 70 个题目,包含自我概念的两个维度和综合状况,共 10 个因子。具体为结构维度(自我认同、自我满意、自我行动)、内容维度(生理自我、道德自我、心理自我、家庭自我、社会自我)、综合状况(自我总分、自我批评)。前 9 个因子得分越高自我概念越积极,而自我批评得分越高自我概念越消极(樊富珉,付吉元,2001)。

专栏 6-6　　　　田纳西自我概念问卷及评分标准

[指导语] 这份问卷的目的是帮助你了解自己。问卷上的每一个题目都是在描述你的实际情况。请仔细阅读每个题目，判断该题目叙述的内容与你的真实情况是否相同，并在相应选项上打钩。

完全不相同	大部分不相同	部分相同、部分不相同	大部分相同	完全相同
①	②	③	④	⑤

1. 我的身体健康。
2. 我喜欢经常保持仪表整洁大方。
3. 我举止端正，行为规矩。
4. 我的品德好。
5. 我是个没有出息的人。
6. 我经常心情愉快。
7. 我的家庭幸福美满。
8. 我的家人并不爱我。
9. 我讨厌这个世界。
10. 我待人亲切友善。
11. 偶尔我会想一些不可告人的坏事。
12. 我有时候会说谎。
13. 我的身体有病。
14. 我全身都是病痛。
15. 我为人诚实。
16. 我的道德不坚强，有时想做坏事。
17. 我的心情平静，不忧不愁。
18. 我经常心怀恨意。
19. 我觉得家人不信任我。
20. 我的家人朋友对我很器重。
21. 我很受别人欢迎。
22. 我很难交到朋友。
23. 有时候我觉得很想骂人。
24. 我偶尔会因身体不舒服而变得有点脾气暴躁。
25. 我的身体既不胖，也不太瘦。
26. 我对自己的外貌感到满意。
27. 我觉得我不太值得别人信任。
28. 我经常觉得良心不安。
29. 我瞧不起我自己。
30. 我对我自己现在的情形感到满意。
31. 我已经尽力去孝顺我的父母。
32. 我觉得我对家人不够信任。
33. 我对自己的社交能力感到满意。
34. 我对自己待人的方式感到满意。
35. 偶尔我会在背后说些别人的闲话。
36. 比赛时我总是希望赢。
37. 我觉得身体不太舒服。
38. 我对自己身体的某些部分不太满意。
39. 我觉得我的行为合乎我自己的良心。
40. 我对自己的道德行为感到满意。
41. 我觉得我这个人还不错。
42. 我对自己感到不满意。
43. 我不太喜欢我的家人。
44. 我对目前与家人保持的良好关系感到满意。
45. 我觉得我在社交方面不够理想。
46. 我觉得我和他人处得不够理想。
47. 听到黄色笑话，我有时会忍不住地笑出来。
48. 我有时会把当天该做的事情拖到第二天。
49. 我的动作时常显得很笨拙。
50. 我很少感到身体不舒服。
51. 我在日常生活中常凭着良心做事。
52. 为了胜过别人，有时候我会使用不正当的手段。
53. 在任何情况下，我都能够照顾自己。
54. 我经常不敢面对难题。

55. 我常和家人发生争吵。
56. 我的行为常无法满足家人的期望。
57. 和陌生人谈话,我觉得困难。
58. 我尽量去了解别人对事物的看法。
59. 我偶尔会发脾气。
60. 我很会照顾自己的身体。
61. 我常常睡得不好。
62. 我很少做不正当的事。
63. 对我而言,做正当的事或表现良好的行为是有困难的。
64. 我时常没有经过事先考虑就贸然行事。
65. 遇到困难时,我都能轻而易举地解决。
66. 我很关心我的家人。
67. 我尽量公平合理地对待朋友与家人。
68. 我和别人在一起时,常觉得不自在。
69. 我和别人相处得很好。
70. 对于我所认识的人,我并非每个都喜欢。

计分方法:

做一个答案纸,把题目按照下列规则排方阵:第一列1—12题,第2列13—24题,依次类推。然后按照下列办法计算。

1. 计算生理自我(PH):把第一排和第二排的12个题目的分数相加,即将题目1、2、13、14、25、26、37、38、49、50、60、61的分数相加。圆圈内的数字就是分数,如第1题你钩④就是4分。若为反向计分题,则钩"4"计1分,钩"1"计4分。把两行的分数加起来,并写在"PH="后,如加起来得36,就写"PH=36"。以此类推。

2. 计算道德伦理自我(ME):把第三排和第四排的12个题目的分数相加。

3. 计算心理自我(PER):把第五排和第六排的12个题目的分数相加。

4. 计算家庭自我(FA):把第七排和第八排的12个题目的分数相加。

5. 计算社会自我(SO):把第九排和第十排的12个题目的分数相加。

6. 计算自我批评(SC):把第十一排和第十二排的10个题目的分数相加。

7. 计算自我概念(ID):把1到24题(共24题)的分数相加,把所得和写在"ID="后。

8. 计算自我满意(SA):把25到48题(共24题)的分数相加,把所得和写在"SA="后。

9. 计算自我行动(B):把49到70题(共22题)的分数相加,把所得和写在"B="后。

10. 计算总分:TOT=ID+SA+B

其中,反向计分题为:5、8、9、13、14、16、18、19、22、25、27、28、32、37、38、39、42、43、45、46、49、52、54、55、56、67、61、63、64、68。

资料来源:林邦杰.(1980).田纳西自我观念量表之修订.中国测验年刊,27,71—78.

二、身体自我、运动参与和心理健康

(一) 什么是身体自我概念

1. 身体自我概念的含义

身体自我概念是指个体对自己身体的认知和评价,涉及个体对自己的相貌、体格、体能、健康状况等的看法和评价,是个体自我意识中最早萌发的部分,贯穿个体整个生命的全程,并会随着个体年龄的增长而显示出不同的特点。身体自我概念被认为是多维度的、多层次的,是自我概念的一个重要基础部分。它的发展影响到整体自我的发展,并对个体心理健康和运动参与具有重要影响。

2. 身体自我概念模型

桑斯特伦(Sonstroem,1978)是最早建立身体自我概念模型的心理学家之一。他与同事在研究身体健康与自我价值感的关系时,强调身体能力知觉是联系训练与自我价值感的重要中介变量。他们认为,参加体育活动会促进身体能力的提高,从而提升自我价值感;在这当中,对身体能力的评估,以及活动的兴趣导向会激发活动参与者的积极性。他们将这一模型命名为体育活动参与的心理模型。在随后的研究中,桑斯特伦(Sonstroem,1989)提出了训练与自我价值感模型(如图6-2所示)。桑斯特伦将它作为一个自我系统,用以解释身体训练为何能够产生总体自我价值感(曾向,黄希庭,2001)。

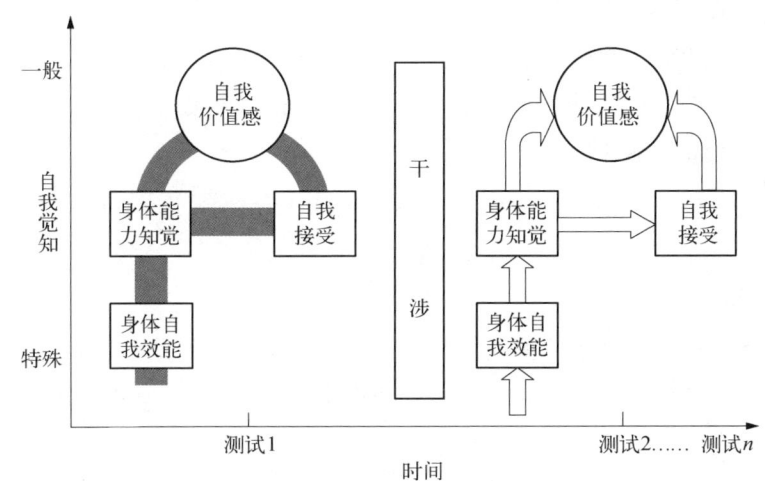

图 6-2 训练与自我价值感模型

资料来源:曾向,黄希庭. (2001). 国外关于身体自我的研究. 心理学动态, 9(1), 41—46.

这一模型假定身体能力知觉与自我接受是建立自我价值感的两个基本要素。自我接受表示了个体对他们自己的关心和喜爱,而不论知觉到的能力如何。在这一模型中,身体自我效能被定义为对身体能力整体水平的自我评估,与身体能力知觉联系更紧。

这一模型的一大特点在于,它不仅具有静态的层次结构,而且具备时间维度的变化。这意味着这一模型可以代表一种能力发展假设,即随着时间的推移,上升的身体自我效能会引起身体能力知觉的增长,进而促使整体自我价值感提升。

在沙沃森等人的影响下,福克斯和科尔宾(Fox & Corbin,1989)进一步发展了这一模型,以多维度的身体自我知觉剖面图发展了训练和自我价值感模型。福克斯等人的研究表明,一般意义的身体自我价值感由四个维度组成,分别是运动能力知觉、身体状况、身体吸引力和力量。福克斯认为,自我知觉可以划分出不同的水平,最高一层是整体自我价值感,它包含不同的领域(如身体),以及低一层的领域(如体育能力),此外,还可以划分为不同的层面(如足球能力)和次级层次(射门能力)与状态(我能够罚球命中)。

马什(Marsh,1994)将多维度自我概念模型应用于身体自我概念的研究中,得出了身体自我概念的 9 个成分,分别是力量、胖瘦、活动性、耐力、运动能力、协调性、健康、相貌、柔韧性。

总的来说,对身体自我的模型构建从单一维度到多维度,从单一层次到多层次,使人们认识到身体自我内涵的复杂性。但是,在这些维度和层次中,不同个体对其评价的权重显然是不同的,而且对这个问题有深入和具体探讨的必要。

(二) 身体自我概念的测量

目前测量身体自我概念的方法主要包括问卷调查、形象选择、形象调节、画人测验、行为观察和计算机内隐态度实验(张力为,陈荔,2005)。

1. 问卷调查

对身体自我概念的调查既可以采用封闭式问卷,也可以采用开放式问卷,一般以前者为主。封闭式问卷中比较有影响的是身体自我知觉剖面图和身体自我描述问卷。

福克斯和科尔宾(Fox & Corbin,1989)以层次模型为基础,通过开放式问卷和探索性因素分析于 1989 年编制了身体自我知觉剖面图(Physical Self-Perception Profile,PSPP)。该量表是一个包含 30 道测试题的多层次、多维度量表,分为两个等级:整体身体自尊,包括一般自豪感、满意度、快乐度、身体自信心;次领域的、更为具体的有关身体各方面的维度,如运动(运动能力、习得运动的能力、运动自信心)、身体状况(精力、健康、维持训练的能力、在训练环境中的自信心)、身体吸引力和身体力量(力量知觉、肌肉增长、在需要力量环境中的自信心)。

每一个维度包括6道测试题,并且每一个维度的题项都可以反映结果(如擅长运动)、过程(如学习运动技能很慢)和信心知觉(如对运动充满信心)。该量表常用于对体育锻炼的选择和对坚持机制的解释,在有关体育锻炼如何改变自尊的研究中得到了较多应用。

马什(Marsh,1992)曾以沙沃森的自我概念模型为理论基础,编制了自我描述问卷(Self-Description Questionnaire,SDQ)。1994年,他又以自我描述问卷为基础,编制了身体自我描述问卷(Physical Self-Description Questionnaire,PSDQ)。该问卷由70个项目组成,包括身体健康、身体力量、身体耐力、身体灵活性、身体肥胖、身体活动、身体外表、身体协调性、身体运动能力、整体身体自尊、整体自尊,共11个分量表。其中,整体身体自尊和整体自尊各有8题,其余每个分量表各有6题。问卷采用6点计分的方式,适用于12岁以上的被试,特别是大学生和成年人。徐培和李安民将该问卷翻译成中文。为考察PSDQ在中国文化背景下的适用情况,杨剑(2002)对我国664名(280名来自体校、384名来自普通学校;男340名,女324名;平均年龄15.10岁)中学生进行了调查,以考察该问卷在我国中学生身体自我概念研究中的适用性,以及我国中学生自我概念发展的特点。结果表明,该问卷具有较好的重测信度、内部一致性信度和结构效度。

2. 形象选择

形象选择主要应用于身体意象不满的测量,使用的量表一般由几张不同体型的人体剪影组成。量表要求被试选择最符合自己实际情况的人体剪影和自己理想中的人体剪影,两者之差即为被试对身体意象的不满。

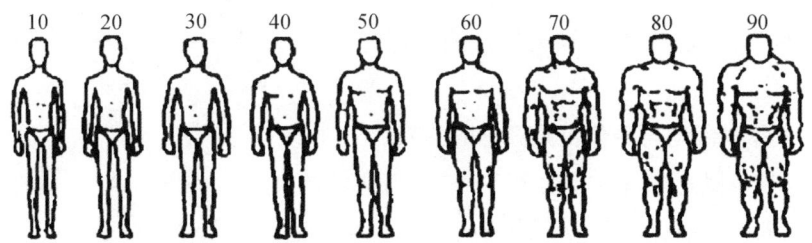

图6-3 男性体形图

资料来源:张力为,陈荔.(2005).六种身体自我测量方法的比较.体育科学,25(1),74—79.

以图6-3为例,该问卷由9张从没有肌肉的极瘦男性体型到肌肉十分发达的男性体型图片组成,极瘦体形和肌肉最发达体型分别对应数字"10"和"90",要求被试用3个10—90之间的数字来表示和描述自己的实际体形、理想体形和其认为的对异性最有吸引力的体形。

3. 形象调节

形象调节是通过让被试调节卡钳、光柱、变形的体型照片或录像中的形象,来了解被试对自己身体的整体或具体部位的知觉。形象调节的特点与形象选择相似。其优点是简单、直观、易于理解,被试不是被动地在主试提供的多种选项中选择一个,而是需要自己实际操作,以形成一个测验指导语所要求的身体形象,因此,被试参加实验的兴趣和动机较强。其局限是现实自我与理想自我的体型之差不能直接反映主观感受。

4. 画人测验

画人测验属于投射测验。请被试在白纸上自由画出人的身体形象,然后,由经过训练的专家根据特定规则对被试所画人像的头部、四肢、躯干、衣着进行评判,对人像的对称性、大小、位置角度、行为、线条类型、擦除痕迹、阴影等进行分析。

5. 行为观察

行为观察是指记录被试的身体行为,如照镜子的次数和时间、参加锻炼的项目、锻炼的次数和时间、饮食的习惯和偏好等。行为观察的优点是直接、客观,生态学效度好;局限是主试较为被动,必须根据被试的生活习惯进行观察,观察耗时较长且过程不易控制,被试一旦察觉会进行掩饰。

6. 计算机内隐态度实验

计算机内隐态度实验是在内隐社会认知理论的基础上,采用内隐联结实验技术,通过快速呈现(50毫秒以下)的照片(被试照片和他人照片)或语词引发阈下启动,然后要求被试对随后呈现的照片或语词进行判断,以对被试的内隐身体自我概念进行评定。

(三)体育活动与身体自我概念的关系

身体自我概念与体育活动之间存在相互影响的关系。一方面,参与体育活动有助于提高人们的身体自我概念,因为积极参加体育活动可以使人体格强健、健美、精力充沛、身体健康、运动能力强,而这对改善人的身体表象和身体自尊具有重要而积极的影响,并且,参加体育活动的时间越长,越有益于人们身体自我概念的改善;另一方面,良好的身体自我概念对个体提高运动操作表现、更有规律地参与体育活动、更进一步完善整体自我概念具有重要意义。

> **专栏 6-7　　体育活动对身体自我概念的影响案例**
>
> 孙延林等人(2004)运用身体自我描述问卷对 296 名大学生进行调查,结果显示,每周参加的体育活动越多,身体自我认知的得分越高。而且,除了在身体肥胖认识上不因锻炼频率有差异,其他维度均因锻炼频率的不同而差异显著。此外,每周锻炼时间不同,身体自我认知的得分也不同。每周参加体育活动的时间越多,对自己身体认知的程度也越高。
>
> 何颖等人(2002)将被试的体育锻炼量与身体自我认知进行了相关分析,发现大学生总体体育锻炼量与身体自我知觉剖面图、运动技能、身体状况、身体吸引力、身体力量和身体自我价值感的相关非常显著。
>
> 唐东辉等人(2008)的研究表明,体育锻炼对总的身体自我有正面促进作用,并且,每周锻炼的次数比每次锻炼的时间的影响更大。在相貌特征上,保证一定的体育锻炼次数或时间对学生自我满意度有较大的正面影响;在运动特征上,体育锻炼次数和锻炼时间对学生自我满意度有很大的正面影响;在身材特征上,锻炼次数对学生自我满意度有较大的正面影响。拥有良好体育锻炼习惯和体育锻炼意识对个体在总的身体自我或各分特征上的自我满意度有积极的正面促进作用。
>
> 资料来源:(1) 孙延林,张晓,吉承恕,胡咏梅.(2004).体育活动对大学生身体自我描述的影响研究.*天津体育学院学报*,19(1),20—22.(2) 何颖,徐明.(2002).大学生体育锻炼与抑郁水平、身体自尊水平的相关性分析.*成都体育学院学报*,28(1),65—68.(3) 唐东辉,杜晓红,陈庆果,陈雁飞.(2008).青少年学生身体自我满意度的现状及分析.*中国体育科技*,44(2),60—63.

(四) 身体自我概念与心理健康

从古至今,身体与心理的关系一直是人们关心的话题。近年来,运动心理学界有大量研究致力于了解参加体育活动对人的心理健康的影响。如上所述,参加体育活动能有效提高人的身体自我概念,进而有助于整体自我概念的提高。而国内外的大量研究也表明,整体自我概念与心理健康之间存在高度相关(唐征宇,2000)。

一般而言,身体自我概念水平高的个体,往往比较乐观、自信、上进心强,能充分了解和信任自我,能对自己作出客观的自我评价,同时,他们也能积极地悦纳、控制、调节、完善、适度满足自我,形成健康的自我形象。而这一切都有助于他们提高心理健康水平(樊富珉,付吉元,2001;冯晓杭,2004)。

基于上述原因,许多考察体育活动的心理效应的研究已将身体自我概念作为一项重要指标。

> **专栏 6-8　　自我概念与心理健康的关系案例**
>
> 豪森布拉斯和唐斯(Hausenblas & Downs,2001)曾进行过一项比较运动员和非运动员身体意象的元分析(包含78项研究,294个效果量)。结果发现,尽管效果量较小,但运动员与非运动员相比身体意象更加积极。劳登布什和迈耶(Raudenbush & Meyer,2003)进行的另一项研究显示,不同项目的男性大学生运动员对自身肌肉满意感不一样。阿夫特曼和斯特尔(Alfermann & Stroll,2000)则进行了2次现场实验,实验1的结果显示,身体锻炼后身体自我概念显著提高,躯体焦虑显著下降;实验2的结果部分支持了桑斯特伦、哈洛和约瑟夫斯(Sonstroem, Harlow, & Josephs,1994)的锻炼与自尊模型(EXSEM)。此外,时间主效应表明,除了身体锻炼,其他干预活动也可以影响自我概念和幸福感。康塞普西翁和埃贝克(Concepcion & Ebbeck,2005)研究了家庭暴力受害者的体育活动对其自我概念的影响。结果发现,体育活动给受害者以成就感和希望,改善了他们的情绪状况,有利于其心理创伤的愈合。
>
> 戴维等人(David et al.,2003)曾对高中足球运动员身体特征(体脂含量和卧推成绩)与心理自尊(运动能力知觉、身体形象、一般自尊)之间的关系进行了检验。他们的研究发现,体脂含量与运动能力知觉及身体意象呈负相关,运动能力与身体意象及一般自尊呈正相关。卧推成绩在预测心理自尊中的作用不太明确。对青少年的心理自尊而言,体型的精瘦似乎比力量的强壮更重要。
>
> 资料来源:姚家新,张力为,李京诚,梁承谋,刘淑慧,毛志雄,任未多,姒刚彦,张忠秋.(2008).运动心理学研究进展.天津体育学院学报,23(1),1—10.

三、身体自我概念形成的影响因素及培养途径

(一) 影响身体自我概念形成的因素

个体关于自己身体形象的认识既有客观(躯体)的方面,又有主观(社会)的方面(见表6-2)。

表6-2　个体关于自己身体形象的认识

躯体的(客观)	身高	体型	女性	肢长	面貌	衣着	力量	反应	敏捷性
社会的(主观)	高	矮胖的	胆小的	过分瘦长	漂亮	时髦	强	迅速	跑得快

资料来源:Bull, R. (1997). The performer as a person. In B. Davis (Ed.), *Physical education and the study of sport* (3rd ed.). London: Mosby, p. 317. 引用时有调整。

一般而言,主客观因素同时影响个体身体自我概念的形成。具体而言,影响个体身体自我概念形成的因素有社会文化导向、他人对自己的态度、对自己担当的角色的认识、身体状况、体育锻炼、性别、年龄等。

1. 社会文化导向

身体自我概念受社会文化的支配和重要他人的影响。社会文化对容貌的强调因历史时期的不同而形成了不同的审美标准。随着现代社会信息传媒的高度发达,社会文化对个体身体意象的导向作用更加明显,媒体通常以人体的容貌、体型、肤色和健康等综合指标的最高标准为模板,比较之下,现实生活中的很多人难免为自己的身体感到自惭形秽。青少年时期是个体身体自我概念形成的重要时期,受社会文化导向作用的影响,部分青少年不停地用媒体传递的大众主流审美标准衡量自己的身体变化,并急切地想要改变或消除身体上那些不符合标准或自己不喜欢的部分,此类不良身体自我概念一旦形成,将对个体产生负面影响,增加其对身体接纳的困难(刘丹,2006)。

2. 他人对自己的态度

影响身体自我概念形成的客观因素有照片、镜子,以及各类活动的记录和结果等。然而,个体通常利用社会的和相互作用的观点来解释自我概念的形成过程。在此,个体感兴趣的是他人怎么看待自己或他人对自己所做、所说的事情有何反应。美国社会心理学家库利(C. H. Cooley)在对自我概念进行解释时,曾提出镜中我的概念——其他人对自己的反应就像一面镜子,个体能从中内化出自己的知觉来。例如,如果一个人在参加体育活动之初得到了表扬与鼓励,那么他就可能会认为自己擅长运动、舞蹈和体操。随着自我形象图画的不断清晰,他可能会问自己:"我有多好?"并开始将自己与他人进行比较,以了解自己是否"合格"。这种比较往往是理性的。例如,一位优秀的大学生网球运动员会将自己与队友或俱乐部中水平高于他的人进行比较,但他绝不会将自己与温布尔顿网球锦标赛的冠军进行比较。

3. 对自己担当的角色的认知

角色是与个体在家庭、团体或组织中所处地位有关的一系列行为。个体担当某一特殊角色的时间越长、越充分,他对这个角色的内化就越深。如果一个人对体育活动感兴趣,积极参加体育锻炼,那么其他人就开始将他看作热爱运动的人,他自己也喜欢别人这样看待他,并强化人们对他的这种印象。例如,穿与其身份相符的运动服,采取与这个角色有关的行为,等等。学会扮演某个角色,就是学会认同那些人们认为成功地扮演了某个角色的其他人。对青少年体育活动爱好者来说,体育明星便起了这样的榜样作用。

4. 身体状况

现有的大量研究指出,残疾人的身体自我概念水平低于一般的健全人。例如,陈荔、张力为(2008)的研究发现：残障类型与身体自我的不同维度之间存在交互作用，学习障碍对身体自我概念没有显著的消极影响；功能性的躯体残障更能损害身体能力知觉，而外显的残障能对身体意象造成更大的影响；先天残障、年龄较小的残障者表现出更低的身体评价；残障者的身体自我可能在某些方面存在独特的性别差异。

5. 体育锻炼

无论是对于健全人还是残疾人，体育锻炼都是提高身体自我概念水平的一种有效手段。例如，何颖(2005)的研究发现，大学生体育锻炼量与身体自我概念水平呈显著正相关；薛林峰(2006)的研究指出，篮球、羽毛球、慢跑、健美锻炼对身体自我概念水平偏低的大学生具有不同程度的调节作用；马宏霞(2010)的研究则显示，进行14周的健美操和篮球运动，有效地提升了聋人大学生的身体自我概念水平。有学者提出要针对残疾人的状况有效地开展适应性体育活动，以便帮助残疾人提高身体自我概念(陈荔，张力为，2008)。

6. 性别

身体自我概念在性别上存在一定的差异。一般而言，男性在运动技能、身体状况、身体力量、身体活动等方面表现出更高的身体自我概念，而女性在身体协调、体貌特征等方面表现出更高的身体自我概念。

关于身体自我概念在性别上的差异主要有以下几种观点：一种观点认为"男强女弱"，即女性在身体自我概念方面低于男性；一种观点认为男女间的身体自我概念无显著性差异；第三种观点认为"女强男弱"，即女性的身体自我概念的整体发展水平高于男性。

7. 年龄

关于身体自我概念与年龄的关系，国内外不同学者所得结论略有不同。比较有代表性的为下列两种观点：一是"下降观"，认为运动能力、力量、耐力等身体自我认知随着年龄的增长而下降；二是"波动观"，认为身体自我概念的发展曲线起伏跌宕，在某些关键期和转折期更是如此，如曾向(2001)在研究中发现，从初中低年级开始，个体身体自我认知的各维度得分呈下降趋势，到了高中后期逐渐转缓，然后随年龄增长而逐渐上升。

此外，学校体育课程与课外活动的安排，个体的实际运动能力与体质状况，以及个体所处的文化背景也会对其身体自我概念产生影响。

(二)如何培养青少年形成积极的身体自我概念

由于青少年期是自我概念发展的关键期,而身体自我概念的提高是促进心理健康的有效途径和方法,因此,在这个阶段加强对青少年正确身体自我概念的培养,引导他们形成积极的身体自我概念尤为重要。

1. 让青少年学会接受和悦纳自己

教授青少年基础的生理常识,使其能正确认识生理上的自我。引导青少年客观正确地评价自己的身体状况,使他们在了解、认识自己的基础上,能正确面对自己的不足,积极悦纳自己,形成积极的身体意象。因为,个体自我认可、自我悦纳的程度与其心理健康之间存在积极的正相关。因此,要引导青少年学会不断提高自我调节能力,保持良好的心态,增强生活的信心和勇气,不断完善自己的人格,促进身心的健康发展。

2. 锻炼使青少年保持身体健康

帮助青少年形成正确的人生观,并认识到健康是生活的首要要素。帮助他们理解和掌握相关健康知识。在为青少年提供健康教育时,既要考虑青少年团体身心发展的需求,又要高度重视他们之间的个体差异,及时解决他们身心发展过程中遇到的问题。要根据青少年的能力、适应性、兴趣选择体育锻炼方式,激发他们参与体育锻炼的内在动机,促使他们养成良好的体育锻炼习惯和健康的生活方式,使他们的身体长期处于良好的状态,促进他们形成积极的身体自我概念。

3. 培养运动动机,进行归因训练

引导青少年在预先设定的运动情境中获得高成就。在这个过程中,要培养青少年的特定运动技能和能力,帮助他们形成运动成就动机,并对他们在运动情境中的行为进行再归因训练,以进一步增强其运动情境中的成就动机水平(宋剑挥,等,1998)。

4. 重要他人营造一个接纳、关爱和支持的良好环境

青少年的身体、外貌除具有生理的意义外,还有很强的社会价值。当青少年对自己的身体意象有过高的自我期望或因过分夸大自我缺陷而引起烦恼时,父母、教师、教练的引导和接纳是最好的干预手段。首先,父母、教师、教练应能设身处地地站在青少年的立场上去感受和体验他们的内心世界,充分理解和接纳他们;其次,更为重要的是,父母、教师、教练可以利用一切可利用的时间与青少年多沟通,正确引导他们对身体美、心灵美和个人成就之间关系的认识,这有助于减少青少年对自己身体和穿着打扮的过分关注,减轻不良身体印象和体验带给他们的心理压力(黄海青,2006;孙凌波,2007)。

5. 大众传媒的积极引导

青少年一般都比较关注与自己的身体特点有关的信息。由于大众传媒的一些错误导向,现在许多青少年对自己的身体有各种各样的不满,致使他们走上盲目节食、整容和不科学健身的道路,这将直接影响他们的身心健康。因此,大众传媒应承担起应有的社会责任,为青少年树立起良好榜样。

6. 恰当选择比较对象,提升青少年身体的自我价值感

与他人进行比较是青少年身体自我概念形成的途径之一。如果选择的比较对象不恰当,如体育明星、青春偶像等,往往会使青少年产生强烈的自卑感。因此,对于身体条件与运动基础均差的青少年,家长、教师、教练要给予他们更多的支持和关爱,要积极引导他们与自己的同学、体育活动的伙伴或过去的自己进行比较,让他们意识到,积极参加体育活动会不断提高他们的身体状况和运动能力。

本章提要

- 运动有助于青少年社会化的形成、自我概念的建立、个性的发展和完善。
- 社会化是指在特定的社会与文化环境中,个体形成了适应该社会与文化的人格,掌握了该社会公认的行为方式。个体的成长过程是一个不断从自然人向社会人转变的过程。
- 社会化的分类可从横向与纵向两个角度进行划分。横向角度是根据社会化的具体内容而进行的分类,它可以分为语言社会化、生活基本技能(生活自理和谋生技能)社会化、行为规范(法律和道德)社会化、角色社会化、心理素质社会化、政治社会化、民族社会化和性别角色社会化几个方面;纵向角度是根据个体成长阶段而进行的分类,它可以分为早期社会化、预期社会化、发展社会化、反向社会化和再社会化。
- 社会化的主要特点包括:以生物的遗传因素为基础、共同性与个别性的统一、终身性、发展不均衡、具有主观能动作用。
- 社会化的心理机制包括:社会角色引导、社会比较、社会学习和亚社会认同。
- 由于社会对不同的角色有不同的要求、期望和对待,所以角色引导着人们生活的诸多侧面,并影响着人们的实际生活状况,以及人们的行为方式和内在心理状态。有效的目标设置可以帮助运动员清晰地定位自己的角色。
- 社会比较又称人际比较,是个体把自己的处境和地位,包括能力、观点、身体健康状况等,与他人进行比较的过程。它涉及认知、情感和行为等不同成分的比较,是人

类在相互作用过程中不可避免、普遍存在的一种社会现象。
- 以班杜拉为代表的社会学习理论者认为,个体的学习可以分为亲历学习和观察学习两种。亲历学习是通过直接经验得到的学习。观察学习有时也被称为社会学习或替代学习,是指通过观察环境中他人的行为及其后果而发生的学习。班杜拉非常重视观察学习对人的思想观念和行为的影响。他将观察学习分为注意、保持、复制和动机四个子过程。
- 亚社会是指相对于宏观大社会的直接社会环境,有时也指对应于较大社会背景的较小社会背景。个体社会化的进程以一个个的亚社会为基点。在不同的亚社会环境下,个体会受到不同的要求、期望和奖惩的引导。个体的顺利成长和发展以完成对亚社会的良好适应为前提。不同的亚社会生活经验,是个体在获得社会化的同时实现个性化的重要原因之一。
- 运动对人的社会化的作用具体表现在五个方面:(1)完善身体机能,促进生活技能的掌握;(2)提供社会规范教育的场所;(3)确立生活目标,建立价值观念;(4)培养社会角色;(5)促进良好个性的形成和发展。
- 运动促进人的社会化的途径主要是借助体育文化、家庭、学校、同辈群体、社区和大众传媒的影响。
- 自我概念又被称为自我观念或自我意识,是个体对自己存在的觉察,它涉及个体对自己的生理状况、心理特征以及自己与他人关系的自我知觉,是个体对自己形成的稳定的认识和评价。自我概念被认为是多维的、多层次的,具有自我评价、信息加工、维持自我一致性、动机和自我控制的功能。
- 关于自我的理论主要有三种:(1)奥尔波特的自我理论——奥尔波特把自我的发展过程分为生理的自我、社会的自我和心理的自我三个阶段;(2)埃里克森的自我同一性危机理论——埃里克森认为,人的一生,受其所处的社会文化因素的影响,自我的发展要经历不同的阶段,而青春期是人生发展最重要的一个时期,在青少年阶段,自我同一性或关于自我特征的清晰自我概念的建立,是其自我发展的重要任务;(3)马科斯的自我图式理论——马科斯将自我分为可能自我与动态自我两个部分,可能自我是基于自我图式而指向未来的自我概念,动态自我是指在某一特定时刻的自我概念。
- 身体自我概念是指个体对自己身体的认知和评价,是个体对自己的相貌、体格、体能、健康状况等的看法,是个体自我意识中最早萌发的部分,贯穿个体生命的全程,并随着个体年龄的增长而显示出不同的特点。身体自我概念被认为是多维度、多层次的,是自我概念的重要基础,它的发展影响整体自我的发展,并对个体的心理健康和运动参与具有重要影响。

- 一般认为,主客观因素同时影响个体身体自我概念的形成。具体而言,影响个体身体自我概念形成的因素有社会文化导向、他人对自己的态度、对自己担当的角色的认识、身体状况、体育锻炼、性别和年龄等。
- 培养青少年形成积极身体自我概念的途径有:(1)让青少年学会接受和悦纳自己;(2)锻炼使青少年保持身体健康;(3)培养运动动机,进行归因训练;(4)重要他人营造一个接纳、关爱和支持的良好环境;(5)大众传媒的积极引导;(6)恰当选择比较对象,提升青少年身体的自我价值感。

教学活动设计

1. 少女小红进入青春期后,体型越来越胖,她常常对镜子中的自己喊:"你真丑!"喊完后,她又感到闷闷不乐。同学们也发现她越来越不合群,并常常借故不参加课外体育活动。你有什么办法帮她克服目前的困境?
2. 学校最近新组建了一支球队,新招的队员个人素质都不错,他们都想做球队的队长,都想打主力,不愿做替补。如果你是球队的教练,你会怎么办?
3. 自奥运会夺冠后,小孙成了家喻户晓的明星,你认为他现在在公众场合的行为举止与他夺冠前是否要保持一致?

复习与思考题

1. 简述自我概念的功能。
2. 简述影响身体自我概念形成的因素。
3. 试述运动对个体社会化的影响。
4. 试述运动促进个体社会化的途径。
5. 试述沙沃森的自我概念的关键特征。
6. 试述培养青少年形成积极身体自我概念的方法。

第七章 体育团体心理

本章细目

关键概念
第一节 体育团体概述
一、体育团体的概念
二、体育团体的分类与特征
（一）体育团体的分类
（二）体育团体的特征
三、体育团体的心理效应
（一）社会促进——观众效应
（二）社会惰化
（三）去个性化行为
（四）从众行为

第二节 体育团体凝聚力
一、体育团体凝聚力的概念
二、体育团体凝聚力与运动成绩之间的关系
三、影响体育团体凝聚力的因素
（一）目标整合
（二）团体规模
（三）团体成员的稳定性、同一性和满意度
（四）团体成员的角色行为
（五）团体内部竞争
（六）运动项目的性质
四、提高体育团体凝聚力的有效途径
（一）设置适当的团体目标
（二）培养团体成员的团体意识
（三）形成团体内良好的人际关系
（四）树立团体领导的威信
（五）提高团体成员的心理相容

第三节 体育团体中的领导
一、体育团体领导的作用
二、有效领导的理论
（一）领导的特质理论
（二）菲德勒的权变领导理论
（三）特定情境的领导理论
三、教练的领导行为与方式分析
（一）多维领导模式
（二）教练领导行为模式

第四节 体育团体中的人际交往
一、什么是人际交往
（一）人际交往的含义
（二）体育团体中的人际交往
（三）体育团体成员交往的内容
三、体育团体中人际交往的类型
（一）双向交往类型
（二）三向交往类型
四、体育团体中良好人际交往的心理作用
（一）增强凝聚力
（二）协调作用
（三）保健效应
五、影响体育团体中良好人际交往的因素及心理条件
（一）相互理解与尊重
（二）关系稳定与和谐
（三）适度控制交往
（四）体育教师、教练或健身指导员的自我控制

第五节 体育运动中的合作与竞争
一、体育运动中的合作
二、体育运动中的竞争
（一）竞争的含义
（二）竞争的四个阶段
三、体育运动中合作与竞争的关系
（一）区别
（二）联系
四、影响体育运动中合作与竞争的因素
（一）价值取向与目标结构
（二）个体特点
（三）沟通
（四）奖惩结构
（五）威胁
（六）任务的特点
（七）团体规模
（八）社会文化背景
五、如何在体育运动中培养青少年的合作与竞争能力
（一）体育运动中培养青少年合作能力的手段
（二）体育运动中培养青少年竞争能力的手段
（三）正确理解体育合作与竞争的关系，避免体育合作与竞争中出现负面效应

本章提要
教学活动设计
复习与思考题

关键概念

团体 体育团体 社会促进 主场效应 社会惰化 去个性化
从众 凝聚力 领导 领导的"伟人论" 菲德勒的权变理论
途径—目标理论 生命周期理论 人际交往 合作 竞争

人的社会属性决定了人的一生都必须在一定的团体中生活，并接受各种各样的团体影响。处于体育团体中的个体，由于其角色、地位不同，其与团体中其他成员的交往、互动方式也有所不同。可以说，体育运动中个体与个体、个体与团体、团体与团体之间形成的复杂关系对个体和团体的运动表现产生了深刻而重要的影响。

第一节 体育团体概述

一、体育团体的概念

所谓团体是指在共同的规范和目标指引下协同活动的人群结合体（祝蓓里，季浏，2000）。体育团体则是教练与运动员、体育教师与学生、健身指导员与健身者在共同的规范和目标指引下，以特定方式组合起来的协同活动的结合体。例如，各种水平的运动队、体育课班级、社会上各种自发组织的老年健身队等。体育团体中的每个成员都占据一定的地位，扮演一定的角色，承担各自的任务与职责，遵守共同的行为规范，为实现共同的目标而不懈努力。

二、体育团体的分类与特征

（一）体育团体的分类

体育团体可以按照以下不同标准进行分类（祝蓓里，季浏，2000；时蓉华，2002）。

1. 按照团体的结合途径进行分类

按照团体的结合途径不同，体育团体可以分为正式团体和非正式团体。正式团体根据成员定编、章程或其他正式文件和规定而建立。正式团体之间有从属或平行关系，执行任务时承担的责任有大有小，如参加奥运会的各国体育代表团、大学的院系与班级等。非正式团体是在心理需要上方向一致,即观点接近、信念一致、需要相同、情感相投,且承认个别成员的威望的基础上自然形成的,如体育课上按兴趣组成的活动小组等。这种团体没有定员编制,人数一般2—5人不等,成员之间的关系没有正式的条文规定,其组织也没有一定的形式和目标,结构比较松散。非正式团体存在的时间可长可短。一般而言,正式团体中的非正式团体能够弥补正式团体在满足成员心理需要上的不足,巩固成员间的团结,促进成员间的友谊向良好方向发展。

2. **按照团体成员的地位或角色进行分类**

按照团体成员的地位或角色的不同,体育团体可以分为教师团体和学生团体、教练团体和运动员团体、健身指导员团体和健身者团体等。不同体育团体的成员,其心理倾向存在差异。教师、教练、健身指导员团体更多地强调严格的教育与训练,而学生、运动员、健身者团体更多地希望得到指导、关心和理解。

3. **按照团体发展的水平和等级进行分类**

按照团体发展的水平和等级的不同,体育团体可以分为松散的团体、合作的团体和集体。松散的团体常常是刚组建的,虽有相同的目标,但成员之间的来往不密切。刚刚组建的各类型的运动队便属于松散的团体。合作的团体有共同的目标,活动的成败与成员间的关系较为直接。体育活动中凡需要由同伴配合而完成的动作,都必须建立合作的团体。例如,体育教学活动中,同学们在课堂上为完成隔网对抗类项目(网球、羽毛球、乒乓球等)的练习而组成的搭档等。集体是团体发展的最高阶段,它是完成社会职能任务的一种手段。通过集体活动,每个成员不仅能认识到完成该任务对个人或集体的意义,而且能认识到完成该任务的社会意义。一些较为成功的国际职业体育联盟,如美国国家篮球协会、美国职业棒球大联盟等都属于集体。

4. **按照团体在现实中是否存在进行分类**

按照团体在现实中是否存在,可以将体育团体分为现实团体和假设团体。现实团体是实际上存在的,成员间有着实际联系并相互关联的,有目的、有任务的联合体。假设团体也叫虚拟团体,它只在名义上存在而在现实中不存在,其成员可以跨越时空的界限。例如,某体育新闻记者挑选世界上最优秀的篮球运动员列成名单,并在想象中将他们编成一个运动队。这些运动员虽然是真实存在的,但他们从未组合在一起同场作战。与现实团体相比,假设团体有时有着不可比拟的优越性。一个良好、高效的假设团体获得成功的必要条件在于控制合作过程中的信息网络结构，形成成员间有效的反馈渠道，构建合作机制。在这个过程中，团体成员间的相互信任是影响工作绩效的另一个重要因素。

(二) 体育团体的特征

体育团体具有以下五个特征。

第一，规范性。任何体育团体都有特定的规章制度、纪律或行为规范。

第二，自觉性。体育团体中的成员都自觉自愿地遵守规章制度和行为规范。

第三，相互影响、相互依赖。在心理上彼此意识到对方，有默契感，能互相帮助，共同克服体育运动中的困难。例如，在篮球比赛中，为完成一次进攻，持球队员在运球或传球过程中必须意识到己方队员的存在，发挥各自的优势，方有可能突破对手的防守而得分。

第四，荣辱一致。各成员意识到自己与集体荣誉之间的关系，有一致的归属感，感到彼此是相互联系的一个整体。

第五，担当一定的角色，执行一定的任务。例如，篮球队的中锋在比赛中作为禁区内的最后一道防线，既要单兵预防进攻方中锋的进攻，又要补防封盖，或利用身体，防止对手压进禁区转身投篮；而进攻时，他要利用其高位能力远距离传球，吸引对方中锋到罚球线附近，以免己方进攻遭到封盖干扰。

三、体育团体的心理效应

体育团体中的个体由于受到团体的影响，可以产生社会促进、社会惰化、去个性化行为和从众行为四种心理效应。

(一) 社会促进——观众效应

1. 有关社会促进的研究

社会促进是指他人在场会增强个体的动机性行为，使活动效率得到提高。美国心理学家特里普利特最早注意到社会促进现象。其后的许多研究表明，他人在场对熟练掌握的简单动作技能起着促进作用，但对获得新技能具有抑制作用。扎伊翁茨(Zajonc,1965)对这种现象进行了解释，认为社会促进效应与人的内驱力提高有关。具体而言，当优势反应是正确的反应时，提高内驱力会促进成绩的提升；当优势反应是不正确的反应时，提高内驱力则会使成绩下降(如图 7-1 所示)。

在社会促进的研究中，注意控制和限制了一切相互影响的变量，以便使观察到

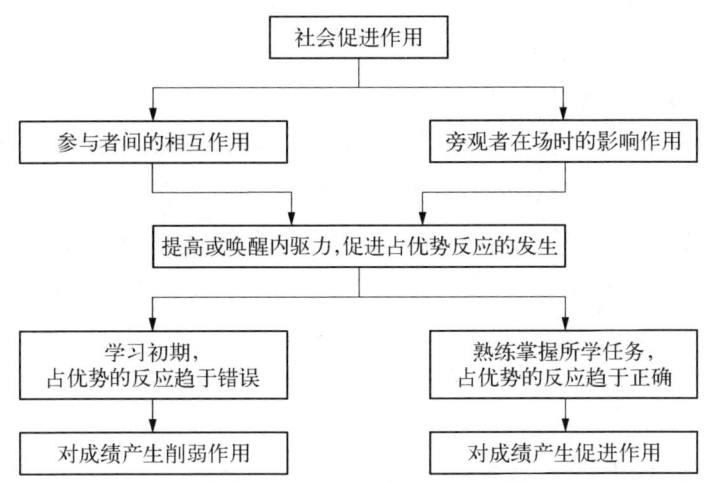

图 7-1 扎伊翁茨的社会促进模式
资料来源：祝蓓里,季浏. (2000). *体育心理学*. 北京：高等教育出版社, p. 194.

的效应都归于观众的到场。另外，在社会促进的研究中，又区分了"观众效应"和"共同活动的观众效应"这两个不同的概念。在这里，"观众效应"必定是指一批消极的观众对成绩的影响，如坐在观众席上看体育表演的观众；而"共同活动的观众效应"必定是指在教练或运动员不与他人发生相互影响时所发生的对另一些运动员的行为，例如，彼此紧挨着的各自独立打靶的一组射击运动员，就可以看作没有相互影响的共同活动的观众（祝蓓里,1992）。

与观众的到场相比，观众的评论显得更为重要。科特雷尔（Cottrell,1968）的研究指出，当个体面对盲目的观众时，其生理唤醒水平和活动结果同他们单独完成任务时一样；而当个体面对能评价他们活动的观众时，其表现验证了扎伊翁茨的理论。

此后，认知—唤醒—注意的信息加工模式也被用来分析观众效应。该模式认为，个体能主动解释来自情境的信息、预测观众的反应，并相应地改变自己的行为。因而，个体对社会情境的理解或认知，对表现最佳行为起着重要的作用。进一步说，观众的到场和评价虽能激发个体的动机，提高个体的唤醒水平，但主观上或心理上的社会情境比客观上的社会情境对个体的行为影响更大。

2. 影响观众效应的因素

影响观众效应的因素包括个人因素和情境因素两个方面。

影响观众效应的个人因素包括运动员的人格特征、运动水平、年龄和性别等。

对于高焦虑倾向的个体,有观众在场时其成绩更差,低焦虑倾向的个体则相反。对于运动水平高、经验丰富的个体,观众的到场往往会对他产生积极的影响。年幼的运动员由于主观意识比较薄弱,观众到场给他们带来的心理压力不是很大,故观众效应往往比较积极;而进入青年期的运动员,比较重视活动的任务本身,不太注意观众对他们的评价,但是观众的到场仍会增加他们的紧张心理,不过,这种紧张心理所造成的后果既可能是好的,也可能是坏的(具体情况的分析见社会促进部分内容)。在共同活动时,女性比男性受到的观众影响更大,并且异性观众能使青年运动员的潜能提高。

影响观众效应的情境因素主要包括观众的类型与数量、观众的位置与经验和主客队情况。

第一,观众类型。可以按多种方式,对观众进行分类。

按关心运动的程度,观众可以被划分为三类:第一类观众特别关心运动,常到现场观看;第二类观众通过广播、电视关注比赛,很少亲临现场观看;第三类观众只讨论运动内容,以及阅读运动文章、杂志和报纸的体育版部分。就影响运动员的程度而言,第一类观众最大,第二和第三类观众虽不在场,但从宏观上来看,他们对运动员也会产生不小的影响。

按观众与运动员的亲密程度来分,观众可分为运动队以外的人和同队的其他成员。后者又可分为直接(田径接力队的队员)或间接(田赛队员和跳水队员)与运动员发生相互作用的两类。与运动员的关系越亲密,对运动员的影响也越大。

按观众是否到场,可分为现场观众和心理上的观众。现场观众是指在运动场观看比赛的人。现场观众又可分为懂行的专家和外行的普通观众,前者对运动员的影响大于后者。心理上的观众是指虽然不在运动场观看比赛,却会影响运动员赛场表现的人。例如,如果父母及亲友在赛前对运动员提出过分要求,运动员就会感到沉重的压力,比赛时则可能产生极度紧张的情绪。这种情况下,父母及亲友就构成了心理上的观众。

按观看比赛的动机,观众可分为娱乐型、求知型和本位型(啦啦队)。娱乐型观众主要是为了满足业余生活的需要,寻求一个场所来得到身体和精神上的休息与放松,或是对赛场的浓厚气氛很感兴趣,观看比赛的目的主要是追求激烈竞争的场面和宣泄情绪,以此来获得强烈的精神刺激。求知型观众大多数具有一定的文化素养,对体育比赛有浓厚的兴趣和爱好,赛前重视新闻报道,喜欢预测比赛结果;赛中热衷品头论足;赛后则谈论中心人物,对比赛的技术、战术及裁判规则也懂得不少。本位型观众的典型特征就是为自己的一方喝彩、鼓掌。赛场上的良好气氛离不开这三类观众,只要不违反社会治安和社会公德都是好观众,而且这三种类型不是截然分开的,有的人会两三种兼而有之(季浏,1996)。

按观看比赛的反应,观众可分为反应积极型、毫无反应型和反应恶劣型。反应积极型观众对运动员在比赛时所发生的动作能作出适宜的反应,从而能促进运动员运动技能的发挥。例如,对比赛中受伤的运动员给予鼓励,使他们能够摆脱由伤痛引起的分心,集中注意顺利完成整场比赛。毫无反应型观众只是消极地观看运动员的比赛,不作出任何反应,因而对运动员运动技能的发挥没有明显的作用。反应恶劣型观众对运动员的比赛活动持否定态度。例如,输了比赛后,教练员和运动员受到观众的谩骂与侮辱等。上述三类观众对运动员的不同支持方式,会引起运动员的不同成绩效应。正是这些不同的成绩效应,才使观众在实践中不断地调整自己的行为,并学习着那种能对运动员起促进作用的表达方式(祝蓓里,1992)。

第二,观众的数量。大多数体育运动比赛的成绩不受观众绝对数量的影响。增加观众的数量,会在一定限度上提高运动员的唤醒水平,一旦超过这个限度,运动员的兴奋情绪便不再提高。因此,在运动中,观众的绝对数量不重要,重要的是他们传递给运动员的信息,而观众的评价比观众的人数更为重要。

第三,观众的位置与经验也是影响观众效应的重要客观因素。观众离运动员的距离越近,对运动员的影响越大;处于正面位置的观众要比处于侧面位置的观众对运动员的影响大;内行观众比外行观众的影响大。

第四,主客队情况——主场效应。在主客场制的运动竞赛中,主场获胜的概率超过了一半,这种现象被称为主场效应或主场优势;主场获胜的概率小于一半,这种现象被称为主场劣势。观众是影响主场效应的重要因素。与观众的数量相比,观众的密度和亲密程度对运动员行为表现的影响更大。施瓦兹和巴斯基(Schwart & Barsky,1977)的研究指出,在职业棒球联赛中,主场优势随观众密度的增加而增加;与观众密度有关的是观众的情绪。一个充满敌意和不断抗议的观众群会对客队产生特殊的消极影响。若同时观察主队和客队的犯规次数,可以发现,在一般正常公众行为下,客队犯规次数较主队多(殷小川,1996;Cox,2003)。

> **专栏 7-1　　　影响主场效应的因素**
>
> 主场优势被认为是观众激发了主队运动员的自信行为,抑制了客队运动员的自信行为;而主场劣势被认为由主队运动员因过度自我关注而产生的压力所致。球队的素质可以调节比赛场地和球队的表现。一般情况下,高水平的球队在主场的表现优于低水平的球队。影响主场效应的因素除观众外,还有以下几个方面。
>
> **1. 情境熟悉程度**
>
> 情境熟悉程度主要是指主队队员对比赛设施特性的熟悉程度,如对运动器械的样式和结构、视野的大小和赛场的物理背景的熟悉等。
>
> **2. 旅行因素**
>
> 旅行因素包括比赛地点的距离、交通所需的时间等,即造成身体和精神(心理)疲劳的可能性,旅行可能会干扰客队的日常习惯。
>
> **3. 规则因素**
>
> 规则因素是指一些竞赛规则,如分组、赛程等,更有利于主队。
>
> **4. 其他因素**
>
> 运动员、教练、裁判的一些潜在的认知状况,包括自我表现、评价理解、自信心、对比赛结果的预期、焦虑和凝聚力,以及情感方面的变化,如快乐、激动、应激、生气、失望和骄傲等,都可能会被运动员体验到,从而影响运动员在赛场上的主要行为表现。运动员的主要行为包括体力消耗、在困难面前无所畏惧、勇往直前和犯规程度。对于教练,主要行为可能是对战略和战术的决策。对于裁判,主要行为可能是他们的主观裁决。
>
> 资料来源:(1) 殷小川.(1997).主场效应的研究现状及未来研究的方向(综述).北京体育师范学院学报,9(1),77—82.(2) 张力为,任未多.(2000).体育运动心理学研究进展.北京:高等教育出版社,pp. 467—471.

(二) 社会惰化

社会惰化,又被称为社会懈怠、社会干扰、社会致弱、社会逍遥,是指团体共同完成一件事情时,个人所付出的努力比单独完成时偏少的现象(金盛华,2005)。

在一个拔河比赛实验中,被试被要求分别在单独的和群体的情境下拔河,同时用仪器测量他们的拉力。结果发现,随着被试人数的增加,每个被试平均使出的力减少了。一个人拉时,平均出力 63 公斤;三个人拉时,平均出力 53.5 公斤;而八个人拉时,平均出力 31 公斤。这种共同完成一项任务时,团体人数越多,个人出力越少的现象,后来在其他人的实验中也得到证实。这些现象不仅可以在实验室里看到,而且在日常生活中也很普遍。俗语"一个和尚挑水吃,两个和尚抬水吃,三个和尚没水吃"正是这种社会心理效应的形象化。

哈迪等人（Hardy et al., 1988）曾假设，社会惰化只发生在不重要、无意义、个体缺乏内部动机、成员间互不熟悉的任务之中。为了检验这一假设，他们进行了一项实验。被试是48名高中女生，其中，24人来自同一所学校的啦啦队，另外24人来自其他不同学校的啦啦队，将来自同一所学校的队员与来自不同学校的队员进行随机配对（每个人的队友都是陌生人），构成24个小啦啦队，并选出每个小队的队长（每个小队长都有2—5年的啦啦队经验）。测试时要求啦啦队队长戴上耳塞并蒙上眼布（控制感觉反馈），在单独和虚拟两个人的情境下喊叫20分钟。在虚拟情境中，使被试相信自己和同伴一起活动，但实际上只有她一个人，结果显示啦啦队队长在虚拟两个人的条件下发出的声音只占其单独条件下发出的声音的94%。由此可以说明社会惰化现象的存在。

在集体运动项目中，当内部动机不足时，较容易出现社会惰化现象。例如，在4×100米接力短跑中，将100米跑最优秀的运动员集中起来组成一支4人接力短跑队，结果可能是单独跑时的个人成绩要优于接力跑时的个人成绩。

社会惰化会削弱体育团体的战斗力。采用下列途径可以有效减少体育团体中的社会惰化现象：(1)在一些集体项目中，不仅公布运动队的成绩，而且公布每个运动员的成绩，使大家都感到自己的表现是被监控和评价的；(2)保持交流渠道的畅通，帮助体育团体中的成员认识到他人一直在努力表现；(3)选择的任务要有一定的挑战性；(4)在训练和比赛后，要为体育活动的参加者提供充分的休息时间；(5)团体成员的增多，容易引起责任分散，因此要尽量控制体育团体的规模。

（三）去个性化行为

去个性化行为是指个体在由数人构成的非正式团体的压力或一定意识的影响下，自我导向功能受到削弱或责任感消失，而做出一些在一个人活动时不会出现的行为（祝蓓里，1992）。

去个性化行为产生的主要原因在于，处于某一团体之中的成员，往往认为自己仅是作为团体中的一员参与到该团体行为之中，他人的目光较多地集中在整个团体上，自己的言行不易被他人觉察，并且，即使自己有错，责任或错误也是由团体成员共同承担。

团体规模偏大、成员个性特征相似或个体处于匿名状态时，去个性化行为容易出现。例如，体育比赛中，一些狂热的体育迷会用油彩或面具装扮自己的身体和面孔，由于没有了被识别的社会顾虑，他们在整个体育场上肆意呐喊、尖叫，当他们看到别人和自己做出同样的行为时，会对自己做出的冲动性举动产生一种自我强化的愉悦感。另外，在体育比赛的团体项目中，当一个队员冲着裁判大喊大叫时，不论是出于裁判的不公，还是由于队员的不服，都能够吸引团体成员的注意力，引发团体成员的去个性化行为。

为防止去个性化行为对青少年产生不良影响，体育工作者应加强对青少年各种非正式团体行为规范的教育，使他们的行为被约束于集体规范之下。当个别人出现不良言行的苗头时，体育工作者要及时加以制止和教育，以防蔓延扩散。

(四) 从众行为

个体因在团体中不知不觉地受到团体的压力，而在知觉、信仰和行为方面趋于与众人一致，这被称为从众行为。个体是否易于从众主要取决于情境因素和个体心理特征。在体育运动中，从众行为既有积极的作用，也有消极的作用。其积极作用主要表现为，通过优秀体育团体的影响，改变体育团体成员的不良运动行为，促使他们的运动行为向好的方向发展；其消极作用主要表现为，小团体的影响使体育团体成员盲从一些不健康的运动行为。因此，体育工作者必须注意从众行为的心理效应，利用团体的积极影响促进教学、训练和锻炼的正常进行，防止青少年在运动中出现盲从行为。

第二节　体育团体凝聚力

一、体育团体凝聚力的概念

团体凝聚力是团体成员发生作用的所有力量的汇合。它表现在团体成员的心理感受方面，即认同感、归属感和力量感(时蓉华，2002)。

体育团体凝聚力是指体育团体在追求团体目标的过程中，或为了满足成员的需要，团结在一起，保持一致倾向的动力过程(Carron，1982)。体育团体凝聚力一般分为社交凝聚力和任务凝聚力两种。

二、体育团体凝聚力与运动成绩之间的关系

关于体育团体凝聚力与运动成绩之间的关系，学术界仍有争议。但大多数研究指出，两者之间呈正相关。探讨体育团体凝聚力与运动成绩之间因果关系的实证研

究结论虽有不同,但大多数研究支持运动成绩的提高有助于体育团体凝聚力的增强。这意味着成功的体育团体比失败的体育团体更可能表现出稳定的亲密感和团队精神。

专栏 7-2　　体育团体凝聚力与运动成绩之间因果关系的交叉间隔时间的典型设计

许多运动心理学家借助贝克曼(R. Bakeman)提出的交叉间隔时间的相关分析来研究运动队的运动成绩与凝聚力之间的因果关系。

如下图所示,成绩和凝聚力至少要各测两次,并且分成两个时间点进行测定。第一次测定凝聚力的时间必须与第一次测定的成绩相对应。第二次测定凝聚力的时间必须与第二次测定的成绩相对应。分别求出每一段测定时间的凝聚力与成绩之间的相关系数(r_1 和 r_2)。

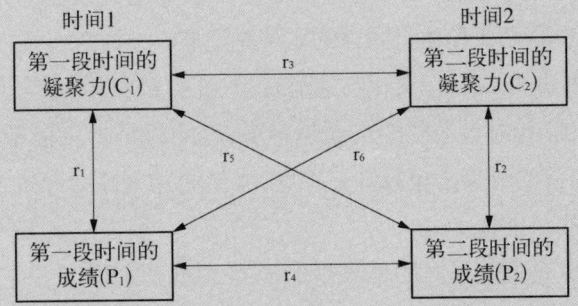

在交叉间隔时间的典型设计中,测定的主要是:第一段时间的凝聚力(C_1)和第二段时间的成绩(P_2)之间的偏相关系数(r_5)与第一段时间的成绩(P_1)和第二段时间的凝聚力(C_2)之间的偏相关系数(r_6)之间的关系。如果 $r_5 > r_6$,则因果关系的倾向是凝聚力导致了成绩的提高;如果情况相反,则因果关系的倾向是成绩导致了凝聚力的提高。

资料来源:祝蓓里.(1992).运动心理学原理与应用.上海:华东化工学院出版社,p. 215.

三、影响体育团体凝聚力的因素

(一)目标整合

团体是由不同个体组成的一个整体,整体有整体的目标,个体也有个体的目标,两者的目标如能统一起来,保持一致,则称为目标整合(张力为,毛志雄,2003)。团体的领导在目标整合的过程中起了重要的作用。目标整合得好,团体在实现自己目标的同时,也能满足个体的成就需要和愿望,使个体目标在团体内得以实现。例如,备战 2008 年北京奥运会时,中国女子乒乓球队将目标设置为获得女子团体乒乓球冠军,这与队内各成员的水平和目标恰好一致。这样的目标设置无疑有利于提高该运动队的团体凝聚力。

(二) 团体规模

一般而言,适当的团体规模有助于团体凝聚力的发展,因为如果规模过小,团体可利用的资源将受到限制;如果团体规模过大,一方面容易造成资源的浪费,另一方面也容易出现社会惰化现象。至于体育团体到底多大才合适,这取决于体育活动的任务与性质,以及体育活动参与者的体能状况与运动技能水平。

(三) 团体成员的稳定性、同一性和满意度

团体的稳定性是指团体成员的恒定不变性。成员在一定时间内相对稳定不变,可以使团体更为稳定、更有凝聚力、更易取得成功。运动成绩不好的运动队,运动员与教练的更替往往更为频繁。因此,体育团体要尽量避免过多的人员调整,而且人员的调整要与人员的配备和体育团体的需要相适应。

团体的同一性是指成员在文化与道德背景、社会经济地位等方面的一致性。这些方面的一致性越高,成员之间的沟通越容易,越能将精力更多地集中在促进团体的成功上,而且团体的凝聚力也越高。相反,成员的异质性会导致小团体的产生,从而降低团体成功的可能性。

团体的满意度是指成员对团体表现的满意或不满意程度。现有的大量研究指出,体育团体凝聚力与满意度之间存在着很高的正相关(祝蓓里,1992)。

(四) 团体成员的角色行为

在体育团体内,每个成员担当的角色不同。例如,足球队中的前锋、中场、后卫和守门员,比赛场上的主力队员和替补队员等,他们承担的责任和义务各不相同。体育团体的效能取决于体育团体中的成员对其角色及其相应行为的理解。角色行为越明确,每个成员越能接受角色并很好地执行角色任务,体育团体的凝聚力就越大。

(五) 团体内部竞争

体育团体内部成员之间的竞争程度会影响团体凝聚力。竞争的存在表明,成员在乎自己在团体中的表现。如果引导得好,可以激发成员的成就动机,促进体育团体运动成绩的提高,进而促进体育团体凝聚力的提升。如果体育教师或教练引导不当,在体育团体中人为制造紧张、敌视的气氛,则可能使团体内人际关系恶化,合作活动无法进行,整个体育团体成为一盘散沙,体育团体凝聚力不复存在。

(六) 运动项目的性质

运动项目的性质是决定任务凝聚力与运动成绩之间关系的关键因素之一。一般而言,那些共同活动的运动项目,很少要求体育团体中成员之间的相互作用,为取得这些任务的成功,成员之间的相互依赖程度低,对任务凝聚力的要求也低;而对于那些要求成员尽可能发挥相互作用的运动项目,要取得这些任务的成功,成员之间的相互依赖程度高,对任务凝聚力的要求也高(见表7-1)。

表7-1 运动项目的性质和要求与任务凝聚力之间的关系

共同活动 (相互依赖的任务少)	共同活动—相互作用混合 (相互依赖的任务中等)	相互作用 (相互依赖的任务多)
射 箭	美式橄榄球	篮 球
保 龄 球	棒球、垒球	曲棍球
田 赛	花样滑冰	冰 球
高尔夫球	划 船	英式橄榄球
射 击	径 赛	足 球
滑 雪	拔 河	手 球
跳台滑雪	游 泳	排 球
摔 跤		

低 ←——————要求任务凝聚力的程度——————→ 高

资料来源:张力为,任未多.(2000).体育运动心理学研究进展.北京:高等教育出版社,p. 487.

四、提高体育团体凝聚力的有效途径

(一) 设置适当的团体目标

体育团体的目标设置应尽量与体育团体中成员的个人目标相一致,使每个成员都将实现体育团体的目标与实现自己的目标相联系,并为实现体育团体的目标而不断提高自己的运动技能水平,满足个人和体育团体的各种需要。

(二) 培养团体成员的团体意识

体育团体的领导要培养成员的团体意识、荣誉感和责任感,教育其成员适应和遵守体育团体的规范与要求,服从体育团体的需要,懂得什么是可做、什么是不可做的,并对体育团体中其他成员的行为有所预见。体育团体成员可以通过穿统一的服装、开展一定的团体活动仪式来促进团体成员认同感的形成。

(三) 形成团体内良好的人际关系

团体成员间心理上的协调、适应和沟通,有利于他们之间的感情交融,也有利于体育团体任务的贯彻执行。例如,通过为团体成员提供参与决策的机会来打开沟通渠道,利用定期的团体会议来化解相互之间的矛盾与冲突,等等。

(四) 树立团体领导的威信

体育团体中的领导只有树立了较高的威信,才能提升自身对团体成员的说服力、团结团体成员的凝聚力和工作中的号召力。否则,他将不能顺利履行其领导的职责。要树立体育团体领导的威信,除了需要一定的外部支持,更重要的是领导自身必须品行端正,业务精湛,热爱、尊重、信任团体中的其他成员,主动与成员建立良好的关系,为人处世以成员的利益为重。

(五) 提高团体成员的心理相容

心理相容是指体育团体中的成员相互欣赏、吸引、尊重、信任和支持,都有交流真挚情感的愿望。如果体育团体成员心理不相容,则表现为相互排斥、猜疑、攻击和歧视。为了提高体育团体中成员之间的心理相容,体育团体中的领导可以加强有关方面的教育,使成员有相似的人生观、价值观和个人修养。同时,还要创设一定的有利条件,使性格、气质相异的成员产生心理上互补的需要。

第三节 体育团体中的领导

一、体育团体领导的作用

"领导"一词既可以作名词,也可以作动词。当它作名词时,指的是领导者;当它作动词时,指的是领导者的领导行为或活动。凡是团体,都有领导者。

体育团体的领导者是决定体育活动参与者或体育团体能否达到目标、获得成功的关键人物。他在体育团体内的主要作用是制定计划和目标,组织团体成员参加体育学习、训练和比赛,协调体育团体内外的多种人际关系,在体育团体中建立激励机制,强化体育活动参与者的成就动机,帮助体育团体及其成员取得成功。此外,他们还要以良好的个人素质赢得体育团体内成员的信任与尊重,成为增强体育团体凝聚力的精神支柱。

二、有效领导的理论

(一) 领导的特质理论

领导的特质理论出自领袖人物是天生造就的观念,传统上称之为"伟人论"。该理论强调,一个成功的领导者主要由其自身的领袖气质和独特的人格特质造就,这些特质或因素包括聪明、积极、成就动机、责任心、参与感、独立性、人际关系等。持该理论的人主张,个体只要具备这些人格特质,那么其在任何情境下都会成为一名成功的领导者。

该理论的不足之处在于,过分强调领导者的先天特质,特别是领导者的智力因素,而忽视了情境因素对领导者的影响与作用。已有大量研究指出,个性特质和领导成功之间的相关性很低(Stogdill,1948)。

(二) 菲德勒的权变领导理论

菲德勒(Fiedler,1967)的权变领导理论是一个领导者的个性与情境因素交互作用占优势的理论。该理论强调,领导的有效性与特定的情境、情境的适宜性,以及与领导者的个性相联系的某些偶然因素有关。在某种情境下有效的领导行为,在另一种情境下则可能是无效的。

菲德勒把领导行为分为定向于任务和定向于人的两种类型。定向于任务的领导在最有利的或最不利的情境中都是更有效的,而定向于人的领导在中等有利的情境中较为有效。定向于任务或定向于人的领导的有效性又依赖于它对情境的有利性。情境的适宜性受下列三个因素的影响:(1) 领导者与团体成员之间的关系;(2) 任务的整体结构;(3) 领导者的权力、影响力或权威。鉴于领导者的特质在短时间内难以改变,因此,只能改变情境对某类领导者的影响程度。

(三) 特定情境的领导理论

特定情境的领导理论是把领导看作具有在特定情境下的领导行为与情境之间发生交互作用的理论。下面主要阐述途径-目标理论和生命周期理论。

1. 途径-目标理论

该理论首先由豪斯等人(House & Mitchell,1974)提出。菲德勒的因情境而异的理论强调的是领导者的个性和情境的适宜性;途径-目标理论强调的是下属(如运动员)的需求目标和其所处的情境两个方面,认为领导者的功能在于为下属实现目标、取得成功提供一个良好的途径。例如,一个运动员的目标是在本次长跑中打破学校记录,教练的工作就是提供一个能鼓励和促使运动员实现这一目标的训练计划。

该理论还认为,有效的领导者比无效的领导者更能定向于目标。能够达到目标的特定领导行为是由情境的特征决定的,而情境的特征主要指下属的个性特征、环境对下属的要求和下属完成任务、实现目标所存在的压力。

2. 生命周期理论

生命周期理论也强调下属，而不是领导者。这一理论认为，在任何特定情境下都适宜的领导作风依赖于下属的成熟程度。换言之，如何使"关心人"与"关心任务"的领导方式恰当结合，依赖于下属的成熟程度。所谓成熟是指成员个人确定目标和达到目标的能力，承担责任的意志力，以及受教育的程度和经验等。按照这种模式，对任务行为的需求随着下属的成熟而减少，对关系行为的需求则随着下属的成熟而形成一个倒U形（见图7-2）。下属在最不成熟和最成熟的阶段，对关系行为的需求最低；在中等程度的成熟阶段，对关系行为的需求最高。

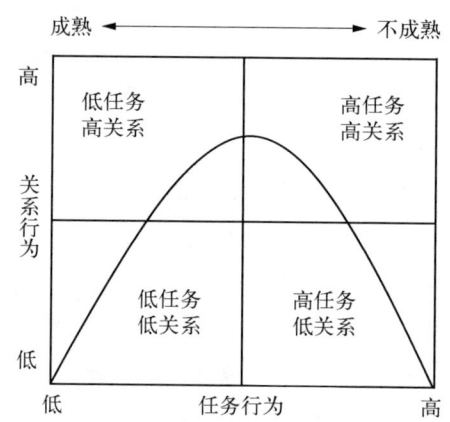

图7-2 根据下属成熟程度采取的有效领导行为
资料来源：祝蓓里．(1992)．运动心理学原理与应用．上海：华东化工学院出版社，p. 238.

凯斯（Case,1987）曾用教练的领导者问卷调查了399名成功的篮球教练和他们的运动员，探讨对于不同成熟度的运动员，教练该采用何种执教方式。运动员按初中、高中、大学和美国大学业余体育联盟的水平划分，结果如图7-3所示。该研究发现，成功教练的任务行为在初中和美国大学业余体育联盟阶段较低，而在高中和大学阶段较高。关系行为的情况则恰好相反。成功教练的关系行为在初中和美国大学业余体育联盟阶段较高，而在高中和大学阶段较低。

三、教练的领导行为与方式分析

（一）多维领导模式

切拉杜拉等人（Chelladurai & Saleh,1978）在长期对教练员与运动员人际关系进行研究的基础上提出了多维领导模式理论。该理论认为，运动员的能力表现和心

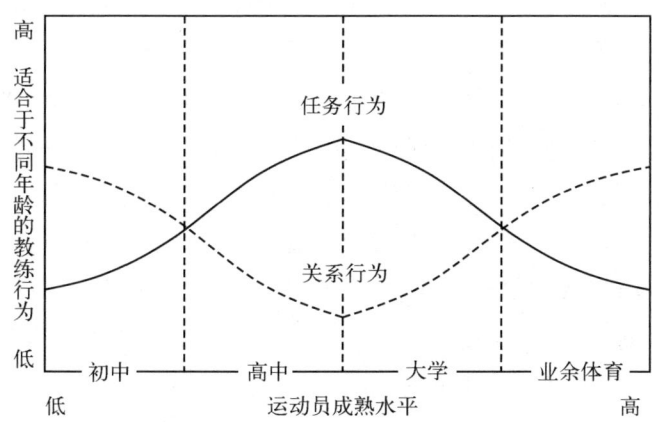

图 7-3 运动员成熟水平与教练行为的关系

资料来源：Cox, R. H. (2002). *Sport psychology: Concepts and applications* (5th ed.). New York: McGraw-Hill, p. 353.

理上的满足感与教练以下三种领导行为的特征有很大关系：(1) 要求教练必须做的领导行为；(2) 运动队或运动员喜爱的领导行为；(3) 教练实际的领导行为（适应性和反应性行为）。具体如图 7-4 所示。

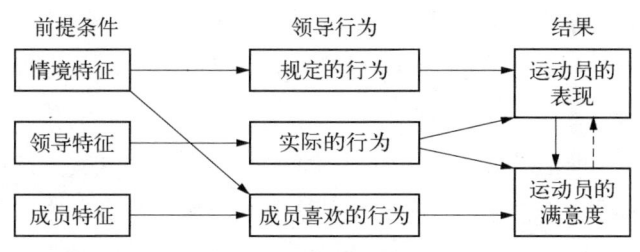

图 7-4 切拉杜拉多维领导模式

资料来源：Cox, R. H. (2002). *Sport psychology: Concepts and applications* (5th ed.). New York: McGraw-Hill, p. 355.

这三类领导行为是因情境而异的。领导的实际行为越是与成员的喜爱程度和情境要求相匹配，团体的成绩就越好，团体成员的满意度就越高。但是，当这三类领导行为不匹配时，结果是难以控制的。如果情境要求的领导行为与实际的领导行为相一致，而与成员喜爱的领导行为不一致，运动成绩可能是高的，但运动员可能是不满意的。如果实际的领导行为与下属成员喜爱的领导行为相一致，而与情境要求的领导行为不一致，则运动员可能是满意的，但运动成绩可能是较差的。

以多维领导模式理论为基础，切拉杜拉和萨利赫（Chelladurai & Saleh, 1980）编制了运动中的领导量表(Leadership Scale for Sport, LSS)来测量运动中的教练行为。该量表有40道题,测量以下5种教练行为:训练与指导、专制行为、民主行为、社会支持和积极反馈。利用运动中的领导量表对运动员施测,要求他们根据自己喜欢的教练行为或观察到的教练行为完成问卷,由此决定偏好的教练行为和实际(感知到的)的教练行为;利用运动中的领导量表对教练施测,要求他们根据自己认为怎么从事教练活动来完成问卷,由此决定规定的教练行为。运动心理学的许多研究表明:专制型的教练有助于体育团体及其成员的成功;体育活动参与者的任务动机越高,越喜欢训练和指导的领导行为;体育活动参与者的亲和动机和外部动机越高,则越喜欢社会支持性的领导行为。

切拉杜拉等人在20世纪七八十年代做的一系列研究得出了下列结论:(1)被成员喜爱的领导行为有性别上的差异,主要表现为男性比女性更倾向专制的和社会支持性的行为。(2)成员喜爱的领导行为与领导的实际行为之间的不相一致性同运动员的满意度有关。对于喜爱指导型教练的运动员,教练越是强调训练和指导,其越感到满意。(3)认知结构高的人,即需要有更多信息的、善于组织的教练更倾向于喜欢训练和指导的行为。(4)参加集体项目的运动员比参加个人项目的运动员更喜欢训练和指导的行为。(5)参加情境多变化任务(如篮球等开放式运动)的运动员比参加情境无变化任务(如游泳等封闭式运动)的运动员更喜爱积极反馈的教练行为。

多维领导模式理论提出后,引起了运动心理学界的广泛关注。国内外不少学者利用运动中的领导量表进行了大量的相关研究。虽然这些研究的结果并不完全一致,但基本上可以说明,运动员的年龄、性别、能力、经验和动机等,都将影响运动员对教练行为的偏爱和认知(冯琰,刘晓茹,2005)。

(二) 教练领导行为模式

斯莫尔和史密斯(Smoll & Smith, 1989)认为,领导者行为模式是建立在领导者特殊环境行为基础上的。由此,他们提出了教练领导行为模式(如图7-5所示)。这个模式的核心是从教练行为到运动员对教练行为的看法,再到运动员的反应。在这个模式中,教练在目标、意图、对自我的看法、对运动员和性别的看法上存在个别差异;运动员在年龄、性别、对教练的看法、动机、焦虑和自信等方面也存在个别差异。环境因素包括体育运动的性质、比赛水平、成功或失败以及团体凝聚力等。

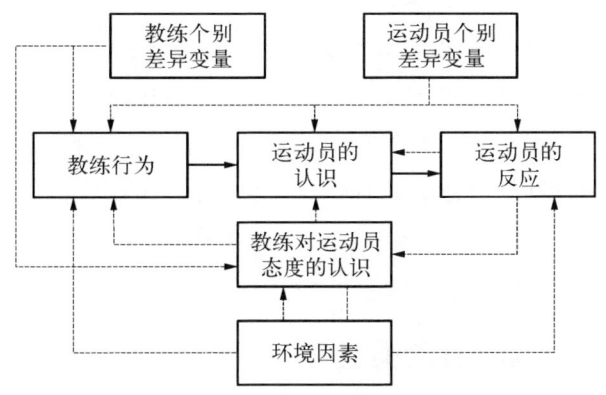

图 7-5 教练领导行为模式

资料来源：Cox, R. H. (2002). *Sport psychology: Concepts and applications*(5th ed.). New York: McGraw-Hill, p. 356.

第四节 体育团体中的人际交往

一、什么是人际交往

(一) 人际交往的含义

人际交往,简称交往,包括两个方面的含义。从动态的角度讲,它是指人与人之间的信息沟通和物质交换。从静态的角度讲,它是指人与人之间通过动态的相互作用而形成的情感联系,也就是人们通常所说的人际关系(金盛华,张杰,1995)。

(二) 体育团体中的人际交往

体育团体中的人际交往,主要指体育活动中,体育教师与学生、教练与运动员、健身指导员与健身者之间,以及学生与学生、运动员与运动员、健身者与健身者之间运用言语或非言语符号系统,相互交流信息和沟通情感的过程。

体育团体中的人际交往涉及四个要素：成员共同活动；成员之间的相互接触；成员之间的相互影响；成员的交往持续一定时间。

二、体育团体成员交往的内容

体育团体成员交往的内容主要有四个方面：(1) 体育教师、教练或健身指导员向学生、运动员或健身者讲述有关体育活动的目的、任务、保健知识、具体动作要领、练习方法、比赛规则和道德规范等。(2) 体育教师、教练或健身指导员通过口令(指令)、手势和示范动作,保护并帮助学生、运动员或健身者,具体指导他们的动作练习,与他们进行交往,以实现控制和迅速提高他们体育学习和运动训练效果的目的。(3) 在具体的学习与训练过程中,学生、运动员或健身者通过言语或非言语的符号系统与体育教师、教练或健身指导员交流自己的思想、态度、情感和评价。(4) 通过交往,解决体育活动中发生的冲突和矛盾,消除不利于体育团体的因素,融洽体育团体成员间的关系,增进友好气氛。

三、体育团体中人际交往的类型

在体育团体中,成员间的交往类型一般可分为双向交往和三向交往两种。

(一) 双向交往类型

这种交往类型的特点是体育教师、教练或健身指导员讲解,学生、运动员或健身者听;体育教师、教练或健身指导员示范,学生、运动员或健身者模仿;体育教师、教练或健身指导员指导,学生、运动员或健身者改进。在双向交往类型中,体育教师、教练或健身指导员在体育活动中常常处于中心地位,而学生、运动员或健身者经常处于被动地位。

(二) 三向交往类型

这种交往类型主要采用分组学习与训练的形式。在体育教学与训练中,体育教师、教练或健身指导员常常按照体育团体成员的能力、兴趣和个人关系的亲密程度进行分组。在各个小组内,不仅体育团体成员间的交往较多,而且体育教师、教练或健身指导员也可以与各小组的成员进行交往。

这种交往类型具有四个优点:(1) 教师与学生、教练与运动员、健身指导员与健身者之间,学生与学生、运动员与运动员、健身者与健身者之间,可以就技能、情感和行为进行广泛而多层次的交往;(2) 充分调动了体育团体中每个成员参与体育学习的主动性和积极性;(3) 有利于体育教师、教练或健身指导员灵活而有创造性地采用多种教学与训练手段,创设和谐、友好、生动活泼的体育学习环境;(4) 有利于体育教师、教练或健身指导员的因材施教。

四、体育团体中良好人际交往的心理作用

(一) 增强凝聚力

良好的人际交往是体育团体的激励因素。在体育活动中,体育教师、教练或健

身指导员信任、尊重并悉心指导学生、运动员或健身者,而学生、运动员或健身者敬仰体育教师、教练或健身指导员,并主动接近他们、乐于按他们的指示去行动。这样一来,团体内所有成员目标明确、态度一致、行动协调,有助于增强体育团体的凝聚力。

(二) 协调作用

为了协调共同活动的需要,避免各种矛盾和冲突,体育团体中制定了一系列团体规范和行为准则。这些规范和准则要发挥作用,必须通过人际交往把信息传递给团体内的每位成员,使他们的行为保持一致。体育团体中良好的人际交往可以使每位成员有序地生活、学习和训练,协调他们共同活动的需要。

(三) 保健效应

通过与团体中其他成员的广泛交往,体育团体中的成员满足了自己的安全、归属、认同和成就等方面的需要。而且,由此产生的愉悦满意的情感体验有助于他们改善人际关系,改变消极行为,提高体育活动的效率,形成良好的个性,并进而提高他们的身心健康水平。

五、影响体育团体中良好人际交往的因素及心理条件

(一) 相互理解与尊重

理解与尊重是开展良好人际交往的前提。在体育团体中,体育教师、教练或健身指导员要尊重学生、运动员或健身者的人格,消除对他们的偏见,体察他们的情感和需求;而学生、运动员或健身者要尊重体育教师、教练或健身指导员,理解他们的需求,彼此真诚交往。

(二) 关系稳定和谐

随着体育团体成员间积极有效交往的加深,其人际关系将更加亲密、稳定、和谐。在融洽愉快的气氛中,一方面,体育教师、教练或健身指导员能更多地关注到学生、运动员或健身者的需求,给予他们更多的鼓励,更为有效地开展因材施教;另一方面,学生、运动员或健身者对体育教师、教练或健身指导员的信任感增加,从而进一步激发他们参与体育学习的兴趣,提高他们体育学习与运动训练的效果。

(三) 适度控制交往

体育教师、教练或健身指导员在与学生、运动员或健身者进行交流时,要注意交流的简洁、明了、及时、恰当与适度,应避免因随意或过度交往而造成不必要的误会与麻烦。在交往过程中,体育教师、教练或健身指导员不应以自我为中心,而要做到

既不把学生、运动员或健身者控制得过严,也不放任其自流,为他们创造适度的空间,发展他们的个性。

(四) 体育教师、教练或健身指导员的自我控制

体育教师、教练或健身指导员要有正确的自我意识。在交往过程中,体育教师、教练或健身指导员要有清醒的角色意识,要时刻注意自己的言谈举止对学生、运动员或健身者的影响,并在思想上准备好随时接受他人的监督。体育教师、教练或健身指导员要努力提高自己的修养,加强自我控制,遇事要镇静,避免感情失控。当然,也不能过于封闭自己,有时,适度的自我表露,可以让学生、运动员或健身者及时了解自己的思想、感情和需求。此时,若能因势利导,则不仅能提高团体成员间交往的质量,而且有助于自己教学和训练理念的实施。

第五节　体育运动中的合作与竞争

在体育运动中,合作与竞争是人际相互作用的两大类型。参加体育运动的个体,通过与他人的合作与竞争,既提高了自己的竞技运动水平,也锤炼了自己的心理品质。而且,在体育运动中培养起来的合作与竞争意识能使个体更好地应对社会生活中的各类挑战。

一、体育运动中的合作

合作是指个体与个体或团体与团体之间为实现共同目标而协同活动,促使某种既有利于自己又有利于他人的结果得以实现的行为或意向(时蓉华,1998a)。

体育运动中的合作有助于社会效益的最大化和培养青少年的主体意识与创新精神,并为体育教师、教练或健身指导员更好地发挥作用创造了有利条件。在体育运动中,合作型参与者与竞争型参与者获得成功的概率相同。但也有研究显示,竞争奖励机制对相对简单的短期身体任务有效;而对于复杂的困难任务,其成效不如合作奖励机制(Weinberg & Gould,2016)。

二、体育运动中的竞争

(一) 竞争的含义

竞争是指个人或团体力求胜过对方的对抗性行为,为此,有些参与者甚至不惜

牺牲他人的利益,以期最大限度地获得个人利益,其目的在于追求富有吸引力的目标(时蓉华,1998a)。

竞争是体育的灵魂,是体育固有的本质属性。体育竞争要求所有参与体育活动的人都必须遵循一定的规则。规则是公平精神的具体体现。体育竞争有助于调动青少年参与体育学习的主动性与积极性,激发他们的运动潜能,促进他们运动成绩的提高和动作技能的创新,帮助他们实现自我价值,推动他们健全个性的形成与发展。

体育运动中的竞争既可以是个体之间的竞争,也可以是团体之间的竞争。一般而言,竞争行为具有以下特征:多人或多个团体同时追求同一个有限的目标;目标难于达到并具有排他性;人们倾向于选择与自己运动水平相当的人或团体进行竞争。

实际上,竞争与个体的属性有关,如个体先前的经验、能力、动机和态度等。竞争也是一种习得的社会过程,其本身并无好坏之分。竞争的结果既可能是积极的,如增强自尊、自信和乐趣,也可能是消极的,如欺骗、执着于获胜、攻击性过强等。特别是在青少年体育运动中,成人的指导质量决定了竞争对青少年的影响是积极的还是消极的(Weinberg & Gould,2016)。

(二)竞争的四个阶段

马滕斯(Martens,1975;Weinberg & Gould,2016)将竞争分为以下四个既相互区别又相互联系的阶段。

1. 客观竞争情境

客观竞争情境源于社会评价理论,包括一项比较标准和至少一位他人。比较标准既可以是一个人过去的成绩或期望达到的成绩,也可以是其他人的成绩。

2. 主观竞争情境

主观竞争情境是指个体如何感受、接受和评价客观竞争情境。个体的感知能力、动机、竞争情境的重要性和对手等,均会对其产生重要影响。

与竞争心弱的人相比,竞争心强的人寻找竞争情境时会更积极,在竞争情境下的成就动机也更强。但是,竞争心特质无法单独、准确地预测个体在特殊情境下的反应,其他情境变量,如运动类型、教练、父母和队友等,也会对个体的行为造成很大的影响。

吉尔等人(Gill & Deeter,1988)编制了运动取向调查问卷来测量运动员面对竞争情境时的三种竞争取向:(1)竞争心取向——享受竞争、为了在竞技运动中取胜而不懈努力。有竞争心的人非常喜欢竞争,会积极寻找竞争情境。(2)获胜取向——注重与他人比较或比赛获胜,击败其他竞争者比提高自身水平更重要。(3)目标取向——注重自身表现水平的提高,目标是改进自身的表现,而不是赢得比赛。

个体的竞争取向会影响其对竞争情境的认知(Gill,2000)。吉尔(Gill,1993)的另一项研究发现,在运动取向调查问卷的三个分量表上,运动员的得分均高于非运动员,而且竞争相关分量表上的得分尤为显著;运动员的竞争取向虽然也存在个别差异,但大部分运动员是目标取向而不是获胜取向。

3. 反应

个体在对竞争情境进行评价后会作出决定,即选择参与或避免竞争。若选择避免竞争,那么反应到此结束;若选择参与竞争,那么个体会在行为、生理和心理上作出相应反应。动机、自信和认知能力是影响反应的内在因素;场地设施、天气、时间和对手的能力是影响反应的外在因素。

4. 反应结果

与客观的结果相比,运动员对结果的感知更为重要。成功感或失败感会影响运动员其后的竞争活动。因此,体育教师、教练和父母应该了解如何提高运动员在运动过程中的成功感。例如,以运动员为中心,变更规则、设施和器械,从而增加动作、分数、比赛亲密度和个人参与度,这样,运动员的运动体验会更积极。

三、体育运动中合作与竞争的关系

(一)区别

在合作的团体中,成员的活动虽有分工,但有的时候,成员的活动可以相互替代;竞争对手之间的活动是不能分工的,双方成员的活动也无法替代。在合作团体中,成员可以坦诚地进行大量的、有效的信息交流;在竞争团体中,成员之间缺乏有效的信息沟通。在合作环境下,成员之间高度信任,相互支持,更容易产生积极的情绪体验;在竞争环境下,竞争对手之间互不信任、互不支持、互不喜爱,成员之间更容易产生消极的情绪体验。不过,值得一提的是,竞争本身不会产生不良后果,不良后果的产生是因为参与者对获胜的过度追求。竞争取向通常也会激发出个体或团体在运动中的卓越表现。

专栏 7-3　　　　　　　　　　罗伯斯洞实验

20世纪50年代至60年代,研究者在运动领域做了很多有关合作与竞争的实验。其中最为经典的是1961年由谢里夫(S. M. Sherif)等人完成的现场单盲实验——罗伯斯洞实验。该研究的主要目的是在自然环境中验证团体内合作和团体间竞争的关系,探讨团体意识、团体间矛盾形成的方式,以及解决团体间矛盾的方法(Sherif,2013)。

谢里夫等人将参加夏令营(营地被孤立地建在一个名叫罗伯斯洞的州立公园里)的22名11岁男孩分为能力、规模都相匹配的两个团体。这些男孩在年龄、种族、地区、社会经济地位等方面相似。整个研究分为三个阶段。

阶段1:建立了两个互不相关的团体。通过实验者的诱导,在一周中开展了各种运动和游戏活动,使两个团体形成各自的规范并形成"我们"和"他们"的团体竞争意识。这些男孩对自己团体中的成员表示友好,而对另一团体的成员持对立情绪。

阶段2:开展两个团体之间的竞争。在这一阶段,实验者组织了各种使一方获胜、另一方失败的比赛,从而使双方产生纠纷,并在运动场内外产生攻击性行为。此时,实验者让每个男孩自由选择伙伴,结果许多男孩选择的都是自己团体内的成员。而且,随着团体间敌对性的竞争状态公开化,以及对抗强度的增加,团体成员间的社会关系变得更为密切。

阶段3:两个团体实现合作。为缓和双方因竞争而产生的对立情绪,实验者安排了一些共同活动,如一起劳动、做游戏、用餐和看电影等,但这些措施并未取得理想效果。后来,实验者安排了必须由双方成员齐心协力才能成功的活动。例如,野营用水的蓄水池已损坏,必须由双方投入大量的人力加以修复;野餐时,运食品的卡车轮子陷入淤泥中无法移动,必须由双方派人用绳子把卡车牵引出泥潭;租借电影片钱不够,必须把双方成员的零钱集中起来等。经过一系列双方为实现共同目标而齐心协力的活动后,双方成员间彼此对立的情绪逐渐消失,并在共同活动中增进了相互理解,双方感到谁也离不开谁。野营活动结束时,实验者要求每个男孩选择伙伴,结果选择对方团体成员作为伙伴的比例达到三分之一,与上次选择相比,有了显著的变化。

谢里夫等人的研究结果虽然取自非真实的体育运动世界,但它对真实体育团体的形成、发展,以及正确处理体育运动中的竞争与合作关系具有一定的启示作用。

资料来源:(1) 时蓉华. (1998b). *新编社会心理学概论*. 上海:东方出版中心,p. 392. (2) 季浏. (1996). *体育社会心理学*. 上海:华东理工大学出版社,pp. 198—199.

(二) 联系

尽管合作与竞争的性质是相互对立的,但两者并不是互不相容、截然相反的。首先,合作离不开竞争。合作以竞争为基础和动力。体育运动中,没有广泛、充分、反复的竞争,就难以产生合作的愿望和需求。其次,竞争也离不开合作。在体育运动中,竞争往往借助双方的共同活动来实现,因此竞争的对手往往又是合作者,双方在争取胜利的过程中创造自己最好的成绩,共同促进运动成绩的不断提高。在体育运动中,完全、绝对、纯粹的合作与竞争几乎是不存在的,合作与竞争往往并存,有着相辅相成的关系。以篮球为例,同一篮球队的成员需要相互合作以赢得比赛;但是,同一篮球队的成员也可能存在相互竞争,如获得比赛资格或成为球队的主力队员。

专栏 7-4　　竞争心理优势——卡车运输实验

社会心理学家对合作与竞争的问题进行了大量研究。从 20 世纪 40 年代至今,不同的研究者都发现,在需要共同拥有的资源的情境中,如果没有特别引导,在合作与竞争的两种选择上,人们更倾向于选择竞争。这种心理现象被称为竞争心理优势(章志光,1996)。它在大量的实验中被反复验证,其中经典的实验有多伊奇(Deutsch,1960)的卡车运输实验。

该实验要求两名被试分别充当甲、乙运输公司的经营者。两人的任务都是使自己的车辆以最快速度从起点通向终点,速度越快赚钱越多,并要求他们尽可能多地赚钱。如下图所示,每人都有两条路线可选。一条是个人专用的备用路线,但路程较远;一条是近道,为两人共用的单行道,任何时候只要有车辆驶入单行道,对方就只能等。假如双方都将车驶入,就必须有一方倒回去。实验者在双方接近起点的地方设置了控制单行道的电门,分别由双方控制,如果被试不想让对方通过,可以关闭电门。在这种情况下,双方就只能启用自己的备用路线。另外,实验者明确告诉被试,虽然交替使用单行道需要一点等待时间,但比走备用路线更为经济有效。

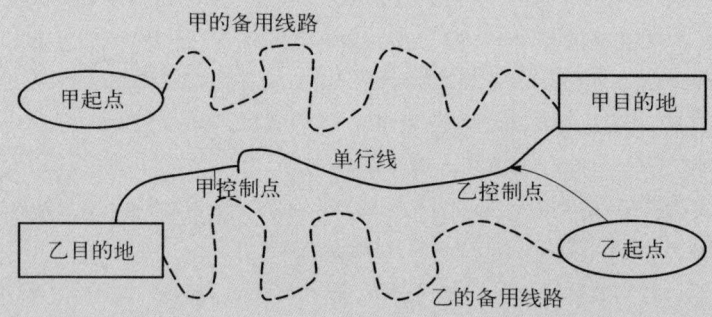

资料来源:陈砚秋.(2006).社会心理学原理与应用.哈尔滨:哈尔滨地图出版社,p. 198.

合作与竞争,如果使用恰当,都是提高体育活动动机的有效手段,都有助于青少年良好心理品质的形成;如果使用不当,他们都有消极效应。合作团体如果组织得不好,有可能出现社会责任分散现象。有的成员不负责任,不努力工作,从而滋生"南郭先生"赖以生存的温床。在体育教学与运动训练中,如果过于强调竞争的氛围,则会使运动技能水平中等以下的青少年感受到巨大的身心压力,使他们体验到过度的紧张和焦虑。如果再在体育运动中反复经历失败,他们则易在体育运动中形成习得性无助感。

四、影响体育运动中合作与竞争的因素

(一) 价值取向与目标结构

一般而言,合作型、亲社会型、集体价值取向的个体都会更多地表现出合作行为。

董婉月(1993)利用许志超编制的个体—集体取向量表对 130 名年龄为 14—16 岁的初三学生进行调研。结果发现,价值取向与目标结构对合作行为的影响具有交互作用——在个人和竞争的奖励结构下,集体取向者的合作行为多于个体取向者;而在合作的奖励结构下,个体取向者的合作行为多于集体取向者。这是因为在合作的奖励结构下,成功的标志是两人的共同分数达到最高。个体取向者的成就动机很强,为了获得成功,他们不惜冒着对方选择竞争的风险而选择合作,表现出合作行为增多。可见,价值取向对合作行为的调节还受任务情境、任务目标等多种因素的影响。

(二) 个体特点

个体特点对合作与竞争的影响主要体现为五点:(1) 一般而言,成就需要强、成就动机高的个体,更倾向于选择竞争;而交往动机强的个体,更倾向于选择合作。(2) 人们只倾向于同自己能力大致相仿的人竞争,所以在由能力高低不同的成员组成的异质性团体里会产生更多的合作行为。(3) 在性格方面,逞能好强的人倾向于在各种活动中同别人竞争,退让谦虚的人较易于同别人合作,而多疑的人难于同别人合作。(4) 中性或愉快的情绪与合作行为有显著正相关。(5) 个体的年龄、性别、种族、受教育水平、角色地位等社会特性,也会影响合作与竞争行为的产生。

(三) 沟通

许多实验研究的结果表明,沟通可以明显提高合作的比例。沟通水平越高,合作比例也越高。多伊奇(Deutsch,1960)在卡车运输实验的研究中,设计了三种不同的情境:不许沟通、可以沟通和必须沟通。结果发现,沟通使合作行为明显增多。可见,沟通越充分,合作倾向也越强。

(四) 奖惩结构

竞争性的奖惩结构下,个体倾向于选择竞争策略,以得到最终的唯一成果。合

作性的奖惩结构则引导个体通过团体合作取得共同成绩来达成自己的目标。

(五) 威胁

在体育场上,威胁有时确实能够达到目的,但是,当威胁达不到目的时,常常会导致冲突的进一步升级。事实上,双方都没有威胁手段比一方拥有威胁手段时实现合作的可能性更大,而一方拥有威胁手段比双方都拥有威胁手段时竞争的可能性更大。

(六) 任务的特点

在相互依赖的任务中,如篮球,合作使活动变得更为有效;相反,在独立的任务中,如射箭,竞争有助于提高活动的效果。

复杂的任务,如篮球、羽毛球、柔道和排球,在合作的情况下,学习和活动的效果将会更好;相反,在实验室进行的简单反应时操作,任务复杂性低,在这种情况下,竞争有利于被试获得好的成绩。

(七) 团体规模

团体规模大时,合作更为有效;团体规模小时,竞争更为有效。因为团体规模大时,团体的资源能够通过合作协调,最大限度地发挥整体的力量。

(八) 社会文化背景

社会文化背景对竞争与合作的影响颇大。例如,西方文化强调寻求个人的成就、价值,维持个人的独立,表现个人的特征;而东方集体主义文化强调关注他人,满足集体和社会的期望,维持人际和谐。因此,在体育运动中,前者更多地倾向于竞争,而后者更多地倾向于合作。此外,成人的强化模式、特定文化,以及社会对儿童的期望等也会影响儿童对竞争或合作的选择。

五、如何在体育运动中培养青少年的合作与竞争能力

(一) 体育运动中培养青少年合作能力的手段

1. 培养青少年的体育合作意识

要让青少年认识和理解体育运动离不开合作。在体育运动中,合作是一种常态。合作的意识不仅能改善青少年之间的人际关系,培养体育团队精神,而且有助于他们在体育运动中取得更大的成功。

为了培养青少年的体育合作意识,体育教师或教练要紧密结合日常的体育教学与训练内容,对青少年在体育运动中的表现提出一些具体要求。例如,在集体项目的比赛中,要让青少年懂得谁上场、谁替补、替补谁都要以实现最高目标为准则。一

场比赛的胜利,除依靠场上个人技术的充分发挥外,还需要同伴间的默契配合。比赛中,由于各种原因,队友发挥失常,甚至出现失误都是难免的,在这种情况下,队员间更要相互谅解、鼓励和支持,切忌埋怨和责备。

2. 加强沟通,增进体育团体成员间的合作

体育团体或成员之间的讨论,能为共同制定合作性共识提供机会。例如,在体育教学、训练和比赛的各个环节,体育团体中的成员广泛讨论有关计划和战术方案,能增强成员对团体的认同,促使他们进行更加有效的合作,确保体育团体内的资源能得到更合理的分配。

3. 创建不同的体育合作团体

可以根据不同的标准,如友伴、个性、能力等创建体育团体。在体育比赛中,能力相当的体育团体间的比赛对青少年体育合作精神的培养最为有益。开展一些集体活动,如篮球、足球、排球和接力跑等,有助于将个体目标融入团体目标,锻炼青少年的合作能力。对于表现优秀的体育团体,应给予物质或精神上的奖励,以提高青少年的集体荣誉感。此外,对于青少年在与人合作时的成功表现,要及时予以鼓励;对其存在的问题也要及时指出,进行纠正,以不断提高青少年与人合作的能力。

4. 规范体育团体中个体的行为

在运用合作性目标结构时,当体育团体达到了既定的目标,往往会得到相应的奖励。为了避免体育运动中的"搭便车"现象,体育团体的领导应当制定相应的行为规范,明确每个人的责任与义务,对体育团体中表现优秀的个体予以适当的奖励。这不仅为青少年充分展示自己的能力提供了机会,促使他们不断努力和进步,获得更高的成就感,而且充分调动了他们参加体育团体活动的积极性,为新的体育合作活动奠定了基础。

(二) 体育运动中培养青少年竞争能力的手段

1. 培养青少年的竞争意识

要让青少年认识到体育的魅力之一就在于其激烈的竞争性。体育教师或教练要根据青少年体育学习与体育动作的掌握情况,适当地组织他们参加一些具有一定竞争性的体育游戏或体育比赛,激发他们的竞争意识。因为大多数青少年活泼好动,天性争强好胜,只要体育游戏或比赛的形式与内容选择得当,他们会迅速全身心地投入到这些活动中去。

2. 制定合理的体育活动规则

体育教师或教练要制定合理的体育活动规则,使青少年在公平的基础上进行体

育竞争。在这个过程中,青少年会逐渐懂得成功与失败、机会与风险对所有人而言都是均等的。要想获得好的运动成绩,唯有比别人付出更多的智慧与汗水。而在公平竞争中脱颖而出,也能进一步提高青少年参加体育活动的自我效能感,并有助于他们形成良好的体育道德价值观。

3. 设置多重竞争目标

可以在青少年体育运动中设置多重成功标准。例如,可在体育竞赛中,设综合奖、单项奖、进步奖,等等。成功的标准越多、越复杂,获得成功感的人就越多,体育竞争的积极作用也越大。

4. 让青少年学会正确对待体育竞争的结果

引导青少年正确对待竞争中的成功与失败,并引导他们对体育竞争活动的结果进行正确归因。对于那些尽了全力却仍然失败的青少年,一方面要肯定他们积极进取的态度,另一方面要帮助他们总结经验教训,找到解决问题的突破口。对个别不能实现高层次体育竞争目标的青少年,可以为他们重新设置竞争目标。总之,应通过不断总结经验、教训,使青少年对自己有更为正确的认识,从而能以一种更为良好的心态投入新的体育竞争活动。

(三)正确理解体育合作与竞争的关系,避免体育合作与竞争中出现负面效应

在体育教学与运动训练中,体育教师或教练要做到竞争与合作并重,两者不可偏废。为避免出现一些消极因素,体育教师或教练应着重对体育合作与竞争的内容、要求、组织形式,以及宣传工作等方面进行精心筹划,要对青少年的体育行为加以教育和引导,要让青少年从更广、更深的意义上理解体育中的合作与竞争,促使青少年的体育合作与竞争向公平、有序、积极的方向发展。

本章提要

- 体育运动中个体与个体、个体与团体、团体与团体间形成的复杂关系对个体和体育团体的运动表现产生了深刻而重要的影响。
- 体育团体是指教练与运动员、体育教师与学生、健身指导员与健身者在共同的规范和目标指引下,以特定方式组合起来的协同活动的结合体。它有下列特征:规范性;自觉性;相互影响、相互依赖;荣辱一致;担当一定的角色,执行一定的任务。
- 体育团体中的个体由于受到团体的影响,会产生以下四个方面的心理效应:社会促进、社会惰化、去个性化行为和从众行为。
- 社会促进是指有别人在场会增强个体的动机性行为,使活动效率得到提高。美国

心理学家特里普利特最早注意到社会促进现象。但其后的许多研究表明,他人在场似乎对熟练掌握的简单动作技能具有促进作用,而对获得新技能具有抑制作用。

- 在主客场制的运动竞赛中,主场获胜的概率超过了一半,这种现象被称为主场效应或主场优势;主场获胜的概率少于一半,这种现象被称为主场劣势。观众因素是影响主场效应的重要因素。与观众的数量相比,观众的密度和亲密程度对运动员行为表现的影响更大。
- 社会惰化,又被称为社会懈怠、社会干扰、社会致弱、社会逍遥,是指团体完成一件事情时,个人所付出的努力比单独完成时偏少的现象。
- 去个性化行为是指个体在由数人构成的非正式团体的压力或一定意识的影响下,自我导向功能削弱或责任感消失,做出一些在一个人活动时不会出现的行为。团体规模偏大、成员个性特征相似、个体处于匿名状态时,去个性化行为容易出现。为防止去个性化行为对青少年产生不良影响,体育工作者应加强对青少年各种非正式团体行为规范的教育,使他们的行为被约束于集体规范之下,当个别人出现某些不良言行的苗头时,要及时加以制止和教育,以防蔓延扩散。
- 个体因在团体中不知不觉地受到团体的压力,而在知觉、信仰和行为方面趋于与众人一致,这被称为从众行为。个体是否易于从众主要取决于情境因素和个体心理特征。在体育运动中,从众行为既有积极的作用,也有消极的作用。
- 体育团体凝聚力是指体育团体为实现团体目标或满足成员的需要,团结在一起,保持一致倾向的动力过程。体育团体凝聚力一般分为社交凝聚力和任务凝聚力两种。大多数研究指出,体育团体凝聚力与运动成绩之间呈正相关。
- 影响体育团体凝聚力的因素包括:目标整合;团体规模;团体成员的稳定性、同一性和满意度;团体成员的角色行为;团体内部竞争;运动项目的性质。提高体育团体凝聚力的有效途径有:设置适当的团体目标、培养团体成员的团体意识、形成团体内良好的人际关系、树立团体领导的威信、提高团体成员的心理相容。
- 体育团体的领导者是决定体育活动参与者或体育团体能否实现目标、获得成功的关键人物。有效领导的理论包括领导的特质理论、菲德勒的权变领导理论和特定情境的领导理论。
- 领导的特质理论基于领袖人物是天生造就的观念,传统上称之为"伟人论"。该理论的不足之处在于过分强调领导者的先天特质,特别是领导者的智力因素,而忽视了情境因素对领导者的影响与作用。
- 菲德勒的权变理论是一个领导者的个性与情境因素交互作用占优势的理论。该理论强调,领导的有效性与特定的情境、情境的适宜性,以及与领导者的个性相联系的某些偶然因素有关。在某种情境下有效的领导行为,可能在另一种情境下是无效的。菲德勒把领导行为分为定向于任务和定向于人的两种类型。定向于任务的领导在最有利或最不利的情境中都是更有效的,定向于人的领导则在中等有利的情境中较为有效。

- 特定情境的领导理论是把领导看作具有在特定情境下的领导行为与情境之间发生交互作用的理论。它主要包括途径-目标理论和生命周期理论。途径-目标理论认为,领导者的功能在于为下属实现目标、取得成功提供一个良好的途径;有效的领导者比无效的领导者更能定向于目标,能够达到目标的特定领导行为是由情境的特征决定的,而情境的特征主要是指下属的个性特征、环境对下属的要求,以及下属完成任务、实现目标所存在的压力。生命周期理论认为,在任何特定情境下都适宜的领导作风依赖下属的成熟程度,所谓成熟是指成员个人确定目标和达到目标的能力,承担责任的意志力,以及受教育的程度和经验等。

- 切拉杜拉认为,运动员的能力表现和心理上的满足感与教练以下三种领导行为的特征有很大关系:(1) 要求教练必须做的领导行为;(2) 运动队或运动员喜爱的领导行为;(3) 教练实际的领导行为(适应性和反应性行为)。这三类领导行为是因情境而异的。领导的实际行为越是与成员的喜爱程度以及与情境的要求相匹配,团体的成绩就越好,团体成员的满意度也越高。

- 斯莫尔和史密斯的教练领导行为模式的核心是从教练行为到运动员对教练行为的看法,再到运动员的反应。在这个模式中,教练在目标、意图、对自我的看法、对运动员和性别的看法上存在个别差异;运动员在年龄、性别、对教练的看法、动机、焦虑和自信等方面也存在个别差异。环境因素包括体育运动的性质、比赛水平、成功或失败以及团体凝聚力等。

- 切拉杜拉的研究指出,教练的领导行为可分为训练和指导、民主行为、专制行为、社会支持和积极反馈五种。运动心理学的许多研究表明:专制型的教练有助于体育团体及其成员的成功;体育活动参与者的任务动机越高,越喜欢训练和指导的领导行为;体育活动参与者的亲和动机和外部动机越高,则越喜欢社会支持性的领导行为。

- 体育团体中的人际交往,主要指体育活动中,体育团体成员之间运用言语或非言语符号系统,相互交流信息和沟通情感的过程,它主要涉及以下四个要素:成员共同活动;成员之间的相互接触;成员之间的相互影响;成员的交往持续一定时间。
- 在体育团体中,成员间的交往类型一般可分为双向交往和三向交往两种。一般而言,三向交往优于双向交往。
- 体育团体中良好人际交往的心理作用有增强凝聚力、协调作用、保健效应;体育团体中良好人际交往的影响因素及心理条件包括相互理解与尊重,关系稳定和谐,适度控制交往,体育教师、教练或健身指导员的自我控制。
- 在体育运动中,合作与竞争是人际相互作用的两大类型。体育运动中合作与竞争既有区别又有联系。它们的区别主要在于:在合作的团体中,成员的活动虽有分工,但有的时候,成员活动可以相互替代;竞争对手之间的活动是不能分工的,双方成员的活动也无法替代。它们的联系主要在于:首先,合作离不开竞争,合作以竞争为基础和动力;其次,竞争也离不开合作,竞争往往以双方的共同活动来实现,竞争的对手往往又是合作者,双方在争取胜利的过程中创造自己最好的成绩,共同促进运动成绩的不断提高。在体育运动中,完全、绝对、纯粹的合作与竞争几乎是不存在的,合作与竞争往往同时并存,有着相辅相成的关系。
- 合作与竞争,如果使用恰当,都是提高体育活动动机的有效手段,都有助于青少年良好心理品质的形成。
- 影响体育运动中合作与竞争的因素有:价值取向与目标结构、个体特点、沟通、奖惩结构、威胁、任务的特点、团体规模和社会文化背景。
- 体育运动中培养青少年合作能力的手段有:(1)培养青少年的体育合作意识;(2)加强沟通,增进体育团体成员间的合作;(3)创建不同的体育合作团体;(4)规范体育团体中个体的行为。体育运动中培养青少年竞争能力的手段包括:(1)培养青少年的竞争意识;(2)制定合理的体育活动规则;(3)设置多重竞争目标;(4)让青少年学会正确对待体育竞争的结果。

教学活动设计

1. 设想一下,如果一位球迷在足球场看到其他球迷和他的同伴有一系列疯狂的表现,他会采取什么行动?有什么办法帮助青少年纠正在公共体育场所出现的不良行为?
2. 找一份测量团体凝聚力的问卷,做以下工作:
   (1)观看一场年级间的足球、篮球或排球等团体项目比赛,了解比赛前后,输队和赢队的团体凝聚力有无改变,如有改变,是增强了还是减弱了?

(2) 用该问卷测试自己所在班级的团体凝聚力,并分析测量结果,提出增强班级凝聚力的方法或措施。
3. 有人认为,运动场上"赢"代表一切,试根据所学的有关知识,对该观点进行分析。

复习与思考题

1. 简述体育团体的心理效应。
2. 试述提高体育团体凝聚力的有效途径。
3. 团体凝聚力与运动成绩之间的关系主要受哪些因素的影响?
4. 哪一种领导理论最有效?试说明理由。
5. 体育团体中良好人际交往的心理作用是什么?
6. 体育运动中如何培养青少年的合作与竞争意识?

第八章 运动中的品德心理

---- 本章细目 ----

关键概念
第一节 运动中的道德形成和发展
一、运动中道德认识的形成和发展
二、运动中道德情感的形成和发展
三、运动中道德意志的形成和发展
四、运动中道德行为的形成和发展

第二节 运动中的亲社会行为
一、什么是亲社会行为
(一) 亲社会行为的概念
(二) 亲社会行为的特征
(三) 亲社会行为与利他主义、助人行为的关系
(四) 亲社会行为的影响因素
二、亲社会行为产生的理论解释
(一) 社会生物学解释
(二) 社会学习理论

(三) 社会交换理论
(四) 社会规范理论
三、运动中的亲社会行为
(一) 运动中的亲社会行为表现
(二) 运动中的亲社会行为研究方法
(三) 运动中培养青少年亲社会行为的策略

第三节 运动中的攻击性行为
一、什么是攻击性行为
(一) 攻击性行为的定义
(二) 攻击性行为的分类
(三) 攻击性行为与果断行为的区别
二、攻击性行为理论
(一) 生物学理论
(二) 挫折—攻击性理论
(三) 社会学习理论

(四) 道德推理理论
三、影响运动中的攻击性行为的内外部因素
(一) 个体内部的因素
(二) 个体外部的因素
四、降低运动中的攻击性行为的方法
(一) 体育管理部门
(二) 大众传媒
(三) 裁判
(四) 教练
(五) 运动员

本章提要
教学活动设计
复习与思考题

关键概念

道德　　亲社会行为　　移情　　价值澄清法　　攻击性行为　　敌意性攻击
工具性攻击　　果断行为　　特质性攻击　　状态性攻击

体育道德是运动精神的核心。体育道德水平高的运动员具有较好的运动精神，体育道德水平低的运动员则常常表现出不符合运动精神的行为。运动对人的道德品质的形成有积极和消极的影响。一方面，在运动中能够培养公平竞争、诚实、自我控制、亲社会等优良的道德品质；另一方面，运动总会与欺骗、攻击性行为和不尊重对手等不道德行为联系在一起。自 20 世纪 80 年代初开始，运动领域内开展了有关运动与道德发展的理论与应用方面的实验研究，并且取得了一定成果。现在，人们已经越来越认可，良好的体育教学和运动竞赛气氛对发展青少年亲社会的认知、态度和行为具有积极的作用；运动中的不道德行为有悖于体育道德和体育宗旨，对体育运动的健康发展和青少年良好道德品质的形成有着极其不利的影响。

第一节　运动中的道德形成和发展

道德是社会行为规范的总和。个体在运动中的道德行为表现为明辨是非、遵守纪律与运动规则、服从和尊重裁判、团结协作、乐于助人等；个体在运动中的不道德行为表现为受个人的欲望驱使、经常故意犯规、辱骂殴打他人、假摔、作弊、服用违禁药物等。一般而言，前者能避免消极情绪的产生，使个体的身心状态达到最佳水平，从而更有利于个体的技能水平得到充分发挥(祝蓓里，季浏，2000)。个体道德的形成和发展包括道德认识、道德情感、道德意志和道德行为的形成和发展几个部分。运动对塑造青少年良好的道德行为具有积极的作用。

一、运动中道德认识的形成和发展

道德认识，也称道德观念，由道德知识、道德信念和道德评价能力几个方面组成(皮连生，2004)。

道德知识是对具体的行为准则和执行这些准则的认识。体育教育者要在运动中使青少年学会分辨客观事物的好坏美丑,帮助他们确定自己的行动方向。例如,通过价值辨析的方法,让青少年自己讨论运动中各种行为的对错,了解比赛规则和公平竞赛的精神,懂得服用兴奋剂、采用攻击性行为或其他造假行为赢得好成绩是不道德的。此外,可以在运动场馆的墙上张贴公平竞赛的要求,每个上体育课或参加运动训练的青少年要对自己提出几条符合公平竞赛精神的要求,并和教师或教练签署遵守承诺的协议。通过上述方法,可以在运动中提高青少年的道德认识水平(祝蓓里,丁忠元,1990;孙延林,李实,2001)。

道德信念是推动个体道德行为产生的一种强大动力,它是道德知识深化的结果(祝蓓里,丁忠元,1990)。在运动中,通过反复表扬和批评可以使青少年获得道德行为的经验和有情感色彩的体验,从而产生积极的道德信念。

道德评价是个体应用已有的道德知识对行为的是非、好坏、善恶进行分析和判断的过程(祝蓓里,丁忠元,1990)。它与个体认知发展的关系极为密切。青少年对运动中的道德行为的评价能力,最初是在他人(教师、教练)的评价的影响下形成的,而后才逐渐学会独立地对他人在运动中的行为进行道德评价,最终学会对自己在运动中的行为进行道德评价。因此,与运动有关的人员应对自己发现的好人好事给予及时的肯定与表扬,并对不良行为给予批评。新闻媒体要注意舆论导向的作用。此外,对运动中的道德事件进行评价既可以提高青少年的道德分析能力,也可以巩固和扩展其道德评价的经验。

二、运动中道德情感的形成和发展

道德情感是由个体的道德需要是否得到满足而引起的一种内在体验,它伴随着道德观念产生,并渗透进道德行为中。在体育教学和运动训练中,可以采用多种多样的方法来培养青少年的道德情感。例如,要求青少年在练习时互相保护,使他们产生相互依赖、相互帮助的情感体验,从而培养他们的义务感;利用体育游戏培养青少年的友谊感;利用分组比赛培养青少年的责任感和集体荣誉感;在教学或训练结束后,让青少年轮流整理器材,培养他们的责任感;在阶段性教学或训练结束后,表扬好人好事,使青少年体验到情感的满足,并把这种满足变为团体中全体成员行动的动力(祝蓓里,丁忠元,1990)。

三、运动中道德意志的形成和发展

道德意志是个体按照一定道德要求,拟定和执行行动计划,为实现目标而自觉克服困难的过程。要在运动中培养青少年的道德意志，首先应使他们产生锻炼意志的愿望，即愿意用体育道德标准来约束自己的行动，并决心克服各种困难，在行动上实践体育道德准则。

在体育教学、运动训练和竞赛中，为激起青少年锻炼意志的愿望，可开展一系列工作（祝蓓里，丁忠元，1990）：(1) 树立先进榜样。通过介绍、宣传优秀运动员在运动中的良好意志表现，引发青少年效仿的愿望，使他们了解优秀运动员在与困难作斗争时表现出来的意志力，理解坚强意志的概念。(2) 因人而异地采取不同措施。应当注意青少年身心发展的特点，明确向他们提出由简到繁或由短到长的道德意志要求。例如，要求他们遵守课堂教学或运动训练的纪律、执行游戏或竞赛时的行为规则、完成一定次数的练习等。(3) 道德意志的培养要根据运动项目的需要进行。广泛使用多样化的专门练习可以增强青少年的适应能力，增强他们克服困难的自信心。(4) 开展形式多样的比赛。比赛和评分条件的变化，可以培养青少年积极主动、努力进取的精神。例如，篮球运动中一定时间内的让分赛、人数不等的比赛、同不同对手的比赛、男女同场比赛等都有助于培养学生的自制力和勇敢精神。(5) 教会青少年自我强化的方法。训练青少年使用自我鼓励、自我号召、自我命令、自我说服、自我检查、自我监督、自我责难等方法来提高自己的道德意志水平。

四、运动中道德行为的形成和发展

道德行为是衡量个体道德品质的重要标志。体育工作者有责任指导青少年掌握良好的体育道德行为方式。体育工作者可以在教学、训练和比赛中对青少年进行常规的遵纪守法教育，以及讲解各种运动规则和比赛纪律，并告诉青少年完成某项体育运动必须执行的行为步骤。例如，在比赛的进攻过程中，不小心把对手撞倒在地，此时应当主动扶起对方，然后继续比赛，尤其不要故意伤人。

帮助青少年养成良好的体育道德行为习惯的途径有两条：一是重复地模仿他人的良好道德行为；二是通过有意的练习，与不良的体育道德行为作斗争。在这个过程中应注意五点：(1) 体育工作者要对青少年的行为练习给予及时反馈并作出客观的道德评价，使他们不断产生愉快的情绪体验，从而不断强化运动中的良好道德行为；(2) 学校、家庭、社会三者对青少年在运动中的道德行为评价相一致；(3) 奖惩要严明，要足以激起学生的情绪，使之真正发挥强化良好道德行为的作用；(4) 加强对青少年运动中道德动机的教育，使他们在运动中自觉地回避和根除不良道德行为习惯；(5) 体育工作者在体育教学和运动训练中要以自身良好的体育道德行为习惯为青少年提供榜样(祝蓓里,季浏,2000)。

第二节 运动中的亲社会行为

对个体道德功能的评价涉及亲社会行为和反社会行为两个方面。

一、什么是亲社会行为

(一) 亲社会行为的概念

一般而言,亲社会行为泛指一切符合社会期望且对他人、群体或社会有益的行为,主要包括分享、合作、助人、利他、捐献、安慰、同情、谦让等。亲社会行为往往对行为者本身并无明显好处,甚至有时为了给行为的受体带来利益,行为者自身要作出一定牺牲(俞国良,1999;寇彧,王磊,2003;金盛华,2005)。

亲社会行为是人类社会的普遍现象,常常与反社会行为,如暴力、攻击、伤害、破坏、冷漠、嫉妒、怨恨、偏激、自私等相对应(吴虞,柳云,2005)。目前,对亲社会行为的研究已成为许多学科的重要研究课题之一。近年来,运动中的亲社会行为已引起运动心理学工作者的广泛关注。对运动中亲社会行为的研究不仅有助于青少年形成积极的心理品质,而且有助于体育事业乃至整个社会的健康和谐发展。

(二) 亲社会行为的特征

亲社会行为有以下几个特征(寇彧,王磊,2003;寇彧,2005)。

1. 高社会赞许性

亲社会行为被特定社会或群体认同并具有高度评价。

2. 社交性

亲社会行为是社会互动过程中的交往行为,其具体表现如下:(1) 微笑、问好、和颜悦色等礼貌行为;(2) 团结他人、邀请他人参加群体活动等吸纳性的行为;(3) 主持正义、见义勇为、在朋友遇到麻烦时挺身而出等支持性行为;(4) 终止他人的打架、谩骂等不友好或攻击性行为。

3. 自利性

亲社会行为的本意不是行为者要伤害自己,而是为了获得自我或他人的肯定。

4. 互惠性

亲社会行为不仅对他人有好处,而且也常常对行为者有好处。

5. 利他性

亲社会行为的利他性表现为：(1) 以谦让、幽默、鼓励、赞美等方式调节他人的情绪，改变他人不良情绪状态的安慰性行为；(2) 捐赠、合作、提供物资、参与志愿活动等援助性行为；(3) 将属于自己的物品、机会等给予他人的共享性行为；(4) 只顾他人利益、不考虑行为代价、不图任何回报的无私性行为。

上述五点中，利他性与社交性是亲社会行为的两个最主要特征。

（三）亲社会行为与利他主义、助人行为的关系

亲社会行为与利他主义、助人行为等概念关系密切。助人行为是指以个人为对象的亲社会行为，利他行为则指不期待任何奖励或回报的行为。

亲社会行为既包括自愿帮助他人、不期望得到任何回报的利他行为，也包括为了某种目的、有所企图的助人行为。因此，亲社会行为的范围远比利他行为更为广泛，两者不能等同。任何对他人或群体乃至社会有好处的行为都属于亲社会行为，这种行为既可能是直接的，也可能是间接的。

亲社会行为、助人行为和利他行为三者间的关系可用图 8-1 来描述。三者之间是一种包含关系，其中利他行为范围最小，助人行为包含利他行为，而亲社会行为范围最广，包含了助人行为。三者的共同点在于都是指对社会有利的行为，行为越向利他靠拢，个人目的就越少，社会目的就越多。

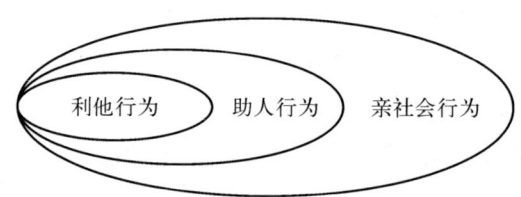

图 8-1　亲社会行为、助人行为和利他行为的关系
资料来源：金盛华．（2005）．*社会心理学*．北京：高等教育出版社，p. 277.

（四）亲社会行为的影响因素

1. 内部因素

影响亲社会行为的内部因素有道德认知发展水平、角色采择、自我概念、心境、移情能力和年龄。

第一，道德认知发展水平。亲社会行为是道德行为的一部分，因而道德认知发

展水平对亲社会行为具有重要影响。道德认知发展水平的提高往往与高频率、高质量的亲社会行为有关。心理学家皮亚杰认为,儿童道德判断的发展具有一个有序列、有逻辑的模式,是一个从他律道德向自律道德发展的过程。在他律道德阶段,儿童倾向于只在作为权威者的父母的要求下做出助人行为,由自我中心造成的移情能力的缺乏也使他们很难自主做出助人行为。在自律道德阶段,儿童不再把准则看成不可改变的,而是把它看成同伴间的共同约定。此时,儿童脱离了自我中心,开始关心他人的立场和观点。而且,在这个阶段,由于儿童意识到了同伴间的社会关系,并伴随着尊重他人、关心他人的想法和感情以及移情能力的增强,儿童主动助人的行为增多。

第二,角色采择。角色采择(role taking)又被称为角色获得和角色承担,它是指个体在与他人的相互作用过程中意识到他人的思想和情感,设身处地地从他人的角度看待问题(刘晓东,1998)。角色采择能力是影响亲社会行为的重要因素之一。例如,查尔姆斯(Chalmers,1990)在一项研究中让儿童分别扮演助人者和被助人者的角色,结果发现,通过这种训练可以增强儿童的亲社会行为。由此看来,儿童的角色采择能力对以关注他人为动机的亲社会行为的发展具有促进作用。他的研究还表明,与没有接受角色技能训练的同龄伙伴相比,受到角色技能训练的儿童和青少年随后会更富有宽恕心,更具有合作性,也更关心他人的需要。

第三,自我概念。哈特等人(Hart & Fegley,1995)认为,一个人为造福他人而甘愿作出牺牲的意愿,在很大程度上依赖于其对利他性的看法。虽然,目前还无法准确查明具有利他性的个体的人格特质,但与那些不认为自己具有仁慈、同情、乐于助人品质的个体相比,把亲社会倾向看作自我概念重要组成部分的个体确实具有更强的亲社会倾向(王海梅,陈会昌,谷传华,2004)。

第四,心境。积极心境能够促进亲社会行为。消极心境与亲社会行为的关系则较为复杂。有的研究发现,消极心境促进亲社会行为的产生,而有的研究发现,它减少亲社会行为的产生。对此,可作如下解释:在心境好的时候,个体将注意的焦点投向别人,从对自己的专注中摆脱出来,更多地去关心、了解他人的需要,并能提高将亲社会认知转化为亲社会行为的可能性,从而表现得更愿意帮助别人;当个体处于消极心境状态时,既有可能通过助人缓解消极情绪,也有可能将注意力更多地集中在自己身上,对他人不闻不问,导致助人行为减少。

第五,移情能力。移情是指在人际交往中,个体间的情感相互作用,是一个人在感知到对方的某种情绪时,自己也能体验到相应的情绪,即因他人的情绪、情感而引起的自身与之相一致的情绪、情感反应。移情包括两个方面：一是识别和感受他人的情绪、情感状态；二是能在更高级的意义上接受他人的情绪、情感。移情是助人、抚慰、关心、合作、分享等亲社会行为的动机基础。虽然以往有关移情和亲社会行为关系的研究结论不尽相同，但是大多数的研究显示，个体的移情能力与他们的亲社会行为表现呈正相关，即个体的移情能力越强，就越有可能表现助人、抚慰、分享、合作等亲社会行为。移情不仅是亲社会行为产生的直接原因，而且常常在其他影响亲社会行为的因素和亲社会行为之间扮演中介角色。此外，不同教育方式对移情的唤醒效果不同，并进而影响亲社会行为的表现水平。

第六，年龄。个体只有在认知水平达到相应程度时，才有可能表现出一定的亲社会行为。而年龄作为制约个体认知发展水平的一个重要因素，对个体亲社会行为也具有一定影响(俞国良，1999)。严格意义上的亲社会行为在婴儿期还处于萌芽状态，幼儿的亲社会行为也还大多表现为顺从，极少有自发的亲社会行为。学龄儿童对社会环境的交互影响相当敏感，特别是随着同伴交往在时间和数量上增加，亲社会行为的特点和方式也发生了相应变化。儿童的成人指向的亲社会行为是带有服从、赞同和避免惩罚的性质的，而其同伴指向的亲社会行为更多的是合作、互惠、互利和对他人需求的敏感性。实际上，在学龄期阶段，儿童亲社会行为的工具性特点逐渐减少，他人取向的行为动机不断发展并逐渐占据主导地位。成人期的个体其各方面的发展已趋于成熟和稳定，社会化过程基本完成的同时，也掌握了比较完整的社会认知技能，其亲社会行为的表现形式更为多样，也更为高级。而且，与儿童相比，成人的亲社会行为更关注社会，更多地体现出社会取向。

2. 外部因素

影响亲社会行为的外部因素有环境因素、受助者的特征、他人亲社会行为的示范作用等。

第一，环境因素包括自然环境因素和社会环境因素。自然条件的有利与否，会影响个体的亲社会行为。例如，好天气会给人带来好心情，从而会增加个体的亲社会倾向；噪声或恶劣的天气更容易使人产生不良心境，从而降低个体的亲社会倾向。

社会环境因素包括：(1) 社会规范。生活在一定社会环境中的个体，其行为都受一定社会规范和价值观的约束。无论哪种社会规范，它们在社会功能上都是一致的，即对个体和群体具有约束力。如果个体违反了这些规范，便会受到他人的责难，也会受到自己良心的谴责(孙时进，2006)。(2) 人际关系。在亲子关系良好的家庭长大的儿童在年幼时能形成安全的依恋,其行为表现也多富于同情心,具有亲社会行为倾向。青少年与同伴的社会交往越多,与同伴的关系越好,其亲社会行为也越多。教师与其他成人的信任、赞赏、鼓励和包容,以及社会的积极期望等,也有助于儿童、青少年亲社会行为的产生。(3) 大众传媒。如果大众传媒经常提供人与人之间的善良、关怀、互助、互爱的信息,就能为青少年提供直观生动的示范和学习的榜样,那么青少年的亲社会行为将会增多;相反,如果大众传媒经常传达暴力、攻击性或其他反社会的行为,那么青少年的亲社会行为将会减少。而且,大众传媒对儿童、青少年亲社会行为的影响往往要借助父母和教师的中介作用。(4) 旁观者效应。在一个突发事件中,若旁观者的数量增加,那么任何一个旁观者作出亲社会行为的可能性将减少,即使最终他们作出了反应,反应前的时间也会延长。造成这种现象的原因是旁观者增多导致的旁观者责任分散。

第二,受助者的特征。一般而言,女性比男性更容易得到帮助。伊格利等人(Eagly & Steffen, 1986)曾经考察了 35 个研究,比较男女不幸者受到帮助的差异。研究涉及的都是临时遭遇的情境。结果表明,如果潜在助人者为男性,则女性不幸者比男性不幸者更容易得到帮助,80% 的研究都证明了这种倾向。如果潜在助人者为女性,则男女不幸者得到帮助的可能性是同等的。来自同一群体、种族、国家,尤其是政治倾向相似的人易得到帮助。老、弱、病、残、孕、幼等社会弱势群体易得到帮助;而社会形象不佳者,如酒鬼等,较少引起他人的助人行为。

第三,他人亲社会行为的示范作用。他人的亲社会行为能够激发个体的亲社会行为。特别是当榜样与观察者之间具有相似性时,这种效果更为明显。换句话说,当观察者认为榜样是和自己一样的人时,即产生认同作用,观察者会激励自己像榜样那样行动。一旦亲社会行为被激发,观察者自身就经历了内在的新的学习过程,以至于在日后的不同生活情境中,其亲社会行为发生的频率会增加。在这种情况下,他人的亲社会行为在一定程度上已被内化为观察者自己的行为准则(孙时进,2006)。

除了上述这些主要因素,内部因素中还包括个性、性别、种族、社会经济地位、出生次序、自控能力、社会责任感、社会化经历、内化了的价值标准等;环境因素中还涉及他人的态度、行为对行为者本身的意义和代价等。总之,亲社会行为的影响因素多而复杂,不仅单个因素会对亲社会行为造成影响,而且不同因素之间还存在交互作用(吴念阳,2002)。

二、亲社会行为产生的理论解释

（一）社会生物学解释

社会生物学假设，亲社会行为是个体的先天特性，来自个体的基因，可以遗传。在自然界，虽然实施亲社会行为的个体可能会面对更多的生存危险，使他们没有太多的繁衍机会，但是他们的行为对保证整个物种的生存和繁衍具有积极意义。达尔文（Darwin, 1871）认为有利他天性的生物将有更好的种族存留机会；社会生物学家威尔逊（Wilson, 1975）通过观察和研究指出，人类及动物先天就有利他行为的素质，并会通过遗传将这种素质传递给下一代，利他行为是动物的一种以自我牺牲换取其他个体或群体生存机会的本能。

社会生物学的假设与中国传统文化中的性善论，以及当代人本主义心理学家的思想吻合，即对人类本性有着积极乐观的看法。虽然该学派的观点难以用实验进行证实，但它为人们解释亲社会行为提供了一种可能的视角（金盛华, 2005）。

（二）社会学习理论

社会学习理论认为，亲社会行为是个体在社会化过程中通过学习获得的行为。个体在幼年期没有亲社会行为，亲社会行为会随年龄的增长而增多。榜样学习是儿童形成亲社会行为的重要方式。在早期的家庭生活中，个体的亲社会行为的培养受父母的影响很大。如果父母以热情、支持和爱护的方式对待儿童，儿童就会建立起亲社会的心理倾向。个体通过学习而产生的亲社会行为被内化为内部行为准则需要一个过程，而在这个过程中必须对亲社会行为进行强化。亲社会行为的强化手段主要有两类，一类是对亲社会行为进行及时且恰当的表扬与奖励，另一类是对反社会行为进行惩罚与否定。

（三）社会交换理论

社会交换理论认为，人们都有通过交换资源，以满足更广泛的社会性需要的心理倾向。社会交换的媒介包括爱、服务、商品、金钱、信息和地位等。人们在做出亲社会行为之前，往往要考虑该行为是否能为自己带来快乐、社会赞誉或减少自己的痛苦。外在的奖励和内在的自我奖励都可起到强化的作用。捐赠、资助贫困者这种最具利他主义特征的行为也都有社会交换的色彩，因为个人在捐赠钱、财、物的同时也赢得了社会的正面评价。亲社会行为的增加有助于个体形成积极的情感，消除消极的情感，并获得更广泛的社会认同。

(四) 社会规范理论

社会规范理论认为,个体的亲社会行为并不是为了受益,相反,它是社会化过程中,在个体内化行为规范并形成行为模式后产生的。这种规范一旦被内化,即使无外在的奖惩,个体也会自觉遵从这种规范,并获得一种内在的满足,反之,如个体违反了这种规范则会产生罪恶感、内疚感等(孙时进,2006)。人类社会最普遍的规范有以下两种。

1. 交互性规范

这是人类道德准则中最普遍的成分。各类社会对个体都有一种期望,即个体应该帮助而不是伤害对自己有善意的人。当得到他人的帮助或接受他人的善意时,个体会在心理上产生一种想回报的压力,这迫使个体以同样的方式对待他人,从而表现出亲社会行为(金盛华,2005)。

2. 社会责任规范

这是指个体依存于自己,同时意识到自己有责任帮助他人,并付诸行动的规范。例如,父母抚养年幼的子女、教练照顾运动员、师生之间的相互帮助等(孙时进,2006;崔丽娟,才源源,2008)。

三、运动中的亲社会行为

(一) 运动中的亲社会行为表现

无论是竞技运动领域,还是群众体育领域,都存在着大量的亲社会行为。

在竞技运动领域,亲社会行为时常发生。例如,在足球比赛中,当进攻队员和守门员近距离对垒,如果时机合适,守门员时常会勇敢地扑向进攻队员脚下控制着的足球,而当守门员控球后,进攻队员都会为了避免守门员受伤而控制好身体重心,并通过收脚等方式采取避让措施。足球比赛争抢激烈,运动员合理冲撞与合理对抗所造成的伤害难以避免,而一旦出现一方队员受伤的情况,另一方队员就会把球踢出界,让对方获得治疗时间。

另外,在一些体育社团中,往往有一些热爱运动、拥有一技之长的志愿者为其他运动爱好者免费提供羽毛球、拳击、瑜伽、拉丁舞、健美操、肚皮舞、乒乓球、踏板操、跆拳道等运动项目的培训。大型比赛的组织筹备,需要大量人力物力,不能仅靠赛事组委会组织、运作,还需要志愿者来弥补这方面的不足。运动领域的志愿者和义工呈现的行为均属于亲社会行为范畴。

(二) 运动中的亲社会行为研究方法

运动中的亲社会行为与反社会行为量表(Prosocial and Antisocial Behavior in Sport Scale, PABSS)的英文版正式量表有 20 个条目,包括 4 个分量表,分别是对队友的亲社会行为、对对手的亲社会行为、对队友的反社会行为和对对手的反社会行为。量表采用 5 点记分,"1"代表从来没有,"5"代表非常多。

(三) 运动中培养青少年亲社会行为的策略

1. 价值观教育

价值观教育有利于青少年亲社会行为的培养。价值观教育的主要方法有价值澄清法和榜样教育法。

价值澄清法是指青少年借助环境的影响和成人的启发与帮助,通过理性思维和情绪体验,检查自己的行为模式,辨认出支配自己行为的价值观,并与他人的价值观进行比较,发现和解决价值观的冲突,逐步澄清自己的价值观,然后依据自己选择的价值观行事。

专栏 8-1　　　　　　　　　体育道德价值观讨论

贺亮锋与祝蓓里在一项研究中,选择小学三年级和五年级的学生作为研究对象(实验组 92 人,控制组 98 人),探讨道德干预后,实验组在道德判断、道德推理、道德意向和道德行为方面的变化。在该实验中,有一种干预方法是讲述并讨论道德故事。这些故事一般都是两难推理或树立榜样,如其中一个故事是这样的:有一次,我国著名乒乓球运动员王涛在一场大型比赛中与韩国运动员相遇,在比赛中,对手打过来一个擦边球,裁判没有看到而判王涛赢得一分。这时,王涛主动打手势示意裁判,这球应为对方得分。王涛为什么要这样做?如果王涛最后因这一分而输了这场比赛,甚至造成中国队输了整场比赛,你认为他这样做对吗?为什么?

对于这类故事,研究者关注的不是学生的简单对错判断,而是学生提出自己观点的理由,即每个学生都需要"以理服人"。在研究者的引导下,学生通过反复争辩,逐渐形成了正确的体育道德价值观。

资料来源:贺亮锋,祝蓓里. (1999). 体育教学对儿童道德发展的影响实验研究. 心理科学,22(3),275—278.

青少年具有很强的模仿性,父母、体育教师、教练既是青少年直接模仿的榜样,也是他们选择模仿榜样的控制者。因此,父母、体育教师、教练必须时时注意在青少年面前保持良好的形象,如待人接物的态度和方式,同时还要注意引导、帮助青少年

选择媒体信息和伙伴，以便对他们进行正面的道德教育。总之，多次观看他人在运动中的亲社会行为，有助于培养青少年的亲社会行为。

2. 自我概念训练

有研究指出，社会喜好与身体自我呈负相关（刘志军，2004）。其原因在于，如果一个人过分关注身体自我，希望借助自己漂亮的衣着打扮、强壮的体格来吸引他人，维持自己在群体中的地位，那么这种过分展现自我的倾向会使他失去对别人的需要、兴趣、感受的敏感性，进而使其亲社会行为减少。因此，在体育运动中，体育工作者要通过正面引导帮助青少年形成积极的身体自我概念，使他们将更多的注意力放在提高自己的身体健康和运动技能水平上，而不是放在身体外貌上。

3. 责任心的培养

社会责任心是个体亲社会行为的动因，因此，通过责任心的培养可以促进个体亲社会行为的产生。在运动中，体育工作者可以安排每位青少年轮流当体育干部，使他们体验到体育干部肩负的责任，让他们学会协助体育教师和教练管理、组织体育运动。例如，在体育课分组练习时，让小组长负责该组的练习——安排其他同学轮流负责拿取运动器材、监督器材的合理使用、负责器材回收等。在运动中，特别是在做有一定难度的动作时，体育工作者要强调青少年之间的相互保护和帮助，并教给他们相关的方法。总之，体育工作者应充分利用现有的运动资源，设置责任岗位，及时明确每位青少年的角色，强化他们的责任意识。

4. 利用行为强化手段促进体育规范的内化

亲社会行为是社会规范要求的行为，遵从社会规范可以获得社会的正面评价。遵从社会规范的行为既可能是规范内化为个体需要的结果，也可能是外部强化的结果。一般而言，规范尚未内化之前，在外部控制放松或取消的情况下，个体的遵从行为有可能消失。行为强化的方法有助于青少年内化体育规则以指导自己的体育行为。常用的强化手段有口头表扬、物质奖励、发代金券、忽视、暂停、惩罚等。

除上述几种策略外，帮助青少年建立良好的人际关系、提高他们的移情能力，以及设置良好的运动环境、不断组织集体性体育活动等，也是培养青少年亲社会行为的良好策略。

> **专栏 8-2　体育教学中培养和发展学生亲社会行为的策略**
>
> **案例 1：盲人行进**
>
> 　　教师预先在场地上布置一条由沙坑、栅栏等组成的有路障的弯曲通道,将学生分成两组,一组学生戴眼罩扮演"盲人",另一组担任"向导"。活动开始后,"向导"以非语言的方式带领"盲人"通过有各种路障的通道。通过此项活动,可以引导学生相互信任,体悟助人与信任的关系。在活动结束后,教师要引导学生思考下列问题:"做'盲人'时,为什么开始时行动迟缓?""你对'向导'信任吗?活动过程中,你对'向导'的信任是如何建立的?""做'向导'时,为什么开始时很急躁?""你是如何改变的,你是如何传递信息的,你是如何建立起与'盲人'的信任关系的?""做'盲人'和做'向导'的感受有什么不同?你在整个活动中遇到的最大困难是什么?"等等。
>
> **案例 2：云梯漫步**
>
> 　　将学生分为两组,成两列面对面站立。每两个学生组成一队,双手垂直紧握木棒,组成一架平行于地面的人造云梯。学生从云梯的一端爬上,张开双臂保持平衡或双手扶在搭云梯的同学的肩膀上,由云梯的一端走向另一端。通过此项活动,可以增进学生对同学的信任和友谊,增强团队的凝聚力;可以使学生体验承担同学安全保障的责任感,从而培养学生的责任心;可以使学生体验勇敢前进并获得成功的喜悦,以培养自信心。在活动结束后,教师要引导学生思考:"你为什么敢在云梯漫步?你相信握棍的同学吗?""当同学踏在你手上的木棍上时,你心里在想什么?当同学顺利通过时,你有什么感受?""在云梯上漫步与搭建云梯时的心情一样吗?顺利通过云梯后你想用什么办法和同学分享成功?"等等。
>
> 资料来源:吴虞,柳云.(2005).体育教学培养学生亲社会行为的理论依据与策略探讨.体育教学,(6),23—25.

第三节　运动中的攻击性行为

一、什么是攻击性行为

（一）攻击性行为的定义

攻击性行为或侵犯行为是指有目的地伤害另一生命体的行为。判断一种行为是否为攻击性行为,首先必须考虑行为者的动机,即有无伤害其他生命体的意图。若行为者有一种伤害某一对象的意图,并期望受攻击的对象在心理或身体上受到伤害,那么,即使其行为没有造成实际伤害,也可以被认为是攻击性行为。例如,足球流氓对足球裁判开枪,但枪是退了膛的。这种行为虽然没有造成实际伤害,但足球流氓的意图是要伤害足球裁判,而且他的行为本身的确可能造成伤害,因此其行为是攻击性行为。反之,有些行为虽然对别人造成了实际伤害,但行为者的主观愿望是好的,并且没有伤害别人的动机,只是因偶然因素而造成了伤害,便不属于攻击性行为。例如,在足球场上传球时,由于球传得不准而把球踢到了对方队员的背上就不属于攻击性行为。

攻击性行为总是指向有生命的对象,包括人和动物。攻击性行为既可以指向他人,也可以指向自己。前者被称为外部惩罚的行为,后者被称为内部惩罚的行为,如自我损害行为,其极端特例就是自杀。

攻击与暴力是两种不同的行为。攻击性行为以外显的有目的的言语活动和身体行动为标志。暴力性行为是没有目的的毁灭性激烈力量。例如,罪犯的袭击既是攻击性行为又是暴力性行为,传播闲言碎语是攻击性行为而不是暴力性行为,地震是暴力性行为但不是攻击性行为。运动员在场上谩骂对方队员和裁判,或使用身体的一些部位(如手、脚等)、工具对他人进行袭击,如球场上的打架、斗殴等属于攻击性行为,而不是暴力性行为。此外,在内心中暗暗诅咒他人的行为,既不属于暴力性行为,也不属于攻击性行为。

(二) 攻击性行为的分类

在体育运动中,攻击性行为可以从两个维度进行区分。

1. **敌意性攻击和工具性攻击**

根据攻击时是否有愤怒的情绪表现,可以将攻击性行为分为敌意性攻击和工具性攻击。

敌意性攻击是指由攻击者的愤怒产生的,具有使人受伤害的意图的,能引起他人痛苦的攻击性行为。敌意性攻击者对自己行为会产生的后果是完全清楚的,如故意将球踢向或掷向对方。敌意性攻击的目的是报复性的,旨在故意造成被攻击者的痛苦和不幸。在这种情况下,比赛的胜负结果并不是敌意性攻击者考虑的主要目标。

工具性攻击是指由期望得到奖赏引起的,通过强化而局限在一定条件下的攻击性行为。这是人类特有的攻击性行为。工具性攻击虽然也有伤害的意图,但其主要目的不是使被攻击者受到身心上的痛苦,而是将攻击作为实现目的的一种手段。工具性攻击行为出现时,行为者一般没有愤怒的情绪。例如,在篮球比赛中,运球时用肘部推打对手(当时并不愤怒)便属于工具性攻击(祝蓓里,1992)。

判断一种行为是工具性攻击还是敌意性攻击,可以借助行为者的情绪反应实现。如果一个棒球发球手只想到如何伤害对手,而不考虑比赛的输赢,愤怒地发一个高球给对手,那么他的这一行为是敌意性攻击;如果一个棒球发球手的目的仅仅是为了赢一场球,对对手没有愤怒的表现,只是为了使对手接不住他的球而发了一个高球,那么他的行为是工具性攻击。

区分攻击性行为的类型是一项有意义的工作。虽然从情绪反应上可以辨别攻击的性质,但有时要作出正确的区分困难重重。最准确的判别依据还是行为者本人对自己真实意图的说明。例如,如果铲人的目的是希望将球铲掉,从而遏制对方的攻势,则属于工具性攻击;但如果铲球的目的是报复对方先前的一个粗野动作,则属于敌意性攻击。此外,要确定运动员攻击性行为的类型,还需分析当时的情境条件、运动员的主观意愿、行为的后果、行为的社会背景等。

2. 特质性攻击和状态性攻击

根据个体的人格(个性)特点的不同,可以将攻击性行为分为特质性攻击和状态性攻击两种。前者是指个体具有攻击性的性格特征,并经常表现出攻击性行为;后者指一种暂时的攻击性行为状态。具有特质性攻击的人,更容易产生状态性攻击行为。借助人格问卷和有关攻击性问卷能测出这两种攻击性倾向。

(三) 攻击性行为与果断行为的区别

果断行为是指在商定的规则之内,无伤害他人的意图,为达到目标全力以赴、积极拼抢的行为。在一些体育竞赛活动中,按照规则,允许合理地进行身体碰撞。在这个过程中,如果个体出于偶然或意外因素使对方受伤,则不会被认为是攻击性行为。例如,在橄榄球比赛中,某个队员用合法的身体接触抱住正在向前跑的带球者并使其受伤,或带球者在快速向前冲刺时不小心扳倒了某个队员。必须强调的是,在运动中应当鼓励果断行为,及时制止攻击性行为。

工具性攻击、敌意性攻击和果断行为之间的关系如图 8-2 所示。该图表明,在工具性攻击、敌意性攻击和果断行为之间存在交叉,即存在着模棱两可的领域。这为研究者辨别攻击的性质带来了困难,也说明了这一问题的复杂性。在体育运动中,攻击性行为要受到惩罚,如被罚红牌、黄牌等,而由果断行为带来的对对手的伤害不会受到惩罚。体育运动中一些有争议的判罚往往出现在模棱两可的区域内。

运动心理学家对攻击性行为是否对运动表现具有促进作用持有异议。持支持观点的学者认为,敌意性攻击伴随的愤怒情绪能增强比赛动机,提高个体的生理唤醒水平,因而能提升竞赛表现。例如,有些运动员认为自己在比赛中攻击对手是为

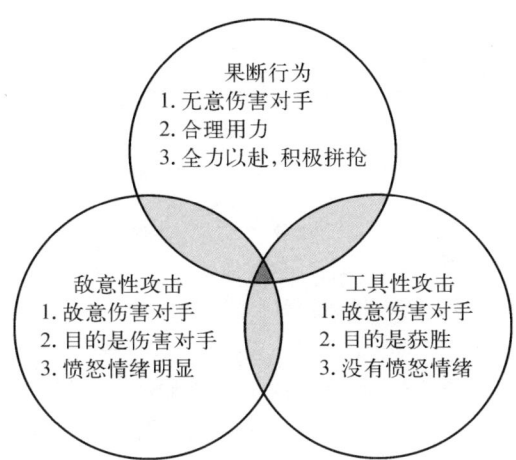

图 8-2 工具性攻击、敌意性攻击和果断行为之间的关系

了"以攻为守",不仅干扰对手的情绪、分散其注意力,而且防止自己因被对手袭击而受伤;有的教练则把攻击性行为作为比赛战术的一部分,让一个技术比较差的队员用攻击性行为对付一个技术比较好的对方队员来使他分心,甚至故意挑起事端促使双方被罚出场,从而扩大本方的胜面。持反对观点的学者认为,攻击性行为会使个体的唤醒水平超出运动员的最佳功能区,或使运动员注意力分散,从而影响其场上的表现。

> **专栏 8-3　　　　体育运动中攻击性行为的研究方法**
>
> **1. 纸笔测验**
>
> 　　纸笔测验主要利用问卷调查表来进行,是测定特质性攻击的一种方法。测量运动员特质性攻击的纸笔测验有心理学中的一般测量方法和专门用于运动领域的方法。心理学中针对特质性攻击的一般测量方法主要是人格(个性)测验。例如,在运动领域常被使用的有卡特尔(R. B. Cattell)编制的 16 种人格特质测验,其中悟强性因素(E)和果断性因素(H)是测定运动员特质性攻击的两项最佳指标。明尼苏达多项人格测验中的变态心理 (Pd)和性别色彩(Mf-m)也可以作为特质性攻击的指标。另外,还有巴斯和德基(Buss & Durkee,1957)编制的敌对性量表,以及泽林(M. L. Zelin)、阿德勒(G. Adler)和迈耶森(P. Meyerson)编制的愤怒自我报告量表。
>
> 　　专门用于运动领域的测量特质性攻击的方法有科利斯(M. L. Collis)编制的科利斯运动攻击性量表、布雷德迈尔(B. J. Bredemeier)编制的布雷德迈尔运动攻击问卷、汤普森(M. Thompson)编制的汤普森运动攻击性问卷。

2. 投射测验

投射测验是测定特质性攻击的一般方法,主要利用罗夏墨迹测验和主题统觉测验。这两种测验都是让被试根据特定图片或墨迹图片不受限制地表达自己的联想,然后从中分析他们具体的人格倾向。

3. 实验室实验

目的:测定状态性攻击。

器材:电击箱,1—10等级水平的按压键。键1表示电压水平最低,从键2开始,按键表示的电压逐级升高,键10表示电压水平最高。

程序:主试利用电击箱对主试的助手(同谋)施以电击,并通过被试能接受的对主试助手施以电击的持续时间和强度来评价被试的攻击性水平。实际上,主试并未对助手真正施以电击,助手只是假装受到电击使被试感到有电。通过被试按压的按键数字和按压的持续时间来评定被试的攻击性意向,即被试按压的按键数字越高、按压的时间越长,被试的攻击性行为越强。

优点:实验室实验的方法可以使各种变量处于可控范围内,电击行为十分符合攻击性行为的概念,并且实验所得结果是客观的和容易解释的。

缺点:使用电击箱涉及被试的安全和生活安宁问题,即使电击实际上并没有发生,也可能使被试的心理受伤。因此近年来,使用电击方法的实验研究已大大减少。

4. 现场测验

现场测验包括行为观察法和档案研究法。

行为观察法一般包括三个阶段:编制一张含有与攻击性行为有关的选择表单;明确观察对象,避免混淆攻击性行为与果断行为;制订将大量数据归入有意义的测量分数中的计划。观察者要认识并熟悉每一个观察对象,并进行系统的细致观察。记录的因变量是被试外显的攻击性行为和被判犯规的次数。自变量可以包括转折的事件、出场的时间、现场得分的百分率,以及他人对被试的攻击性行为等。

对攻击性行为的档案研究是建立在比赛时收集到的数据的基础上的,它不是一种系统的研究,通常会在研究的后期进行。档案研究法中的统计信息以记分员记录的比赛信息为基础。这种方法的优点是,在比赛期间,甚至在比赛的几年里,可以从比赛记录中收集到许多信息。它的缺点是,比赛记录是有限的,研究者也不能决定这些记录的有效性,如研究者不能决定是否把果断行为归于攻击性行为等。

资料来源:唐征宇. (2015). 体育社会心理学. 上海: 华东师范大学出版社, pp. 115—117.

二、攻击性行为理论

(一) 生物学理论

1. 本能论

弗洛伊德(Frued, 1933)和洛伦茨(Lorenz, 1966)都认为攻击性是个体生而具有的一种本能,来自个体身体内部的攻击性冲动必须以某种方式释放。运动被认为是释放被抑制的攻击性冲动的一种适当方式,即运动起着宣泄的作用。根据这种观点,如果一个运动员有很强的攻击性驱力,参加体育运动就可以降低这种驱力,因为他有机会发泄出攻击性冲动。这在碰撞性项目(如橄榄球、曲棍球)和有劲敌的项目(如拳击)中尤其突出。

该理论遭到了人们的质疑。首先,它有循环效应,不能令人满意。20世纪70年代以来的许多研究表明,体育运动中的攻击性行为的成功会增强个体的攻击性,而并没有宣泄冲动的效应。例如,观看激烈的运动比赛应该是一种宣泄体验,然而,观众在观看了足球、摔跤、曲棍球比赛后,比观看前有更多的攻击性行为。其次,它没有考虑到攻击性行为的多样性和变化性。例如,不同区域的人从事同一项运动,有的表现出很强的攻击性,有的则表现得略为温和;同一运动队中的不同成员其攻击性水平也是不同的,即使是同一个运动队的队员在不同的场景下,其攻击性水平的表现也会有所不同。

2. 基因、中枢结构和生物化学理论

有些研究人员试图寻找特殊的生物学机制来阐述攻击性行为。有种假说认为XYY染色体异常可以解释某些男性终身的犯罪行为。有研究指出,不同的中枢结构与攻击性行为有关。例如,边缘系统中的杏仁核与凶暴的情绪反应有关,切除双侧杏仁核,会使凶暴的情绪反应降低(Zhi-Guo Hu et al.,2005)。另有一些研究指出,生化因素会影响攻击性行为。例如,血清中的酒精成分升高会提高攻击性行为(Bushman & Cooper,1990)。多数研究将注意力放在雄性激素睾丸酮对攻击性行为的提升作用上(Olweus,1988)。总之,生物性变化对攻击性行为具有一定的影响,而且这种影响在不同类型的攻击性行为中又有不同的表现。

(二) 挫折—攻击性理论

最早提出挫折—攻击性理论的是美国心理学家多拉德(Dollard,1939)。多拉德等人认为,攻击是由挫折激发的驱力。当个体不能达到其期望的目标时,就会被这一驱力驱使去伤害其他人。运动实践证明,体育运动中的攻击性行为通常都是在个体受到各种挫折后才产生并加剧的,可见,挫折是造成攻击性行为的一个重要原因。但是,研究和常识也指出,并不是每一种攻击性行为都源于挫折,如职业拳击手使人伤残可能是出于金钱、自我防卫、自尊等原因,而不是遭受了挫折。

伯科威茨(Berkowitz,1990)针对原始的挫折—攻击性假设的弱点,提出了修正意见。他认为,广泛多样的不愉快体验都会产生负性情绪,从而导致攻击性行为的发生。当负性情绪反应强烈时,人们倾向于选择攻击性行为或逃避,但具体选择哪种方式依赖于环境线索等因素。附加的环境刺激,如黑色衣服、攻击性言语、阅读有关激烈运动的文章等,也会激发攻击性冲动并成为攻击性行为的导火索。

伯科威茨(Berkowitz,1993)进一步指出,认知评价能够强化和减弱人们对挫折的愤怒反应。思考也有助于解释植根于攻击的一个明显的两难问题,即挫折和攻击常常随环境条件的提高而增加。例如,团体中提升得快的人比同一团体中提升得慢的人感到的挫折更大。许多研究显示,挫折随剥夺的减少而提高,能产生最大挫折的不是简单剥夺,而是涉及自己与他人的横向和纵向比较的剥夺。为了减少挫折感,体育教师或教练在帮助学生或运动员制定体育教学、训练和比赛目标时,要从他们自身的条件出发,将目标定得短而合理,使他们在每个阶段都有所收获(唐征宇,1997)。

(三) 社会学习理论

以班杜拉(Bandura,1973)为代表的社会学习理论认为,包括攻击性行为在内的一切社会行为都是个体在与环境相互作用的过程中,通过观察、模仿而习得的。班杜拉分析了观察学习的五种效应。

1. 习得效应

习得效应指通过观察习得新的技能和行为模式。如果对运动情境中的行为表现给予赞许,就会使运动员通过观察学习而表现出类似的行为。史密斯(Smith,1980)的研究指出,冰上曲棍球中的暴力性行为来自榜样。青年人往往通过观察电视节目或现实中的职业运动员的角色榜样而习得攻击性行为。

2. 抑制效应与去抑制效应

抑制效应指观察者看到他人的不良(或良好)行为受到社会谴责会暂时抑制受到谴责的不良(或良好)行为。去抑制效应指观察者看到他人的不良行为未受到应有惩处后,其原本受到抑制的不良行为重新出现。例如,一名有不良行为习惯的队员进入一个队风良好、纪律严明的运动队后,在周围队员良好表现的潜移默化下,他的不良行为习惯很可能暂时受到抑制。但由于恶习一时难以完全消除,一旦他回到自己原先的小圈子,他的不良行为习惯又会重新出现。

3. 反应促进效应

反应促进效应指通过观察促进新的学习或加强已习得的行为。例如,在体育课上,有些学生胆小,不敢做一些危险性的动作。这时教师让某个胆大的学生先作示范。胆小的学生看到该动作他人能做,胆子也大起来,认为自己也能做,从而促进了新动作的学习。反应促进效应也指已习得行为的加强。例如,"见人打招呼"原本是某学生已习得的行为,但有时不能表现出来。若看到其他学生和成人都能表现这样的行为并受到赞扬,该学生"见人打招呼"的礼貌行为会得到加强并重新表现出来。

4. 刺激指向效应

刺激指向效应指通过观察榜样行为,观察者将自己的注意指向特定的刺激。在班杜拉的实验中,看到榜样用木槌击打布娃娃的儿童与未看到这种行为的儿童相比,不但会模仿这种攻击性行为,而且会将木槌用到其他情境。

5. 情绪唤醒功能

情绪唤醒功能指看到榜样表达的情感后,观察者容易唤起类似的情感。例如,优秀运动员在重大国际比赛中获得好成绩后,心情激动,手持国旗绕场跑动,该行为能激起观众同样的爱国主义情感。

专栏 8-4　　　　　观察学习效应

在班杜拉的一个经典实验研究中,将3—6岁的儿童分成三组,先让他们观看一个成年男子(榜样人物)对一个成人大小的充气娃娃做出种种攻击性行为,如大声吼叫和拳打脚踢。然后,让一组儿童看到这个榜样人物受到另一成年人的表扬和奖励(果汁与糖果);让另一组儿童看到这个榜样人物受到另一成年人的责打(打一耳光)和训斥(斥之为暴徒);第三组为控制组,只看到榜样人物的攻击性行为。然后把这些儿童一个个单独领到一个房间里去。房间里放着各种玩具,其中包括洋娃娃。在十分钟里,观察并记录他们的行为。结果表明,看到榜样人物的攻击性行为受到惩罚的一组儿童,同控制组儿童相比,玩洋娃娃时的攻击性行为显著减少。而看到榜样人物攻击性行为受奖励的一组儿童,在自由玩洋娃娃时模仿攻击性行为的现象相当严重。班杜拉用替代强化来解释这一现象:观察者看到别人(榜样)的行为受到奖励,间接引起其相应行为的增强;观察者看到别人(榜样)的行为受到惩罚,则会产生替代性惩罚作用,抑制其相应行为的产生。

资料来源:皮连生. (2011). 教育心理学(第四版). 上海:上海教育出版社, pp. 214—215.

榜样的力量、社会强化的力度、大众传播的有效性对个体的社会学习具有重要作用。虽然迄今为止,对攻击性行为产生的原因尚无一致的结论,但相较而言,社会学习理论较符合客观实际,因此得到的支持日益增多。

(四)道德推理理论

布雷德迈尔(Bredemeier,1994)提出的道德推理理论以皮亚杰的认知发展理论为基础,认为个体的攻击性程度(包括运动中的攻击性行为)与其自身所处的道德推理阶段有关。竞技运动鼓励果断行为,而攻击性行为有时难以与果断行为进行严格区分,这就使某些攻击性行为披上了"合法"的外衣。日常生活中必需的道德要求在运动竞赛中被排除而不予考虑,布雷德迈尔将这种现象称为"被排除而不予考虑的道德"。此外,运动队中创造的"道德气氛"可能对运动员攻击性行为的表现起了传递信息的作用(Stephen & Bredemeier, 1996)。因此,教练、家长和全社会应重视运动队中良好道德气氛的建设,为青少年提供适合其年龄特点的运动(Cox, 2002)。

三、影响运动中的攻击性行为的内外部因素

(一) 个体内部的因素

1. 唤醒

在运动竞赛中,唤醒是一种攻击的准备状态。唤醒升高的人只在有某种挫折感或攻击性刺激的情境中才会作出攻击性反应。研究表明,在唤醒水平较高的状态下,容易发生敌意性攻击。兹尔曼等人(Zillman, Johnson, & Day, 1979)的实验结果同样说明了唤醒水平与攻击性之间的关系:身体唤醒水平较高项目的运动员,其攻击性也是最高的。例如,篮球、足球运动员比棒球运动员更常表现出攻击性行为(祝蓓里,1992)。

2. 道德水平

个体的道德发展水平越高,其以使别人痛苦为目的的侵犯行为就越少。攻击性行为,特别是敌意性攻击行为会使个体产生内疚感,而这种内疚感又会使其暂时降低攻击性。

3. 人格特征

人格特征也会影响个体的攻击性行为。但是,对于人格特征与个体的攻击性行为之间的因果关系,尚未得出一致的结果。有研究指出,A型人格的人比B型人格的人更具攻击性(金盛华,2005)。

4. 性别

一般而言,男性的攻击性高于女性。但是,两性在攻击的方式上存在差别。男性多为身体攻击,而女性多为言语攻击和其他间接攻击。但是,被他人直接激怒时,攻击的性别差异会缩小。

(二) 个体外部的因素

1. 社会学因素

第一,家庭教育方式。过度严格或溺爱的家庭教育,尤其是童年对所受攻击的

压抑或忍耐,均可造成孩子的攻击性行为。双亲施与孩子身体惩罚的数量同攻击性有很大关系。有攻击性倾向的男孩多数与彼此对立、争吵和伤害对方身心健康的双亲有关。攻击性较少的孩子则较多来自温暖和谐、相互尊敬的家庭。

第二,去个性化。在群体中,一旦去个性化状态出现,个体的行为会较少受自己的个性支配,而倾向于追随整个群体的状态。群体的规模越大,气氛越强烈,越易引发人的去个性化状态。去个性化状态会使人最大限度地降低自我观察和评价的意识,降低对社会评价的关注,平时的内疚、羞愧、恐惧和承诺等行为控制力量均被削弱,受压抑行为外露的阈值因此降低,使人表现出社会不允许的行为,攻击性行为增加(章志光,1996)。

第三,媒体。实验室研究和生活事实都证明了暴力传播的潜在危险。绝大多数社会心理学家都赞同,暴力传播会增加公众尤其是儿童的攻击性(章志光,1996)。

媒体每天报道大量个人和集体的暴力性行为,并常常大肆渲染运动中的攻击性事件,以提高自身的吸引力或增加报纸的销售量。对暴力的耳濡目染,会使个体习惯于攻击性行为,从而提高他们对这类行为的耐受力(LeUnes & Nation, 2005)。

专栏 8-5 足球暴力——足球流氓行为

与运动相联系的一个更引人瞩目的现象是足球暴力,流行的说法叫足球流氓。从各方面来看,流氓行为有其坚实的社会阶级基础,需要给予更多的关注。另一个显著的社会学因素是媒体在培育和促进攻击性行为方面的作用。

根据《韦氏新20世纪词典》,流氓是"年轻的恶棍,特别是街头帮派成员",流氓现象指"流氓的行为或特征、无赖、故意破坏者"。"流氓行为"一词常指欧洲特别是英国足球迷的行为。在足球运动参与者眼里,流氓行为已成为专业足球运动可接受的现象,几乎是该运动的组成部分。流氓行为的中心特征,即最明显的特征是身体暴力。流氓的暴力不仅直接指向运动员、官员,而且更多指向对方球迷群体。暴力的形式有徒手相搏、使用器械或从远处扔爆炸物。常用的武器有镖、硬币、啤酒罐、汽油爆炸物等。这些构成了我们前面讨论的旨在伤害他人的攻击性行为的一部分。正如卡利等人(Curry & Jiobu, 1984)所描述的:"对足球流氓来说,足球馆是战场而不是运动场。"

为了阻止这些敌对行为,管理者将体育馆内的不同球迷分隔在不同位置。许多足球流氓不买票看球赛,而是于赛前或赛后在街道上斗殴,这使得对他们的管理变得更加复杂。对于这类足球流氓现象,国际足球协会发言人指出:"这些年轻人的思维方式令人困惑。英格兰似乎形成了这种精神,并向外输出了这种精神。英格兰似乎想在这个问题上维持世界冠军的地位。"(Lope, 1998)

丹宁等人(Dunning et al., 1982)的观点是,足球流氓的行为试图错误地展示男子气概,夸张地强调粗暴和打斗倾向。他进一步断言,这些好斗群体主要来自工人阶级中的粗暴分子。丹宁还认为,足球赛仅仅是有夙愿的球迷帮派的论坛,也就是说,斗殴似乎比看球更重要。丹宁值得一提的另一观点有关对团体目的的服从,他认为,不同的目的使这些流氓帮派各具特色。流氓们不允许成员显示个性。他们在赛场上通过仪式性的歌曲或单调的音节来强化同一感和从众性。

资料来源:[美] LeUnes, A., & Nation, J. R. (2005). 运动心理学导论. 姚家新,等,译. 西安:陕西师范大学出版社, pp. 190—191.

2. 运动场景中的环境因素

第一,高温、噪声、拥挤的人群。有学者认为,环境温度与攻击性行为之间存在线性关系,即温度越高,运动员的攻击性越强。但也有学者认为,温度与攻击性行为之间的关系应是曲线关系(见图8-3)。

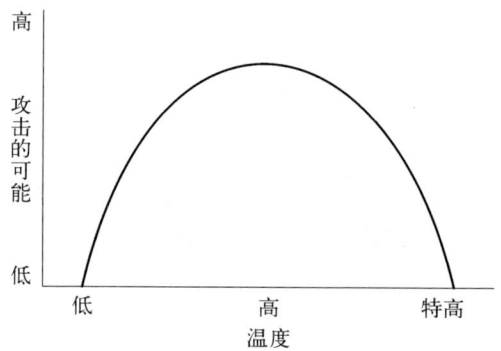

图8-3 温度与攻击性行为的关系
资料来源:张力为,任未多. (2000). 体育运动心理学研究进展. 北京:高等教育出版社, p. 449.

太高或太低的温度下,攻击性行为发生的可能性均很低,这是因为此两种情况难以达到个体产生攻击性欲望的唤醒水平。只有在适当的温度条件下才能引起个体的攻击性欲望。

巨大的噪声可能使个体的唤醒水平提高,从而更易产生攻击性行为。拥挤的观众的最主要影响是造成队员心理压力的增大,倘若这时又存在着敌对性情绪,便很可能诱发攻击性行为(张力为,任未多,2000)。

第二,对受害者意图的感知。如果运动员在主观上感到对手企图伤害自己,此时他们将倾向于"以牙还牙",主动采取攻击行动。攻击性强的运动员更倾向于将对手的偶然行为感知为攻击企图,从而更有可能撤销对比赛胜败和竞争的关注。

第三,害怕报复。在某种程度上,害怕遭到对手报复的运动员更有可能会阻止自己主动采取攻击性行为。如果一名篮球队员担心遭到对方的报复性攻击,这名运动员就不太可能用胳膊肘袭击对方的肋骨。然而,这种对对手具有相同反击能力的敬重,也有可能很快地发展为公开的攻击和反攻击。

第四,运动项目的特点。不同的运动项目,其攻击性的强度有所不同。接触性运动项目比非接触性运动项目的攻击性强度高。同是接触性运动,不同的项目之间也存在着差异,如拳击比足球更具攻击性,而足球又比篮球更具攻击性。

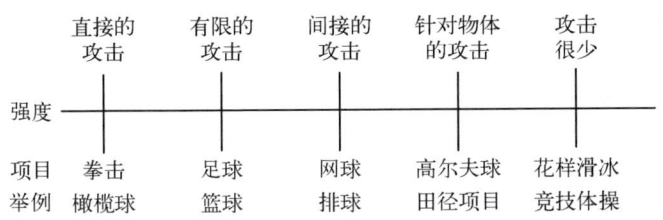

图 8-4 不同攻击性强度的运动项目分类

资料来源:季浏,符明秋.(1994).当代运动心理学.重庆:西南师范大学出版社,p. 221.

第五,比赛的结构。(1) 分数差距。随着比赛分数差距的拉大,落后方更具攻击性的行为就会发生。当双方比分非常接近或持平时,几乎不会发生攻击性行为(张力为,毛志雄,2003)。(2) 主场比赛或客场比赛。主队或客队的攻击性行为可能取决于攻击的性质和比赛的项目。一般而言,来访的客队在比赛中的攻击性行为高于主队(张力为,毛志雄,2003)。(3) 比赛的结果。当场上比分"一面倒",有一方失败无疑时,负方表现出攻击性行为的概率通常远远高出胜方。(4) 联赛排名。球队排名越靠后,该队球员越易表现出攻击性行为(张力为,毛志雄,2003)。(5) 比赛的阶段。通常,攻击性行为会随着比赛的进行而增加。卡伦等人(Cullen & Cullen, 1975)曾对冰球比赛的过程进行研究,结果发现,当运动员进入比赛后期时,因攻击性行为而受罚的次数直线上升;而且,越是想要出线和获得更高名次的比赛,攻击性行为出现的概率就越高;然而,一旦获胜无望,个体的攻击性行为就会大为减少(张力为,任未多,2000)。还有研究(张力为,毛志雄,2003)指出,输队在比赛的中间最有可能发生攻击性行为,而赢队在比赛的末期最容易发生攻击性行为。(6) 运动水平和队伍级别。一般而言,高水平的运动队参加高水平的运动比赛,比低水平的运动队参加低水平的运动比赛,更有可能出现攻击性行为。当然,也有研究获得了相反的结果(唐征宇,2000b)。

第六,相互竞争、熟悉程度和比赛次数。参加地区内比赛的球队由于地理位置相近和较为频繁的比赛,相互间往往较为熟悉,竞争激烈。因此,队员也更有可能表现出攻击性行为(张力为,毛志雄,2003)。

第七,目标定向。自我目标定向的运动员,更倾向于认为比赛中的攻击性行为是合理的。与此相反,高任务目标定向与良好的运动员风度密切相关。

此外,外部鼓励与裁判的漏判、错判或存心偏袒,以及去个性化和从众心理等都是影响运动员攻击性行为的重要因素(张力为,毛志雄,2003)。

四、降低运动中的攻击性行为的方法

(一) 体育管理部门

在运动中,体育管理部门是最高级别的干预机构。体育管理部门至少可以通过五项改革创新,努力阻止运动中的攻击性行为。

1. 比赛期间应限制酒类产品的销售和饮用

酒精会提高人的唤醒水平,促进攻击性行为的产生(祝蓓里,1992)。裁判喝酒易导致错误判罚,球迷饮酒会减少运动带来的快乐。此外,酗酒行为往往与体育场上发生的各种攻击性行为有关。大型赛事的主办方应注意这一问题,劝阻有醉酒特征的人员进入体育比赛的赛场。

2. 迅速果断地处理观众攻击事件

体育管理部门应立场坚定,保护运动员和没参与攻击的球迷,以防有人侵犯他们参加比赛和观看比赛的权利。考克斯(Cox,1990)曾提出,公然制止初犯或惯犯不失为一种好办法。此外,也可密切监控潜在的闹事者,或者查出具有暴力和斗殴史的观众并禁止其进入比赛赛场(张力为,毛志雄,2003)。

当部分观众表现出攻击性行为时,管理人员必须迅速地处理他们的攻击性行为。例如,可以巧妙地把他们带离运动场,而不要过分地激怒他们。对部分不听劝阻,与运动员、教练和体育管理人员发生严重冲突,扰乱正常比赛秩序的观众,应依法立即给予严惩(祝蓓里,1992)。

3. 让运动更适合家庭一起观看

通过降低家庭票价、开展吸引家庭参与的宣传活动,使体育项目更适合全家一起观看,可以降低运动场所内的攻击性行为。因为,父母在孩子面前会更注意自己的言行,为了保持自己在孩子心中的良好形象,父母会抑制自己的攻击性冲动,而不触犯社会的基本道德准则;同样,有父母在场,孩子也会约束自己的不良行为,而且,一旦孩子出现具有攻击性的行为,家长也能够及时制止。

4. 监督教练的行为

体育管理部门应约束教练,使其在鼓励运动员实施攻击或对运动员的攻击性行为不作判罚时,为自己的行为承担责任。在运动员眼中,教练是重要的他人。当运动员确信,他们的攻击性行为会受到教练的斥责时,他们的攻击性欲望也会得到及时的抑制。

5. 监督运动员的行为

体育管理部门应该消除那些在比赛场上可能激起敌意性攻击的外部刺激,促进比赛双方队员之间的团结,使参赛的所有人分享比赛中的愉快和激情(祝蓓里,1992)。管理者应该教会运动员控制或应对敌意性攻击行为的策略和技巧,并使运动员意识到这样一个事实——无论是业余队还是高水平的职业队,攻击性行为都会受到严惩。

(二) 大众传媒

大众传媒至少可以从三个方面来努力减少运动中的攻击性行为。

1. 不要在青少年面前赞扬攻击型运动员

大众传媒应尽可能将运动员体育道德高尚、富于情感且十分善良的正面形象介绍给青少年,而尽量不对运动员的攻击性行为作报道。

2. 避免渲染攻击性行为

大众传媒不应反复报道和评论运动场上的攻击性行为,过分渲染会加深人们对攻击性行为的记忆,从而使青少年潜移默化地习得一些实施攻击性行为的方式。有责任心的大众传媒应该抑制攻击性行为而不是夸大它。

3. 传播体育运动的积极作用

大众传媒在报道中应该多提供一些积极、有益的东西,使青少年认识到体育比赛是一场公平的竞争,它能促使个体的身心健康发展、满足自我实现的愿望,而不要将体育运动炒作成荣誉与金钱的战场和赌场。

(三) 裁判

主裁(网球、棒球、橄榄球、拳击等项目)和边裁在体育比赛中起着重要作用。他们要迅速而准确地作出重要裁定,对能影响比赛结果的规则进行解释,并对这一切承担责任。因此,裁判就成了引起运动员或观众情绪变化并导致其攻击性行为产生的重要人物。为了减少运动员与观众的攻击性行为,建议采取下列措施提高裁判的业务水平。

1. 消除有意的执法不公现象

裁判执法不公常常会引起运动员和观众的强烈愤怒,从而导致攻击性行为的产生。

裁判的执法涉及几个方面的问题:一是比赛规则制定不公;二是比赛规则本身没问题,但裁判误判。对于前一种情况,必须做到在赛前公布比赛规则,让参赛双方对比赛规则均有充分的了解,减少歧义。对于后一种情况,一方面要提高裁判的业务水平,另一方面,对有意吹"黑哨"的裁判要重罚,必要时可以吊销其执法资格。

2. 参与针对运动中攻击性行为的研讨和实践活动

某些运动项目极易发生攻击性行为。在预测、识别和控制可能一触即发的攻击性行为方面,不同水平的裁判对场上形势的控制能力有所不同。因此,对这些项目的裁判来说,参与有关理论与实践方面的专业培训就显得极为重要。

(四) 教练

一些教练在运动中定下攻击性行为的基调。例如,有的教练向运动员灌输:"在体育活动中失败还不如死。""要参加这场比赛,你必须心中有激情,只有仇恨才能激发激情。"等等。而这种行为一旦受不到彻底的指责,往往会纵容运动员的攻击性行为。为减少教练的不当言行,可以采取下列措施来改善当前的形势。

1. 鼓励运动员从事亲社会行为

教练要帮助运动员学会尊重对手,要鼓励他们在赛前和赛后多与对手交往,增进友谊。这有助于消除他们在比赛中出现的敌对感。此外,教练应该支持那些具有高度自我控制能力,能够承受惩罚性打击而不予报复并继续参加比赛的运动员(祝蓓里,1992)。

2. 参与针对运动中攻击性行为的研讨和实践活动

和裁判一样,教练应该意识到运动中的攻击性行为不仅会对个人的当前处境产生威胁,而且会对整个社会产生负面影响。因此,应当鼓励教练和有关人员参加如何处理和应对运动员攻击性行为的职后培训。

在教练的教练计划中,要强调必须消除攻击性行为,并教会运动员控制攻击性行为的策略。至于允许甚至鼓励运动员采取攻击性行为的教练则必须严罚。

(五) 运动员

运动员必须对自己的行为负责,形成自我控制的策略,以使唤醒水平不至于太高。对运动员的攻击性行为一定要予以惩罚,不能让他们从攻击性行为中得到任何好处。

运动员不应责备激惹他们的人而应学会反思——为什么自己那么容易被激怒。因此,运动员应该自愿参加一些旨在帮助运动员应对攻击性情绪和行为的培训班。在学会更好地控制情绪方面,视觉表象和心理训练是很有价值的两种技巧。

总之,只要管理部门、大众传媒、裁判、教练和运动员通力合作、共同努力,必将对降低运动中的攻击性行为起到实质性的促进作用。但是,只要超越体育范围的社会环境还在起作用,就很难实现这一目标。体育部门的领导、教练和运动员要一起建立一套非攻击性行为的章程,并通过大众传媒,使这个章程广泛传播。

本章提要

- 体育道德是运动精神的核心。运动对培养青少年良好的道德行为具有积极的作用。道德由道德认识、道德情感、道德意志和道德行为几个方面组成。道德行为是衡量个体道德品质的重要标志。体育工作者有责任指导青少年掌握良好的体育道德行为方式,帮助他们养成良好的体育道德行为习惯。具体途径有两种:一种是重复地模仿别人良好的道德行为;另一种是通过有意的练习,与不良体育道德行为作斗争。
- 对个体道德功能的评价涉及亲社会行为和反社会行为两个方面。亲社会行为泛指一切符合社会期望且对他人、群体或社会有益的行为,主要包括分享、合作、助人、利他、捐献、安慰、同情、谦让等。亲社会行为的特征有高社会赞许性、社交性、自利性、互惠性和利他性。影响亲社会行为的内部因素有道德认知发展水平、角色采择、自我概念、心境、移情能力和年龄;影响亲社会行为的外部因素有环境因素、受助者的特征、他人亲社会行为的示范作用。
- 无论是竞技运动领域,还是群众体育领域,都存在大量的亲社会行为。运动中培养青少年亲社会行为的策略有价值观教育(包括价值澄清法和榜样教育法)、自我概念训练、责任心的培养、利用行为强化的手段促进体育规范的内化,以及帮助青少年建立良好的人际关系、提高他们的移情能力、设置良好的运动环境、不断组织集体性运动等。
- 攻击性行为是指有目的地伤害另一生命体的行为。在运动中,攻击性行为可以从两个维度加以区分:(1) 根据攻击时是否有愤怒的情绪表现,可以将攻击性行为分为敌意性攻击和工具性攻击;(2) 根据个体的人格(个性)特点的不同,可以将攻击性行为分为特质性攻击和状态性攻击。
- 果断行为是指在商定的规则之内,无伤害他人的意图,为达到目标,全力以赴,积极拼抢的行为。在一些体育竞赛活动中，按照规则，允许合理地进行身体碰撞。在运动中，果断行为应当得到鼓励，攻击性行为应当得到及时制止。在工具性攻击、敌意性攻击和果断行为之间存在着交叉，即存在着模棱两可的领域。这既给研究者辨别攻击的性质带来了困难，也说明这一问题具有复杂性。

- 运动心理学家对攻击性行为是否促进运动表现持有异议。
- 影响运动中攻击性行为的内部因素：唤醒、道德水平、人格特征、性别。影响运动中攻击性行为的外部因素：(1) 社会学因素，包括家庭教育方式、去个性化和媒体；(2) 运动场景中的环境因素，包括高温、噪声、拥挤的人群、对受害者意图的感知、害怕报复、运动项目的特点、比赛的结构、竞争程度、对手间的相互熟悉和比赛次数，以及目标定向。
- 可以从以下几个方面着手降低运动中攻击性行为的产生概率：(1) 管理部门——在比赛期间限制酒类产品的销售和饮用、迅速果断地处理观众攻击事件、让运动更适合家庭一起观看、监督教练和运动员的行为；(2) 大众传媒——不要在青少年面前赞扬攻击型运动员、避免渲染攻击性行为、传播体育运动的积极作用；(3) 裁判——消除有意的执法不公现象、参与针对运动中攻击性行为的研讨和实践活动；(4) 教练——鼓励运动员从事亲社会行为、参与针对运动中攻击性行为的研讨和实践活动；(5) 运动员——形成自我控制的策略、学会反思自己为什么那么容易被激怒。

教学活动设计

1. 请你创设一种运动中的道德两难问题，并与队员或同学反复讨论，说明怎样才能通过价值辨析的方法提高自己的道德认识水平。
2. 研究人员运用档案记录资料能否区别攻击性行为和果断行为？请解释。
3. 请再添加几条能够减少运动员和观众攻击性行为的策略。

复习与思考题

1. 如何在运动中培养青少年的良好行为习惯？
2. 举例说明运动中的亲社会行为。
3. 如何通过运动来培养青少年的亲社会行为？
4. 不同攻击性行为有何特点？攻击性行为与果断行为有何区别？
5. 影响运动员攻击性行为的内外部因素有哪些？
6. 讨论减少运动员攻击性行为和暴力性行为的方法。

第九章 动作技能的学习

―――――― 本章细目 ――――――

关键概念
第一节 动作技能概述
一、什么是动作技能
（一）动作技能的概念
（二）动作技能的组成成分
（三）动作技能的特征
二、动作技能的分类
（一）封闭性动作技能和开放性动作技能
（二）连续性动作技能和非连续性动作技能
（三）粗大动作技能和精细动作技能
（四）工具性动作技能和非工具性动作技能
（五）低策略性动作技能和高策略性动作技能
三、动作技能的结构模式
（一）辛普森的动作技能七层次结构理论
（二）克拉蒂的知觉—动作技能三层次理论
（三）查斯的信息加工模式

第二节 动作技能的形成与保持
一、动作技能形成的理论解释

（一）习惯论
（二）认知理论
（三）生态学理论
二、动作技能形成的三个阶段
（一）认知阶段
（二）联系形成阶段
（三）自动化阶段
三、动作技能熟练的标志
（一）立即反应代替了笨拙的尝试
（二）利用微弱的线索
（三）错误被排除在发生之前
（四）局部动作综合成大的连锁，受内部程序控制
（五）在不利条件下能维持正常的操作水平
四、动作技能的保持

第三节 影响动作技能形成的因素
一、内部因素
（一）动机
（二）生理成熟度和经验
（三）智力水平
（四）人格特征
（五）生理唤醒水平

二、外部因素
（一）有效的指导
（二）练习
（三）反馈

第四节 动作技能的迁移
一、迁移的定义
（一）正迁移和负迁移
（二）两侧迁移和零迁移
二、迁移的测量
三、迁移的原因
（一）对正迁移的解释
（二）对负迁移的解释
四、促进正迁移、避免负迁移的方法
（一）加强动作概念和动作原理的教学
（二）为迁移而教
（三）注意两种动作技能学习的时间间隔
（四）启发学习者的思维，提高学习者对已有知识经验的概括性水平

本章提要
教学活动设计
复习与思考题

关键概念

动作技能   封闭性动作技能   开放性动作技能   连续性动作技能
非连续性动作技能   系列性动作技能   练习曲线   集中练习   分配练习
整体练习   部分练习   反馈   迁移

　　动作技能与人类生活密不可分,从走、跑、跳、投等最基本的技能到高水平运动员、杂技演员、特技飞行员等完成高难度动作所需具备的特殊技能等都属于动作技能。动作技能的掌握是学生或运动员体育学习和运动训练的重要组成部分。动作技能掌握水平的高低,对学生或运动员体育知识的学习和运动能力的培养具有至关重要的作用。

第一节　动作技能概述

一、什么是动作技能

(一) 动作技能的概念

　　传统上,我国的心理学家认为动作技能是指通过练习而巩固下来的、自动化的、完善的动作活动方式。它主要是借助骨骼肌的运动以及与之相应的神经系统的活动而实现的对器械的操作或外显的肌肉反应。例如,掷手榴弹和跳远这两种动作技能,前者主要体现为对手榴弹的操作,后者主要体现为外显的肌肉反应。无论是否使用器械,动作技能总会包含神经系统对有关肌肉的控制(祝蓓里,季浏,2000)。

　　动作技能又称心因性动作技能,受内部心理过程的控制。例如,日常生活中的写字、行走、骑自行车,体育运动中的游泳、体操、打球,生产劳动中的锯、刨等动作活动方式,都是由心理过程控制的肌肉反应。

(二) 动作技能的组成成分

　　虽然不同的学者对动作技能的定义不同,但都认为动作技能的构成包括以下三种成分(莫雷,2007)。

1. 动作或动作组

　　动作技能首先是从学习动作开始的,并始终贯穿其中。个体在学习动作技能前,必须先具备动作技能中包含的各种动作。因此,离开了动作就谈不上动作技能。但是,并非所有的动作都能称为动作技能,只有当人们用一组动作去完成一项具体任务,如用一组身体动作(舞蹈语言)去表现情感时,这组动作才能称为动作技能。而穿衣、吃饭、摇头、打呵欠等就不是动作技能。

2. 体能

体能主要包括耐力、力量、韧性、敏捷性等。

3. 认知能力

认知能力主要包括视觉、听觉、触觉、动觉等多种知觉能力,其中,手脚协调、身体平衡对完成动作技能的意义更大,如骑车、弹琴和打字等。没有知觉参与的活动不能称之为动作技能的活动,如眨眼之类的不随意动作就不是动作技能。当然,动作技能学习的不同阶段,动作技能的熟练程度不同,知觉参与的程度也不一样。

(三) 动作技能的特征

1. 后天习得

动作技能不是与生俱来的,而须通过学习或练习获得。一些简单的或不随意的外显肌肉反应,如人的眨眼反射或摇头动作等不属于动作技能,只有那些后天习得并能相当持久地保持下来的动作才属于动作技能。

2. 时空结构上具有不变性

从动作技能的外部结构来看,它是由若干动作按一定顺序组织起来的动作体系。任何一种动作技能都具有时间上的先后顺序和一定的空间结构,动作的顺序性是不变的。例如,推铅球这一动作技能,从持球蹬腿、转体到最后出手用力,这一动作顺序是不变的。动作的空间结构也具有稳定性,它在原型的基础上有多种变式。例如,篮球运球动作的空间结构,有时幅度大些,有时幅度小些,有时节奏快些,有时节奏慢些,但运球的基本样式是不变的。

3. 由任务推动

人对动作技能的运用是一个主动的过程,它主要由当前的任务推动,也就是说,只有在任务需要时才表现出某种动作技能。例如,篮球场上带球的队员是继续运球,还是传球或投篮,需依据当前赛场上的任务需要而决定。

4. 熟练程度越高,动作技能越自动化和完善

动作技能是通过练习由低层次的感知系统与运动系统的协调关系向高层次的协调关系发展,并最终达到高度自动化和完善的熟练程度。熟练程度越高的动作技

能,越能自动化得轻松敏捷从而完善地完成动作。例如,随着熟练程度的提高,单手肩上投篮的技能逐渐完善,不仅投篮命中率越来越高,而且意识参与控制的程度越来越低。自动化并非没有意识的参与,只是意识参与的程度较低。事实上,在生活中,个体一旦遇到障碍就会提高意识参与的程度来调整动作,排除障碍。动作技能的自动化成分越大或动作技能越完善,动作准确性就越高且耗费的能量越少,即遵循节省力量的原则,从而使完成该动作技能的人注意分配的可能性增加,疲劳感也相对降低。

二、动作技能的分类

(一) 封闭性动作技能和开放性动作技能

美国的波尔顿(E. C. Paulton)于1957年最早提出根据环境的稳定性来区分动作技能。如果一种动作技能面对的外界环境是稳定的、可预测的,那么这种动作技能就是封闭性动作技能;如果一种动作技能面对的外界环境是不断变化的、不可预测的,那么这种动作技能就是开放性动作技能。例如,打保龄球、在射击场射箭、体操、游泳、跳远、投掷项目、篮球的罚球等均为封闭性动作技能,学习这类动作技能主要依靠内部的本体感受器的反馈,反复练习是学习的关键。网球、移动靶射击、驾车、击剑、打乒乓球、排球和网球中的接发球,以及足球的防守等均为开放性动作技能。训练开放性动作技能应尽量降低环境的开放性或不可预测性,使学习者确切把握环境的变化。所谓对环境的确切把握,主要指准确、全面、完整地认识环境变化的因素。如果不能准确、全面、完整地认识外界环境的变化,个体在面对不断变化着的外界情境时,就不能在迅速再认和判断外界情境变化的基础上控制自己的动作,从而导致失误的发生。

(二) 连续性动作技能和非连续性动作技能

根据动作操作过程中的连贯程度,可将动作技能分为连续性动作技能和非连续性动作技能。

连续性动作技能可以任意定义动作技能的始点和终点,动作与动作间没有可以直接感知的明显始点和终点,难以精确计数,需要完成的动作序列较长,动作的延续时间也较长,技能操作者或其他的外部条件(教练的停止口令、哨声等)决定着该技能的起止点,而且在完成活动任务的过程中需要根据复杂的内外部刺激连续而不间断地调节和校正动作。例如,骑车、跑步、游泳等都是连续性动作技能。追踪(tracking)任务是实验室情境中常用的一种连续性动作技能典型范例。实验时,个体借助肢体控制操纵杆(轮子、把手等装置)来跟踪目标物体的运动。由于追踪技能在实际生活中普遍存在,如开车时通过操纵方向盘来跟踪公路的轨迹等,所以许多研究都致力于探讨追踪技能的操作和学习。

非连续性动作技能只包含较短的动作序列,动作延续时间短,动作与动作间可以直接感觉到始点和终点,其精确度是可以计数或度量的,通常是对一个特定的外部刺激作出的一个特定反应或动作的突然爆发等。射箭、扣动步枪扳机、举重、推铅球、掷手榴弹、篮球的罚球或投篮、踢球、拦截传球等都是非连续性动作技能。

在非连续性动作技能和连续性动作技能这个连续体之中还存在序列动作技能,它是由多个非连续性动作技能按照一定顺序组合而成的一个新的、更加复杂的系列技能。例如,开车换挡是系列技能,因为它由踩离合器、摘挡、挂挡这三个非连续性动作技能按一定的先后顺序组成;弹钢琴也是一种序列动作技能,因为弹钢琴时必须按照特定、明确的顺序敲击各个琴键;三级跳远、跨栏、跳高、舞蹈、体操套路和射击场射箭等都是序列动作技能。各组成部分之间的顺序和操作的时机是该序列动作技能成功实施的关键。序列动作技能的各组成部分虽然都有明确的起止点,但各组成部分又有特定的组织结构和时机顺序,并且一旦开始操作,触发的是多个动作组成的整体,因而有别于非连续性动作技能。学习序列动作技能时多采用分解练习的方法,逐步将一个个非连续性动作技能依次组合起来,形成一个大的整体的动作技能,就像很自然地学习一个单个动作技能一样。

(三) 粗大动作技能和精细动作技能

根据动作的精确性可以把动作技能分为粗大动作技能和精细动作技能两种。

粗大动作技能是指在较大空间范围内进行并要求做大幅度动作的技能,其特点在于需要整个躯体和大块肌肉群的运动才能完成活动,如跑步、游泳、打球等。成功完成这种活动对动作精确性的要求相对较低,但动作的流畅和协调是必需的。

精细动作技能是指在狭小空间范围内进行并要求动作协调、精致、小幅度展开的技能,其特点是仅仅依靠身体或四肢小肌肉群的运动来完成活动,如打字、刺绣和雕刻等。精细动作技能通常涉及手眼的协调,对动作的精确性有较高要求。

上述跑步、游泳或打字、刺绣等动作技能较容易区分,但有些技能区分起来比较困难,如骑自行车和打棒球既涉及大块肌肉群的运动,又对动作的精确性有较高要求。实际上,粗大与精细只是一个连续体的两端,它们的区别只是相对的,骑自行车和打棒球只是更多地靠近粗大动作技能的一端,因此属于粗大动作技能。

这种划分动作技能的方法在有关特殊教育、适应性体育教育与治疗和儿童期动作技能发展的研究中得到了广泛应用。

(四) 工具性动作技能和非工具性动作技能

根据完成活动时是否需要凭借一定的工具,动作技能可分为工具性动作技能和非工具性动作技能。工具性动作技能是指需要操纵某种工具才能完成活动的技能,如投掷、打球等,其特点是需要操纵现成的工具;非工具性动作技能是指不需要操纵工具,只需要利用机体一系列的骨骼、肌肉运动就能完成活动的技能,如跑步、徒手操等,其特点是不需要操纵任何工具(莫雷,2007)。

(五) 低策略性动作技能和高策略性动作技能

根据动作执行时所需认知策略的多少,动作技能可分为低策略性动作技能和高策略性动作技能(季浏,殷恒婵,颜军,2016)。

低策略性动作技能是指动作操作成功的决定因素是动作本身的质量,对该做什么动作的知觉和决策的作用几乎可以忽略,如举重、田径、游泳、体操等。

高策略性动作技能关注的焦点不在动作本身,而在决定某种情况下做何种动作,即决定做什么动作是最关键的。例如,在羽毛球比赛中,基本动作,如杀球、勾球或放网等每个运动员都会,重要的是知道在什么情况下用什么动作,"用脑子打球",这是比赛取胜的关键。

实施动作技能时所需的认知策略多少也是个连续体,没有纯粹的策略性动作技能和非策略性动作技能。高策略性动作技能主要是选择做什么,而低策略性动作技能是要求操作者怎么做。每一种技能,不管看上去是何等的需要认知策略,最后都要进行运动输出,同样,任何低策略性动作技能也都需要一定的决策制定过程。现实中的多数动作技能处于这两个极端间的某个位置,都是包含决策制订和动作实施的复杂组合。

三、动作技能的结构模式

(一) 辛普森的动作技能七层次结构理论

辛普森(E. J. Simpson)1966年提出,动作技能从低到高由七个层次组成:(1)知觉——完成某种动作的第一步;(2)定势——为某种特定行动的进行作预备性调整及其准备状态;(3)指导下的反应——形成技能的最初一步;(4)机制——已成为习惯的习得性反应;(5)复杂的外显反应——个体已形成所需要的动作模式,能进行相当复杂的动作;(6)适应——改变动作活动以适应;(7)创新——根据已形成的理解力、能力和技能,创造新的动作行动和操作方式。

(二) 克拉蒂的知觉—动作技能三层次理论

克拉蒂(B. J. Cratty)1964年提出知觉—动作技能三层次理论,其中,三个层次依次如下:(1)动作技能的一般支柱,包括抱负水平、毅力水平、唤起或动机水平、分析工作技巧的能力、各种知觉能力等,这些因素稳定程度较大,但仍可能受个体经验的影响或修正;(2)能力品质,包括力量、耐力、伸缩性、速度、平衡和协调,这是每个人都能发展的潜能,而且也影响其动作技能水平的品质;(3)工作和情境特有的各种因素,如工作所需能量的要求、操作者赋予工作的价值、以往的经验和操作情境的社会特征等,在生活实践中,实际可以观察到的动作技能是在这个层次上出现的。

(三) 查斯的信息加工模式

动作技能的信息加工模式由查斯(M. L. Chas)提出。该模式把动作技能看作由感受器系统、中枢加工系统和效应器系统构成的一个完整的信息加工系统(如图9-1所示)。

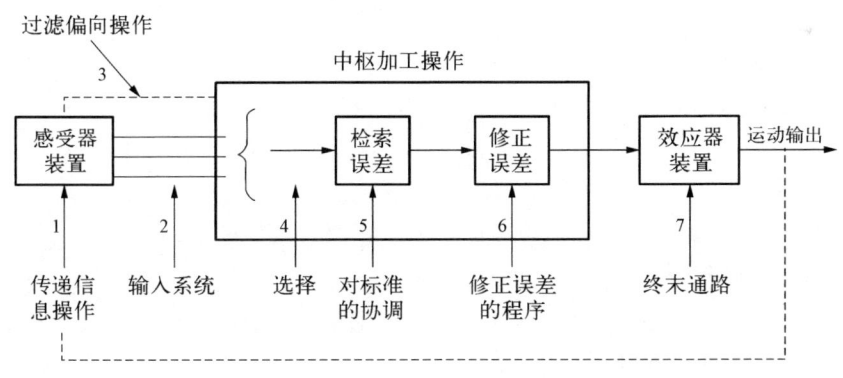

图9-1 动作技能的信息加工模型
资料来源:莫雷.(2007).教育心理学.北京:教育科学出版社,p. 180.

该模式强调中枢加工系统的作用。具体而言,各部分的功能如下:(1)感受器装置接收并作好传递外界信息的准备;(2)信息通过视、听等感官通道输入;(3)中枢信息加工系统接收感受器装置输入的信息,并以适当的信息进行反馈,把感受器内的信息引向一定的方向;(4)选择特定的信息;(5)将输入的信息与内存标准作比较,并检验其误差;(6) 通过修正误差的程序修正误差;(7) 修正的信息经效应器装置转变成肌体运动的功率,这种功率通过运动输出对感受器装置进行反馈并控制输入的信息。

专栏 9-1　　动作技能学习的能力倾向测量

弗莱施曼和赫孟帕(Fleishman & Hempel,1954)鉴别出以下有助于预测动作技能学习的十种简单动作能力。

1. 反应时间

反应时间是个体对正在预期的刺激作出反应的速度,如某一预先确定的信号(节拍器响声或灯光)出现到个体举起一只手指所花费的时间。

2. 连续轻拍的能力

这种技能使人迅速运动,如拍桌的速度快。

3. 动作协调

动作协调既包括精细的运动,也包括大肌肉的运动,如需要手眼协调的技能。

4. 手的灵活性

手的灵活性指迅速做出熟练的和有控制的手臂或手的运动的能力,如让被试尽可能迅速地传递积木块以测量这种能力。

5. 手指的灵活性

手指的灵活性包括用手迅速操纵物体。例如,要求被试用镊子把小钉子钳出来。手指的灵活性与手的灵活性不同,不包括手臂的运动。

6. 动作的精确性

这种能力不仅要求精确性,而且要求速度。它与手指的灵活性相似,但需要更多的手眼协调。

7. 稳定性

这是指手的稳定性。在测验中,稳定的手得分高。书写毛笔字时,往往需要手的稳定性。

8. 运动感受

将被试置于某种不稳定的装置里,如仿制的飞机舱内,可以测量这种能力。机舱会左右倾斜,被试必须通过控制方向舵使机舱保持平稳。

9. 对准目标

这是指以高速度完成一项简单任务,如在许多圆内画圆点或在标准答卷上作记号的技能。

10. 左右手都灵活

要求惯用右手的人用左手完成某项简单测验,或要求惯用左手的人用右手完成某项简单测验,可以测量这种技能。

资料来源:皮连生.(2004).教育心理学(第三版).上海:上海教育出版社,pp.220—221.

第二节　动作技能的形成与保持

一、动作技能形成的理论解释

关于动作技能的形成过程，主要有以下三种解释。

(一) 习惯论

1. 生理学的联结理论

苏联学者加加耶娃在条件反射理论的基础上，从生理学角度对动作技能的形成进行了分析，把动作技能的形成过程分为掌握局部动作、初步掌握完整动作、动作的协调和完善三个各具特点而又相互联系的阶段，认为动作技能形成的实质就是在大脑皮层上建立稳固的神经联系系统或自动化的运动条件反射系统。

该理论把动作技能的形成看作一个由易到难、由简到繁、由局部到整体、由低级到高级、由不熟练到熟练的循序渐进的发展过程，这为动作技能的学习提供了方法论依据，即阶段练习法。由于该理论有着生理学的理论依据，因此，长期以来一直是一种比较经典的有关动作技能形成的理论解释和一种比较流行的有关动作技能学习的阶段划分。但是，该理论把动作技能形成的机制仅仅归结为动力定型的形成，而忽视了个体的主观能动性和认知因素在动作技能学习过程中的重要作用，使得该理论在解释高级的复杂技能学习时不可避免地遇到了诸多局限。

2. 行为主义的习惯论

行为主义基于学习是刺激与反应的联结的基本观点，提出了动作学习的习惯论。从刺激与反应的联结的观点看，动作学习就是人的外显动作行为在外部影响的作用下变化的过程，动作学习的结果就是形成稳定、连贯、准确的动作序列和动作习惯，动作技能的提高就是动作序列和动作习惯的不断延长，动作技能形成后用于完成新的任务就是动作序列和动作习惯的泛化。

习惯论把动作技能的形成归结为刺激与反应的联结的形成和加强，强调练习与强化在动作技能形成过程中的关键性作用，抓住了人类学习的外部影响条件，为体育运动、职业教育、军事训练作出了重大贡献。但是，它忽略了学习者的内部心理过程和心理实质，没有认识到认知因素在动作学习过程中的重要作用，因而既不能解释高层次的学习动机问题，也不能有效解释复杂的高水平动作技能的形成以及动作创新问题。

（二）认知理论

20世纪60年代和70年代以后，许多心理学家倾向用认知理论来解释动作技能的形成。在这些理论解释中，比较突出的有以下三种。

1. 闭环理论

20世纪70年代初，加拿大心理学家亚当斯（Adams,1971）提出了动作学习的闭环理论，标志着专门的动作技能学习理论初步形成。闭环理论认为，动作技能的学习并不是习惯强度的增强，而是对反馈信息进行加工并减少错误的过程。该理论强调动作学习受一种内部反馈机制的控制，认为动作技能是在动作反应、知觉痕迹和记忆痕迹三种因素的共同作用下形成的。该理论尤其适合解释相对缓慢或连续的动作行为的习得与控制，如开车等追踪任务。

闭环理论为动作技能学习理论的专门化作出了开创性贡献，初步揭示了动作学习的内部心理机制，它所提出的知觉反馈、错误勘测、动作矫正、过程控制等见解为后续研究开拓了思路，至今仍富有指导意义。但是，闭环理论也存在以下局限：一是记忆的容量问题，即记忆如何储存那么多的动作细节，并在需要的时候准确提取；二是反馈的时间问题，即个体何以能在瞬间对多变的快速动作知觉作出反馈；三是动作的新异性和创造性问题，即个体为何能在新异情境下根据环境和任务的要求做出灵活的适应性动作。

2. 开环理论

开环理论认为，人的动作行为受头脑中的动作程序控制，不涉及反馈信息的加工和使用，因而也没有觉察和纠正错误的机制。这一理论适合解释那些作为整体而快速执行的动作技能的形成和控制。图式理论是开环理论的重要代表。

图式理论最早由美国心理学家施密特（Schmidt,1975）提出，后经纽厄尔（Newell,1986）等一批学者的进一步修正，逐步发展为一种较为完善的动作技能学习理论。图式理论大量吸收了认知心理学的最新研究成果，认为动作图式是在观察和练习的基础上于大脑中形成的一种概括化的动作结构，它反映的不是具体的动作细节，而是具有一定概括性的动作变量关系和一般性的动作程序及原理。这些图式按概括程度的不同构成了一个多层次的动作图式系统，正是这个图式系统发挥着选择、发动和校正动作的作用。

图式理论同样强调动作技能学习过程中的控制，但与闭环理论不同，它认为这种控制是开环系统和闭环系统共同作用的结果。图式理论的提出有效解决了动作技能学习中的储存、新异性、反馈控制和认知等方面的问题,对动作技能学习的解释也更加全面、合理和深刻。

3. 信息加工理论

辛格(R. N. Singer)等人1975年提出的信息加工理论也是一种强调认知的动作技能学习理论。该理论把动作技能的学习看作一个信息的接收、转换、加工、存储和输出的过程,强调这一过程受目的和预期的控制。信息加工理论把人看作一个积极的、具有主观能动性的信息加工者,认为在动作技能学习的认知阶段,学习者会形成对动作技能学习的预期。预期包括目标意向和目标期望两种成分。目标意向是指学习者了解和认识动作的性质、功用和要求,回忆过去学过的有关动作,在头脑中形成动作表象,明确完成学习任务的目标反应模式和动作反应模式;目标期望是指学习者根据以往成功和失败的经验,以及自己的能力水平和任务的难易程度,对自己作业水平的估计,即认为自己能做得如何。预期对动作技能学习具有定向和动机作用,使学习指向一定的目标,体现了动作技能学习的目的性。因而,如何帮助学习者形成对学习的积极预期,是动作技能教学中需要着重解决的问题。

(三) 生态学理论

动作技能形成的生态学理论强调社会的物质文化环境和具体的学习情境在动作技能形成过程中的重要性,认为社会文化是这一过程的重要调控因素,对动作技能形成的速度、顺序、水平以及动作特点(特定的动作技能和动作风格)等有着广泛而深刻的影响。该理论认为,知觉和动作在机能上是密不可分的,由一些肌肉、关节和动作单元组成的动作系统调适,并直接受知觉状态的影响,而不是受计算性的、类似于人的中枢脑的结构控制。

二、动作技能形成的三个阶段

对动作技能形成阶段的分析,最早由菲茨和波斯纳(Fitts & Posner, 1967)提出。他们将动作技能的形成分为以下三个阶段。

(一) 认知阶段

认知阶段也称知觉阶段。菲茨和波斯纳认为,在动作技能形成的开始阶段,主要应强调对任务的认知,即知觉和理解动作的术语、要领、原理或规则,以及做动作时应知觉的线索,以便使学习者第一次做动作就尽可能做正确。学习者在这一阶段首先要通过对示范动作的观察、对刺激情境的知觉来形成一个内部的动作意象,以作为实际操作时的参照。而要形成这样一个意象,需对线索和有关信息进行适当编码。不同学习者的编码策略与方式不同。而且,在形成目标意象的过程中,学习者不仅要借助对现有任务的知觉和对有关线索的编码,而且要借助先前的有关经验,也就是说,学习者通常会从长时记忆中激活有关信息,并将其有效地检索和提取出来。

这一阶段主要是理解学习任务并形成目标意象和目标期望。一般而言,有明确目标期望的学习,比目标期望模糊的学习更有效。体育教师或教练应注意激发学生或运动员的学习动机,调动其主观能动性,促使其主动学习。

(二) 联系形成阶段

在这一阶段,重点是使学习者在动作的各个组成部分间建立起稳固的联系,并将旧习惯与新方法相联结,纠正错误的动作,排除旧习惯的干扰。例如,学会了简化太极拳的人,在学习杨氏太极拳时,常常会把简化太极拳中后坐的撤脚动作带到杨氏太极拳里来,而杨氏太极拳中是没有这个动作的,因此必须指导学习者努力纠正这种习惯性动作;已经学会开汽车的人在学习开飞机时,因为飞机的转弯是用脚操纵的,所以他必须克服用手转动控制盘的习惯。另外,要强调在正确的知觉和积极思维的基础上反复练习,以找到改进动作的方法,合理地使用力量、速度,建立准确的空间方位,最后把动作的各个组成部分联合成一个整体。这用心理学家加涅(R. M. Gagne)的话来说就是建立起动作连锁。

(三) 自动化阶段

在动作技能的学习进入这一阶段时,各个局部动作已联合成一个完整的自动化动作系统,并作为一个有机的整体固定了下来。整套动作序列能依照准确的顺序以连锁反应的方式实现,一长串的动作系列似乎是自动施展出来的,不需要特殊的注意和纠正。例如,书法家在完成书法作品时,每一个字的起笔、运笔、收笔如行云流水,一气呵成,而且文字的间架结构安排合理,笔画粗细得当,用力轻重适中,书写高速、轻松、精确、连贯。此外,这一阶段的动作技能开始逐步由脑的较低级中枢控制。人们可以一面从事熟练的活动,一面考虑其他的事情。例如,有经验的厨师可以在正常烹调的同时与别人交谈。接下来将要论述的熟练操作者的特征就是动作技能进入第三阶段的特征。这时的动作已程序化,可以大大减少注意和心理上投入的努力。

任何动作技能的掌握都是相对的。一个优秀的运动员,要达到自己的最高水平,需要多年的练习。而要保持这一最高水平,同样需要大量的练习。诱因的大小对技能水平的提高有很大影响。国外对明星运动员给予重奖或高报酬就是为了促使他们不断研究新技术,不断创造新的运动记录(皮连生,2004)。

三、动作技能熟练的标志

技能总是在人们完成某种操作或动作中表现出来。操作或动作是可以观察的外显活动,其执行的速度、精确性、力量或连贯性均可以测量。心理学家总是将达到较高速度、精确性和连贯性的操作或动作称为熟练操作或熟练动作。熟练操作是技能形成的标志。心理学家对初学者和专家完成同一任务的操作进行比较后发现,熟练操作具有以下五个特征(皮连生,2004)。

(一) 立即反应代替了笨拙的尝试

从控制论的观点看,人的任何操作或动作可以分解为复杂的刺激与反应过程。从刺激到反应之间需经历五个步骤:(1) 输入,刺激引起神经冲动;(2) 编码,识别信息,信息被转化成概念;(3) 信息加工,运用联想和思维从信息中推导出以符号陈述的行动指令;(4) 译码,符号的指令转化为神经冲动;(5) 输出,神经冲动引起肌肉活动作用于外部世界。

(二) 利用微弱的线索

任何动作都受情境中的线索指引。线索可以是看到、听到或触到的,是有助于人辨认情境或指引其行动的体内外刺激。初学英文打字的人,坐在打字机旁,他的反应几乎完全由视觉线索指引。在稿子上看到一个字母,再在键盘上找到相应的字母,然后按下这个键。但熟练的打字员可以不看键盘,凭动觉(肌肉线索)指引自己的反应。优秀的运动员对微弱的线索有敏锐的感知觉,例如,第31届乒乓球男子单打冠军长谷川信彦,可以通过对手移动时产生的风声、地面的震动感以及对手呼吸的声音来判断对手移动的位置。

(三) 错误被排除在发生之前

高度熟练的运动,看起来连绵不断,但若将连绵不断的运动的记录放在显微镜下观察,就会发现连续的运动实际上是一连串的脉冲。每一个脉冲都对前一脉冲起着检验、更正和增强的作用。在连续的动作技能中,操作者不断进行尝试与纠正,如汽车司机在开车时并不能沿着路边或中线笔直行驶,时而偏左,时而偏右,需要不断进行调整,走的其实是锯齿形路线。心理学家希金斯(J. R. Higgins)等人发现,熟练的专家甚至不用等到肌肉信号的到来,便能预料到他给自己的肌肉发出了不正确的指令,从而在错误发生之前收回这个指令。

（四）局部动作综合成大的连锁，受内部程序控制

心理学的研究表明，个体每秒只能对外界刺激的变化进行两次调节。但熟练的钢琴家每秒能弹奏 10 个以上的音符。这是怎么做到的呢？研究表明，熟练的演奏家不是对单个音符作孤立的反应，他们的局部动作已被综合成大的连锁，或者说他们已发展出了内部的指导程序。基尔(S. W. Keele)指出，有实质性的证据表明，尽管动作技能最初可能是按成分逐个学会的，但技能学习的较高阶段包括发展一个内部程序，以使完整的操作畅通无阻地执行。

（五）在不利条件下能维持正常的操作水平

表现出同样操作水平的人，其熟练程度可能不同。检验谁是最熟练的操作者的最好方法是看谁在条件变化时能保持正常的操作水平。最优秀的飞行员能在恶劣的天气条件下维持协调而准确的操作。篮球明星在有对手贴身防守，甚至在因对手犯规而失去平衡时，仍然可以投篮命中。紧急情形的突然出现，可能使不熟练者手足无措，但能使熟练者的技能发挥至高峰。

四、动作技能的保持

动作技能一经形成就不易遗忘。例如，学会了游泳和骑自行车的人，在若干年后，虽未曾练习，其技能却几乎保持如故。与知识的保持相比，动作技能的保持更牢固。学过的动作技能为什么不容易遗忘？原因主要有以下三点。

第一，动作技能是经过大量练习而形成的。大量的练习往往意味着过度学习，而且在练习过程中常凭借外部和内部的反馈信息来不断地校正动作和完善动作。因此，经过过度学习的任务是不易遗忘的。研究表明，动作技能越复杂，练习量越多，遗忘发生得越少；动作技能越简单，练习量越少，遗忘也越明显。

第二，许多动作技能是以有序连续的局部动作为基础的，有序连续的动作只要出现某一部分，动作的其他连锁就会相应出现，因此，由有序连续的动作序列构成的动作系统不易遗忘。此外，连续的任务也相对简单，故不易遗忘。如果动作技能是由许多完全不同的、孤立的动作成分构成的，有人估计，其遗忘的程度会与言语材料的遗忘程度大致相近。

第三，动作技能不同于言语知识，它的保持高度依赖小脑和脑低级中枢，而这些中枢可能比脑的其他部位有更大的保持动作痕迹的能量。

> **专栏 9-2　　动作技能保持的实验**
>
> 弗莱什曼(E. A. Fleishman)和帕克(J. F. Parker)1962年的实验可以部分回答这个问题。他们设计了一个类似驾驶飞机的任务。在实验中,被试握一操纵杆,该操纵杆可以左右前后移动,控制两维的运动。被试要用脚去控制方向舵,方向舵像一块跷跷板,可以围绕一个支点上下运动。被试需要操作操纵杆在一阴极射线管的中心保持一光点,若光点偏离中心,他必须及时调节操纵杆,使光点回到中心位置。在阴极射线管的上方有一个伏特计,被试需要用脚踏方向舵,使伏特计的指针同样保持在阴极射线管的中心位置上。这一任务是颇为复杂的。
>
> 被试既要观察光点和伏特计的移动,又要手脚并用进行不同的操作。在练习50次、每次6分钟的条件下,被试历时17天达到了熟练水平。在训练完成后,被试被平均分成3个组。其中,一组被试在9个月后进行测验,一组被试在12个月后进行测验,一组被试在24个月后进行测验。结果表明,前两组被试没有遗忘该技能;最后一组被试虽有少量遗忘,但经过6分钟练习后,便完全恢复。这说明,已经掌握的动作技能,在两年后仍能基本保持完好。
>
> 资料来源:皮连生.(2004).教育心理学(第三版).上海:上海教育出版社,pp. 203—204.

第三节　影响动作技能形成的因素

一、内部因素

(一) 动机

动机是促使学习者积极学习动作技能的内在驱动力量,它是在学习者产生学习动作技能需要的基础上形成的,它对学习者持久学习动作技能具有积极的促进作用。

张丽红和张德胜(2004)的研究发现,大学生学习动作技能主要出于三类动机:(1) 非名利层面的学习动机,持此动机的学生对动作技能的学习态度消极,不思进取,不喜欢体育运动;(2) 名利层面的学习动机,持此动机的学生学习动作技能是为了通过考试、获得优异成绩、消除精神疲劳、掌握防身本领、健身健美或提升自身气质;(3) 超名利层面的学习动机,持此动机的学生学习动作技能纯粹是因为喜欢体育运动,追求全面发展。

(二) 生理成熟度和经验

大量研究与日常观察表明,学习者掌握动作技能的能力随年龄和经验的增长而提高。生理成熟是学习动作技能的基础,知识经验是学习动作技能的重要条件,学习者的生理成熟水平越高、知识经验越丰富,动作技能的学习效果越好。一般来说,生理成熟与知识经验对动作技能获取的影响是相对的。知识经验对复杂动作技能的学习所起的作用相对较大,而生理成熟对简单动作技能的学习所起的作用相对较大。

(三) 智力水平

当学习者的智力处于正常水平时,与小肌肉活动有关的动作技能的学习和智力水平存在较低的正相关,即智力水平越高,动作技能学习成绩越好,但与大肌肉活动有关的动作技能的学习和智力水平几乎没有什么相关。当学习者的智力处于常态以下时,与小肌肉和大肌肉活动有关的动作技能的学习与智力之间存在明显的正相关,智力越低,动作技能的学习速度越慢,获取越难。

(四) 人格特征

人格特征与动作技能的学习关系密切。奥吉利夫等人(Ogilvie et al., 1965)的研究表明,与出色完成竞赛活动有关的人格特征包括:(1)较高的成就动机;(2)忍耐力、坚持性;(3)抗干扰、承受打击和注意稳定的能力;(4)控制能力;(5)任劳任怨、富于吃苦精神;(6)自信、大胆、心胸开阔;(7)高于常态的智力水平。由此可见,良好的人格特征,对动作技能的学习和掌握起着促进作用。

人格类型也会影响动作技能的学习。外向性和内向性人格类型对动作技能的学习会造成不同的影响。相较于内向性个体,外向性个体动机水平高,活动效率也较高;外向性个体比内向性个体更难形成条件反射;外向性个体易于形成粗大动作技能,内向性个体易于形成精细动作技能;外向性个体动作速度快而准确性不佳,内向性个体动作速度慢而准确性高;外向性个体动作的灵活性高,内向性个体动作的灵活性较低;外向性个体动作的稳定性较低,内向性个体动作的稳定性较高。此外,动作技能的学习还可以改善和培养个体良好的人格特征。

(五) 生理唤醒水平

关于生理唤醒与操作水平的关系有两种理论值得关注——倒U形假设和驱力理论。根据倒U形假设,中等唤醒水平对个体的操作成绩最有利。根据驱力理论,驱力的提高会增加主导反应再次出现的概率,即个体被唤醒后,习惯反应最有可能再次出现而不管这些反应是对还是错。因此,当一种新获得的动作技能成为习惯时,提高驱力可以提高该动作技能的操作成绩。

二、外部因素

(一) 有效的指导

在动作技能的学习中,有效的指导不可或缺。指导主要包括讲解和示范两种形式。结合动作技能的特点进行讲解和示范,对动作技能的学习具有积极的促进作用。

1. 讲解

讲解既可以以口头形式进行,也可以借助文字模型、草图等进行。讲解的内容包括以下四个方面。

第一,学习动作技能的目的。体育教师或教练应明确告诉学生或运动员要学习什么,并明确提出动作技能应达到什么目标,对他们提出适当的切实可行的期望,使学生或运动员明确"做什么"和"怎么做",形成对自己的正确估计,能根据自己的能力和学习任务的目标调控自己的练习过程。

第二,动作技能的性质。体育教师或教练应告诉学生或运动员学习的是连续性动作技能还是非连续性动作技能,是工具性动作技能还是非工具性动作技能。

第三,学习程序与步骤。体育教师或教练需告诉学生或运动员有关动作技能的步骤、动作顺序、练习时间及其分配方式等。

第四,注意事项。体育教师或教练要告诉学生或运动员学习该动作技能的难点是什么,什么时候容易出现错误和危险,如何学得最快、保持得最牢固、运用得最灵活等。

2. 示范

讲解是体育教师或教练讲而学生或运动员听,示范则是体育教师或教练做给学生或运动员看。体育教师或教练直接以动作的方式演示,学生或运动员通过观察示范动作,也能获得相应的动作技能。示范主要有以下两种形式。

第一,直接示范。根据体育教师或教练与学生或运动员所处的相对位置,可以把示范具体分为三种:(1) 相向示范,在教室或室内场馆情境中,体育教师或教练对学生或运动员进行面对面的示范,该方式易产生左右反向的不良影响。(2) 围观示范,体育教师或教练居中,学生或运动员围而观之,该方式易使学习者因观察角度不同而影响动作的准确性。(3) 同向示范,学生或运动员在体育教师或教练的背后且"居高临下",该方式可以避免左右反向和观察角度不同所造成的不良影响。

第二,借助视听手段进行示范。借助幻灯片、教学电影和录像等教辅手段,既可以提高体育教师或教练的指导效率,也可以提高学生或运动员动作技能的学习兴趣和学习与训练效率。

无论采取哪一种示范形式,都要求示范者动作准确、规范,力求使包含在技能中的每一个具体动作都清楚地展现出来。而且,在学习动作技能的初期,若采用体育教师或教练直接示范的方式,体育教师或教练应尽可能慢地演示,充分展示分解动作,然后再整合成完整的动作系统。若采用视听教学方式,则可以用不同的方式放映,如先以慢镜头展示每一动作,再以正常速度放映;也可以利用幻灯片先让学生或运动员看每一个分解动作,再看完整的动作序列。这样可以避免短时间内因新信息量过多而超载。

(二) 练习

1. 练习曲线

动作技能是通过练习而保持的。练习的进程及其效果可以用练习曲线表示。练习曲线亦称学习曲线。如果以单位时间内完成的工作量和正确率为纵坐标,由于工作量随着练习的进程而增多,练习曲线呈上升的趋势(见图9-2a);如果以每次练习所需时间或每次练习的错误率为纵坐标,由于每次练习所需时间或错误次数逐渐减少,练习曲线呈下降趋势(见图9-2b和9-2c)。借助练习曲线,人们可以分析、考察动作技能随练习量的增加而改变的一般趋势。

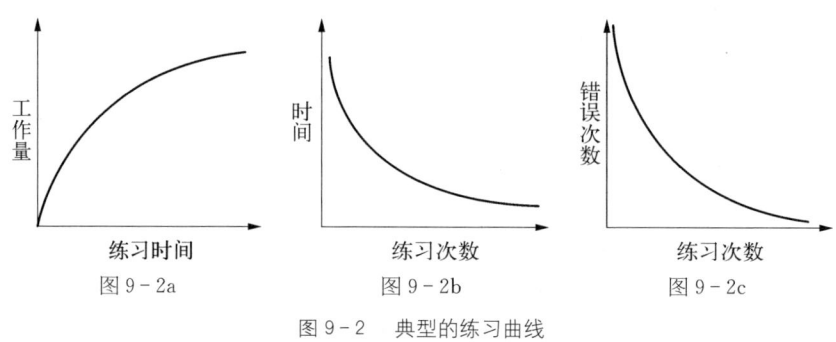

图9-2a　　　　　图9-2b　　　　　图9-2c

图9-2　典型的练习曲线

2. 练习的一般趋势

第一,总的趋势是练习成绩逐步提高。一般来说,练习成绩是逐步提高的,并具体表现为速度和准确性的提高。但是,由于练习内容的性质和难易不同,以及练习方法存在差异,练习进步的情况不尽相同。这表现在练习曲线上则为既有共同的趋势,又有个别的差异。从练习曲线的共同趋势来看,有三种表现形式:(1)练习的进步速度先快后慢。跳高、射箭、跳远等运动项目,在多数情况下,技能成绩在练习初期提升较快,之后逐渐变慢(如图9-3a所示)。其主要原因在于练习之初可以利用旧的经验和方法,体育教师或教练往往会把复杂的任务分解为一些简单的任务进行练习,加之学生或运动员的练习兴趣较浓,情绪饱满,学习认真,因此成绩提升往往较快;随着练习的推进,学生或运动员可以利用的已有经验相对减少,而学习任务越来越复杂,学生的学习积极性也可能有所降低。(2) 练习的进步速度先慢后快。开始时,练习的进步较慢,之后逐渐加快,如游泳、滑冰、投铅球、投标枪等项目的学习就是如此(如图 9-3b 所示)。造成这种现象的原因可能是这类动作技能与个体过去的经验和方法相去甚远,可利用的动作程序有限,练习者必须建立新的神经联系,并克服其他动作程序的干扰,因此开始时进步较慢,而一旦掌握了基本的技能程序,进步速度便明显加快。(3) 练习的进步速度先后较为一致。在罕见情况下,在练习的先后阶段,技能成绩的提升没有明显的快慢之分,几乎是匀速上升,进步幅度比较一致,练习曲线接近于直线(如图 9-3c 所示)。

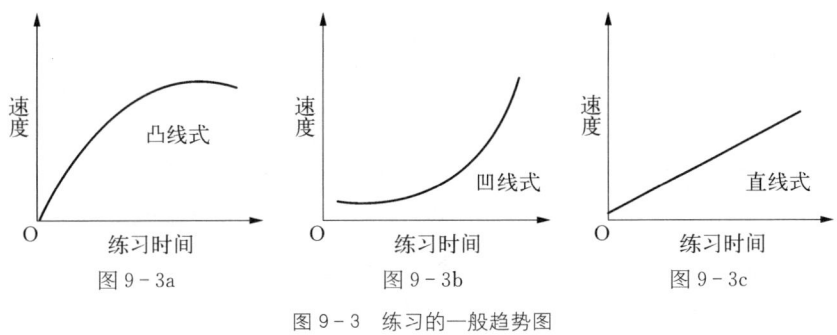

图 9-3 练习的一般趋势图

第二,高原现象。在复杂动作技能形成的过程中,往往会出现进步暂时停顿的现象,这被称为高原现象或高原期。其主要表现为练习曲线保持一定的水平而不上升,甚至有些下降,但在高原平台期之后,可以看到练习曲线的上升。

弗兰克斯和韦尔贝格(Franks & Wilberg,1982)的一项实验报告了高原现象,并将其绘制成图(见图 9-4)。

高原现象产生的原因有三:(1) 由于练习成绩的进一步提高需要改变旧的动作结构和完成动作的方式,而代之以新的动作结构和完成动作的方式,在这新旧交替之间,成绩进步往往不太显著。(2) 由于身体素质发展不够,甚至落后于技能掌握的要求,所以当身体素质有所发展时,成绩便会提高。(3) 由于学生的学习兴趣下降,产生厌倦情绪、身体疲劳或疾病等。并不是所有动作技能的形成过程中都会出现高原现象,如果动作技能的结构比较简单,又没有上述主观方面的原因,就不会出现高原现象。

第三,练习成绩起伏现象。在各种练习过程中,都可以看到成绩时升时降、进步时快时慢的起伏现象。这主要是由学习环境、体育教师或教练指导方法的改变等客观因素,以及学生的注意、兴趣、情绪、意志、学习方法和身体状况的变化等主观因素造

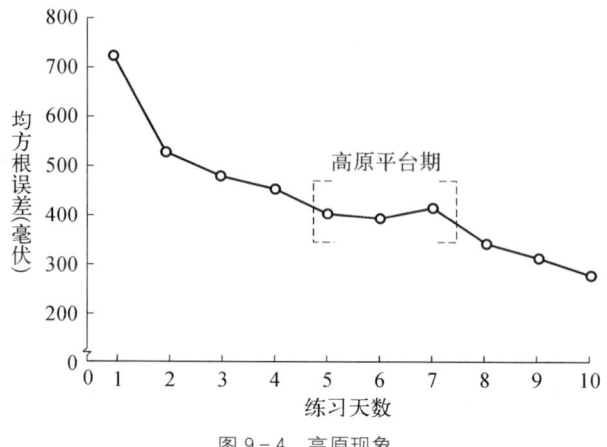

图 9-4 高原现象

[美] Magill, R. A. (2006). 运动技能学习与控制 (第七版). 张忠秋, 等, 译. 北京: 中国轻工业出版社, p. 198.

成的。只有克服了这些消极因素，暂时的停滞才会消除，练习成绩才会进一步上升。

第四，练习成绩相对稳定的现象。在动作技能发展的最后阶段，会出现练习成绩相对稳定、不再继续提高的现象，这通常被称为动作技能发展的极限。从人的生理素质和机能来看，每个人对某种技能的掌握都有一定的发展限度。动作技能之所以有生理限度，是因为动作是身体的机能，是通过骨骼、肌肉的运动来实现的。身体有其固有的物质结构，动作的准确性、速度、灵活性不能超越身体的物质结构的许可限度。但在实际生活中，真正达到生理限度的情况是极少的，动作技能发展的极限是相对的，因此个体提高动作技能的潜力很大。

专栏 9-3　　动作技能发展极限的相对性

我国 110 米栏运动员刘翔 2002 年 7 月在瑞士国际田联大奖赛，跑出 13 秒 12 的成绩，打破了 13 秒 23 的世界青年纪录；2004 年在大阪田径大奖赛，他首次与美国名将阿兰·约翰逊同场竞技，最终取胜并夺得冠军，同时还以 13 秒 06 的成绩再次刷新了室外 110 米栏的亚洲纪录；2004 年雅典奥运会男子 110 米栏竞技中，他又以 12 秒 91 平了由英国名将科林·杰克逊保持的世界纪录；2006 年 7 月 12 日，刘翔以 12 秒 88 的成绩获得瑞士洛桑田径超级大奖赛金牌，打破了科林·杰克逊创造并保持 13 年之久的 12 秒 91 的世界纪录。

刘翔的例子说明，只要不断总结经验，改进操作工具和方法，就能促进动作技能的发展，超越动作技能的极限。

资料来源：莫雷. (2007). 教育心理学. 北京：教育科学出版社, p. 192.

第五,练习曲线的个别差异。由于各种技能的复杂程度不同,不同练习者的知识经验、人格特征、练习态度、练习方法、主观努力、习惯、能力等存在差异,所以练习曲线也存在着个别差异。按照进步速度和质量的不同,练习可概括为四种类型:速度较快,质量较好;速度较快,错误较多;速度较慢,错误较少;速度较慢,错误较多。因此,体育教师或教练在指导学生或运动员进行练习时,既要考虑练习的一般规律,也要考虑练习者的个别差异。

3. 有效练习的条件

动作技能的学习或形成是通过不同的练习条件来实现的,应了解各种练习因素对动作技能形成的影响。

第一,明确练习的目的。这是影响练习效率的最重要的因素。练习不是周而复始的简单重复。无目的性的简单重复不仅不可能使活动方式获得改善,甚至可能使活动方式向错误的方向巩固下去,因为重复对积极活动方式和消极活动方式均具有巩固的作用。例如,有的人年年夏天去游泳,但游泳技能并未提高。如果经过有目的、有计划的练习,情况就会大不相同(于清,袁吉,2010)。

在掌握动作技能的过程中,学习者要为自己树立明确的练习目标。这对练习的效果具有重要意义。练习目的明确、要求具体,可以调动学习者的学习热情,提高学习者练习的主动性和积极性,使练习常处于意识控制之下,排除干扰,克服困难。同时,具体明确的练习要求和难度适中的练习目标对提高练习效率有更大的促进作用。

第二,合理分配练习时间。练习时间的合理安排对练习效果有着重大影响,因此要制定合理的练习时间分配表。根据时间分配上的不同,可以把练习分为集中练习和分配练习两种。集中练习是指将一种动作技能包含的动作,在某一时间段内练习完毕,中间没有休息,即每次练习的时间较长或连续不断地练习。分配练习是指把练习分成若干阶段,在各阶段间插入适当的休息时间。

许多研究已经发现,一般来说,对连续性动作技能而言,分配练习比集中练习的效果好;而对非连续性动作技能而言,集中练习优于分配练习。以下面的两个研究为例(皮连生,等,2011)。

伯恩和阿彻尔(Bourne & Archer,1956)让五组被试学习转盘追踪任务(连续性动作技能),所有被试每次练习的时间为 30 秒。一组持续练习了 21 次(0 秒休息组),对于其他四组,则在练习期间分别插入 15 秒、30 秒、45 秒和 60 秒的休息时间。结果发现,休息时间越长,被试表现越好。在最后的练习结束后,让所有被试休息 5

分钟,而后让被试完成一项共同的迁移任务,这项任务是集中练习任务,即在 30 秒的练习期间没有休息。结果发现,休息之后,各组之间的差异仍旧存在,这说明练习的分布有相对持久的效应。

李和吉诺维斯(Lee & Genovese,1989)研究了使用非连续性动作技能和连续性动作技能完成同一项任务时,学习者学习动作技能的情况。他们所用的任务要求被试在两块金板之间尽可能以 500 毫秒的时间移动一支铁笔。被试所练习的非连续性技能是在两块金板间做单一运动,所练习的连续性动作技能则由 20 个在两块金板间的连续运动组成。对技能的练习分为集中练习和分配练习两种。对于集中练习,练习间有 500 毫秒的时间间隔;对于分配练习,这一间隔为 25 秒。实验结果发现,集中练习对学习非连续性动作技能是有益的,但对学习连续性动作技能是有害的。

对于连续性动作技能,集中练习的效果之所以不如分配练习好,主要是由于集中练习易使人疲劳,甚至会使人出现反应抑制现象。为减少反应抑制现象,学习连续性动作技能时,应采用更多的分配练习。

在分配练习中,一次练习的量和休息间隔时间的长短,须以动作技能的复杂程度和练习者的身体情况而定。不同的项目,每次练习的量和休息间隔时间的长短可以不同。此外,对于不同技能水平的人,也可作不同的安排。例如,集中练习对高水平的运动员同样是有效的,而对初学者而言分配练习更为有效。在合理分配练习时间时,应当注意,在开始阶段每次练习的间隔时间要短一些,但随着技能的进一步掌握,间隔的时距要渐次增长。例如,10 次练习可按表 9-1 提供的两种分配方法进行,且方法二的效果更佳。

表 9-1　10 次练习分配法

甲	1	2	3	4	5⑥	7	⑧⑨10
乙	1②③		4⑤	6	7⑧	9	10

资料来源:祝蓓里,季浏. (2000). 体育心理学. 北京: 高等教育出版社, p. 120.

第三,掌握正确的练习方法。形成动作技能的练习方法主要有整体练习法和部分练习法。整体练习法是指完整地学习某种动作技能的方法。例如,学习某套连贯的体操和游泳动作时,不能决然分开地学习各个动作程序,而以采用整体练习法较为有效。部分练习法是指对某种动作的一个个环节进行练习或分别练习各种亚技能,如篮球中的运球、传球、上篮或排球中的发球、接球、垫球、吊球、扣球等具有独立形态的技能的方法。

是采用整体练习法还是采用部分练习法更为有效,取决于任务的复杂程度,即取决于学习的难度。一般而言,体制化程度高,复杂性小的动作技能,适合采用整体练习法;体制化程度低,复杂性大的动作技能,适合采用部分练习法。

所谓体制化程度,指动作技能的各部分动作间相互联系的紧密程度。联系得越紧密,体制化程度越高;反之,体制化程度越低。所谓动作技能的复杂性程度,是指学习该动作技能所需的心理协调性和方向判断等能力的高低程度。

整体练习法和部分练习法可能对促进动作技能的提高都有效。一般而言,学习简单的动作技能最好采用整体练习法,学习复杂的动作技能最好采用整体—部分—整体练习法,即在整体学习的基础上进行部分练习,然后再回到整体练习。

另外,从学习者的特点来看,一般而言,学习者的学习能力低,其训练水平达不到一定标准时,采用部分练习法较为合适;反之,采用整体练习法较为有效。

此外,除了实际的练习,心理练习也是提高动作技能水平的另一重要方法。

(三) 反馈

简单机械的重复练习不可能改善动作技能的学习,只有及时把练习中的各种信息反馈给学习者,学习者才能够了解自己动作的正确与错误,进而巩固正确动作,舍弃错误动作,以提高练习的效果,促进动作技能的学习。

通过反馈获得的动作信息,涉及动作本身的知识和动作结果的知识两个方面。反馈不仅具有提供信息的价值,而且具有提高学习者练习积极性的功能。根据不同的分类方法,反馈可以分为内在反馈和外在反馈、同时反馈和延缓反馈、建设性反馈和非建设性反馈。

在反馈的多种形式中,学术界研究较多的是外在反馈,而外在反馈的研究又大量集中在对结果反馈的研究上。因为结果反馈是由体育教师或教练提供的,相当于一种教学与训练措施,能够对学生或运动员的动作技能学习产生影响,所以这方面的研究对如何指导学生或运动员进行动作技能的训练有重要意义。

1. 反馈的信息功能

在动作技能的学习中,学习者是将反馈作为需要进一步加工的信息,而不是一种奖励。研究发现,动作技能学习中呈现的结果反馈与动物学习研究中呈现的奖励不是一回事。在动物学习研究中,不呈现奖励,动物习得的行为就易于消退;而在动作技能学习中,不提供结果反馈,学习者就倾向于重复而不是排除所学习的动作,相反,只有在提供结果反馈时,学习者才能对其动作作出修改,明确努力的方向。可见,学习者并不将结果反馈作为奖励,而是作为下一次如何行动的信息。此外,在动物学习研究中,即使是在很短的时间间隔后再给予奖励,也会极大地削弱动物已习得的行为,延迟奖赏30秒左右,则会完全消除已习得的行为。但在人类身上并未发现这些效应,延迟提供的结果反馈对动作技能的学习没有影响。

2. 反馈与学习者觉错能力的形成

觉错能力是指学习者将练习后获得的内在反馈与已习得的正确参照进行多次比较后形成的独立觉察自己错误的能力。这项能力的形成需要学习者在记忆中保存运动的感觉效果,即内在反馈,然后将这种感觉与外来的结果反馈不断进行比较和对照。具备觉错能力的学习者可以不依赖结果反馈而进行自主学习。觉错能力也是动作技能形成的一个重要指标。

结果反馈作为一种促进动作技能学习的教学措施,也应着眼于觉错能力的培养。有关结果反馈的研究指出,在呈现结果反馈时,要注意两个问题:一是由学习者来决定何时呈现结果的反馈,这样的学习效果比较好;二是在练习期间不宜频繁地呈现结果反馈,因为如果目标是以后能够进行没有结果反馈的运动,那么习得阶段呈现太多的结果反馈,会使学习者过分依赖这种信息,而实际上并未对这些信息进行加工,这不利于学习者觉错能力的形成。

第四节 动作技能的迁移

一、迁移的定义

(一) 正迁移和负迁移

已经形成的动作技能,对另一些新动作技能的形成具有积极的影响,能促进新动作技能的形成和发展,或新的动作技能对已经形成的动作技能的保持具有积极的影响,这种现象被称为动作技能的迁移,又被称为正迁移或积极的迁移。例如,学会了篮球后再学手球,学会了投手榴弹后再学掷标枪,学会了跳高后再学撑竿跳高等,原先已经形成的动作技能都会促进新动作技能的形成;反过来,学会了掷标枪有助于保持投手榴弹的动作技能,学会了手球可以巩固篮球的动作技能,等等,这些都属于正迁移。

已经形成的动作技能,对另一些新动作技能的形成具有消极的影响,妨碍新动作技能的掌握,这种现象被称为动作技能的干扰,又被称为消极的迁移或负迁移。

例如,学会了网球后再学羽毛球,学会了武术后再学自由体操,学会了俯卧式跳高后再学背越式跳高,会由于手的用力不同、脚尖的动作不同或踏跳的动作不同,使得已经形成的动作技能阻碍新动作技能的掌握,这些都属于负迁移。

前面的学习对后面的学习产生影响被称为顺向迁移,后面的学习对前面的学习产生影响被称为逆向迁移。由此可以划分出四种迁移形式:顺向正迁移、顺向负迁移、逆向正迁移和逆向负迁移。

(二) 两侧迁移和零迁移

1. 两侧迁移

两侧迁移又称双侧性迁移、交叉迁移,是指在身体一侧器官形成的动作技能迁移到身体另一侧的器官。例如,学会了右手运球或投篮,能促进左手运球或投篮动作技能的形成。芒恩(N. L. Munn)1932 年开展的实验生动地描绘了两侧迁移。在这一研究中,他让 100 名大学生完成把一只球用手指弹到杯子里去的任务。球用一条绳子缠在杯子上。实验组和控制组被试都用左手做 50 次。当控制组被试休息时,实验组被试用右手做 50 次练习。然后,两组被试再进行 50 次左手练习。结果表明,实验组被试用左手练习的后 50 次成绩比前 50 次提高了 61%,而控制组被试只提高了 28%。由此说明,右手的练习能促进左手后 50 次成绩的提高。

两侧迁移最明显的是人体对称部位,如左手—右手、左脚—右脚;其次是同侧部位,如左手—左脚、右手—右脚;最弱的是对角线部位,如左手—右脚、右手—左脚。两侧迁移的存在表明,一侧肢体或某一部分身体的练习,不只局限于这一侧肢体或这一部分身体的效果,没有练习过的肢体通过静力锻炼肌肉运动也能得到学习。两侧迁移对需要双手或四肢协调的动作技能的学习具有促进作用。

2. 零迁移

如果前后学习的两种动作技能之间没有任何影响,那么这种现象被称为零迁移。零迁移的出现是因为两种动作技能无相似之处。例如,由于武术与篮球两种动作技能无论是在细节还是在一些重要的技术环节上都无任何相似之处,因此,前后学习这两种动作技能产生的就是零迁移。

二、迁移的测量

迁移实验的设计和测量主要有四个步骤:(1)建立等组:一般设实验组和控制组。(2)进行有关实验处理:在顺向计划下,让实验组先学习 A,控制组休息或从事其他无关活动,然后让实验组和控制组都学习 B;在逆向计划下,让两组先学习 A,然后让实验组学习 B,控制组休息或从事其他无关活动。(3) 测量与比较两组学习结果：在顺向计划下,两组均测量 B;在逆向计划下,两组均测量 A。然后将测量的结果加以比较,并进行统计检验。(4) 得出结论,说明迁移是否产生及其迁移量(见表 9-2)。

表 9-2 迁移实验的基本设计

迁移方向	分组	先学	后学	测量
顺向计划	实验组	A	B	B
	控制组	—	B	B
逆向计划	实验组	A	B	A
	控制组	A	—	A

资料来源：皮连生. (2011). 教育心理学(第四版). 上海：上海教育出版社,p. 229.

在上述两种计划中,如果测量所得的实验组与控制组的成绩无差别,表明任务 A 与任务 B 之间是零迁移。在顺向计划中,如果测得实验组任务 B 的成绩比控制组好,就说明任务 A 对任务 B 产生了顺向正迁移;反之,如果控制组任务 B 的成绩比实验组好,就说明任务 A 对任务 B 产生了顺向负迁移。在逆向计划中,如果测得的实验组任务 A 的成绩更好,就说明任务 B 促进了对任务 A 的保持,产生了逆向正迁移;反之,如果测得的实验组任务 A 的成绩更差,则说明任务 B 干扰了对任务 A 的保持,产生了逆向负迁移。

任务 A 与任务 B 之间的迁移,通常是以实验组和控制组的成绩比较来进行衡量的,常用的方法有默多克(Murdock,1957)提出的测验公式：

$$迁移率(\%) = \frac{实验组成绩 - 控制组成绩}{实验组成绩 + 控制组成绩} \times 100$$

除了可以通过成绩的计算来衡量迁移量的大小,也可以用被试完成学习所需时间的多少、被试达到某一成绩标准所需的学习次数,以及学习中出现的错误次数为指标来进行计算。因此,以上公式可改写为：

$$迁移率(\%) = \frac{控制组错误次数 - 实验组错误次数}{控制组错误次数 + 实验组错误次数} \times 100$$

以上的实验和测量只是一种基本的、经典的有关学习迁移的实验研究设计,随着迁移问题研究的不断深入,其实验和测量也变得更加复杂,产生了许多变式。例如,在有关训练方法对迁移影响的实验设计中,研究者把实验组分为两组分别进行考察和比较。实验组Ⅰ只进行必要的练习;实验组Ⅱ所用的时间与实验组Ⅰ相同,其中一半时间用于指导,另一半时间用于练习;控制组则只在实验开始和结束时进行测验,不进行任何练习,具体如表 9-3 所示。采用这种实验设计的目的在于探讨如何更为有效地提高迁移水平,它不仅对实验组和控制组的变化进行了对比,而且对实验中采用的不同实验处理的迁移效果也进行了比较。

表 9-3 训练方法对迁移影响的实验设计

		前 测	实验处理	后 测
控制组		有	无	有
实验组	实验组Ⅰ	有	一般训练	有
	实验组Ⅱ	有	特殊训练	有

资料来源:莫雷.(2007).*教育心理学*.北京:教育科学出版社,p. 201.

三、迁移的原因

(一)对正迁移的解释

1. 共同因素说

共同因素说是 20 世纪初由桑代克(E. L. Thorndike)和武德沃斯(R. S. Woodworth)提出的。该理论认为,两种任务中含有相同的要素(包括刺激物与反应有相同或相似之处),就会发生迁移现象;两种任务间的相似程度越高,越有可能产生正迁移;反之,两种任务间有迁移现象发生,就必定存在相同的要素。

20 世纪末,西格勒和安德森(Singley & Anderson,1989)提出了产生式迁移理论。该理论的核心观点是,两种技能间的迁移取决于它们共同的过程性知识(用产生式规则表示),共同的过程性知识越多,它们之间的迁移越大。这一理论被视为共同要素说的现代版,只是在两点上与共同要素说有所不同:一是它解释的是程序性知识的迁移;二是它使用信息加工心理学的产生式理论解释迁移。

2. 概括化迁移理论

贾德(Judd,1908)认为,只要一个人对他的知识经验达到概括化的水平,他就可能把这种经验从一个情境迁移到另一个情境。例如,贾德在 1908 年做过一个实验,实验中他把五六年级学生分为两组,甲组教授物理上的折光原理,乙组不教这个原理,然后让两组学生对水面上和水面下的靶子进行射击。当靶子放在水面下 3.05 厘米的地方时,两组射击的速度和准确度成绩大抵相同。当靶子移到水面下

10.16厘米时,在射击的速度和准确度方面,学习过折光原理的甲组大大超过了乙组。贾德由此得出结论:把某种情境下的经验加以概括,并把这种概括而成的知识、经验运用于其他情境就会产生正迁移。贾德强调的是经验概括化的重要性,而倾向于把两个情境间的共同要素的重要性降到最低。

后来,赫德里克森和施罗德(Hendrickson & Schroder, 1941)、奥弗尔和特拉韦斯(Overing & Travers, 1967),都做过类似的实验,进一步证实了贾德的概括化迁移理论。他们还指出,概括和迁移不是一个自动的过程,它与教学方法有着密切的关系。

3. 关系的迁移理论

格式塔心理学认为,迁移不是来自两种学习情境具有的共同成分,也不是原理或规则产生的某种东西,而是学习者突然发现两种学习情境之间存在的关系的结果。该理论认为,对情境关系的顿悟是迁移的一个决定因素。这里的顿悟是指把两个情境突然联系起来的意识。当一种情境下出现的或个体理解到的某一关系类型适用于另一种情境时,就会产生正迁移。实际上,这种理论仍然强调了某种概括化的作用,只是它更强调学习者必须发现两个情境之间的关系。

后来,哈洛(Harlow,1949)提出学习定势说来解释顿悟现象。哈洛的学习定势说认为,学习方法上的改进,或者说,掌握了学习的策略、学会了学习,迁移就产生了。

上述三种理论都在一定程度上说明了两种动作技能间产生正迁移的原因,只是前一种是狭义的迁移理论,后两种是广义的迁移理论。狭义的迁移是指动作技能只迁移到相似的活动之中;广义的迁移是指一种动作技能可以迁移到几种动作技能的学习中去,它往往是在发现了动作技能的基本原理的基础上实现的,因此,它比前者更有价值。

(二) 对负迁移的解释

在结构上有中等相似的两种动作技能,由于在动作的方向、速度或用力上有所不同,使学习者在相差点上发生了矛盾或出现了错觉,从而产生相互干扰。例如,先使用大大超过标准重量的武术棒进行练习,一段时间后,再使用标准重量的武术棒进行练习就会产生负迁移现象,即非标准重量的武术棒的练习干扰了标准重量的武术棒的练习。细节部分相同而重要动作环节上有所不同的两种动作技能也会彼此干扰。例如,掌握了俯卧式跳高的踏跳技术动作,会对学习背越式跳高的踏跳动作产生干扰,因为前者是制动性踏跳而后者是积极性踏跳,在跳高的重要环节上存在不同。

美国的特维(Turvey,1977)对负迁移的解释是,当两种协调结构(即肌肉活动的特殊模式)中拥有同样的结构指令(决定使用哪些肌肉群),却有不同的韵律指令(决定各种肌肉群动作的比例不同)时,会产生负迁移现象。奥斯古德(Osgood,1949)的解释是,先后两种情境的刺激相同或相似而反应相反时,最容易产生负迁移现象。

四、促进正迁移、避免负迁移的方法

迁移对动作技能的学习有着重要的意义。为了提高体育教学与运动训练的效果,体育教师或教练应积极创造条件,促进学生或运动员的正迁移,避免负迁移。为此,体育教师或教练应当做到以下四点。

(一) 加强动作概念和动作原理的教学

学生或运动员理解了某个动作概念和动作原理后,就能用它来指导自己学习新的动作技能,或把这些动作概念和动作原理运用到其他动作技能的学习中去。这样一来,学习少数几个动作概念和动作原理就能促进许多新的动作技能的形成。如果在体育教学和运动训练中体育教师或教练只教授动作技能,而缺乏对动作原理的教学,只能使学生或运动员有限地运用所学知识与技能。

(二) 为迁移而教

"为迁移而教",这是当今教育界流行的一个很有吸引力的口号。迁移或原理运用不是一个自动的过程,它需要体育教师或教练的有效指导。有一些学生或运动员对动作技能缺乏概括能力,也不善于揭示新旧两种动作技能间的异同并进行联想,想要运用所学的动作原理却不会运用。对他们而言,已理解的原理与运用原理到新的动作技能之间似乎存在着一条鸿沟。因此,体育教师或教练在体育教学与运动训练中,应向学生或运动员讲明,不同的动作技能中具有相类似的一般动作模式。例如,可以向学生或运动员说明,在篮球投篮时应怎样运用回弹角度的原理,以及跳起来把球传给队友又是怎样运用回弹原理的。不澄清后一种情况,学生或运动员就有可能错误地把球投在自己与队友之间的中间点或过于接近对手的位置。

为了克服负迁移,体育教师或教练还应采用比较的方法来帮助学生或运动员区分两种动作技能中容易相互干扰的部分。例如,对所学的两种动作技能的重要动作环节进行反复比较,找出它们的差异点,以避免学习中出现泛化现象。

(三) 注意两种动作技能学习的时间间隔

如果同时学习的两种动作技能都没有达到熟练和巩固的程度,那么这两种动作技能容易发生相互干扰。只有熟练地掌握了一种动作技能后,再学习另一种动作技能,两者才更容易发生正迁移,不容易相互干扰,因为只有巩固而清晰的知识和技能才能正迁移。所以,在体育教学和运动训练中,体育教师或教练应当合理安排各种动作技能的教学与训练的时间间隔,在学生或运动员基本掌握前一种动作技能后,再开始新的动作技能的教学。

(四)启发学习者的思维,提高学习者对已有知识经验的概括性水平

由于迁移过程必须依据学习者已有的经验去辨别、理解当前新学习的动作技能,所以学习者已有知识经验的概括性水平越高,动作技能间迁移的可能性越大。如果学习者已有知识经验的概括性水平较高,能反映动作的本质,他们就能依据这些本质特征去揭示新学习的动作技能的本质,并把它纳入已有的经验系统中去。这样,动作技能间的正迁移就会顺利进行。反之,如果个体对已有知识经验的概括性水平较低,就难以发生动作技能间的正迁移。所以,在体育教学与运动训练中,应注意启发学生或运动员的思维,帮助他们提高对动作技能本质特征的认识和概括性水平。

本章提要

- 动作技能是指通过练习而巩固下来的、自动化的、完善的动作活动方式。动作技能的组成成分包括动作或动作组、体能和认知能力。根据不同的分类方法,动作技能可以分为封闭性动作技能和开放性动作技能、连续性动作技能和非连续性动作技能、粗大动作技能和精细动作技能、工具性动作技能和非工具性动作技能、低策略性动作技能和高策略性动作技能。
- 辛普森提出动作技能从低到高的七个层次组成,分别是知觉、定势、指导下的反应、机制、复杂的外显反应、适应和创新。
- 关于动作技能的学习过程,主要有以下几种解释:习惯论——生理学的联结理论和行为主义的习惯论;认知理论——闭环理论、开环理论和信息加工理论;生态学理论。
- 菲茨和波斯纳将动作技能的形成分为认知、联系形成和自动化三个阶段。
- 动作技能熟练的标志是:(1)立即反应代替了笨拙的尝试;(2)利用微弱的线索;(3)错误被排除在发生之前;(4)局部动作综合成大的连锁,受内部程序控制;(5)在不利条件下能维持正常的操作水平。
- 动作技能一经形成就不易遗忘。与知识的保持相比,动作技能的保持更牢固。影

- 响动作技能形成的内部因素有动机、生理成熟度和经验、智力水平、人格特征和生理唤醒水平;影响动作技能形成的外部因素包括有效的指导、练习和反馈。
- 练习的总的趋势是练习成绩逐步提高。在复杂动作技能的形成过程中,往往会出现进步暂时停顿的现象,这被称为高原现象或高原期。练习曲线存在个别差异。有效练习的条件包括明确练习的目的、合理分配练习时间和掌握正确的练习方法。
- 通过反馈获得的动作信息,涉及动作本身的知识和动作结果的知识两个方面。反馈不仅具有提供信息的价值,而且具有提高学习者练习积极性的功能。根据不同的分类方法,反馈可以分为内在反馈和外在反馈、同时反馈和延缓反馈、建设性反馈和非建设性反馈。
- 前后学习的两种动作技能之间产生的影响被称为动作技能的迁移。这种影响若是积极的,则被称为正迁移;这种影响若是消极的,则被称为负迁移。对正迁移的解释有共同因素说、概括化迁移理论和关系的迁移理论。促进正迁移、避免负迁移的方法有:(1)加强动作概念和动作原理的教学;(2)为迁移而教;(3)注意两种动作技能学习的时间间隔;(4)启发学习者的思维,提高学习者对已有知识经验的概括性水平。

教学活动设计

1. 利用镜画仪或双手协调器让学生学会绘制动作技能形成的练习曲线并掌握迁移的计算方法。
2. 针对不同类型的动作技能学习,让学生比较部分练习与整体练习、集中练习与分配练习的学习效果。

复习与思考题

1. 简述动作技能的组成成分。
2. 举例说明动作技能的几种分类方法。
3. 试述动作技能形成的三个阶段。
4. 说明动作技能的各种练习曲线及其形成原因。
5. 简述反馈在动作技能学习中的作用。
6. 试述促进正迁移、避免负迁移的方法。

第十章 运动中的心理技能训练

本章细目

关键概念
第一节 心理技能训练概述
一、什么是心理技能训练
二、心理技能训练的作用
（一）有助于提高认识能力
（二）有助于对情绪的控制
（三）有助于增强意志品质
（四）有助于个性的发展
（五）有助于掌握和改进动作技能
（六）有助于消除疲劳
三、心理技能训练的原则
（一）自觉自愿原则
（二）持之以恒原则
（三）全面和重点相结合原则
（四）保健性原则
四、心理技能发展的理论模式
（一）自我调节模式
（二）共鸣行为模式

（三）以运动员为中心的运动模式
（四）注意—接受—承诺模式
五、心理技能的测量
（一）运动心理技能量表
（二）运动应对技能量表
（三）行为策略测验
（四）渥太华心理技能评估工具
第二节 运动中的行为干预技术
一、放松训练
（一）表象放松训练
（二）渐进性放松训练
（三）自生或自律训练
（四）生物反馈训练
二、系统脱敏训练
（一）什么是系统脱敏训练
（二）系统脱敏训练的程序
三、模拟训练

（一）模拟训练的概念
（二）模拟训练的种类
（三）模拟训练的方法

第三节 运动中的认知干预技术
一、表象训练
（一）表象训练的概念
（二）表象训练的作用
（三）表象训练的原理
（四）表象训练在体育教学与运动训练中的应用
二、认知训练
（一）认知训练的概念
（二）认知训练的方法

本章提要
教学活动设计
复习与思考题

关键概念

心理技能训练　　自我调节模式　　共鸣行为模式　　以运动员为中心的运动模式
注意—接受—承诺模式　　放松训练　　表象放松训练　　渐进性放松训练
自生或自律训练　　生物反馈训练　　系统脱敏训练　　模拟训练　　实战情景
模拟　　言语图像模拟　　表象训练　　认知训练　　中止思维　　自我谈话

现代竞技体育的特点是，高水平运动员之间的比赛在体能和技术、战术等方面的差距日益缩小，最后是否能够取胜往往受多种因素的综合影响。随着竞争程度的加剧、获胜难度的加大，运动员也承受着前所未有的心理压力，他们之间的角力不仅表现在身体素质和运动技术水平上，而且表现在心理素质方面。面对近乎残酷的激烈竞争，超强的心理素质往往是运动员取胜的关键。个体的良好心理素质并不是与生俱来的，它往往需要经过长期的训练和培养才能形成。因此，科学、系统的心理技能训练日益引起人们的重视，并成为现代竞技体育训练和学校体育教育基础建设的重要组成部分之一。

第一节　心理技能训练概述

由于越来越多的教练和运动员开始认识到心理因素在比赛中的重要性，所以国内外运动界都非常重视运动员的心理技能训练。欧美等发达国家从20世纪60年代开始，国内则从20世纪70年代末80年代初开始对运动员进行心理技能训练。对每一位渴望走向成功的运动员而言，了解心理技能训练的有关知识并掌握相关方法是他们的必备训练之一。与学校体育相比，心理技能训练在竞技体育领域的应用更为广泛。

> **专栏 10-1　　优秀运动员的心理技能特征**
>
> 1. 从事专项运动应具有的个性心理特征。
> 2. 对成功和失败采取可控的内部归因。

> 3. 对最终的成功有高自信和信念。
> 4. 内在动机。
> 5. 对运动成就具有较强的任务目标定向。
> 6. 集中注意于当前任务。
> 7. 具有调节情绪和心理唤醒水平的能力。
> 8. 具有较强的应对逆境的能力。
> 9. 有设置不同目标并完成这些目标的能力。
> 10. 有使用自我谈话、表象、自我调节和其他心理学方法来树立信心和提高动机水平的能力。
> 11. 心理韧性。
>
> 资料来源：[美] Cox, R. H.（2015）. 运动心理学(第 7 版). 王树明，等，译. 上海：上海人民出版社，pp. 290—291。

一、什么是心理技能训练

心理技能训练是指采用一定的方法和手段对个体的心理施加影响并对个体的大脑进行专门化训练，以达到强化心理技能和培养特殊心理能力的目的。简言之，心理技能训练就是有系统、持续化的心智和心理技能的练习（殷恒婵，2012）。

心理技能训练有长期和短期之分。长期的心理技能训练又称一般心理技能训练，是运动员日常训练系统的一部分，与体能训练和技术训练一样，纳入常规的训练计划中，其目的在于提高运动员完成专项运动所需的心理素质。在运动员的个性培养中，应特别注意加强对运动员需要的引导，注意对良好动机和态度的培养，这是激发运动员内在积极性与动力的核心因素。短期的心理技能训练主要针对既定的比赛任务进行，其目的在于使运动员能在较短时间内学会一些具体的心理技能训练方法，促使他们在临场比赛时能自如、有效地控制和调节自己的心理状态，形成最佳的竞技状态，从而发挥出最高的运动水平，获得最好的运动成绩（季浏，2001；季浏，殷恒婵，颜军，2010）。

凡是对个体的心理素质有较高要求的职业或行业都涉及心理技能训练的问题。因此，心理技能训练不仅在竞技体育领域应用广泛，而且也被用于学校教育、军事训练、刑事侦探、医疗、文艺表演、高空作业等领域的人员培训。即使是在竞技体育领域，心理技能训练的目的也不局限于提高运动成绩，它对全面提高运动员的身心健康水平和生活质量都具有重要意义。可以预计，心理技能训练在未来社会的众多领域中将得到进一步推广和应用。

二、心理技能训练的作用

心理技能训练在运动领域的作用主要表现为以下六个方面。

(一) 有助于提高认识能力

认识能力是人们在观察、分析、理解事物的过程中表现出来的心理特征。良好的认识能力不仅能够帮助人们更为有效地认识世界、理解世界和改造世界,而且是人们学好各种知识和技能的前提与保障。反过来,随着知识和技能的增长,个体的认识能力也在不断发展。心理技能训练是发展或锻炼运动员认识能力的一种特殊方法,它能够使运动员认识能力的某些特殊方面得到迅速而有效的发展。例如,通过注意力训练,可以有效地提高运动员集中与保持注意的能力,从而提高他们认识过程的效能,进而提高他们运动训练与竞技比赛的效果;通过表象训练,可以加深运动员对运动表象的认识和理解程度,提高运动员运用表象进行思维和促进动作技能形成的能力。

(二) 有助于对情绪的控制

运动员在平时的训练与比赛中会面临各种各样的负面情绪困扰。负面情绪会直接影响运动员体育运动的效果,具体表现为平常训练时打不起精神,训练没有动力,目标不明确,对自己的未来感到迷茫,对所要完成的训练计划缺乏胜任感等;而在比赛时,往往会导致过度紧张、焦虑和恐惧,致使已掌握的技术动作变形,发挥失常。有多种心理技能训练方法能帮助运动员克服负面情绪困扰,如放松训练、表象训练、认知调整训练、系统脱敏训练、模拟训练、生物反馈训练等。教练可以根据训练条件和训练时间安排,以及运动员自身的特点有针对性地选择某种心理技能训练方法,帮助运动员逐步提高情绪调控能力,有效解决运动训练与比赛过程中产生的各种情绪问题。

(三) 有助于增强意志品质

坚强的意志品质往往是优秀运动员的重要心理特征。因为,运动员在训练与比赛中会面临各种各样的内外部困难,如训练环境的不完善、与教练和队友的沟通不畅、恶劣的天气、观众的喝倒彩、裁判的不公、身体的伤病和能力的限制等。意志品质薄弱是部分运动员放弃训练和比赛、结束运动生涯的重要原因。对运动员进行有针对性的心理技能训练,可以增强他们的意志品质。例如,通过目标设置训练帮助运动员在日常训练和比赛中形成积极的心理定向;通过教会运动员积极的自我暗示和自我鼓励的方法,帮助他们充分调动自身的潜力,以适应外部环境的要求,并实现对自身身体素质的随意调节。

(四) 有助于个性的发展

许多学生或运动员的年龄非常小,他们的个性还处在形成与发展的过程中。心理技能训练可以使学生或运动员学会调节和延缓自身需要的状态,调控自身的动机水平与目标取向,改善如自卑、不自信、胆小、过分内向、孤僻等不良性格特征,变得自信、乐观、勇敢、进取、善于合作和交际等。简而言之,心理技能训练可以对学生或运动员的个性倾向性和个性心理特征两个方面产生全面而深刻的影响,并最终影响他们的个性发展与完善。

(五) 有助于掌握和改进动作技能

学生或运动员在体育教学和运动训练过程中,需要学习和掌握各种动作技能。动作技能的形成一般是通过个体反复多次的身体练习而实现的。但是,如果把心理练习(表象训练)与身体练习结合起来,则更有助于学生或运动员掌握和改进相应的动作技能。显然,动作技能的学习不仅需要较长时间的身体练习,而且需要适宜的心理练习。由于心理练习基本不受时间、地点、器材等方面的限制,而且心理几乎不会产生疲劳,因此,在体育教学与运动训练过程中,对动作技能进行心理练习比不进行心理练习的学习效果好。但需指出的是,只进行心理练习而不进行身体练习的学习效果最差。

(六) 有助于消除疲劳

一定负荷量的体育运动会引起学生或运动员的身心疲劳。身心疲劳如得不到及时消除,会使学生或运动员对体育运动产生倦怠感,也容易在训练与比赛中发生运动性损伤,从而导致训练中断或退出体育运动等严重后果。过去,对于这种身心疲劳,一般采用休息、睡眠、补充营养等手段来加以消除。现在,消除身心疲劳的手段呈现出多样化的发展趋势,出现了诸如医学、生物学、教育学和心理学的手段。放松训练的效果主要体现在降低中枢神经系统的兴奋性和因情绪紧张而产生的过多能量消耗,使身心得到适当休息并加快体力的恢复。另外,放松训练还具有催眠作用,可以深化睡眠时神经过程的抑制,从而提高睡眠质量。因此,在学生或运动员参加完体育运动后,采用心理技能训练的方法,加快消除他们的疲劳,不仅有利于体育教学和运动训练,而且有助于他们的身心健康发展。

三、心理技能训练的原则

根据多年的实践经验,人们发现,心理技能训练有规律可循。如果能遵循以下四项原则,不仅可以有效避免或减少失误,保证心理技能训练的顺利实施,而且有助于提高心理技能训练的质量,最终获得预期的心理技能训练效果。

(一) 自觉自愿原则

心理技能训练方法能否产生预期的效果,取决于两方面的因素:一方面是运动心理学工作者的正确引导和心理技能训练方法的恰当选择与运用;另一方面是学生和体育教师、运动员和教练的积极配合,即他们是否自觉自愿地参与心理技能训练。大量实践表明,在心理技能训练过程中,持积极心态者往往会收到较好的效果,而持消极心态者的心理技能训练不仅无效,反而有害。对于那些对心理技能训练持观望、怀疑甚至否定态度的学生或运动员,强迫或命令他们接受心理技能训练是不明智的。对于这部分人,解决问题的关键在于加强有关心理技能训练的引导和教育,使他们逐步转变原有的观念,相信心理技能训练的作用,让他们在心理技能训练实践中见到实效。因此,在开展心理技能训练前,首先要加深学生或运动员对心理技能训练重要性的认识,激发他们参与心理技能训练的动机,使他们积极主动、心甘情愿地参加心理技能训练,并对心理技能训练持一种积极、肯定的态度。只有赢得学生和体育教师、运动员和教练的积极配合,才能使心理技能训练的时间和质量得到有效保障。

(二) 持之以恒原则

要从根本上改变个体的心理状态和个性特征,需要经历长期艰苦的心理训练过程才能见效,而希望通过短期的心理技能训练就收获明显甚至惊人的效果是一种不切实际的想法。受训者如果"三天打鱼,两天晒网",高兴时想起来或需要时就练一段时间,不高兴或几次训练后看不到明显效果就失去信心,将其置于一旁,那么必将大大影响心理技能训练的效果。受训者必须有耐心、有信心,持之以恒地不断进行自觉的自我训练,逐步学会控制自己的心理状态,才能最终取得良好的训练效果。

(三) 全面和重点相结合原则

全面的心理技能训练包括以下两个方面。

1. 综合使用多种训练手段

心理技能训练要与身体训练、技术训练、战术训练有机结合起来,如果将心理技能训练当作孤立的训练任务,那么将很难收到良好的效果。

2. 一般要求与个别对待相结合

由于个体的心理特征既有共性的一面又有个性的一面,所以在心理技能训练时既要对所有受训者提出一般的基本要求,又要根据每个人不同的心理特点,有区别地提出不同要求。对一个接受心理技能训练的体育团体而言,心理技能训练的目的、任务、内容和方法大致相同,大多数学生或运动员经过努力都可以达到施训者的一般要求。在进行心理技能训练时,也应有意识地考虑学生或运动员未来发展的需要,如团队精神、竞争与合作意识、毅力、情绪控制能力、抗挫折能力等,从而使心理技能训练发挥最大的效能。与此同时,还应根据学生或运动员心理上的差异,及时对心理技能训练的方案进行调整,以便有的放矢地进行心理技能训练。值得注意的是,每一种心理技能训练方法都有其适用范围和局限性,因此要针对学生或运动员的年龄、技能水平、运动项目和身心特点慎重选择适合他们的心理技能训练方法。为此,在开展心理技能训练之前,最好能对受训者的心理技能水平进行测评。

(四) 保健性原则

心理技能训练过程中要加强对学生或运动员的指导和监控,避免意外情况的发生。心理技能训练应促进和维护学生或运动员的身心健康发展,而不能反其道而行之。在选择有关方法时,不能只看到它的积极效果,还应考虑它可能造成的负面影响。例如,让学生或运动员在身体疲劳的状况下进行长跑来锻炼意志品质的做法,如果使用不当,很可能会对学生或运动员的身心造成伤害(祝蓓里,季浏,2000)。

四、心理技能发展的理论模式

心理技能发展的理论模式有自我调节模式、共鸣行为模式、以运动员为中心的运动模式和注意—接受—承诺模式(Cox,2015)。

(一) 自我调节模式

自我调节模式是指根据绩效反馈而设计和不断修改的自发思想、感受和行为(Cleary & Zimmerman,2001)。它由三个阶段组成:(1) 思考阶段,包括目标设置、策略选择、自我效能;(2) 操作阶段,包括策略的使用、自我监控、自我指导、表象和集中注意力;(3) 反省阶段,包括自我评价、结果归因和自我满足。反省阶段结束后又会返回第一阶段,即进入新一轮的思考阶段。

(二) 共鸣行为模式

共鸣行为模式是一种用于解释如何使普通运动员成为优秀运动员的模式。共鸣的概念与流畅、内部动机和情绪的概念相联系。运动员在追求梦想的过程中会遇到各种各样的困难,只有身体和心理都做好了准备,持有积极的情感并不懈努力的运动员才有望战胜这些困难,完成自己的梦想,达到自我实现的状态。拥有梦想是运动员能进行身心技能准备,全身心投入有关活动的动力。运动员获得成功的关键在于不为困难所迷惑,始终持有梦想以及与之相关的积极情感。

(三) 以运动员为中心的运动模式

以运动员为中心的运动模式认为,运动必须致力于运动员身体素质、心理素质和社交能力的全面发展(Miller & Kerr,2002)。心理技能训练不应只为提高运动员的运动技能水平,即追求通常意义上的跑得更快、跳得更远等外显运动成绩,还应关注运动员的精神健康等内在心理品质,帮助他们成长为具有良好素养的合格公民。

(四) 注意—接受—承诺模式

注意—接受—承诺模式与积极心理、流畅感和警觉几个概念有关(Gardner & Moore,2007)。传统的心理技能训练重在教会学生或运动员控制与错误认知有关的内部状态。而注意—接受—承诺模式拒绝用控制内心状态的方式来达到高峰状态,它要求学生或运动员无论何时何地发现自己处于何种心理状态,都客观地接受它。例如,对于焦虑,传统的心理技能训练最先考虑的是用放松的手段降低它;注意—接受—承诺模式则不是去努力降低它,而是要求个体接受自己此刻的情绪状态,从而忽略焦虑带来的结果这一问题。一旦学生或运动员学会用一种开放的思想去面对自己的内心状态,那么,他就能够更有效地解决自己所面对的心理问题。

五、心理技能的测量

(一) 运动心理技能量表

运动心理技能量表(Psychological Skills Inventory for Sports,PSIS-5)由马奥尼等人(Mahoney,Gabriel,& Perkins,1987)编制而成,共有45道题,被用于评定与运动员高水平竞技表现有关的心理技能:焦虑控制(AX)、集中注意力(CC)、自信心(CF)、心理准备(MP)、动机(MV)、团队意识(TM)。它还被较多地用于区分熟练运动员的心理技能水平(Cox,2015)。

(二) 运动应对技能量表

运动应对技能量表(Athletic Coping Skills Inventory,ACIS-28)由史密斯等人(Smith,Schutz,Smoll,& Ptacek,1995)编制而成,测量内容包括应对逆境和极大压力下的高峰体验、目标设置、心理准备、注意力、消除焦虑、自信心、成就动机、可训练性等心理技能,共有28道题。运动应对技能量表可以对职业棒球运动员的击球和投球行为作出恰当的预测(Smith & Christensen,1995;Cox,2015)。

(三) 行为策略测验

行为策略测验(Test of Performance Strategies, TOPS)由托马斯等人(Thomas, Murphy, & Hardy, 1999)编制而成,主要是针对运动员运用策略的方法和技能进行的测量。在比赛环境下,行为策略测验测量的因素包括:自我暗示、情绪控制、自动性、目标设置、表象、激活、消极思维和放松。除了用注意力控制代替消极思维,训练环境中行为策略测验测量的因素与比赛环境中的一样。行为策略测验共有64道题,与比赛情境和训练情境有关的题项各有32道(Cox, 2015)。

(四) 渥太华心理技能评估工具

渥太华心理技能评估工具(Ottawa Mental Skills Assessment Tool, OMSAT-3)由杜兰德-布什等人(Durand-Bush, Salmela, & Green-Demers, 2001)编制而成。它由12个分量表组成,每个分量表包含4道题,整套评估工具共计48道题。12个分量表又可进一步归为3个维度:(1)基础技能,包括目标设置能力、自信、责任感;(2)心理技能,包括应激反应、恐惧控制、放松、唤醒控制;(3)认知技能,包括集中注意、重新集中注意、表象、心理技能训练能力、比赛规则。针对这一评估工具的效度检验表明,优秀运动员与普通运动员之间的区别在于自信、责任感、应激反应、集中注意力和重新集中注意力几个方面(Cox, 2015)。

此外,对心理技能的测量还可以根据心理技能的具体内容选择评价量表,如通过焦虑量表评定放松技能,通过表象量表检测表象能力,等等。

第二节 运动中的行为干预技术

有计划的心理干预能够有效地提高学生或运动员的运动技术和身心健康水平。目前,体育运动中的心理干预方法可以分为行为干预和认知干预两大类。

心理技能训练中的行为主义方法建立在行为主义学习理论的基础上。它能够有效地减少或消除学生或运动员的不适应行为,激发和强化他们的适应性行为,并帮助他们调节和控制紧张、焦虑等消极情绪反应。

一、放松训练

在体育运动中,学生或运动员可能会遭受低唤醒水平的困扰,但是,他们通常更多地面临高唤醒水平带来的问题。高唤醒水平往往意味着紧张与焦虑,它是引起学生或运动员身心问题,导致运动成绩下降的重要原因。因此,如何有效地降低学生或运动员在运动中的紧张与焦虑一直是运动心理学研究工作的重点。现有的大量研究表明,放松训练能够有效地调节学生或运动员在运动中的兴奋水平,减轻他们的心理压力,帮助他们获得生理上的益处(Carlson et al.,1995;Davis et al.,1995;Greenberg,2009)。

放松训练是最常用、最基本的心理技能训练方法之一。它主要借助语言暗示等手段使身体松弛,进而引起心理放松。关于放松训练的机制,目前最有影响的解释是一种双向调节假说。该假说认为,大脑与肌肉之间具有双向联系,信号不仅可以从大脑传至肌肉,而且可以从肌肉传往大脑;由于人类普遍具有不同程度的受暗示性和念动能力,因此可以通过有关放松的语言暗示来调节肌肉的紧张度,使之逐步放松;肌肉放松时,向大脑传递的神经冲动会明显减少,大脑的兴奋性也会随之下降,进而引发心理上的放松感受。

放松训练的方法有很多,经常使用的有表象放松训练、渐进性放松训练、自生或自律训练、生物反馈放松训练。不同的个体可以根据自身的特点,选择一种适合自己的放松训练方式。

(一) 表象放松训练

表象放松训练主要通过想象放松情景来逐渐达到放松的目的。例如,想象自己躺在海绵垫上或草坪上;想象自己在树林中或公园里散步;想象自己躺在海边沙滩上晒日光浴,以及其他能想象到的放松情景等。

在进行表象放松训练时,一般要求受训者采取一种舒适的姿势,可以仰卧在地上或床上,两臂平放在身体两侧,两脚分开,双腿不要交叉,微微闭上双眼,尽可能地放松,并深深地吸气,再慢慢地呼气。然后,想象一些令自己感到非常放松和舒适的情景,并尽可能地将这些情景想象得生动、逼真,有身临其境之感。另外,不必拘泥于一种产生放松感觉的表象,可以经常变换。

成功使用该方法的关键是:(1) 头脑里要有一种与感觉到的放松密切联系的、清晰的场景,即想象出来的放松情景应该是自己曾经感受到放松的那些环境和地方——如果一个人从来没有去过海边,没有这方面的直接体验,他就很难通过想象躺在海边沙滩上的那种舒适感受来放松身心;(2) 要有很好的想象技能,使这种场景被心理上的"眼睛"看得很清楚,进入放松的状态。

(二) 渐进性放松训练

渐进性放松训练由美国学者雅各布森(E. Jacobson)于20世纪20年代至30年

代精心设计而成,在此之后又经过多年的临床应用不断得到修改和完善。它首先让受训者选取一个舒适的位置,然后帮助他获得整个身体、身体各部分,特别是头部、脖子等部位肌肉紧张的精确感受。在练习过程中,一般先主动地收紧某一肌肉群,体会这种紧张,然后让它充分放松,并把这种紧张"排出"体外。通过使身体不同部位的肌肉紧张与放松,使受训者学会区分肌肉紧张和放松的感受,最终使受训者的身心逐渐放松。例如,体验用力握右拳 5 秒的紧张,然后放松 10 秒,并体验这种紧张被全部释放的松弛状态。

专栏 10-2　　　　　渐进性放松训练练习程序

一、基本渐进性放松训练练习程序

练习者仰卧在床上或地上,放松,双腿自然伸直,双臂稍离体侧,掌心向下自然放松,两眼半睁或轻轻闭上。

1. 先以右手用力握拳,体会紧张感(5—8 秒),然后放松,并体会放松感。
2. 左手握拳,放松。然后再做一次。
3. 屈右前臂,收缩肱二头肌,放松。然后再做一次。
4. 屈左前臂,放松。然后再做一次。
5. 蹙眉,收缩前额肌肉,放松。然后再做一次。
6. 咬紧牙,放松。然后再做一次。
7. 耸肩,收缩肩部肌肉,放松。然后再做一次。
8. 深呼吸,屏气保持紧张;缓慢呼气,体会放松感。然后再做一次。
9. 收缩腹部肌肉,放松。然后再做一次。
10. 绷脚尖,伸踝关节并保持紧张,放松。然后再做一次。
11. 腹式呼吸,吸气,使腹部鼓起;呼气,使腹部凹陷。
12. 重复深呼吸三次,将注意力集中于整个呼吸过程(这种做法也称为"意守"或精神集中法)。
13. 恢复到正常状态。

二、加上暗示语的渐进性放松训练练习程序

(一) 运用将注意力集中于呼吸的技术

1. 将注意力集中于呼吸,深呼吸三次。
2. 将放松感引导进每一组肌肉群,顺序是:右手用力、左手用力、弯曲右手前臂(肱二头肌)、弯曲左手前臂(肱二头肌)、前额、上下颚、双肩、胸部、腹部、臀部、腿部、双足。
3. 检查全身,看是否还有紧张的部位。
4. 在最后查看是否还有紧张部位时,继续将注意力集中于呼吸,同时想象每一组肌肉群都在放松,犹如发光的灯泡在逐一熄灭。

(二)在呼吸和放松的过程中,应使用一些具有启发性的提示语

可以先试一试哪些提示语效果最好。例如,在呼吸和放松时可以想象几遍"我很放松!很舒适!"以达到提示的作用;也可以想象"放松、平静"或想象一种能够使自己感觉放松的颜色。在找到自己的提示语后,便可以在集中注意力时想象这条提示语,同时进行呼吸。

资料来源:季浏,殷恒婵,颜军.(2010).体育心理学(第2版).北京:高等教育出版社,pp.154—155.

(三)自生或自律训练

自生或自律训练是德国医生舒尔茨(Schultz et al.,1959)在20世纪30年代率先提出的一种放松训练方法。它是通过特定的自我暗示语来降低或消除身心紧张反应,从而松弛身体的一种放松训练方法。练习的特定自我暗示语共有6种,涉及沉重感、温暖感、心脏调整、呼吸调整、内脏调整、额头凉感。

专栏 10-3　　　　　　自生或自律训练指导语

自生或自律训练要在他人指导语或自我指导语的暗示下缓慢地进行,常用的指导语如下。

1. 平静而缓慢地呼吸,我的呼吸很慢、很深。
2. 我感到很安静。
3. 我感到很放松。
4. 我的双脚感到沉重和放松。
5. 我的踝关节感到沉重和放松,我的膝关节感到沉重和放松,我的臀部感到沉重和放松,我的双脚、踝关节、膝关节、臀部全部感到沉重和放松。
6. 我的腹部、我身体的中间部分感到沉重和放松。
7. 我的双手感到沉重和放松,我的手臂感到沉重和放松,我的双肩感到沉重和放松,我的双手、手臂、双肩全部感到沉重和放松。
8. 我的脖子感到沉重和放松,我的下巴感到沉重和放松,我的额部感到沉重和放松,我的脖子、下巴、额部全部感到沉重和放松。
9. 我的整个身体都感到安静、沉重、舒适、放松。
10. 我的呼吸越来越深,越来越慢。
11. 我感到很放松。
12. 我的双臂和双手是沉重和温暖的。
13. 我感到十分安静。
14. 我的全身是放松的,我的双手是温暖的、放松的。
15. 轻松的暖流流进了我的双手,我的双手是温暖的、沉重的。
16. 轻松的暖流流进了我的双臂,我的双臂是温暖的、沉重的。

> 17. 轻松的暖流流进了我的双腿,我的双腿是温暖的、沉重的。
> 18. 轻松的暖流流进了我的双脚,我的双脚是温暖的、沉重的。
> 19. 我的呼吸越来越深,越来越慢。
> 20. 我的全身感到安宁、舒适和放松。
> 21. 我的头脑是安静的,我感觉不到周围的一切。
> 22. 我的思想已经专注到身体的内部,我是安闲的。
> 23. 我的身体深处和我的头脑深处是放松、舒适和平静的。
> 24. 我是清醒的,但又处于舒适的、安静的、注意内部的状态。
> 25. 我的头脑安详、平静,我的呼吸更深、更慢。
> 26. 我感到一种内部的平静。
> 27. 保持1分钟。
> 28. 放松和沉静现在结束。深吸一口气,慢慢地睁开双眼,我感到生命和力量流遍了我的双腿、臀部、腹部、胸部、双臂、双手、颈部、头部。这力量使我感到轻松和充满活力。我恢复了活力。
>
> 资料来源:祝蓓里,季浏.(1995).体育心理学新编.上海:华东师范大学出版社,pp. 202—203.

进行自生或自律训练,可采用卧势、坐势或半躺式练习姿势,以全身放松、舒适为原则。在自生或自律训练过程中,受训者需要一边默念特定暗示语,一边进行积极想象,并注意体会相应的四肢温暖和沉重等感受。自生或自律训练的6种暗示语,可以一个一个地学习掌握,也可以把它们放在一起来练习。大多数受训者最终都可以达到只要重复默念12次这些暗示语,就能使自己进入舒适、愉快和宁静的"自然发生状态"。自生或自律训练的最大优点是暗示语容易记忆,便于受训者随时随地进行练习。

(四) 生物反馈训练

1. 什么是生物反馈训练

生物反馈是20世纪60年代发展起来的一门医疗技术和学科,一般认为,它是操作性条件反射的一种。生物反馈训练是个体控制自身内部器官活动的过程。在实际训练中,它往往与放松训练结合起来进行。通常状态下,受训者并不能感觉自己的生理活动情况,但是借助电子仪器,可以将他们身体内部的生理活动信息放大,并以视觉或听觉的形式呈现给他们,使他们及时了解自身的生理状态,如安静状态、程度不同的放松或紧张状态下内脏生理活动的变化等。在此基础上,训练者会按照一定的要求指导受训者,让他们循序渐进地学会控制内脏的生理活动,矫正不正常的生理变化。

生物反馈训练的出现、发展与普及首先发生在医学领域,它是多个学科领域(医学、心理学、神经生理学、肌肉机能恢复学和控制论等)的研究者多年的共同研究的结果。20 世纪 70 年代,生物反馈训练开始被应用于竞技体育之中。利用该技术可以帮助运动员掌握精细动作,调整运动节奏,纠正错误的运动姿势,促进运动员肌肉损伤后的恢复,对抗比赛中的紧张反应等。

2. 生物反馈训练常用的生理指标

生物反馈训练常使用下列生理指标(丁雪琴,殷恒婵,1997):(1) 额部肌电变化(EMG)——放松时肌电值降低,兴奋时升高;(2) 手指皮肤导电性变化(SC)——放松时降低,兴奋时升高;(3) 手心或手指皮肤温度变化(ST)——放松时升高,兴奋时降低;(4) 手指血容量变化(BVP)——放松时波幅低而振幅高,兴奋时反向变化;(5) 心率(HR)——放松时慢,兴奋时加快;(6) 呼吸(REP)——放松时频率降低、深度增加,兴奋时反向变化。

目前,多指标的生物反馈训练系统较受欢迎。由于生物反馈有不同的种类与功能,受训者可以根据自己的身心特点选择最适合自己的生物反馈训练方法。在进行生物反馈训练之前,要全面了解受训者的心理、生理情况,并根据这些基本情况确定放松训练的目标,以便评定放松训练的效果。训练一般需要 6—12 周,每周训练 2—3 次,每次 20—30 分钟。与其他心理训练方法相比,生物反馈训练受部分客观条件的制约,掌握起来较困难,需要一定的训练过程。但是,一旦熟练掌握,效果则十分显著。因此,这一心理训练方法值得提倡和推广(张忠秋,2004)。该方法的突出优点是能克服放松训练的盲目性,加快放松训练的进程,提高放松训练的效果。

专栏 10 - 4　　　　　　　　生物反馈介绍

什么是生物反馈?为了帮助大家认识它,米勒(N. Miller)打了一个很好的比喻。他说,新手学习投篮,开始时总是或左、或右、或近、或远地偏离篮圈。他是怎样使球逐渐接近篮圈并最后投中的呢?个体投篮时如果眼睛被蒙住,得不到反馈信息,那么他就不知道球偏离篮圈的程度,不知道怎样调整投篮的姿势和力量才能使球接近篮圈,也就不可能学会投篮。同样,由于个体的自主神经系统支配的内脏活动信号微弱,一般不易察觉,如人们不知道此刻自己的心率和血压是多少,这正像蒙住双眼的投篮,得不到一点反馈信息。但是,现代先进的医用电子仪器的问世,为个体及时了解自身内脏活动的变化情况提供了便利。这些电子仪器通过放大个体身体内部微弱的生理电变化,如脑电、肌电、皮肤电等,使个体得以"看见"或"听到"机体内在活动的变化情况,并能使个体通过自己的主观意愿对这些反馈信息加以改变,进而学会随意控制自己的内脏活动。这和蒙眼人拿掉眼罩便能较快学会投篮的情形相似。生物反馈的实践表明,要想学会随意控制这些内脏的生理变化,只依靠短期或几次练习是无法实现的,而需要反复多次的练习。在这样的背景下,生物反馈训练应运而生并得到广泛应用。

如何进行生物反馈放松训练呢?首先,必须具备3个基本条件,即有生物反馈仪、合作的指导者和适宜的训练场所。指导者应熟练掌握生物反馈仪的使用方法,并充分了解生物反馈训练的有关知识,最好有一些这方面的工作经验。另外,这种训练通常在安静舒适的场所内进行。其次,要选择合适的放松训练方法,可以根据个体的喜好等实际情况从众多放松训练方法中选择一种。最后,要确定反馈方式(视觉或听觉)、部位(前额或前臂等)和反馈目标值等。

资料来源:祝蓓里,季浏.(2000).体育心理学.北京:高等教育出版社,pp. 229—230.

二、系统脱敏训练

(一) 什么是系统脱敏训练

系统脱敏训练又称交互抑制,是由南非学者沃尔普(J. Wolpe)于20世纪50年代提出的一种以渐进方式克服神经症焦虑的技术。心理学家发现,条件反射是引起个体某些焦虑的原因。如果某人曾经对某种刺激或事物产生过紧张或焦虑,就会对这种刺激或事物特别敏感,以后再遇到类似的刺激或事物时也会感到紧张或焦虑。例如,在体育教学活动中,某位身体和心理素质均较差的学生,在学习体操的双杠后摆下动作时,动作笨拙、不协调,不仅摔了一跤、身体受了点轻伤,而且还遭到了个别同学的嘲笑,此后再上体育课时,他就对这个动作和其他难度较大且有一定危险性的技术动作产生了恐惧心理,一遇到这类教学内容就感到紧张或焦虑。

沃尔普认为,人的肌肉放松状态与焦虑或恐惧状态是一组对抗的过程,两者不能相容,一种状态的出现必然会对另一种状态起抑制作用。例如,放松状态下的肌体,各种生理生化指标,如呼吸、心率、血压、肌电、皮肤电等,都会表现出同焦虑状态下完全相反的情况,这就是交互抑制作用,也称相互抑制作用。系统脱敏训练正建立在交互抑制理论基础之上。

根据交互抑制理论,系统脱敏训练首先从能引起个体较低程度的焦虑或恐惧反应的刺激开始,一旦某个刺激不再能引起受训者的焦虑或恐惧反应,便可向处于放松状态的个体呈现另一比前一刺激略强一点的刺激。如果一个刺激引起的焦虑或恐惧反应在受训者能够忍受的范围之内,经过多次反复的呈现,他便不会再对该刺激感到焦虑和恐惧,即脱敏了,训练目标也就达到了。例如,针对上述学生学习双杠后摆下动作的情况,体育教师可以利用系统脱敏训练帮助他克服担忧和恐惧的心理——首先让该学生反复地观察他人做双杠后摆下动作,如果产生恐惧心理和焦虑情绪,就对他进行放松训练;当他不恐惧时,就让他做双杠支撑摆动并放松;然后,要求他做双杠支撑摆动并结合后摆下,同时,体育教师用力将他向外推动并要求他放松;最后,由该学生单独练习。通过这种分层次的练习,该学生的恐惧心理会逐步消除。

如果在进行系统脱敏训练时能加入认知训练,即让受训者分辨是哪些不合理的观念引起了自己的焦虑或恐惧,并用合理的自我解释去抑制这些观念,那么系统脱敏训练的有效性将得到提高。

(二) 系统脱敏训练的程序

系统脱敏训练是由放松训练、建立焦虑或恐惧事件的等级层次和实际应用三个部分组成的。

1. 放松训练

沃尔普在系统脱敏训练中采用了雅各布森的渐进性放松训练方法。也可使用其他的放松训练方法,问题的关键在于要让受训者学会身体放松,具有一定程度的放松能力。一般而言,需要6—10次的练习,每次历时20分钟,每天1—2次,以达到全身肌肉能够迅速进入松弛状态为合格。因此,要多练习,才会有效果。

2. 建立焦虑或恐惧事件的等级层次

系统脱敏训练中的一项较为重要的工作是建立焦虑或恐惧事件的等级层次,通常先由训练者找出让受训者感到焦虑或恐惧的多个事件,并要求受训者报告对每一事件的焦虑或恐惧程度,然后按焦虑或恐惧程度从弱到强的顺序将各事件逐一排列。

**专栏 10 – 5　　　　　如何利用系统脱敏训练
　　　　　　　　　　解决运动中的实际问题**

　　林祥开始感到自己不能再继续打球了。他非常着急,一个月内体重掉了7公斤多,在球场上他感觉疲倦,动作缓慢。虽然这种强烈的焦虑才发生不久,但他对球赛感到紧张却已有些年头了。从12岁起,他就有在比赛当天恶心和呕吐的现象。他的父亲似乎并不太关注他打球的活动,但他的母亲热切希望他能成功,而这一点使他更加紧张。心理医生和他面谈了三次,制定出了焦虑刺激等级表(如表10-1所示)。心理医生训练他学会了放松技术,然后对其进行系统脱敏训练。经过14次的练习,林祥一一克服了所有焦虑等级的刺激。赛前他不再呕吐了,比赛时的恶心、疲倦以及动作迟缓的现象也随之消失。在训练过程中,心理医生对他的劝告集中在学习习惯和篮球在他生活中具有的作用等问题上。此外,综合治疗的结果还使他的学习成绩从"D"上升到"B"。

表 10-1　林祥临赛焦虑问题的焦虑刺激等级表

反应水平	焦虑刺激内容
11 分	我在体育馆换衣服准备比赛,直想吐
10 分	我正在自助餐厅排队,看到食物就恶心
9 分	下午,赛前的吃饭时间已到,我向自助餐厅走去
8 分	母亲和我正在吃饭,突然问我球赛的情况
7 分	在家时,母亲正在议论另一位运动员
6 分	在运动场上看到教练正在记录每个运动员的表现
5 分	在球场上感到非常疲倦,动作迟缓,情绪不佳
4 分	练完了球,看到一位球迷热情地和队友交谈,但没人理我
3 分	打算去上文化课,但总是想看今天的训练
2 分	在体育馆换衣服准备练习时,注意到我的手开始出汗
1 分	在体育馆碰见一位教练,但他没向我打招呼

资料来源:马启伟,张力为. (1998). 体育运动心理学. 杭州:浙江教育出版社,pp. 454.

3. 实际应用

系统脱敏训练的实际应用是指受训者在放松的情况下,按照已建立的焦虑或恐惧事件等级层次中列出的事件内容依次进行想象系统脱敏训练(SD-I)或现实系统脱敏训练(SD-R)。

想象系统脱敏训练一般在安静的环境中进行,训练者让受训者在充分放松时,开始想象焦虑或恐惧事件等级层次中的第一级事件,即引起焦虑或恐惧程度最轻的那个事件,并要求受训者的想象生动逼真。受训者清晰地想象此事 30 秒左右,然后停止想象,重复练习多次,直至其对这一事件不再感到焦虑或恐惧为止。紧接着,再对下一级事件重复同样的训练过程。一次想象训练不超过 4 个等级,如果受训者在某一级训练中仍会出现较强的情绪反应,则应降级重新训练,直至完全适应。如果受训者实在无法忍耐而出现严重恐惧,此时应采用放松训练进行对抗,直到想象最高等级的焦虑事件也不会出现惊恐反应或反应轻微、能够忍耐。

现实系统脱敏训练是指训练者让受训者在引起焦虑或恐惧的系列现实情境中去逐渐适应,直到不再感到焦虑或恐惧。如果某位武术运动员对公开表演感到焦虑,可以先让他单独在家进行表演,接着过渡到在家人面前表演,然后再在部分要好的武术队成员面前表演,最后在整个武术队成员面前表演,即逐步适应这些引起从弱到强的焦虑感受的现实情境,最终使他能够在公开场合自如地表演。

三、模拟训练

(一)模拟训练的概念

模拟训练也称比赛模式化训练或比赛适应性训练,它是针对比赛中可能出现的情况或问题进行模拟实战的反复练习的过程,其目的是提高备战的针对性和训练的质量,使受训者在今后的实战中能够适应环境,提高对外界不良刺激的抗干扰能力,有助于受训者将注意集中在实战过程中,避免在实战中面临各种外界环境条件时出现紧张情绪反应。可以说,模拟训练实际上是一种适应性训练,适应是模拟训练的核心思想。模拟训练的过程也是帮助受训者在头脑中建立合理的动力定型的过程。模拟训练现已成为运动训练的常用方法之一。

在实施模拟训练时,要在生理、心理和环境等方面最大限度地做到与实战相似或相近,既要尽可能让受训者的生理和心理负荷接近实战的水平,使模拟训练逼真有效,又要对实战中可能出现的问题有充分的准备和应对措施。但遗憾的是,模拟情景引起的心理负荷往往不够理想。另外,训练者要重视在特定情景中有效地指导受训者调整好自己的心理状态或竞技状态。例如,在遇到比自己强的对手时,一定要控制好紧张情绪;在遇到比自己弱的对手时,一定要提高情绪兴奋水平;在比分相近或接近失败时,一定要把注意从比赛结果转移到控制自己的动作本身上来。

(二)模拟训练的种类

1. 实战情景模拟训练

实战情景模拟训练即在训练中,特别是在比赛前的训练中,尽可能地创设或选择与比赛条件相同或相似的情景,如比赛形式、赛程安排、场地器材设备、气候、观众、裁判和比赛对手等。此外,在模拟训练的过程中既可以人为地创造模拟实战,也可以利用一些客观的自然条件,如各种气候和环境等,安排模拟训练。

2. 言语图像模拟训练

言语图像模拟训练是利用言语描述或图像示意比赛实际情况,如通过录像、电影、图片、录音、语言等手段展示正式的比赛情景,并结合暗示、想象等技术,在运动员的心理上营造比赛气氛和情景的模拟训练。由于进行这种训练不需要设置比赛的条件,也不要对手、裁判和观众,只需在头脑中进行想象,所以这是一种比较简便易行的模拟训练方法。但是,进行这种训练,需要运动员具有比较强的语言和想象能力。

由于实战情景模拟训练要为运动员提供各种仿真条件,所以实战情景模拟训练的效果通常比言语图像模拟训练的效果好。

(三) 模拟训练的方法

模拟训练的方法涉及对手、比赛关键情境、裁判判罚、观众、地理环境和时差的模拟(胡桂英,2008)。

1. 对手的模拟

模拟国内外竞争对手的技术、战术特点,是许多对抗性运动项目的常用训练方法,即通过让队友或教练模拟对手的各种活动,以便更深入细致地了解对手的特征,演习各种运动心理方面的有效对策,提高运动员对对手技术和战术的适应性。

2. 比赛关键情境的模拟

比赛关键情境包括固定比赛情境(如篮球罚球、足球点球)和动态比赛情境(如比分领先、落后、相持),对这些比赛关键情境的模拟,有助于运动员克服在关键时刻的紧张情绪,提高其心理状态的稳定性,使运动员对比赛过程中的不同情况产生适应性。例如,羽毛球比赛的模拟训练可以从17∶18开始,乒乓球比赛的模拟训练可以从7∶8开始,以锻炼运动员在落后情况下或比赛关键时刻沉着冷静的品质和转败为胜的顽强意志。

3. 裁判判罚的模拟

裁判的错判、误判和漏判是比赛场上最难应对的问题之一。裁判的错判、误判和漏判会对运动员的心理产生很大的干扰,轻则影响技术水平的正常发挥,重则引起全队队员的情绪波动,甚至导致比赛的失败。通过模拟裁判在比赛场上所有可能出现的判罚情况,一方面可以培养运动员对裁判的尊重,使运动员适应裁判的各类判罚;另一方面,也可以培养运动员控制注意的能力,将注意集中在可以控制的事情上,如下一步的技术、战术,而忽略那些自己难以控制的事情,如裁判的行为。

4. 观众的模拟

观众的鲜明态度和立场往往通过震耳欲聋的呼喊声和激烈的表情动作表现出来,从而给运动员带来压力和干扰。在这种情况下,即便是最有经验的运动员也有可能分心或过于激动、紧张。如果在模拟比赛中组织一些"特殊观众",有意识地给运动员制造干扰,如喝倒彩、吹口哨、为对方加油等,或者播放事先采集的重大比赛现场观众的声音,以培养运动员在不安静或不公正的气氛中进行比赛的能力,将有助于减少运动员在实际比赛时因观众干扰而产生的不适应。

5. 地理环境的模拟

地理环境的模拟一般包括气温、湿度、气压、风力和风向等。地理环境模拟训练最常见的形式是高原模拟训练。

"汤姆斯杯"羽毛球比赛曾多次在印尼首都雅加达举行,那里气候炎热,室外温度常常高达30摄氏度。比赛时,体育馆内挤满一万多名观众并且没有空调设备,而且为了避免风向对比赛的干扰,馆内的门窗均关闭,这就对运动员在高温条件下进行比赛的能力提出了很高的要求。高温下的模拟训练显然有助于提高运动员对高温条件的适应。

6. 时差的模拟

到国外参加比赛时,运动员需要考虑时差的适应问题。针对时差问题的模拟训练,可以到与比赛地点邻近的经度地区进行训练或在赛前一段时间内按比赛国时间进行作息等。

第三节 运动中的认知干预技术

心理技能训练的认知方法是在现代认知心理学理论基础上发展起来的。它强调:(1)人的认知因素(如记忆、思维和想象等)与行为和情绪密切相关;(2)对这些认知因素的调整可能引起行为和情绪的变化。认知方法就是通过改变人的认知活动,以达到改善情绪状态和行为状况的目的。心理技能训练的认知方法从其产生到现在,始终受到各方的欢迎,并得到了广泛的应用,取得了较好的效果(祝蓓里,季浏,2000)。

一、表象训练

(一)表象训练的概念

表象训练又称想象训练、意象训练、视觉化训练、念动训练或心理演练等,它是个体借助言语暗示,有意识地积极利用自己头脑中已经形成的运动表象回顾、重复、修正、发展、创造自己的动作,就像在头脑中放电影一样。作为一种重要的心理技能训练方法,表象训练已被广泛应用于运动员训练和比赛,以及体育教学和运动训练中,并取得了良好效果。

表象训练有多种形式,可以运用言语暗示、录音引导、看录像等方式来进行表象训练。由于电化教学条件的改善,现在可以拍摄有关运动技术的录像,然后播放给受训者观看;受训者在看完录像后,先闭眼放松,然后把刚才看过的十分完整的动作形象在大脑中重新"过一遍",反复多次。表象训练的内容主要是正确的动作技能及其完成过程,但也可以是有助于身心放松的某些情景性内容。

美国学者马滕斯等人(Martens et al., 1990)提出,表象训练有四个步骤,即表象能力测定、传授表象知识、基础表象训练和结合专项的表象练习。其中,基础表象训练尤为重要,它是由感觉意识训练、清晰性训练和控制性训练三部分组成的。这里重点介绍基础表象训练。第一,感觉意识训练就是要使受训者能够觉察到他们在完成动作时的全部感受。受训者过去对自己在完成动作过程中的完整体验,将有助于他们唤起清晰的动作表象。具体实施时,通常要求受训者在训练过程中,将注意集中在动作上,通过让它们放慢节奏来更好地观察动作细节,以使这种觉察更细致、更清晰。第二,清晰性训练的清晰性不仅指清晰的视觉表象,而且指动作表象中出现的所有体验的清晰性。清晰性训练可以通过想象自己同学或亲友的言谈举止和外貌,以及其他比较熟悉的内容来进行。每次清晰性训练结束后,受训者要自己打出表象清晰程度的分数,以便比较和评价练习情况。第三,控制性训练主要是学习控制表象中的形象,并且发展随意"打开"和"关闭"表象的能力,具体方法有放大或缩小、放慢或放快动作表象内容,以及利用表象来操作等。例如,可以进行下列表象练习:一个西瓜横竖各切两刀,当中再切两刀,请你想一下西瓜变成多少块?其中六面红、五面红和三面红的各有多少块?

(二) 表象训练的作用

1. 加快运动技能的掌握

表象训练有助于加快运动技能的学习,巩固和改善已学会的运动技术动作。运动技能的学习在很大程度上依赖于个体头脑中贮存的心理图式,而表象训练能帮助受训者理解运动图式的系统编码,对认知因素占主导地位的运动技能学习起到积极的促进作用。在动作技能的初学阶段,进行表象训练即认知编码,可以帮助受训者发展一部分图式,消退一部分图式,形成最佳图式结构,使其运动技能得到发展和提高。在运动技能的巩固与提高阶段,身体练习与表象训练相结合能加快运动技能自动化的进程。表象训练在纠正错误动作方面也具有非常积极的作用。

2. 调节情绪和生理唤醒水平

国外的一些实验结论表明,表象训练可以调节受训者的情绪和生理唤醒水平。

例如,墨菲等人(Murphy et al., 1992)发现,让被试表象恐惧和气愤的情绪时,可以提高被试的唤醒水平。哈瑞斯(Harris,1986)提出,表象既可以使个体的唤醒水平升高,也可以令其降低。还有学者提出,表象自己成功地完成动作,能够增强个体的自信心(Callow & Waters, 2005),使个体的注意更加集中于当前的任务(Calmels et al., 2004),甚至还有助于消除个体的肌肉酸痛和单调乏味的感觉(Ievleva & Orlick,1991)。

3. 演练战略战术

表象训练可以帮助受训者加深对运动战术的理解、演练实战中运动战术的运用。例如,长跑选手可以根据竞争对手的体能、技术和心理等特点,通过表象训练制定相应的战术应对方法;足球运动员可以通过表象训练,反复演练本队抢得球权后如何通过战术配合,组织最佳的反击;排球运动员则可以根据对方的特点和场上位置的变化,利用表象训练模拟相应的进攻战术组织和防守阵型部署(刘淑惠,2005)。

无论是个人项目还是集体项目,在帮助受训者加深对战略战术及其在实战中的运用的理解等方面,表象训练无疑是一种行之有效的方法。

4. 提高心理技能

表象训练的价值不仅体现在加快运动技能的形成和演练战略战术的运用等方面,其对其他心理技能的掌握和提高也具有不可替代的作用。表象训练可以有效地提高个体控制自己情绪的能力、集中注意的能力和增强自信的能力等。

(三) 表象训练的原理

1. 心理神经肌肉理论

目前,解释表象训练的作用和机制的理论有很多,其中较有影响的是心理神经肌肉理论。该理论认为,当个体进行技术动作的表象训练时,与动作有关的神经和肌肉会产生相应的反应,并且,此反应在模式上与实际完成动作的情况一致,仅在强度上略低。这是因为在大脑运动中枢和骨骼肌之间存在着双向神经联系,个体可以通过主动表象运动动作,来引起相关运动中枢的兴奋,兴奋传出神经传至相关肌肉后,往往会引起难以觉察的运动动作。尽管表象训练所产生的肌肉运动并不外显,肌电活动也轻微到让人难以察觉,却足以激发和打通技术动作的神经通道,强化技术动作的心理图式,多次激发甚至可以起到加深动作记忆、巩固和完善动力定型的作用,实现运动技能达到自动化水平的目的。因此,通过表象训练来改善运动技能成为可能。

> **专栏 10-6　　表象动作时神经和肌肉的反应**
>
> 最早发现并提出这一理论的是美国学者雅各布森,他也是渐进性放松训练的创始人。雅各布森在20世纪30年代初的实验研究中发现,让被试想象屈右臂的动作时,其肌电图(电极放置于有关肌肉)的波幅比实际屈右臂时的要低,但比不屈右臂时的要高,而且这种肌电变化的形状及其持续时间与实际运动时的肌电图非常相似。因此,心理神经肌肉理论认为,人在想象动作时会伴随微弱的、可测的与实际动作相似的神经肌肉活动,而这种神经肌肉反应的多次激发可以完善和巩固动作的动力定型。线坠摆动实验有助于从直观上来认识心理神经肌肉理论。该实验让被试拿着一根30厘米长的一端系有小重锤的线,要求被试尽可能清晰地表象小重锤绕圆周(或左右)摆动。一段时间后,小重锤便会依表象转动(或摆动)起来。这是由于清晰表象可以引起个体意识不到的手部肌肉的微弱用力,从而使小重锤发生运动。
>
> 苏恩(Suinn,1980)以速降滑雪运动员为实验对象,要求运动员想象比赛时的情景,并监视他们想象时的腿部肌电活动。结果发现,肌电图反映了滑雪比赛路线,而且肌电图的高峰形时相与实际比赛中的时相一致。
>
> 资料来源:季浏,殷恒婵,颜军.(2010).体育心理学(第2版).北京:高等教育出版社,pp. 174—175.

2. 符号学习理论

符号学习理论也称符号—知觉假说,由认知心理学家提出。该理论认为,表象训练中未必一定会出现肌肉系统的潜意识电活动。表象训练之所以能够促进运动技能形成,是因为它可以帮助受训者获得和理解技术动作的图式编码,从而在认知层面上对技术动作进行准备和计划,对各动作序列进行符号的练习(Murphy & Jowdy,1992)。认知心理学家们认为,人脑中储存的运动图式对运动操作至关重要,因此,个体可以通过对符号的学习和演练,即表象训练,将技术动作转译为符号编码,从而建立并巩固头脑中正确的运动图式,消退错误的运动图式,发展最佳的运动图式,最终使运动技能得到发展和提高。

国外运动心理学家通过实验支持了上述理论假设(Hall & Erffeneyer,1983)。实验者让练习平衡木的学生对技术动作进行空间和时间上的符号编码,进而对成套技术动作的符号进行表象训练。结果发现,这种符号编码表象训练可以有效提高学生的动作准确性。尽管不少实验支持了这一理论,但仍有许多学者批评这种观点过于强调动作的认知成分,而且人为地将运动活动分为认知性和运动性两类,而实际上两者是相互渗透、难以割裂的。

3. 唤醒—注意理论

唤醒—注意理论将心理神经肌肉理论和符号学习理论有机结合,认为表象训练可以从神经肌肉与认知两个方面提高受训者的技术动作水平。一方面,表象训练可以帮助受训者调节自身的生理唤醒水平,使其达到最理想的神经肌肉能量状态,以促进其运动技能的学习或操作;另一方面,在认知上,表象训练可以帮助受训者将注意集中在与动作任务有关的思维上,有选择地进行要完成的任务,从而排除与任务无关的刺激干扰。总的来说,该理论结合了生理和认知两个角度,分析了表象的机制,对原理的解释更为全面,更易为人们所接受。

4. 功能等价假设

功能等价假设是指心理表象动作和实际执行行动共享相同的神经生理过程(Smith et al., 2007; Szameitat et al., 2007)。与动作技能学习的早期阶段相比,动作技能学习的后期阶段有更多的功能等价。例如,在网球学习的后期阶段,表象发球与实际发球之间应该是功能对等的。

根据这个假设,霍姆斯和科林斯(Holmes & Collins, 2001)认为,执行身体技能的心理表象应在七个方面与实际的动作操作相同(Cox,2015):(1)身体成分:当表象包含实际操作过程中体验到的所有身体感受时,可能是最有效的;(2)环境成分:表象动作操作的环境应该与实际操作的环境相同;(3)任务成分:完成表象操作动作任务时的思想、情感和行为必须与实际操作动作任务时的相同;(4)时机成分:完成表象操作动作任务时的速度、步调必须与实际操作动作任务时的一致;(5)学习成分:由于动作操作者的运动技能形成经历了从认知到自动化的几个不同阶段,所以,应该强调在不同的学习阶段学习相应的不同动作技能;(6)情感成分:为了达到表象的功能等价,运动员表象时必须体验到与实际任务操作时相同的情感;(7)洞察力成分:由于内部或外部的视觉洞察力总有一种可以利用,所以表象应该视具体情况考虑个性化方法。

(四)表象训练在体育教学与运动训练中的应用

1. 实施时应注意的问题

第一,创造适宜的环境。为表象训练创造一个适宜的环境是非常重要的。一般以温度适中、无噪声、光线偏暗的地方作为初始训练场地较为理想。随着受训者表象能力的提高,可以在表象训练过程中逐步引入一些无关刺激,以提高受训者抵抗各种干扰的能力。待受训者适应后可尝试在比赛中或其他复杂环境下进行表象训练。

第二,与放松训练相结合。实施表象训练之前要进行放松。研究证明,放松训练与表象训练相结合比单独进行表象训练的效果要好(孙玉兰,1984;张力为,1990)。运用放松技能调整受训者的身心状态,其实质是调整受训者的内部环境,为表象训练做好心理准备。

第三,强烈的动机与切实的期望。表象训练的动机主要来源于对提高运动技能、取得最佳成绩的需要,来源于表象训练带给受训者的巨大收获的吸引力。受训者应对表象训练有一个正确的认识,在信任表象训练的积极作用、坚信通过长期的训练可以不断提高表象能力的同时,也应结合实际对其实际效果进行预期。接受表象训练同做其他事情一样,只有喜欢才容易做好。对表象训练持怀疑或否定态度的受训者,不但无法从表象训练中获益,反而会引起较大的心理负担,进而对动作技能产生不利的影响。只有当受训者认为它对自己有帮助时,表象训练才有可能取得较好的效果。在表象训练开始之前,训练者也应对受训者进行有关表象训练的目的、意义和方法等方面的思想教育,加深受训者对表象训练的认识,使他们愿意参与到表象训练中来,并逐渐喜欢上这一心理技能训练。在表象训练过程中,也会出现类似技能学习的高原现象,即开始进步快而后逐步减缓,甚至停顿下来。对此,受训者要能正确对待。

第四,表象训练只能作为动作技能训练的辅助手段。表象训练只能作为动作技能训练的辅助手段,而不能取代实际的动作技能练习。在动作技能的学习过程中,排第一位的始终是实际的动作练习,只有通过成百上千次的反复练习,才能真正掌握动作要领,形成动作技能;排第二位的才是表象训练,表象训练对动作技能的形成有帮助,但这种帮助是有一定限度的。表象训练一定要与动作技能的练习结合起来,穿插进行,并要注意两种训练的比例问题。国外20世纪60年代的一项实验研究表明,75%的动作技能训练搭配25%的表象训练的效果最好;100%的动作技能训练的效果次之;100%的表象训练的效果最差。这说明,只有当表象训练以适当的比例同动作技能训练相结合时,才能取得最佳的训练效果。

此外,在进行表象训练时,注意要集中,必须回忆最理想、最正确的动作过程。而要想取得较好的表象训练效果,还要能够长期系统地坚持这种训练,即将表象训练有计划地列入体育教学与运动训练的日程安排中,并根据受训者的实际情况灵活运用。每次表象训练的时间不宜过长,至于多长时间为宜,则要根据具体情况而定。

2. 表象训练的必要条件

第一,感觉意识训练。提高表象能力的第一步是努力使受训者有意识地去体验他们完成技术动作时的全部感觉,把注意集中在自己的视觉、运动觉和听觉上,仔细体验身体的空间位置和脚步的移动、动作的顺序、动作的时机和方向的变化,以及动作开始前的准备状态等。

第二,鲜明生动性训练。表象是否鲜明生动是评价表象能力优劣的基本标准之一。因此,受训者必须利用所有的感觉经验,尽可能生动细致地进行表象训练。表象的内容越逼真,对实际操作的积极影响越大。而那些有关环境的详细信息应该成为表象关注的焦点内容。在表象训练中,受训者应以真实情景中的情绪体验和思维方式,感受运动过程中的喜、怒、哀、乐。假如受训者无法产生鲜明生动的表象,则可以从其最熟悉的事物开始进行表象训练,然后逐步过渡到他经常参加的体育运动的场所,不断提高其表象的清晰度。

第三,控制力训练。表象的控制力表现在两个方面。首先,它是指受训者能否按自己的意愿操纵自己的表象。例如,在放松后,让学生或运动员表象一个彩色的篮球静止停在地面上,然后再用表象的控制能力让篮球随自己的意愿向不同的方向旋转、停止、旋转、停止。其次,它是指内部表象与外部表象之间的切换速度和效率。内部表象指个体想象自己完成动作的过程中,肌肉和情绪的各种感受和反应。外部表象指个体想象自己完成动作的形象。

专栏 10-7　　　　　表象训练的步骤

表象训练一般分为三个步骤:首先,通过观看优秀运动员的录像技术动作,借助录音磁带等进行独立练习,模拟实际动作,建立清晰生动的动作表象;然后从视觉表象逐步过渡到动觉表象,可以通过对视、听、动觉等信息的再认知,使表象的内容更加清晰、准确和详细。一些研究证明,详细、准确的表象内容是影响表象训练的关键因素之一。例如,在一项对年轻足球队员受伤后(被迫停训期间)的表象训练中,研究者制定的想象内容不仅包括回忆进球、超越防卫者、与队友之间的默契配合、在困境中的快速反应,还包括运动员恢复训练后在候补席上焦急等待加入比赛的情境和心理状态。该研究的结果显示,准确、详细的表象内容能使运动员更快地从运动损伤中恢复,并且在恢复过程中体验到更积极的情绪状态并维持住自信心。最后,根据技术训练的进程实施各种有侧重的专项表象训练内容。例如,金雯、周成林等人在对自由式滑雪运动员的专项表象训练程序中,采用陆上弹网技术训练,让运动员建立起跳时收髋、腰腿腹肌同时发力和空中并腿的正确动作表象,形成正确的动作定型,进而提高了空中动作的质量。而且,针对我国运动员着陆稳定性差这一薄弱环节,重点指导运动员观看着陆动作录像,同时结合水池跳台练习,强化上体前倾、手臂下压、积极蹬腿的落水意识,经过一个夏训及时纠正了运动员的错误动作,形成了正确着陆的动力定型,从而为提高雪上跳台的成功率奠定了良好基础。

资料来源:徐畅,周成林.(2006).从操作层面探讨表象训练在竞技运动领域的应用.*沈阳体育学院学报*,*25*(6),10—13.

二、认知训练

(一) 认知训练的概念

认知训练也称认知疗法、认知调整、思维控制训练,是20世纪70年代发展起来的一种心理治疗技术。它的理论基础主要源自埃利斯(Ellis,1957)的合理情绪疗法和贝克(Beck,1993)的认知治疗理论。根据他们的理论假设,认知过程影响情感和行为。认知训练是指通过认知和行为技术来改变个体不良认知的一类心理治疗方法的总称(Beck,1993)。起初,认知训练主要被心理医生用于临床治疗,但由于其具有操作性强、简单易懂、效果明显等优点,逐渐被应用于普通人以及不同的应用心理学领域。在运动心理学领域,埃利斯的ABC理论以其自身的优点得到了广泛应用,并受到体育教师、学生、教练和运动员的广泛认可与好评。

专栏10-8　　　　　　　　ABC理论与合理情绪疗法

在ABC理论模型中,A指诱发性事件;B指个体在遇到诱发性事件后产生的信念,即个体对这件事的看法、解释和评价;C指个体的相应情绪和行为反应结果。ABC理论认为,诱发性事件只是引起情绪和行为反应的间接原因,人们对诱发性事件所持的信念、看法和解释才是引起人们情绪和行为反应的更直接的原因。因此,埃利斯在ABC理论的基础上提出了合理情绪疗法(Rational Emotive Therapy,RET)。

合理情绪疗法认为,人的情绪和行为源于人的思想,思想的根源为人们对一类事物的看法——信念,而信念的产生源于人们的思维方法。所以,合理的思维产生合理的想法和信念,不合理的思维产生不合理的想法和信念;合理的信念会引起适当的情绪和行为反应,不合理的信念会产生不适当的情绪和行为反应。每个人都或多或少地存在一些不合理的信念,这可以说是人类经常受到情绪困扰或出现情绪障碍的主要原因。由于人的不良情绪和行为反应是由人的不合理信念造成的,因此,埃利斯强调指出,每个人都要对自己的情绪负责。

资料来源:祝蓓里,季浏.(2000).体育心理学.北京:高等教育出版社,p.238.

(二) 认知训练的方法

消极的思维方式过多会影响个体在体育运动中的表现,即降低个体的运动成绩。因此,有必要把体育运动中个体的消极思维方式减少到最低程度或彻底消除。如何才能做到这一点呢?首先,要识别消极的思维。其次,可以用积极的思维方式来"驱逐"头脑中的消极思维,或者说用积极思维来取代它们。最后,利用自我谈话技术建立合理的思维。

1. 识别消极思维

埃利斯认为,存在四种可能干扰个体充分发挥其运动潜能的不合理信念,即我必须在运动中表现良好,否则我就是一个无能、没有价值的人;我必须表现良好,以获取他人的喜爱和称赞,否则将非常可怕;任何人在任何时候都必须喜欢我、尊重我和善待我;我的生活必须得到妥善安排,这样我才能很容易地、快速地得到我想要的东西。这四种信念会使个体产生许多情绪上的困惑,并使其在成就情境下体验到更大的压力。

关于哪些信念是不合理的和无效的,斯坦梅茨(Steinmetz,1980)也提出了下列评价标准,即信念是否建立在客观现实的基础上;这些信念对个体是否有帮助;这些信念是否有利于减少人际交往的冲突;这些信念是否有助于个体达到自己的目标;这些信念是否能减少情绪冲突。如果个体对上述所有问题的回答都是否定的,那么其信念就可能是不合理的。

高伦(Gauron,1984)指出,常见的个体的歪曲思维方式包括完美主义、大灾难、自我价值取决于成就、个人化倾向、公正的误区、逃避责任、思维的极端化和根据一次尝试概括出一般性结论。

2. 中止思维法

中止思维是指当发现自己头脑中充满消极思维时利用某种刺激或线索来使其中止,并在打断了消极思维之后,立即用积极思维去代替它。

使用中止思维法时应遵照以下步骤:(1)识别出引发消极思维的事件;(2)找出必须中断的消极思维;(3)引起放松反应,并大声命令自己"停止!";(4)把注意集中到有关的线索或所定向的中心任务上;(5)用现实的、有效的思维来代替消极思维;(6)用想象创造一个引起消极思维的情境,然后用信号来中断思维,再用积极思维去代替它;(7)在各种不良情绪产生的情况下进行上述练习,使自己的注意集中于有关的线索或定向于活动任务。

3. 利用自我谈话技术建立合理的思维

第一,自我谈话的含义和作用。广义地讲,无论何时,无论是内部陈述还是外部陈述,只要个体在进行思维活动,自我谈话就产生了。自我谈话是产生知觉与信念意识的媒介,因此它对认知控制起着关键的作用。已有许多研究(Highlen & Bennett,1979;Orlick & Partington,1988;Gould et al.,1992a;Gould et al.,1992b)表明,自我谈话在竞争性运动中具有重要作用。消极的自我谈话与比赛失利有关;积极的自我谈话比消极的自我谈话能创造更好的运动成绩。自我谈话在体育运动中有许多用途,如矫正不良习惯、集中注意、改变激活水平、建立和维持自信心等。

第二,自我谈话的识别。若要判断自我谈话的内容是否需要改变,运动员首先必须了解自我谈话的内容和自我谈话对成绩的影响。学生或运动员不仅必须了解消极的、自我击败式的自我谈话,而且必须了解积极的、使体育运动能顺利完成的自我谈话。运动心理学家能够借助一些技术来帮助学生或运动员实现对自我谈话的了解。这些技术主要包括反省、想象、观察和自我谈话日记。

第三,自我谈话的改变。自我谈话的改变,就是要采取各种有效的手段,克服消极的思维方式,建立积极的思维方式。为此,要做到三点:将消极思维变成积极思维;辩驳;认知重构。

为了取得最好的效果,个体要在中止消极思维后进行积极思维。帮助学生或运动员成功利用这种技术的一种方法是:在一张纸的一面列出一些典型的消极自我陈述,在纸的另一面对应于每个消极自我陈述,列出一些积极自我陈述,每当消极自我陈述出现时,立即用积极自我陈述将其替代掉。由于个体常常在应激或生理唤醒水平较高的状态下产生消极思维,所以建议学生或运动员在深呼吸呼气后作一些积极的陈述。

辩驳是改变学生或运动员消极自我谈话的一种有效技术,它能够使积极的自我谈话更容易为人所接受。埃利斯认为,在帮助人们认识到他们的不合理信念后,要向他们介绍如何通过自我谈话的方式来反驳这些想法。其目的主要在于使人们通过认识到这些想法的不合理来摆脱它们,并以合理的思维来代替不合理的思维。辩驳是一种内部争论的过程——利用事实原因与合理的思维来反对自我击败的思维。例如,某位运动员可能将比赛中出现的较高激活水平看作害怕和软弱的象征,他可能对自己说:"我的心跳得很快。我就要窒息了。我是这样的没用。"为了改变这种状况,他可以利用过去较高激活状态下的积极体验反驳这些自我击败的陈述。他可以对自己说:"我的心跳得很快,但这是正常现象,每个人都有过这种体验。这表明比赛是重要的,是令人兴奋的。我以前也遇到过这种情形。现在,我对这种情形一点也不害怕。"

包括运动员在内的个体,倾向于以一种狭窄、严厉的眼光看待世界。高荣提出利用认知重构技术来改变运动员看待世界的方式。运动员常常通过改变自己的观点来使消极的自我陈述转变为积极的自我陈述。例如,对与更高水平对手竞争表示关注的运动员可能会这样想"我将实实在在地感到不安",但他可以重构这种关注,即"我将会了解到我自己是多么得出色,我需要改进技能"。同样,一个有消极自我谈话"我感到紧张和不安"的运动员能够重构其陈述为"我感到兴奋,我已经进行了充分的准备"。

对那些深受消极思维或不合理信念之害的学生或运动员来说,要克服应激,有一点必须做到,就是要降低自己对竞赛表现的期望值,或力求扩展他们自己所认为的竞赛表现的那些极限。

本章提要

- 凡是对人的心理素质有较高要求的职业或行业都涉及心理技能训练的问题。因此,心理技能训练被广泛地应用于体育运动领域。心理技能训练在体育运动中的作用主要有:(1) 有助于提高认识能力;(2) 有助于对情绪的控制;(3) 有助于增强意志品质;(4) 有助于个性的发展;(5) 有助于掌握和改进动作技能;(6) 有助于消除疲劳。体育运动中心理技能训练的原则包括自觉自愿原则、持之以恒原则、全面和重点相结合原则以及保健性原则。
- 心理技能发展的理论有四种模式:(1) 自我调节模式,指根据绩效反馈而设计和不断修改的自发思想、感受和行为;(2) 共鸣行为模式,是一种用于解释如何使普通运动员成为优秀运动员的模式,共鸣的概念与流畅、内部动机和情绪概念相联系;(3) 以运动员为中心的运动模式,认为运动必须致力于促进运动员身体素质、心理素质和社交能力的全面发展;(4) 注意—接受—承诺模式,与积极心理、流畅感和警觉几个概念有关,它要求运动员无论在何时何地发现自己处于何种心理状态都要客观地接受它。
- 体育运动中的心理干预方法可以分为行为干预和认知干预两大类。行为干预的方法包括放松训练、系统脱敏训练和模拟训练三种。
- 放松训练是最常用、最基本的一种心理技能训练方法。它是借助语言暗示等手段使身体松弛,进而引起心理放松的心理技能训练方法。放松训练的方法有很多,经常使用的有表象放松训练、渐进性放松训练、自生或自律训练和生物反馈训练。个体可以根据自身的特点,选择最适合自己的放松训练方式。
- 系统脱敏训练又称交互抑制,认为个体的肌肉放松状态与焦虑或恐惧状态是对抗的过程,两者不能相容,一种状态的出现必然会对另一种状态起抑制作用。根据交互抑制理论,系统脱敏训练首先从能引起个体较低程度的焦虑或恐惧反应的刺激开始,一旦某个刺激不再能引起受训者的焦虑或恐惧反应,便可向处于放松状态的个体呈现另一比前一刺激略强一点的刺激。如果一个刺激引起的焦虑或恐惧状态在受训者所能忍受的范围之内,经过多次反复的呈现,他便不会再对该刺激感到焦虑或恐惧,即脱敏了,训练目标也就达到了。

- 模拟训练也称比赛模式化训练或比赛适应性训练,它是针对比赛中可能出现的情况或问题进行模拟实战的反复练习的过程,其目的是提高备战的针对性、提高训练的质量,使受训者在今后的实战中能够适应环境,提高对外界不良刺激的抗干扰能力,有助于受训者将注意集中在实战过程中,避免在实战中面临各种外界环境条件时出现紧张情绪反应。模拟训练的种类有实战情景模拟训练和言语图像模拟训练。由于实战情景模拟训练会为受训者提供各种仿真条件,所以其训练效果一般比言语图像模拟训练好。模拟训练的方法有对对手、比赛关键情境、裁判判罚、观众、地理环境和时差的模拟。

- 心理技能训练的认知方法是在现代认知心理学理论基础上发展起来的。它强调:(1)人的认知因素与行为和情绪密切相关;(2)对这些认知因素的调整可能引起行为和情绪的变化。认知方法就是通过改变个体的认知活动,从而达到改善个体情绪状态和行为状况的目的。心理技能训练的认知方法从其产生到现在,始终受到人们的欢迎,并得到了广泛的应用,取得了较好的效果。心理技能训练的认知方法包括表象训练和认知训练。

- 表象训练又称想象训练、意象训练、视觉化训练、念动训练或心理演练等,它是个体借助言语暗示,有意识地积极利用自己头脑中已经形成的运动表象回顾、重复、修正、发展、创造自己的动作,就像在头脑中放电影一样。表象训练有多种形式,可以运用言语暗示、录音引导和看录像等方式来进行表象训练。表象训练的作用在于:(1)加快运动技能的掌握;(2)调节情绪和生理唤醒水平;(3)演练战略战术;(4)提高心理技能。实施表象训练时应注意下列问题:(1)创造适宜的环境;(2)与放松训练相结合;(3)强烈的动机与切实的期望;(4)表象训练只能作为运动技能训练的辅助手段。

- 认知训练也称认知疗法、认知调整、思维控制训练。20世纪60年代美国学者提出了情绪的认知理论,认为认知因素在情绪发生过程中具有重要作用。此后,以改变人的认知进而改变人的情绪和行为的认知疗法和认知训练方法也相继问世。其中,埃利斯的合理情绪疗法影响较大。ABC理论是合理情绪疗法的核心。该理论的要点在于情绪不是由某一诱发性事件引起的,而是由经历了这一事件的个体对这一事件的解释和评价引起的。在体育运动领域,埃利斯的ABC理论以其自身的优点得到了广泛应用,并受到了体育教师、教练、学生和运动员的认可与好评。认知训练首先要识别消极的思维方式,然后利用积极的思维方式来"驱逐"头脑中的消极思维,即用积极思维取代消极思维,最后利用自我谈话技术建立合理的思维方式。值得指出的是,自我谈话在体育运动中有多种不同的用途,如矫正不良习惯、集中注意、改变激活水平、建立和维持自信心等。

教学活动设计

1. 利用录像或教师的指导帮助学生了解或掌握渐进性放松训练、系统脱敏训练、表象训练等心理技能训练技术。
2. 通过小组讨论的方式,让学生充分了解在体育学习与运动训练中哪些思维方式是消极的,并初步掌握利用积极思维代替消极思维的方法。

复习与思考题

1. 简述优秀运动员的心理技能特征。
2. 简述心理技能训练的作用及其原则。
3. 简述放松训练的概念,以及体育运动中有哪些常用的放松训练方法。
4. 试述如何应用系统脱敏训练的方法帮助运动员克服赛前焦虑。
5. 试述如何利用模拟训练的方法帮助运动员提高运动训练的水平。
6. 简述表象训练的作用和实施表象训练时应注意的问题。
7. 简述 ABC 理论与合理情绪疗法的要点。
8. 试述如何利用自我谈话技术建立合理的思维。

第十一章 女性运动心理

本章细目

关键概念

第一节 女性参与运动的历史
一、古代女性参与运动的情况
（一）女性参与运动的辉煌历史
（二）女性参与运动的权利被剥夺
二、现代女性参与运动的情况
（一）女权主义的兴起与发展为全世界女性争取到参与运动的权利
（二）立法保障女性参与运动的权利
（三）健身热潮激发了女性锻炼的热情

第二节 影响女性参与运动的因素
一、内部因素

（一）性别角色
（二）双性化人格
（三）动机
（四）归因方式
二、外部因素
（一）性别角色刻板印象
（二）人们的接纳程度
（三）大众传媒

第三节 女性参与运动面临的心理社会问题
一、同性恋恐惧症
二、进食障碍

（一）进食障碍的含义及症状表现
（二）女性运动员的进食障碍
（三）运动员产生进食障碍的心理社会因素
（四）运动员如何克服进食障碍
三、社会性体格焦虑
（一）什么是社会性体格焦虑
（二）社会性体格焦虑研究的重点
（三）克服社会性体格焦虑的手段

本章提要
教学活动设计
复习与思考题

关键概念

女权主义　　性别角色刻板印象　　角色冲突　　双性化人格　　同性恋
同性恋恐惧症　　进食障碍　　女运动员三联症　　社会性体格焦虑

　　人类社会从远古走来,已经有几千年的历史。在人类进步和社会发展的每个阶段,都渗透着女性的贡献。然而,翻开历史的长卷,关于女性体育的记录和描述却极为罕见。随着社会的发展和人类文明的进步,女性体育的社会价值不断显现。正如联合国前秘书长潘基文在 2008 年国际妇女节的讲话中所指出的:"妇女的进步就是全人类的进步,在社会性别平等问题上,体育发挥着重要作用。"(许立群,2008)国际上,女性体育的发展已成为妇女解放运动的前沿。女性体育已成为人们向传统性别角色观念挑战的重要阵地。自 20 世纪 70 年代以来,女性体育逐渐成为跨学科研究的热点。目前,女性体育的研究经历了从生理上的两性差异,到文化上的两性差异,再到社会和心理上的两性差异,以及区域和国际间比较的发展过程。随着社会的发展,女性体育研究不仅是一个大有作为的发展空间,而且也将是一个大有作为的课题(吕树庭,2007)。因此,近年来,涉及女性体育的众多心理问题也成为运动心理学研究所关注的重点。

第一节　女性参与运动的历史

　　从历史的角度而言,女性参与运动经历了一段曲折的发展历程。女性参与运动与女性在社会中的政治、经济地位密切相关。国际上,许多人长期在为消除三种歧视——种族歧视、残疾人歧视和性别歧视而努力奋斗。女性争取平等参与体育运动权利的过程,正是反性别歧视斗争的一个重要组成部分。

一、古代女性参与运动的情况

(一) 女性参与运动的辉煌历史

　　在人类社会初期,女性的社会地位曾有过辉煌的时代。相传 3 400 年前,在地中海一带的克里特文化繁荣时期,女性不仅从事纺织、制陶等劳动,而且也参加驾车、狩猎等活动,甚至还有参加斗牛的记载。

在古埃及由原始部落向文明古国转变的时期,法律法规曾将包括体操、举重、摔跤、游泳、球类和舞蹈活动在内的运动正式列入教育课程,而那时的女性是这些运动项目的常客。

古希腊妇女早期曾参加以"众神之父"宙斯(Zeus)的妻子赫拉(Hera)之名命名的运动会。与古希腊奥运会一样,赫拉运动会每4年举办一次,它只接受未婚女性的报名,并在奥林匹亚举行。有证据表明,赫拉运动会实际上先于古代奥运会举行,并一直延续到公元一世纪。

在古代东方的黄河流域,母系氏族社会的女性也曾有过和男子同等参与体育运动的权利。据考古资料推断,当时的女子参与的体育运动形式非常广泛,如原始舞蹈、石球游戏,甚至还有类似现代健美操的活动等,并且盛行了相当长的一段时间。

尽管在古代的大多数时间中,女性体育处在边缘或受压制的状态下,但是,在我国封建社会极盛时期的唐代,女性体育也出现了前所未有的繁荣。唐代女子体育运动发展迅速,内容丰富,娱乐性和竞技性都非常强,在活跃和丰富女性生活的同时,也使女性的身体健康得到增强,提高了女性在社会生活各个领域中的地位,为后世女性开展体育运动发挥了承前启后的作用(张昕,2001)。

(二) 女性参与运动的权利被剥夺

然而,当人类由母系氏族社会进入父系氏族社会后,受"父权"观念的影响,女性的政治和经济地位开始下降,女性的文化地位也随之衰落,社会公认的女性美德是完全依附于男人的温顺和优良的生育能力,而女性似乎也甘愿接受这种地位。于是,包括参与运动的权利在内,女性的众多社会权利被逐渐剥夺。

公元前776年正式举办的首届古代奥林匹克运动会开创了人类体育竞技活动的先河,并对世界体育产生了巨大影响。然而,当时的女性却与奴隶一样,连观看比赛的权利都没有,违者将受到制裁甚至被处以死刑。

在古代中国,宋代的程朱理学在意识形态领域进一步加剧了对女性的束缚,而五代兴起的缠足之风更是从生理上剥夺了女性参与体育运动的自由。

二、现代女性参与运动的情况

无论是在东方还是在西方,19世纪之前,女性体育一直没有什么亮点。直到19世纪初,人们仍对女性参与运动持怀疑态度。即使是现代奥林匹克运动的创始人——法国人顾拜旦(P. de Coubertin)这样的开明人士也终身都对女性广泛参与奥林匹克运动有一种强烈的反对态度。然而,一个多世纪以来,随着妇女运动的发展,特别是主流社会对尊重人权的重视,以及女性自我意识的觉醒,女性在政治、经济、文化等各个社会领域中的影响日渐加强,女性在运动中的地位也随之发生了巨大变化。

(一) 女权主义的兴起与发展为全世界女性争取到参与运动的权利

女权主义,又称女性主义、女权运动,泛指女性有关争取与男性同等社会权利的主张与努力,张扬着争取男女社会权利平等的精神(徐颖果,殷茵,2009)。西方女权主义运动从产生至今已有两百多年的历史。女权主义运动最早出现在法国,于20世纪60年代在美国掀起高潮,并在五四运动期间由日本传入我国。女权主义倡导女性应在社会的各个领域与男性享有同等的权利。因此,参加体育运动与比赛无疑也成为女性应当争取的权利之一。

现代奥林匹克运动会作为现代最有影响力的运动盛事,女性争取平等体育权利的重要表现之一就是争取参加奥林匹克运动会的权利。然而,这却经历了一段漫长又艰辛的历程。从1900年第2届奥运会只有19名妇女参加3个小项目的比赛到2002年盐湖城冬奥会女性运动员占39%,从1984年仅有2名妇女就任国际奥委会委员到争取2005年国际奥委会领导层有20%的女性席位,女性在国际奥林匹克运动会的参赛人数、参赛项目、管理层次等方面都有了长足的发展。这种改善不仅体现在女性可以大规模地出现在奥林匹克的竞技场上,而且更重要的是女性开始参与奥林匹克领导机构的管理活动。这些女性身影的出现不仅显示了女性的智慧和才能,也对奥林匹克的思想、制度、组织机构和活动内容产生了深刻的影响(董进霞,2003)。

(二) 立法保障女性参与运动的权利

妇女解放运动的冲击首先体现在相关法律的制定上。其中,《布赖顿妇女与体育宣言》和"美国教育修正案第九条"的颁布是推动女性体育发展的里程碑。

1. 《布赖顿妇女与体育宣言》

1994年5月5日至8日,由英国体育理事会主办、国际奥委会支持、国家政策和国际政策决策者参加的首届妇女与体育国际会议在英国布赖顿举行。会议议题为"如何迅速改变妇女在参加体育运动时所面对的不平衡状态"。会上,来自82个国家的280位代表就如何迅速改变女性在运动中的地位展开了热烈的讨论,并最终签署了世界妇女运动的重要文献之一——《布赖顿妇女与体育宣言》。该宣言为促进女性全方位、多功能、众角色参与运动,充分发挥自身作用,提出了行动纲领。《布赖顿妇女与体育宣言》的总目标是发展一种能使女性在各层次上全面参与体育运动,并认识到这种参与价值的体育文化。体育运动应该为女性提供自我认识、自我表现、自我实现、社会交往、健康娱乐等机会(谢丽娜,2001)。

专栏 11-1　　女性体育中历史性时刻大事记

1894 年　女性被允许参加世界上最早的网球赛事——温布尔登网球公开赛。

1896 年　在雅典举行的第一届奥运会上,没有设立女子项目。希腊女性梅尔波梅尼(Melpomene)以非官方的身份独自跑完了马拉松全程,向全世界宣告女性被排除在体育大门之外的历史已经结束。此举既向现代奥运会组织者发出了强烈抗议,也为女性的参赛带来了契机。

1908 年　第四届奥运会上,女性正式被官方允许参赛。

1912 年　网球和游泳成为奥运会中唯二两项向女运动员开放的项目。
　　　　国际奥委会正式认可女性参加比赛。

1928 年　奥运会允许女性参加田径比赛。

1936 年　女性被希特勒政权禁止入住奥运村。

1964 年　第一项女子团体比赛——排球被列为东京奥运会正式比赛项目。

1969 年　奥运会正式进行性别测试。

1971 年　职业网球女运动员比利·珍·金(Billie Jean King)获得了当年 11.7 万美元的比赛奖金,成为有史以来第一位比赛奖金达到 6 位数的女运动员。

1981 年　国际奥委会有了第一批女委员,女性走进体育的高级管理层和决策层。

1982 年　朱迪·马布尔·卢特(Judy Mable Lutter)创建了梅尔波梅尼学院,这所学校如此命名是为了纪念首位在奥运会上参加马拉松比赛的希腊女运动员。

1984 年　奥运会设立女子马拉松比赛项目,并首次设立了只允许女运动员参加的项目——艺术体操和花样游泳。

1988 年　多诺西·哈里斯(Dorothy Harris)以其在运动领域进行的多项研究成为首位接受富布莱特奖的女性。

1996 年　第一届国际奥委会世界妇女与体育大会在法国巴黎举行。

1997 年　美国男子职业篮球联赛(National Basketball Association, NBA)首次聘请两位女性作为球队官员。

1997 年　国家女子篮球联盟(Women's National Basketball Association, WNBA)开赛。

1997 年　美国的阿尼塔·L.德弗兰茨(Anita L. DeFrantz)成为第一位当选国际奥委会副主席的女性,这是迄今为止女性在奥林匹克运动史上担任过的最高领导职务。

2000 年　第二届国际奥委会世界妇女与体育大会在瑞士洛桑举行。在这届大会上,颁发了首届国际奥委会妇女与体育贡献奖。

2002 年　北京大学妇女体育研究中心成立。

> 2004年　第三届国际奥委会世界妇女与体育大会在摩洛哥马拉喀什举行。
> 2008年　第四届国际奥委会世界妇女和体育大会在约旦死海举行。
> 2012年　第五届国际奥委会世界妇女和体育大会在美国洛杉矶举行。
>
> 资料来源：许立群. 她们——让五环完满和谐. 中国职工教育,(7),48—49.

2. 美国"教育修正案第九条"

1972年,美国颁布的"教育修正案第九条"宣布："每一项受联邦政府资助的教育计划和教育活动,都不能把任何一名美国公民排除在外,也不能拒绝向任何一个美国公民提供利益,或在这个方面歧视任何一个美国公民。"该修正案的颁布使美国普通高中和大学女生参与体育运动的机会迅速增加。例如,女生可以组成球队,也可以获得运动奖学金以及其他一些额外补贴,而且在体育设备、教练、日程表的公正性、体育设施以及运动项目的选择性方面也都获得了更为平等的待遇(LeUnes & Nation,2005)。

3. 中华人民共和国成立后颁布的一系列法律为女性平等参与体育运动提供了权利与机会

中国女性参与体育运动与19世纪末、20世纪初女性进入新式学堂(教会女校、国办女子学校、女子体育专业学校、男女同校)接受现代教育有着密切的联系。在20世纪上半叶,当时的清政府与国民政府也颁布过一系列条文,倡导女性与男性享有同等的受教育权利,并将体育列为学校教学内容之一。近代女性接受的新式教育改变了中国历史上没有女权运动的事实,也影响着中国女性体育项目的发展(欧海燕,2007)。

然而,中国是一个有着悠久封建传统的国家。20世纪上半叶,虽有不少进步人士为女性争取平等权利付出了艰苦的努力,但成效并不明显。直到中华人民共和国成立后,中国女性的各项权利才得到法律的保护。从此,中国女性能全面参与社会生活的各个方面,中国女性的地位得到了彻底地改变。

1979年,中国恢复了国际奥委会的地位,逐渐与世界体育接轨。中国女性开始在国际体育竞赛中频频亮相,并取得了举世瞩目的成绩。与中国男运动员的成绩相比,中国女运动员取得的成绩更令人瞩目,中国竞技体育领域甚至出现了所谓"阴盛阳衰"的现象。

(三) 健身热潮激发了女性锻炼的热情

随着人们生活水平的提高、休闲娱乐时间的增多和对健康的日益关注,女性的健身意识得到加强,有越来越多的女性参与到体育运动中来。此外,现代人的审美也发生了变化,林黛玉式的病态美不再受到青睐,相反,更多人开始欣赏充满活力、富有朝气的健康美。在竞争激烈的社会,充沛的精力和健康的身体也成为女性收获职场成功的必要条件。因此,在当今社会,参与体育运动已成为女性追求自身发展和时代精神的一项时尚行为。

虽然今天的女性追求平等权利的运动取得了重大的进步,但受传统、历史、文化等方面因素的影响,与男性相比,女性参与运动在某些方面仍受到一定的限制。期望随着社会的发展与进步,这种限制会越来越少。

第二节 影响女性参与运动的因素

一、内部因素

(一) 性别角色

个体性别角色的获得是以个体的自然性别或生理性别为前提的。在个体出生之时,人们就可以根据其性器官的不同,将其明确划分为男性或女性。性别角色则是在生理性别特征的基础上形成的一种社会变量,它是社会文化造就或赋予个体的一套行为规范和性别认同,是社会文化、社会环境对个体意识、个体行为的要求(李静,赵伟,2004)。在不同的社会历史和文化背景下,性别角色的标准也会发生变化。性别角色的形成过程,也是个体社会化的过程。在这个过程中,个体一旦将性别角色规范内化,就会自发地按照符合自己性别的行为方式来认识、思考和行动,从而形成男女性别角色的心理差异,而这一差异也会影响男女对运动的参与和表现。

(二) 双性化人格

双性化人格又称两性化人格,是指个体同时具有男性气质和女性气质的心理特征。从心理学角度看,双性化人格是一种综合的人格类型,即个体同时具备男性与女性的兴趣、能力和爱好,尤其是心理气质方面,同时具备男性与女性的长处和优点。

双性化人格研究领域最具代表性的人物是美国心理学家拜姆(S. Bem)。1974年,拜姆用自己设计的拜姆性别角色量表(Bem Sex Role Inventory,BSRI)开展的一项研究,把人的性度分为四种:双性化人格、男性化人格、女性化人格和中性化(不典型)人格。拜姆(Bem,1981)认为,拥有双性化人格的个体对职业的抉择建立在自己的兴趣和能力的基础上,而不是建立在社会对性别角色的要求上。在其后的研究中,拜姆又进一步证明了双性化人格的女性具有比其他人更显著的独立性,也能够较好地表现出女性气质,并具有强烈的自尊感。拜姆的工作同时也引发了人们对运动领域双性化人格的研究兴趣,继她之后,中外学者开展了大量关于双性化人格的研究。虽然不同的研究者所得的结论不完全一致,但这些研究基本上都证明了,对运动员或非运动员而言,双性化人格都是一种理想的人格模式,而且会随着社会的进步成为一种角色发展的趋势(邹萍,1999;LeUnes & Nation,2005)。

> **专栏 11-2　　　　　　　　拜姆性别角色量表**
>
> 　　1974年,美国学者拜姆发表了拜姆性别角色量表,这是首个用来测量相互独立的性别角色的测验工具。拜姆性别角色量表根据被试自陈是否具有社会赞许的男性化或女性化性格特征来评价其男性化或女性化程度。拜姆性别角色量表为7点量表,包括60个描述性格特征的形容词,其中男性化形容词20个、女性化形容词20个、中性化形容词20个。目前,最常用的一种计分方法是按中位数分类法将被试归于不同的性别角色组。男性化和女性化得分都很高的个体被划分为双性化型,两个得分都低的人被划分为未分化型,而一个量表得分高、另一个量表得分低的人分别属于男性化或女性化两种类型。
>
> 　　拜姆性别角色量表具有良好的信效度,从发表至今一直是性别角色研究中最常用的测量工具,也是其他测量工具进行比较的效标。但是,由于性别角色是由生理和文化因素共同决定的,也有大量的跨文化研究力求考察拜姆性别角色量表在不同文化背景下的信度和效度,并结合不同文化背景对量表进行了修订。总体而言,大多数研究支持了拜姆性别角色量表在跨文化研究中的有效性。
>
> 　　60个描述性格特征的词汇如下:
>
> 　　自强、顺从、助人为乐、坚守自己的信念的、欢快的、心境不稳、独立的、羞怯、负责的、爱运动、重情感、爱夸张、坚定、爱奉承、自感幸福、个性强的、忠诚的、变幻莫测、有力量、女性气、依赖感强、易与人发生共鸣、嫉妒的、有领导能力、分析能力强的、对他人的需要敏感、诚实、爱冒险、通情达理、不坦率、果断、善于怜悯他人、诚恳的、自足、易平息被伤害感、自负、爱支配人、说话委婉、可爱的、男子气、给人温暖的、庄重的、愿意表白自己、温柔的、对人友好、爱攻击他人、轻信的、没有效率的、举止宛如领导、孩子气的、顺应环境的、个人至上、不说粗话、杂乱无章、竞争性强、爱孩子、有才能、有野心、温和的、保守的。
>
> 资料来源:(1)卢勤,苏彦捷.(2003).对Bem性别角色量表的考察与修订.*中国心理卫生杂志*,*17*(8),550—553.(2)周秀艳.(2011).*大学生性别角色与职业刻板印象、职业兴趣的关系研究*.济南:山东师范大学,pp.36—39.

(三) 动机

1. 参与运动的主要原因

许多研究结果表明,女性参与体育健身活动的主要原因有强身健体、提高自己的运动能力、增加社会交往、心理调适——缓解压力与摆脱寂寞、减肥增重、健美体形、休闲娱乐与满足个人兴趣爱好、恢复健康、满足表现欲、教育孩子和做榜样等(江宇,吴翌晖,2004;金尧,胡烈刚,2005)。至于女性为什么要参与竞技运动,基德和伍德曼(Kidd & Woodam,1975)首先提出了三个有关原因,即为了娱乐、为了出色的表现和为了获胜。此外,兰塞姆等人(Ransom & Weinberg,1985)研究了美国网球协会 1980 年年鉴排名前 20 的优秀男女运动员,以及他们先失一盘的 242 场比赛的具体情况。结果发现,优秀女运动员与优秀男运动员一样,具备应对逆境的能力,常常能在激烈的比赛中反败为胜。

2. 成就动机

通常,在竞争情境中,男性的成就动机高于女性。而且,男性与女性追求成就表现的领域也不同,男性多侧重于作业取向,女性则多侧重于人际取向。此外,男性的内在成就动机高,而女性的成就动机可能是为了取悦他人或为了获得他人赞赏等外部动机。

对成就动机的深入研究还发现,女性成功道路上的另一重大障碍是回避成就动机,这一发现曾引起人们的极大关注。美国心理学家霍纳(Horner,1968;1972)指出,成功给男性带来满意感,却为女性带来焦虑。事业心重、能力强、成就高的女性常会具有较多的男性气质,因而失去了女性特有的吸引力,使男性不愿接近她,不愿和她建立亲密的情感关系。另外,对女性来说,除了要忍受与成就相伴而生的焦虑,还要忍受因表现出较多男性气质而引发的他人的非议。出于这种对成就的恐惧性动机,相当多的女性会回避成功,选择压抑自己的成就表现(时蓉华,2002)。

然而,麦克尔罗伊和威利斯(McElroy & Willis,1979)以及西尔瓦(Sliva,1982)的研究均证明,在竞技运动领域中,女运动员没有成就恐惧的问题。麦克尔罗伊和威利斯认为,由于女性角色在不断发生变化,或是因为女性参与运动已经取得了合法的地位,所以她们不需要去证明自己的行为合理得当。因此,对成就的恐惧心理在运动情境中的女性身上并不常见(LeUnes & Nation,2005)。

(四)归因方式

对于男女运动员在归因方式上是否存在差异,目前的研究结果并不一致。国内外的许多研究表明,归因的倾向与被试的性别有关。具体而言,男性比女性更倾向于把成功归因于稳定的、内部的因素;女性比男性更容易把成功归因于运气或其他不稳定的外部因素,而把失败归因于能力不够等内部的稳定因素。例如,尼科尔斯(Nicholls,1975)和德韦克(Dweck,1973)的研究都得到类似的结论:女青年倾向于把她们的失败归因于能力低等内部的、稳定的因素,而男青年倾向于把失败归因于运气不好或努力不够等不稳定的因素。运动情境中的归因研究也得出类似结论(祝蓓里,1992)。迪坎(Duquin,1978)对足球、排球和橄榄球运动员的研究发现,相较于女运动员,男运动员更多地用能力来解释运动结果(季浏,符明秋,1994)。

对于男女归因方面的差异,主要有下列不同的解释(季浏,符明秋,1994;张力为,任未多,2000)。

1. 自信心

德韦克(Dweck)等人用自信心的强弱与自尊心的高低解释男女归因的差异。他们认为女性接收到的消极反馈信息虽少,但一般与其智力有关。男性虽然接收到的消极反馈信息较多,但这些信息一般与其智力无关。所以,女性往往自信心不足且自尊心不强,男性则相反。勒尼(Lenney,1977)的研究也认为,女性在竞争条件下的自信心较为缺乏。

2. 期望

迪亚克斯(Deaux,1974)认为,男女之所以存在归因上的性别差异,是因为男性与女性在成就情境中的期望不同。在成就情境中,男性看重竞争性并多有乐观期望,而女性对成功的期望较低。

3. 成就目标

男性与女性拥有不同的成就目标,而且他们对成就的定义也不相同。社会上有一种偏见,即认为许多运动项目是富有"男子气"的活动,不适合女性,运动竞技领域不是女性追求成功的活动领域。这也在一定程度上反映了女性为何会在其社会化活动过程中发展出"害怕成功"的消极品质。

尽管有上述多种解释,但仍有一些研究对两性之间是否真的存在归因差异提出了质疑。伊索-荷拉(Iso-ahola,1979)在一项有关性别角色对个体成败归因影响的研究中指出,在运动竞技情境中男女运动员对成功与失败的归因没有差异。此外,将男女运动员在运动竞技情境中的归因进行比较,本身就有许多不合理之处。因为在运动竞技情境中,大多数比赛结果的比较是在同性而不是异性之间进行的。因此,异性之间对竞技结果所作归因的可比性值得怀疑。况且,还有学者(Eysenck et al., 1982)认为,既然男性和女性选择参与同样的活动,那么他们的心理剖面(包括人格方面)应该存在更多的相同之处。因此,男性和女性在体育情境中的归因存在性别差异的论点也就没有充分的依据了(张力为,任未多,2000)。总之,男女两性在归因方式上的差异及其形成原因有待进一步探讨。

二、外部因素

(一) 性别角色刻板印象

1. 性别角色刻板印象的概念

刻板印象是指人们通过整合有关信息和个人经验形成的一种针对特定对象的既定认知模式,它具有广泛性。人们会在性别、职业、种族、地域、年龄等诸多方面形成对特定群体的刻板印象。由于刻板印象是固化的,很难随现实的变化而改变,因而往往会阻碍人们看到新的现实、接受新的观点,从而导致人们对某类群体产生偏见(金盛华,2005)。

在各类刻板印象中,关于男女两性的刻板印象具有典型性和代表性。性别角色刻板印象是人们对男女两性"应当"具有的特定行为和特征的相对稳固的信念。如果将男性与女性的特质进行两极区分,则人们通常认为男性是积极的、好斗的、公众性的、有文化的、讲规矩的、工具主义的、目标定向的、有组织的、有支配力的、富于竞争的和有控制能力的,如能提出各种解决问题的办法等;而女性是消极的、谦恭的、私有的、本色的、自我的、善于表达的、不讲秩序的、组织性差的、顺从的、乐于合作的和缺乏控制力的,如表达能力较好等(金盛华,2005)。

在对性别角色的研究中,心理学工作者发现了两个重要特点:一是性别角色刻板印象的存在非常普遍;二是男女在性别角色刻板印象上一致认为男性气质比女性气质优越(秦启文,余华,2001;金盛华,2005)。由女性性别角色刻板印象引发的对女性的偏见和歧视,在世界范围内普遍存在,受到国际社会的广泛关注。性别角色刻板印象抑制了女性潜能的发挥,在一定程度上制约了女性的全面发展。

2. 性别角色刻板印象对女性参与运动的影响

奇克岑特米哈伊与贝内(Csikszentmihalyi & Bennett,1971)曾提出,游戏的复杂性和不同活动所需的技能水平吸引着年轻男子的参与。他们还认为,与女孩参与的游戏相比,男孩参与的游戏具有更高的技能最高要求水平。例如,对 6—7 岁的男孩来说,T-ball(类似棒球或垒球的一种运动)可能是最令人着迷的游戏了。那些在随后几年内仍坚持参与这项活动并获得了必要技能的男孩将会不断地体验到棒球运动的乐趣所在。相反,小学一年级的女孩喜欢玩的是跳绳或捉人等类型的游戏,她们会一直玩这类游戏约四五年,但最终会因为再也无法从中获得乐趣而终止参与。事实上,这些女孩很早之前就掌握了这类游戏所需的技能。这种活动类型上的性别差异构成了运动中性别角色社会化的核心问题。虽然这种情况目前已发生了很大变化,但是参与运动仍可以为男性不断带来奖励,而女性若要全身心地投入运动特别是竞技运动之中,却将以失去女性风采作为代价(LeUnes & Nation,2005)。

角色冲突是指个人在生活中扮演角色时遭遇到的心理困境。角色冲突因情境不同而又分为角色间冲突和角色内冲突。角色间冲突是指个体身兼数个角色而形成的顾此失彼现象。角色内冲突是指担任某一角色而无法同时满足两(或多个)方面需求所引起的心理困境(张春兴,2009)。

性别角色有无限的多样性。在诸多性别角色中,有很多是跨性别角色的。个体在生命的不同阶段,甚至在生命的同一阶段,也会表现出性别角色的多种内容。例如,一位女性可以同时扮演女儿、妻子、母亲、运动员或教练的角色。在社会生活中,人们对这些角色的期待和社会标准不同,同时承担的两种以上的性别角色往往是相互冲突的,某一性别角色的成功往往意味着另一性别角色的失败。在现代女性身上,事业型女性角色与传统女性角色的冲突有时就表现得十分明显。此外,当一位女性选择表现得积极、好斗、目标定向、采取工具性行为(典型的男性行为)时,她实际上正在冒着遭遇角色冲突的风险。

布朗(Brown,1965)曾调查运动中的角色冲突。他采用语义区别法(Osgood,Suci,& Tannenbaum,1957)让被试用成对出现的两极词,如弱的—强的、冷的—热的、美丽的—丑恶的,对一些角色概念作评价性报告。布朗考查了被试对女性角色,如啦啦队队长、性感女孩、舞蹈者、网球运动员、具有女性风采的女孩、游泳选手和篮球运动员的态度,他发现,大学男生和女生都普遍更喜欢那些从事女性活动的角色而不是运动员角色。格里芬(Griffin,1973)报告了被试对理想女性、女朋友、母亲、家庭妇女、女教授和女运动员几个概念的语义区别反应,结果表明,女教授和女运动员两个概念在大样本的大学生被试中受欢迎程度最低。图11-1中的模型说明了这六种角色的语义距离。格里芬认为,这些结果表明,人们对女性的非传统角色的态度并没有发生改变。

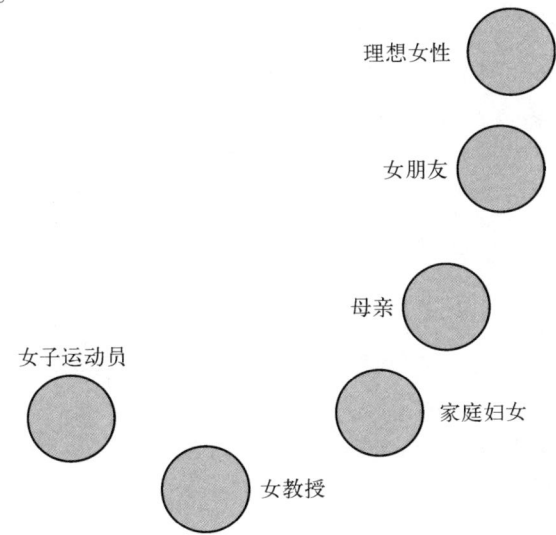

图11-1 六种女性角色的语义距离模型

资料来源:[美] LeUnes, A. ,& Nation,J. R. (2005). *运动心理学导论*. 姚家新,等,译. 西安:陕西师范大学出版社,p. 317.

> **专栏 11-3 女性参与运动面临的角色冲突问题**
>
> 斯奈德、基夫林和施普赖策(Snyder, Kivlin, & Spreitzer, 1975)的研究发现,65%的女大学生被试报告她们将女性参与运动和耻辱紧密联系在一起。塞奇和劳德米尔克(Sage & Loudermilk, 1979)对女大学生运动员的一项研究也发现,26%的女性被试报告她们体验到很强或非常强的角色冲突。
>
> 但随后的研究结果很令人鼓舞。例如,斯奈德和施普赖策(Snyder & Spreitzer, 1978)在一项关于高中女生对参与运动或音乐活动的态度的比较研究中发现,运动并未使参与这类活动的女生体会到遭受耻辱的感觉。这项研究还发现,高中生女运动员与非运动员一样具有对活动的顺应能力。金斯利、布朗和塞伯特(Kingsley, Brown, & Seilbert, 1977)对比了大学生对拥有高、低成功抱负的舞蹈演员与拥有高、低成功抱负的垒球运动员的态度。结果表明,不论从事何种运动项目的运动员大学生,他们都认为垒球运动员比舞蹈演员更容易被人接纳,而非运动员身份的大学生并没有报告说舞蹈演员被人接纳的程度要显著地高于垒球运动员。但就所有被试而言,他们给予垒球运动员的评价要显著高于对舞蹈演员的评价。维克斯、拉萨克和泰伦(Vickers, Lashuk, &, Taerum, 1980)用语义区别法对以下四个概念:男性、男运动员、女性、女运动员进行了评价。被试包括七年级学生、十年级学生和大学生。研究结果显示,所有的被试对男运动员和女运动员的评价都是积极的,而且女运动员在四个概念中得分最高。迈克尔、吉尔罗伊和舍曼(Michael, Gilroy, &. Sherman, 1984)让相同数量的男女运动员与男女非运动员对假定的女性运动员和女性非运动员进行评价,结果表明,所有被试都认为女性运动员比女性非运动员更具吸引力。
>
> 布朗(1988)总结了一项调查,结果发现,随着女性年龄的增长,她们认为参与运动的女性要么非常受人欢迎(55%),要么有些受人欢迎(41%)。此外,该调查还显示,78%的被试并不认为男孩会取笑那些参与运动的女孩。参与到各项运动中的女性明显地获得了所有性别被试的接纳,特别是对高中阶段的女生来说,参与体育运动实际上可能与受欢迎程度存在正相关。
>
> 总之,人们对女性参与运动的态度已经发生了积极的变化。不过,仍需要进一步研究以证实女性参与运动真的会受到人们的尊重。对此,特文格(Twenge, 1997)将 1970—1995 年间有关人们对女性参与运动的态度变化的研究进行了元分析。结果发现,对女性和男性看法的改变实质上在很大程度上受到了女权主义运动的影响,这种状况在 1986—1995 年间尤为明显。尽管这些研究结果本身并不是来自运动方面的文献依据,但与过去相比,它表明角色冲突与运动参与之间的关系在最近这些年来已不再是一个突出的问题。
>
> 资料来源:[美] LeUnes, A., & Nation, J. R. (2005). 运动心理学导论. 姚家新,等,译. 西安:陕西师范大学出版社, pp. 316—317.

家庭对男性和女性一样,都是体育社会化的重要力量源泉。父母自身带有的性别角色刻板印象在儿童性别角色的获得和发展的最初具有最直接、最有力的影响。

个体的早期经验主要从家庭获得,社会和父母共同的性别角色刻板印象决定了父母对男女后代的不同抚养方式。父母会自觉或不自觉地将成人世界的性别规则传递给儿童,而周围人对父母的态度又强化了父母对孩子的态度,孩子的衣着、玩具又进一步区分了男女性别角色。

有研究发现,父母会更多地鼓励男孩玩一些要求肌肉运动的活动,给男孩的玩具更多的是刀枪、汽车等;相反,父母常常鼓励女孩玩"过家家",阻止女孩参与奔跑、跳跃和爬树等"危险"活动,要求女孩学会斯文,给予女孩的玩具也大多是洋娃娃、厨房用具等。久而久之,儿童就表现出性别偏好的倾向(魏国英,陈雪飞,2005)。另外,尽管男孩与女孩在客观上并不存在差异,但父母还是一致认为两者具有性别的差异。例如,雷和安德烈斯(Rees & Andres,1980)发现,4—6岁的男孩和女孩在握力上并没有显著不同,但72%的父母认为男孩更有力量一些。

钟秉枢(1998)对我国优秀运动员的抽样调查表明,女性对体育项目的选择受父母的职业和受教育程度的影响。来自工农家庭的女运动员更有可能从事力量和对抗性项目以及游泳;来自非工农家庭的女运动员则更倾向于从事球类和表现类的项目。一个可能的解释是对抗性项目强调力量和攻击性,这些通常被认为是非女性特征的,很有可能在某些非工农家庭中引起更强的抵触情绪。父母在同一个阶层,如干部时,从事力量项目的女运动员,其父亲接受高中以上教育的比例高于男运动员,但从事小球类项目的男运动员,其父亲接受高中以上教育的比例高于女运动员。其他项目没有显著的性别差异。这一研究结果可能与下列因素有关:首先,大多数力量项目是在20世纪80年代中期以后引入女子比赛的,它们给女性带来了新的机会和挑战。女性在这些新项目上更容易取得成功。通过参与这些运动,她们也能获得更大的自主性。也许,受过良好教育的父母对这些新的机会更为敏感,更有可能鼓励他们的女儿去从事这些运动。其次,乒乓球、网球和羽毛球等项目没有直接的身体接触,比足球和篮球的暴力程度要小得多。因此,受过高等教育的父母们通常不太反对他们的儿女从事这些运动(董进霞,2005)。

(二)人们的接纳程度

人们对女性参与的运动项目的接纳程度是不同的。一般而言,女性从事那些能显现出女性化特质的运动项目,如花样滑冰、艺术体操等更容易被人们接受。相反,人们对女性从事垒球、篮球、排球、冰球和田径等"男性化"的运动项目持较低的接纳度。从事这些运动的女性也体验到更多的角色冲突。然而,随着女权运动的开展,女性参与运动的机会越来越多,人们对女性从事各种运动项目的接纳程度已经发生了积极的变化,奥运会中不断增设的女子项目就是一个明证。

(三) 大众传媒

大众传媒对个体关于性别的影响非常重要。大众传媒是社会价值取向和意识形态的反映,其传播的内容不仅再现了社会性别的状况与地位,其自身也参与了社会性别的建构过程。大众传媒对女性呈现的频率、方式,以及对女性题材的遴选、报道角度等,都在无形地影响着社会的观念。而在运动和健身领域的媒体报道中,男性霸权问题显而易见。具体表现为以下三个方面(马希敏,2008)。

1. 在体育媒体中女性常被忽视

在体育新闻中,与男性相比,女性形象在各类体育节目中出现的次数总体低于男性。马希敏(2008)曾对央视体育频道晚间的《体育新闻》栏目所播报的信息进行为期一周的统计,期间共播出新闻186条,出镜总人数323人,男性259人,女性64人,女性约占总出镜人数的20%。总的来说,女性在体育传媒中没有得到充分的重视,而且这种情况在世界各国普遍存在。

2. 在体育媒体的"软新闻"中,女性被定位为"花瓶"

媒体报道的新闻有"硬新闻"与"软新闻"之分。前者主要指具有意义的严肃新闻。后者以休闲、娱乐、时尚、消费、"花边"等报道为特征,而且这类新闻的主角多为女性,并表现出一定的女性歧视,具体为将女性弱智化、商品化和色情化的倾向。此类新闻常常将女性定义为"花瓶",作为男性的观赏对象出现,如"某年全球最性感十大女性:体育宝贝享三席""体育世家出美女"等,诸如此类的例子不胜枚举。

3. 大众传媒过于强调女性参与运动的形体健身功能

就整个大众传媒来说,女性的形象是作为观赏、评价、消费的对象来呈现的。虽然体育锻炼可以给女性带来自信和身心的愉悦,许多新闻报道却总在宣扬"美丽神话",展示着时尚模特的苗条身材、胸围、腰围、唇形、发型,强调白皙的肤色,以及高跟鞋与更淑女的裙装。受此类新闻报道中时尚模特形象的影响,女性参与运动的目的大多在于使自己看起来更美丽、更苗条、对男性更具性吸引力,而不是以健康的身体在运动中获得愉悦。

为了改善女性在体育媒体中的边缘地位,政府及有关部门应加大对女性体育发展的舆论环境建设,促进大众传媒领域社会性别理念的主流化,制定有关法律、政策,加强监管,建立大众传媒的社会性别评估机制,对宣扬性别歧视、性别偏见和破坏女性形象的体育媒体予以批评和惩处,以构建和谐的体育生态。

第三节 女性参与运动面临的心理社会问题

一、同性恋恐惧症

同性恋是指以同性为对象而产生的浪漫的吸引力、性欲或性行为。据历史学家及人类学家考证,同性恋现象是人类社会中普遍存在的一种行为模式,属于人类正常恋爱的类型之一(李银河,2002)。然而,从古至今,人们对同性恋持赞美态度的极少。虽然随着社会的进步,人们对同性恋的态度正向着宽容、接纳和理解的方向缓慢发展,但是现代社会对同性恋的歧视仍客观存在。

所谓同性恋恐惧症具有两重含义。一是社会公众的同性恋恐惧症,即社会公众认为同性恋者违反了异性恋的自然规律,因而对那些有同性恋行为或有逾越传统性别角色期望界线行为的个体所产生的恐惧或憎恨;二是同性恋者内化的同性恋恐惧症,即一些同性恋者对自己的性取向没有形成强烈的自我认同感,这使得他们在公共场合选择隐瞒自己的性取向,由自我厌恶而导致的孤独和压抑等消极情绪常常使他们感到痛苦并严重影响了他们的生活和工作。

同性恋的问题一直是社会的敏感问题,近年来,国外体育研究领域的学者开始关注运动员的同性恋问题。人们普遍认为运动员中存在同性恋者,其中不乏著名运动员。例如,美国著名男运动员、奥运跳水冠军洛加尼斯(G. Louganis)就是一位同性恋者。相对于男同性恋运动员,女同性恋运动员的同性恋身份较少被曝光。但这丝毫没有减少人们对女性体育中有关同性恋行为研究的兴趣。例如,卡森(Carson,1987)对学习心理学的250名学生做了一项调查,结果发现,这些学生估计有47%的女运动员是同性恋者。在莫罗和吉尔(Morrow & Gill,2003)的一项研究中,要求高中体育教师和大学生回忆他们高中时的生活体验,结果显示,高中体育课上和整个校园中普遍存在对同性恋的恐惧。还有研究显示(Knight & Giuliano,2003),当提到运动员的成就和高超技艺时,媒体对待男女运动员的态度有所不同。媒体认为男运动员都是异性恋,所以关注的是他们的运动成就,而不是他们的性取向;然而,在谈到女运动员时,媒体倾向于强调她们与异性的关系,急于清除人们可能对她们产生的同性恋看法。该项研究还进一步发现,如果运动员的性取向非常明确地表现为异性恋,此时,他们比那些性取向模糊的运动员能获得更多的好感(LeUnes &

Nation, 2005; Cox, 2015)。

卡恩(Cahn, 1993)认为,随着女性体育的发展,运动中的女性英雄人物的出现改变了整个社会对女性的看法。人们越来越多地谈论那些具有"男子汉气概"的女运动员。运动为女同性恋者提供了一种机会,使她们能在社会可接受的环境中进行交往。

克兰等人(Krane & Barber, 2003)调查了13名女同性恋大学教练的亲身感受以及她们每天面临的身份冲突。结果显示,女同性恋教练经常在同性恋与年轻女性教练这两个社会身份之间产生心理冲突。一方面,她们要直面同性恋恐惧行为;另一方面,为了保住自己的工作,她们要对自己的性取向保持缄默。这项研究结果还显示,这些女同性恋教练并没有选择被动地接受命运的安排,而是勇敢地反击异性恋占主导的社会环境,并致力于积极的社会变革(Cox, 2015)。

然而,社会公众中的同性恋恐惧症者常常污蔑性地将女运动员称为"同性恋女子""男性化的女人""同性女人"和"帅哥"。为了反对人们将女运动员都描绘成同性恋者,国外的一些教练制定了相关对策,包括抗议对女运动员的污蔑性称呼、开除女同性恋运动员、指导女运动员着装打扮更女性化、奉劝父母不要把自己的女儿送到女性同性恋关系非常普遍的学校就读(Griffin, 1993; Thorngren, 1990)。

此外,对女性体育中出现的同性恋恐惧症现象,有关权威人士提出,要重视社会中的同性恋恐惧倾向,要在体育科学各专业学会的组织结构内部不断呼吁,强调问题的严重性,通过教育来改变同性恋恐惧症者的看法。

二、进食障碍

(一) 进食障碍的含义及症状表现

进食障碍是一组以进食行为异常为主的精神障碍,主要包括神经性厌食症和神经性贪食症两大综合征(章晓云,钱铭怡,2004)。

神经性厌食症多发生在15—30岁的年轻女性中,发病率约0.5%—1%,青春期或生活压力较大的女性易患该病。神经性贪食症则常见于青春期和成年初期的青少年,通常在其进食时或进食后开始发病(刘耀辉,文仪,2004)。

神经性厌食症有如下症状:(1) 对进食进行严厉的自我约束;(2) 体重较同龄人低15%或以上;(3) 就算已瘦骨嶙峋,也会非常害怕发胖;(4) 女性经期连续停止至少三次;(5) 非因恶疾或身体疾病而严重消瘦。神经性贪食症有如下症状:(1) 不能自制地狂吃;(2) 每周两次、至少持续三个月的狂吃现象;(3) 经常性地以抠喉咙、服泻药、禁食或狂做运动来避免增重。神经性厌食症与神经性贪食症有很大的关联,因为部分神经性厌食症的病人会间歇地出现神经性贪食症的倾向,尤其会暴食一轮之后,再抠喉咙、服泻药或禁食(徐洁贞,2002)。

(二)女性运动员的进食障碍

进食障碍与个体从事的职业活动有一定关系。例如,芭蕾舞演员、时装模特和运动员患进食障碍的比例高于普通人群。虽然男运动员也同样会出现进食障碍的问题,但到目前为止,有关进食障碍的讨论主要集中在女运动员身上。在一些需要通过饮食控制体重或需要耐力的运动项目中,如摔跤、健美操、体操、越野跑、游泳、长跑等,一些运动员或爱运动的青少年更易患上神经性厌食症,并且90%以上的病例都是女性(左衍涛,1994)。

女运动员三联症是一种与进食障碍有关的疾病,它由进食障碍、闭经和骨质疏松症共同组成。国际运动医学领域倾向于认为,三联症始于饮食的紊乱。饮食的紊乱通过改变代谢和性激素水平而影响月经,骨密度的下降则受到低雌激素水平和饮食失调的双重影响。三联症常常被忽略而得不到应有的重视。这与该病症本身的隐蔽性及其他病症对其的掩盖是分不开的。临床检查时,三联症常被误诊为训练的疲劳、心动过缓的心律不齐、抑郁或应力性骨折等。该病症的最严重后果是死亡(李红娟,邢文华,2006)。

(三)运动员产生进食障碍的心理社会因素

与一般疾病不同,进食障碍不仅表现为生理机能的异常,而且能够反映出患者的心理问题和所处社会环境的问题(陈清刚,2006)。

1. 心理因素

第一,认知特点。患有进食障碍的运动员对食物、节食、体重和自身身体形象存在歪曲、错误的认知,她们认为瘦是美丽的理想体形,往往将自己属于正常范围内的体重、体形视为缺陷。这导致他们对自己的身体产生不满。当这种心理上的困扰长期得不到解决时,她们就可能产生异常的进食行为,以期达到所谓的完美体形。

专栏 11-4　　　　　　苗条与透支生命
——从女体操运动员亨利希之死谈起

如今,女孩投身运动的年龄越来越小,但威胁他们健康的因素,如减肥和生长发育等问题,也日益变得突出起来。美国著名体操运动员克里斯蒂·亨利希的不幸去世再次引起了人们对体育明星饮食紊乱的关注。由于某些苗条型的运动员越来越受公众喜爱,从而使这一问题更为突出。

> 22岁的亨利希在临死前体重不到27千克,她患的是神经性厌食症。在几年前作为全国著名体操运动员参加比赛时,这位身高125厘米的运动员体重为43千克。亨利希曾数次跻身美国国家队,1988年差点入选美国奥林匹克队。
>
> 美国的朱莉叶·陶伯博士是一位瘦身和治疗饮食紊乱的专家。她说:"现在电视台记者在采访时总不停地就追求尽善尽美的问题向运动员提问,他们这样做使运动员产生了一种错觉,即在比赛中不是去追求表现好,而是去追求'我怎样才能做到尽善尽美'。"专家指出,运动的目的是注重培养理想的体形。饮食紊乱在诸如体操、花样滑冰、跑步和举重等项目中的患者量是相当惊人的。有的运动员甚至在摔跤比赛开始前的最后一刻仍在努力减肥。
>
> 玛丽·瓦泽特是饮食紊乱综合征的典型受害者。她曾是一位著名的长跑运动员。她当时持这样一种观点,即越苗条跑得越快。由于过分苗条,瓦泽特摔断了6根肋骨,手臂也骨折了一只。后来她的脊椎骨也断裂了,这位明星的身体就此瘫痪。
>
> 后来的瓦泽特说:"一个运动员身体虽不苗条,但却能在比赛中表现得很出色,不管她从事花样滑冰、体操还是田径,事实上那将令观众们感到高兴。"瓦泽特为自己当初的偏见而后悔,她希望自己的经历能给今人以启示。
>
> 当然,对许多运动员来说,社会也给他们造成了很大的压力。前世界花样滑冰冠军扎亚克抱怨道:"裁判有时太注重女滑冰运动员在冰场上的形体,而忽略了运动员在冰场上的实际表现。"在花样滑冰、体操、跳水和健美比赛中,裁判的主观性常常对运动员造成压力。
>
> 运动员在成长中往往也会成为自己命运的牺牲品,这些女运动员设法控制自己的饮食习惯、月经周期和体重,他们拼命追求苗条,到头来却令疾病控制了她们。
>
> 资料来源:佚名.(1995).苗条与透支生命——从女体操运动员亨利希之死谈起.*中国保健营养*,(10),20.

第二,人格特质。患有进食障碍的运动员的人格特质是低自尊、低自我评价(自我评价完全依赖对自己身体的评价)、强迫、冲动性、高神经质水平、完美主义倾向等。

第三,情绪与情感。患有进食障碍的运动员表现出消极的情绪特征。他们的抑郁、焦虑和罪恶感等消极情绪水平都显著高于正常人。神经性厌食症患者通过限制进食、获得苗条身材来得到情绪满足。神经性贪食症患者则通过大量进食来进行情感宣泄,但大量进食仅能暂缓焦虑,之后他们又会对自己的暴食行为产生罪恶感和抑郁等消极情绪。

2. 社会因素

第一,社会文化。流行病学资料发现,近半个世纪以来,进食障碍的患病率有所上升,并且多见于西方化、现代化和城市化的社会。这种社会以瘦为美,苗条是社会标榜的理想体形,它代表着自信、自我约束和成功。女性往往通过对苗条身材的追求来获得社会的认可和赞许。在这些社会观念的影响下,盲目地崇拜、追求苗条成为一种时尚,以至于人们几乎都认为节食是正常的。有研究(钱铭怡,刘鑫,2002)认为,进食障碍通常是由节食引起的,节食甚至被认为是进食障碍发病的必要而非充分条件。

此外,不同种族文化的理想体形标准也是社会文化因素影响进食障碍的体现。以往的大多数研究均针对中产阶级白人女性,现在的研究也针对其他种族人群。美国学者克拉克等人(Gluck et al., 2002)在一项对不同种族妇女的研究中发现,在控制了体质指数(BMI)的差异之后,黑人妇女较少对自己的体形不满,且患进食障碍的人数也较白人妇女少;亚洲妇女节食和对自己体形不满者的比例与白人妇女相当,但亚洲妇女真正出现进食障碍的比率仍然较低。

第二,媒体。影视节目、报纸杂志上的女性身材几乎都以苗条为主,瘦即是美。女性杂志也一再强调节食、减肥和运动。在这种主流意识形态的影响下,女性为追求理想体形,极易走入进食障碍的误区。

第三,家庭。家庭功能失调也会导致进食障碍的形成。家庭沟通方式、成员关系、父母婚姻和谐度、父母管教子女的态度和方式、父母本身的人格特征以及父母的进食行为和对自己身材的看法等,都会对子女进食障碍的形成产生影响。如果父母过度干涉和保护子女、对子女的管教特别严格或对子女的期望值过高,甚至会对子女的体形也有过高要求,从而导致子女对自己的要求也过高,进而提高了其患进食障碍的可能。

第四,性别。进食障碍的患者以女性居多,且发病年龄多在青少年阶段。这主要是因为青少年的心理发展正处于从依赖到独立的关键时期。面对需要独立解决、自负责任的各种问题,由于女性应对环境变化的能力本身比男性差,常常会出现难于应付的场面,因此她们往往选择对进食行为、体态和体形进行自主控制来达成心理独立和自我控制的目的。

(四)运动员如何克服进食障碍

1. 对患有进食障碍的运动员进行心理干预

目前,国外针对进食障碍的心理治疗的主要方法有认知行为治疗、心理教育、自助技术和家庭治疗等(章晓云,钱铭怡,2004)。

第一,认知行为治疗。认知行为治疗的基本观点是,认知过程是个体情感和行为的中介,适应不良的情感和行为与不合理的认知有关。要改变进食障碍患者的进食方式,首先必须改变其歪曲的认知。该方法分为五个阶段:(1)评估阶段。治疗师评估患者进食障碍的严重程度和生理状况。(2)向患者介绍认知模型,引入行为技术。首先,向患者阐明认知模型的基本因素,如帮助患者理清自己的不合理思维和情绪与病态进食行为之间的关系等;其次,引入行为技术,这主要涉及三个领域:打破患者进食的恶性循环;为患者提供正常进食原则,如与别人一起进食;要求患者坚持记录自己进食的情况和当时的心情。(3) 对患者进行认知重构。当患者的节食行为开始减轻,贪食的次数和量有所减少后,治疗师可以对患者进行认知重构。(4) 预防复发。一般来说,应激容易导致病情的复发,治疗师应告诉患者妥善处理应激情境的方法。(5) 随访。治疗结束后,治疗师需间隔一定时间进行随访。合理的间隔时间为1个月、3个月、6个月和12个月。

第二,自助技术。指将认知行为治疗与进食障碍的一般知识编成通俗易懂的手册,令轻度患者根据手册进行自我治疗。在单纯自助中,患者可以直接使用手册;在指导性自助中,患者需要专业治疗师的支持和指导。

第三,心理教育。心理教育通过教导的方式使患者的进食模式及其对身体形象的关注正常化。其基本假设是,进食障碍患者常常对引起和维持症状的因素存在误解,如果患者了解有关进食障碍的科学知识,就有可能改变这种状态。最初,心理教育方法是认知行为治疗的一个标准组成部分,但后来的研究发现,单独的心理教育方法也可以使病人的症状减轻,并且它较认知行为治疗而言,花费少,易推广,对治疗师专业水平要求较低,适合对轻度病人使用。

除以网络为基础的心理教育程序之外,研究者也在改进面授式的心理教育方案。传统的心理教育方案以向学生传授进食障碍知识为基础,然而这些知识可能具有反作用,如将进食障碍理想化和正常化、为学生提供了控制体重的方法等。因此,一些研究者(Garner,1985;Mann et al.,1997)认为该方案可能弊大于利。近年来,面授式的心理教育发展出以提高自尊为基础的干预方案。其目的在于,通过建立广泛的自尊使进食障碍患者提高对自己身体形象的接纳程度。这是一种新的、安全的心理教育方案。

第四,家庭治疗。其目标不仅在于改变患者本身,而且在于改变其家庭功能系统。治疗的短期目标是采用行为技术使患者在几星期内减轻症状,恢复进食并增加体重。短期目标实现后,便进入长期目标,即使用家庭治疗技术改变患者的家庭系统。家庭治疗认为,此时治疗才真正开始。在家庭治疗中,由治疗师担任治疗系统的领导,对家庭中积极的方面予以肯定和支持,并对家庭中的互动模式予以挑战。通过对家庭互动模式的挑战,使病人的家庭系统发生改变,进而使整个家庭系统的功能发生变化。整个过程需要治疗师具有很高的能力,能够妥善应对治疗中出现的各种冲突。

2. 对体育教师、教练和健身指导员的建议

第一,体育教师、教练和健身指导员应当接受医学、营养学和心理学的专业培训,以便了解更多有关进食障碍的知识。这有助于他们在执教过程中将这些知识传授给学生、运动员和健身者。

第二,体育教师、教练和健身指导员应当逐渐意识到他们的行为对学生、运动员和健身者的影响,带病或超负荷锻炼只会增加学生、运动员和健身者对体育锻炼行为的厌恶感。

第三,体育教师、教练和健身指导员应当利用他们的影响力推动学生、运动员和健身者进行有益于健康的体育锻炼和体重控制。他们应当促使学生、运动员和健身者摒弃盲目追求臀大肌和腹肌肌肉块的心理,并讨论一些现实的健身目标和减重目标。

第四,体育教师、教练和健身指导员应当警惕进食障碍的危险症状,以便提醒那些潜在的受害者寻求帮助。

第五,体育教师、教练和健身指导员不应卷入进食障碍的诊断与治疗的商业运作之中。

第六,体育教师、教练和健身指导员应当注意他们的着装以及它们对学生、运动员和健身者的影响。体育教师、教练和健身指导员精心选择的那些能够充分展现他们身体优势的着装最终会过分夸大"健美体形"这种身体意象,而当学生、运动员和健身者感到无论付出怎样的努力也无法获得这样的身体意象时,他们就会悄悄地远离体育教师、教练和健身指导员(LeUnes & Nation,2005)。

三、社会性体格焦虑

(一) 什么是社会性体格焦虑

体格是指反映人体生长发育水平、营养状况和锻炼程度的状态,一般通过观察和测量身体各部分的大小、形状、匀称度,以及身高、体重、胸围、肩宽、骨盆宽度和皮肤与皮下软组织等情况来判断(辞海编辑委员会,1999)。社会性体格焦虑是指个体在面临他人对自己体格进行观察或评价时所体验到的焦虑程度(Hart et al.,1989),它由社会焦虑衍生而来,属于社会焦虑的亚型,与个体关于自己的身体表象、身体自我概念有关。社会性体格焦虑高者,往往过于关注他人对自己体格的评价,其身体表象和身体自我概念都是消极的,如认为自己太高、太矮或太瘦、太胖等。这导致他们运动感觉差,不愿参与有他人在场的体育运动,严重时还会导致他们对社

交活动采取回避态度。

(二) 社会性体格焦虑研究的重点

综合国内外的研究成果,关于社会性体格焦虑的研究成果主要有(徐霞,2003;汤利军,季浏,2011):(1) 大多数人的社会性体格焦虑始于青春期。(2) 女性体验到更多的社会性体格焦虑;同样肥胖的女性,年轻的比年老的体验到更多的社会性体格焦虑。(3) 与社会性体格焦虑低的女性相比,社会性体格焦虑高的女性更喜欢单独进行身体锻炼,因为她们不喜欢有旁观者在场,旁观者的在场会对她们的体格存有潜在的消极评价。(4) 异性的在场可以刺激与体格评价相关的威胁的知觉,因此,社会性体格焦虑高的女性往往不太愿意与异性一起锻炼,并对异性成员的存在具有更强烈的意识。(5) 社会性体格焦虑高的女性可能为避免因获得的社会赞许而遭受损失或回避社会批评而采取自我保护策略,从而倾向于选择退出锻炼情境。(6) 社会性体格焦虑高的女性对强调体格的情境(时尚紧身健身服)持不太赞同的态度,而对不强调体格的情境(宽松短裤和 T 恤衫)持更加赞同的态度。(7) 社会性体格焦虑高的女性应该有更多的理由去接受体育运动与锻炼,因为她们有强烈的身体健美的欲望,想通过体育运动使自己的身体变得更有魅力。(8) 社会性体格焦虑高的女性参加体育锻炼的原因主要是为了控制体重和塑造形体。(9) 参与运动并不一定能使个体的身体发生实际的变化,但能有效地提高个体的身体自我概念和对身体的满意度,从而有效降低社会性体格焦虑。不同的运动项目,产生的效果完全不同,如参加健美操训练对改善女大学生身体自尊的效果要优于参加网球训练。

(三) 克服社会性体格焦虑的手段

设置合适的目标定向,创设良好的动机气氛,有效地组织教学与训练,分层设计教学与训练目标,缩小理想—现实身体自我差异,促进身体自我概念和自我效能感的提高,等等,这些是帮助个体降低社会性体格焦虑的有效手段。

专栏 11-5　　　　　　　社会性体格焦虑与锻炼干预

一个人通过锻炼塑造良好的体形,使自己的身体更具魅力是有效降低社会性体格焦虑的一种方式。众多研究结果表明,5 个月、10 周、6 周等有规律的干预性锻炼可以有效降低参与者的社会性体格焦虑。麦考利等人(McAuley et al.,2002)以 174 名平均年龄 65 岁的参与者为被试,进行为期 6 个月的锻炼干预,锻炼内容包括伸展练习和有氧练习,干预结束后的 6 个月一直进行追踪调查,结果表明,在这 12 个月的实验中被试的社会性体格焦虑显著下降。

马嵘等人(2008)通过对118名高社会性体格焦虑的大学生进行的为期12周的锻炼干预指出,力量、有氧耐力以及力量与有氧耐力混合三种体能锻炼方式均能有效降低大学生的社会性体格焦虑;对于社会性体格焦虑的降低,男生最适合进行力量锻炼,而女生最适合进行力量与有氧耐力混合的锻炼,单纯的有氧耐力锻炼也适合男女大学生,但不是最佳锻炼方式。

贝恩(Bane,1996)发现,在接受锻炼干预的女大学生中,社会性体格焦虑的降低更多受身体魅力效能和身体满意度增加的影响,而不是实际的身体变化。

体育锻炼对降低社会性体格焦虑具有显著作用,但社会性体格焦虑降低所需的锻炼类型、持续时间、频率和强度以及其发挥作用的机制等目前尚不十分清楚。解决这一问题不仅有利于对锻炼者的具体指导,而且有利于揭示身体锻炼与社会性体格焦虑之间关系的边界条件。

资料来源:汤利军,季浏.(2011).社会性体格焦虑在锻炼领域的研究进展.*武汉体育学院学报*,45(11),67—71.

本章提要

- 从历史的角度而言,女性参与运动经历了一段曲折的发展历程。女性参与运动和女性在社会中的政治、经济地位密切相关。自20世纪60年代开始,女权主义的兴起与发展为全世界女性争取到了参与运动的权利。妇女解放运动的冲击首先体现在有关法律的制定上,其中《布赖顿妇女与体育宣言》与"美国教育修正案第九条"的颁布是推动女性体育发展的里程碑。此外,当代健身热潮也激发了女性锻炼的热情。
- 影响女性参与运动的内部因素包括性别角色、双性化人格、动机和归因方式。
- 个体的性别角色获得是以其自然性别或生理性别为前提的。在社会化的过程中,个体一旦将性别角色规范内化,就会自动地按照适合自己性别的行为方式来认识、思考和行动,从而造成男女性别角色的心理差异,这种差异也会影响男女对运动的参与及其表现。
- 双性化人格又称两性化人格,是指个体同时具有男性气质和女性气质的心理特征,即同时具备男性与女性心理气质的长处与优点。许多研究证明了双性化人格对运动员或非运动员而言,都是一种理想的人格模式,而且会随社会发展的进步成为一种角色发展的趋势。
- 许多研究结果表明,女性参与体育健身活动的主要原因包括强身健体、提高自己的运动能力、增加社会交往、心理调适——缓解压力与摆脱寂寞、减肥增重、健美体形、休闲娱乐与满足个人兴趣爱好、为恢复健康、满足表现欲、教育孩子和做榜样等。
- 一般而言,在竞争情境中,男性的成就动机高于女性;男性与女性追求成就表现的领域不同;男性多侧重于作业取向,女性多侧重于人际取向;男性的内在成就动机高,女性的外在成就动机高。运动情境中的女性对成功的恐惧心理并不普遍。

- 虽然目前的研究结果对男女运动员在归因方式上是否存在差异的结论不太一致,但国内外的大量研究还是指出,男性比女性更倾向于把成功归因于稳定的内部因素,女性则比男性更容易把成功归因于运气或其他不稳定的外部因素,而把失败归因于内部的稳定因素。

- 影响女性参与运动的外部因素包括性别角色刻板印象、人们的接纳程度和大众传媒。

- 性别角色刻板印象是人们对男女两性"应当"具有的特定行为和特征的相对稳固的信念。如果将男性与女性的特质进行两极区分,则人们认为男性是积极的、好斗的、公众性的、有文化的、讲规矩的、工具主义的、目标定向的、有组织的、有支配力的、富于竞争的和有控制能力的;而女性被看作消极的、谦恭的、私有的、本色的、自我的、善于表达的、不讲秩序的、组织性差的、顺从的、乐于合作的和缺乏控制力的。性别角色刻板印象限制了女性潜能的发挥,在一定程度上制约了女性的全面发展。虽然随着社会的进步,这种情况已经发生了很大改善,但是参与运动仍可以为男性不断带来奖励,而女性若要全身心地投入运动特别是竞技运动之中,将以失去女性风采作为代价。

- 人们对女性参与的运动项目的接纳程度不同。一般而言,人们更容易接受女性从事那些能显现出女性化特质的运动项目,如花样滑冰、艺术体操等。然而,随着女权运动的开展,这种状况有所改变。

- 在运动和健身领域的媒体报道中,男性霸权问题显而易见,具体表现为在体育媒体中女性常被忽视;在体育媒体的"软新闻"中,女性被定位为"花瓶";大众媒体过于强调女性参与运动的形体健身功能。

- 女性参与运动面临的心理社会问题包括同性恋恐惧症、进食障碍和社会性体格焦虑。

- 同性恋恐惧症具有两重含义,一是社会公众的同性恋恐惧症,二是同性恋者内化的同性恋恐惧症。为了反对人们将女运动员都描绘成同性恋者,国外的一些教练制定了相关对策:抗议对女运动员的污蔑性称呼、开除女同性恋运动员、指导女运动员着装打扮更女性化、奉劝父母不要把自己的女儿送到女性同性恋关系非常普遍的学校就读等。

- 进食障碍是一组以进食行为异常为主的精神障碍,主要包括神经性厌食症和神经性贪食症。女运动员三联症是一种与进食障碍有关的疾病。它由进食障碍、闭经和骨质疏松症共同组成。目前,国外针对进食障碍的心理治疗的主要方法有认知行为治疗、心理教育、自助技术和家庭治疗等。体育教师、教练、健身指导员应接受医学、营养学和心理学的专业培训,以便了解更多的有关进食障碍的知识,帮助学生、运动员或健身者形成正确的身体表象。

- 社会性体格焦虑是指当个体面临他人对自己的体格进行观察或评价时所体验到的焦虑程度,属于社会焦虑的亚型,与个体关于自己的身体表象和身体自我概念有关。社会性体格焦虑高者,往往过于关注他人对自己体格的评价,其身体表象和身体自我概念都是消极的。设置合适的目标定向,创设良好的动机气氛,有效地组织教学与训练,分层设计教学与训练目标,缩小理想—现实身体自我差异,促进身体自我概念和自我效能感的提高,等等,都是帮助个体降低社会性体格焦虑的有效手段。

教学活动设计

1. 请在班级或运动队中组织讨论:什么样的女性是美的?运动对女性美的塑造有何作用?
2. 小雅从小活泼好动,身体健壮,常和男孩在一起打球、玩游戏。进入青春期后,她时常听见别人在背后议论她像个假小子,一点女人味都没有。渐渐地,她的行为开始发生了变化。她很少参与体育运动和游戏,体育课也是能不动就尽量不动,吃饭胃口越来越小。她还经常躲着他人照镜子,看着自己越来越苗条的身体和越来越尖的下巴,她从内心感到欢喜。但是她最近有好长一段时间都没来月经了,甚至几次在体育课上晕倒。你有什么办法帮助她走出困境吗?

复习与思考题

1. 简述影响女性参与运动的心理因素。
2. 简述影响女性参与运动的社会因素。
3. 简述社会性体格焦虑高者的特点。
4. 简述双性化人格的特点。
5. 简述性别角色刻板印象的概念。试述性别角色刻板印象对女性参与运动的影响。
6. 试述对患有进食障碍的运动员进行心理干预的方法。
7. 试述为了克服进食障碍对青少年带来的不良影响,教练与健身指导员可以采取的做法。

第十二章 青少年运动心理

———— 本章细目 ————

关键概念

第一节 青少年参与运动的动机及
　　　相关因素的分析
一、青少年参与运动的主要动机
（一）获得乐趣
（二）提高运动技能
（三）使身体变得更健康
（四）寻求刺激、挑战和激励
（五）享受团队气氛，与朋友在一起
二、与青少年运动相联系的潜在负面
　　因素
（一）过于注重体育比赛的结果
（二）诱发一些消极的情绪体验
（三）攻击性行为
三、青少年退出运动的主要动机
（一）表层的原因
（二）深层的心理原因

第二节 青少年运动应激与应对策略
一、应激的含义
二、应激的形式
三、青少年在运动中产生应激的原因
（一）生理因素
（二）心理因素
（三）社会因素
（四）环境因素
四、青少年运动应激的测量
（一）行为
（二）生理
（三）心理
五、青少年运动应激的应对策略
（一）外部环境因素的控制
（二）应激控制策略的选择

第三节 青少年运动的心理干预

一、对教练的干预
（一）教练训练计划——教练行为评
　　　价系统的发展
（二）教练效能训练
二、对家长的干预
（一）青少年运动的发展模式与家长
　　　的责任
（二）逆向依赖陷阱
（三）家长的行为准则
三、对青少年的干预
（一）对提高运动成绩的干预
（二）运动品质和道德培养
（三）对生活技能的干预

本章提要
教学活动设计
复习与思考题

关键概念

应激　　变相依赖　　反常动作　　教练效能训练　　能力知觉　　逆向依赖
家长行为准则

青少年时期获得的运动技能和形成的体育锻炼习惯能有效促进青少年身心健康和未来事业的发展。世界各国均非常重视青少年体育的发展问题。我国历来非常重视青少年的健康成长问题,在倾尽大量人力、物力培养了一批优秀青少年运动员的同时,始终将"健康第一"的指导思想贯穿在我国的体育教育方针中。2006年12月,由教育部、国家体育总局、共青团中央共同决定,从2007年开始,结合《学生体质健康标准》的全面实施,在全国各级各类学校中广泛、深入地开展全国亿万学生阳光体育运动(教体艺,2006),将我国的青少年体育运动推向一个新的高潮。

青少年参与运动除了会产生一些积极的效应,还可能面临一些负面的问题。这就需要社会各界共同努力,采取一系列有效措施,帮助青少年战胜和克服这些不利的方面。目前,运动心理学有关青少年运动的研究主要集中于三大领域:青少年参与运动的动机、青少年运动应激与应对策略、青少年运动的心理干预。

第一节　青少年参与运动的动机及相关因素的分析

一、青少年参与运动的主要动机

(一) 获得乐趣

参加运动不仅能为青少年提供检验其艰苦训练成果的机会,而且能使他们享受挑战带来的兴奋和愉悦体验。自20世纪50年代中期开始,国内外大量研究指出,青少年体育爱好者参与运动的首要原因是为了获得乐趣。对青少年而言,在运动中获胜固然重要,但是获得运动乐趣更为重要。乐趣本身为他们参与运动的行为提供了最高奖赏。此外,青少年参与运动的乐趣还与成人在青少年运动中的积极介入有关,特别是与家长、教练的满意度有着密切的联系。如果青少年体验到家长、教练的满意度有所增加,那么他们体验到的外部压力以及对运动表现的消极反应也会随之降低。

(二) 提高运动技能

合格的教练见多识广，感觉敏锐，懂得个体的发展规律，善于处理人际关系，拥有良好的训练方法。许多青少年认为，这些合格的教练在有组织的体育运动中，对提高他们的运动技能有帮助。如果青少年是以提高自己的运动技能为目标定向，那么成年后他们也能坚持参与运动。

专栏 12-1　　　　　　　青少年对运动乐趣的理解

在运动中获得乐趣，历来在青少年参与运动的原因中占据核心位置。同时，乐趣有不同的含义，对少数青少年而言，获胜是获得乐趣的唯一途径；而对另外一些青少年来说，表现得很棒、增强体质或成为团队的一部分才是最重要的。为了理解乐趣的具体含义，由旺克尔和塞夫顿（Wankel & Sefton, 1989）主持的一项研究很有启示意义。该研究的研究对象是 7—15 岁参与冰上直棍环球和冰球比赛的 55 名女孩和 67 名男孩。研究者要求这些被试在比赛之前以及比赛之后按要求填写一份问卷以回答参与这项运动的原因。乐趣值采用李克特 5 点计分，1 分表示毫无乐趣，5 分表示很有乐趣。该研究涉及的其他变量包括年龄、性别、赛前和赛后情绪、动机、心境状态、个体对运动表现的期望、对团体成绩的信心和个体的具体表现。除了个体的运动表现和比赛的挑战性，赛后的积极情绪也是乐趣的重要预测指标之一。这个研究清楚地表明，在青少年运动员的观念中，乐趣是一个多维的概念，获得乐趣始终是他们参与运动的一个重要原因。

资料来源：[美] LeUnes, A., & Nation, J. R. (2005). 运动心理学导论. 姚家新，等，译. 西安：陕西师范大学出版社, p. 344.

(三) 使身体变得更健康

不少青少年认识到，参与运动能有效改善心肺功能，提高速度、力量、耐力和柔韧性等体质健康指标，并能使他们的体形变得更健美。

(四) 寻求刺激、挑战和激励

在激烈的对抗竞争中，受各种偶然因素的影响，比赛的结果往往难以预料。例如，含有旋转动作的运动，可以通过速度、加速度突然改变方向，或突然出现危险情境而产生一种紧张的气氛。比赛结果所具有的多方面的不确定性，是引起个体兴奋心理体验的最佳方式之一。参与那种带有冒险性的运动是对个体的心理和运动能力的挑战。而成功地参与这类运动既能使青少年体验到感官刺激的满足，又能激起他们继续坚持参与这类运动的欲望。

(五) 享受团队气氛，与朋友在一起

团队气氛是团队成员对团队目标、团队运作、团队结构等具体情境所形成的一

种总体认知或心理体验。积极的团队气氛有下列特征：团队成员思想开放,有很高的相容性,有强烈的参与感,有明确的目标,能有效沟通与创新回报等。团队气氛作为一种中介变量影响着团体因素对个人动机和行为的影响程度(周晓,2007)。

团队成员间的关系和互动对运动参与动机有着重要的影响。许多青少年参与运动是为了与朋友在一起活动或是为了结交新朋友和赢得同伴的认可。因此,体育教师、教练等从事青少年运动工作的人,应当重视青少年运动参与的社会心理原因。

除了上述一些主要因素外,青少年参与运动的动机还包括为了获奖、出名、消除疲劳、改善情绪、提高自信等。

二、与青少年运动相联系的潜在负面因素

(一)过于注重体育比赛的结果

在比赛中,输赢是经常发生的事情。如果能教会青少年正确的归因方式,则可以避免他们参与运动的积极性受到伤害。相反,如果竞争使用得不恰当,令青少年将获胜作为参与运动的唯一目的,就很可能导致他们在参与运动时,自我决定和自主性意识减少,内部动机也相应减弱。

一般而言,体育教师、教练都喜欢让运动成绩最好的青少年参加体育比赛,以满足那些将获胜看得高于一切的个体的欲望。显然,这是一种错误的导向。青少年身体发育的速度不同,这使得部分晚熟的青少年在年龄略小的时候,运动潜质难以得到充分的表现。如果在青少年运动中,一直让他们坐冷板凳,无疑会使他们的主观能动性降低,使他们因害怕失败而逃避竞争。

为了避免将获胜看作比赛的唯一原因,有关部门在组织比赛时,应尽量将水平、实力相当的运动员、运动队放在一起,从而使更多的青少年有平等的参与比赛的机会。否则,对输赢的过分强调将使许多青少年失去参与比赛的运动经历,从而选择退出体育运动。

与青少年运动员一样,体育教师、教练也存在着自我和任务(掌握)两种定向。自我定向的体育教师、教练,其目标与打败另一个队或者另一个体育教师、教练相联系,而与提高包括那些技术很差的队员在内的整个队伍的技能水平没有任何关系。相反,任务(掌握)定向的体育教师、教练会从一个完全不同的角度来看待竞争和输赢。他们将赢得比赛看作一个次要的目标。只要看到青少年运动员在一起合作愉快,提高了运动技能水平,他们就感到了满足。

(二) 诱发一些消极的情绪体验

如果一个个体从未体验过失败,那么他也就不会真正体会到胜利的喜悦。但是在体育比赛中,过多地强调竞争和输赢会诱发青少年紧张、焦虑、恐惧等消极的情绪,使他们享受不到运动带来的乐趣。例如,如果一位青少年在排球比赛中,每次都害怕轮到自己发球或接球,那么他肯定不会觉得打排球是一种享受。

(三) 攻击性行为

与成人运动一样,青少年运动中也存在攻击性行为。在比赛场上,青少年之间的攻击性行为有时会演变为教练或体育教师、裁判和球迷之间的攻击性行为。在青少年运动中,任何攻击性行为,尤其是成人的攻击性行为都应受到谴责,而且必须立即制止。对严重攻击性行为的制造者更要严厉惩罚。

在青少年运动中,大多数家长有良好的表现,他们是青少年运动的积极支持者。但是,也有少部分家长常常卷入一些攻击性事件。他们的攻击性行为有时是针对自己的孩子,有时是针对比赛场上的其他青少年的家长。家长产生攻击性行为与他们望子成龙的心理有关。有些早熟的孩子在年龄较小的时候在某些运动项目上有些优异的表现,后来随着年龄的增长和其他社会活动的增多,他们的运动兴趣发生了转移。当部分家长发现那些晚熟、对运动更有兴趣的同龄孩子的运动成绩不断超越自己的孩子时,他们开始感到紧张、焦虑。这时,比赛场上的一些小小诱因都会使他们感到自己的孩子"吃了亏",因而常常会表现出一些过激的攻击性行为。

专栏 12-2　　　　青少年运动中的成人攻击性行为

1999年4月,佐治亚州奥尔巴尼:雷·奈特(Ray Knight),辛辛那提红队前第三棒球手和经理,一个12岁女孩的父亲,在一次激烈比赛之后,对另一个垒球队的一位女孩的父亲大打出手。

1999年10月,宾夕法尼亚州斯维夫特威特:在一次11—13岁孩子的橄榄球赛之后,警察被叫去阻止队员家长及队员们中间发生的激烈争斗。

1999年1月,纽约斯塔滕岛:一场11、12岁男孩的曲棍球比赛之后,一个孩子的父亲用两支曲棍球球棍打伤了他儿子教练的脸。

1999年4月,加利福尼亚州萨克拉门托:在一次小联盟比赛后,一位在自己儿子队当教练的父亲对对手队的经理大打出手。

1999年9月,俄亥俄州东湖:一位小足球运动员的父亲打了一个14岁的男孩,因为这个男孩在比赛中为了争球而与他14岁的儿子发生了混战。

> 1999年10月,内布拉斯加州拉威斯特:在一次为六七岁男孩组织的旗帜橄榄球比赛中,一位前管教员打了一个16岁的小裁判员。
>
> 2000年7月5日,马萨诸塞州雷丁:两位父亲发生争斗,最后导致一位父亲在他的3个儿子面前被活活打死。口角开始于冰上,当时一位父亲指责另一位父亲在冰球队的训练中没有控制住孩子们之间的粗暴行为。训练之后,激烈的口角在场外继续。攻击的一方把身材较小的对手打倒,并用膝盖把对手顶在地上,在孩子们惊吓的目光中用拳头把对方打死。
>
> 资料来源:[美] Cox, R. H. (2003). 运动心理学——概念与应用. 张力为,等,译. 北京:清华大学出版社, pp. 140—141.

三、青少年退出运动的主要动机

运动对不同的个体具有不同的意义。当一部分青少年选择坚持参与运动时,另有一部分青少年选择了退出运动。

(一) 表层的原因

当青少年失去了上述参与运动的动机时,表面上可以得出他们退出运动的原因是:享受不到运动的乐趣,得不到合格教练的有效指导,没有学到新的运动技能或现有的运动技能没有得到提高,缺乏使体质变得更健康的动力,享受不到运动和竞争带来的挑战和兴奋,不能与朋友在一起享受积极的团队气氛。

运动只是青少年社会生活的一部分。许多青少年在年龄较小的时候,往往是家长的意愿使他们选择了某项有组织的运动。然而,随着年龄的增大,青少年渴望人格上的独立,希望能自己选择未来的发展道路。此外,他们的外部社会生活越来越丰富,如参加辩论、科技、戏剧和音乐活动等。当更感兴趣的社会活动与所参与的运动在时间上发生冲突时,他们很可能选择退出运动。

(二) 深层的心理原因

除了上述表层的原因,还有一些更深层次的心理原因。

1. 过于强调比赛的结果,导致失去参与运动的内外部动机

在成人运动中愈演愈烈的过分强调输赢和竞争的现象也不断地渗透到青少年运动中。这严重影响了青少年参与运动的内部动机和对运动的热爱。当继续参与运动的内部动机消失,而外部奖励又不足以激发青少年继续参与运动的热情时,许多青少年就选择了退出运动。例如,奥尔利克(Orlick, 1973)在一项对5种运动的研究中得出了67%的被试认为看重竞争是他们退出运动的主要原因的结果;普利(Pooley, 1981)在一项对青少年足球运动员的研究中发现,33%的被调查者退出的原

因是因为过于强调竞争;古尔德等人(Gould, Feltz, Horn, & Weiss, 1982)发现,游泳运动员中有16%的人是因过于重视竞争而退出该项运动。可见,在青少年运动中过于强调输赢和竞争极易导致青少年退出运动。

2. 缺乏主观胜任感和自信心,从而失去了对运动的兴趣

青少年参与运动的最重要的好处之一是能提高与积极情感体验相关的主观胜任感和自信心。在运动中,成功者往往能得到更多的荣誉、社会赞赏和良好的发展机会;相反,失败者则将接受来自自己与外界的大量负面评价,在增加了运动焦虑的同时,也失去了运动自信心。现有的大量研究(Weiss & Chaumeton, 1992)指出,不参与运动或中途从运动中退出的青少年,其主观胜任感要低于坚持参与运动的青少年。因此,成人在为青少年制定运动计划时,应考虑各个方面的因素,尽量使更多的青少年有积极、成功的运动体验。

在关于青少年退出运动的动机研究中,有一点特别值得引起关注,即青少年是从某一项运动中退出,还是从所有的运动中退出。过去,人们关注较多的是后者。但是,如果对前者予以更多的关注,则能更有效地探讨有关问题。例如,一位参加游泳训练的青少年由于兴趣的改变或有其他事情要做而决定退出游泳训练,但这并不意味着他不喜欢运动、将从所有的运动中退出。游泳是一项要求非常高的运动项目,几乎没有什么社会交往。对水感和协调性差而又爱社交的青少年来说,一定要其坚持参与这项运动,实在有些强人所难。

第二节 青少年运动应激与应对策略

由于在训练与比赛中,青少年会面临各种问题和挑战,遭受诸如人际关系紧张、比赛失利、身体受伤和各种压力等应激事件,所以青少年参与运动的过程总是与一定程度的应激联系在一起。应激往往会导致抑郁、焦虑和愤怒等消极情绪的出现,因此运动心理学工作者必须了解青少年在运动中产生应激的原因,并帮助他们采取积极有效的应对措施,避免消极情绪反应对他们参与运动产生的不良影响。

一、应激的含义

应激是一个含义非常广泛并发展着的概念。生物学家、内分泌学家谢耶(Selye, 1983)认为,应激是由各种各样的紧张刺激引起的一系列非特异性反应,这种非特异

性反应构成了"一般性适应综合征"。目前的研究认为,应激反应是一种包含应激源、应激源产生的环境、个体对应激源产生环境的解释、个体的典型反应、处理应激源需要利用的资源等众多因素的相互作用的过程(季浏,2001)。

应激有积极与消极之分。某种活动是产生积极的应激还是消极的应激,这之间有一定的界限。例如,适度的体育锻炼是一种积极的应激源,它可以使个体变得更强壮、更具适应性;但是,过度的体育锻炼也可能使个体身体的某些部分疼痛或受伤,因而使个体变得苦恼。另外,某一事件是引起积极的应激还是消极的应激,受个体认知评价的影响。例如,一位青少年发现用雪板滑降是一件有趣而刺激的事,期待着寒假的来临,好去滑雪;而另外一位青少年也尝试过滑雪,但他害怕寒冷和摔伤,因此将滑雪看成一件令人烦恼的活动。

在运动心理学领域,通常认为应激是指个体感知到的环境要求与其认为的自我能力之间出现不平衡时所产生的一种身心反应。青少年由应激导致的情绪反应包括紧张、焦虑、恐惧、不安等。在生活与工作中,为了取得好的成绩,需要一定程度的应激。一般而言,轻到中等程度的应激最有助于取得较好的运动成绩。对每个个体来说,应激的最佳水平有所不同。

二、应激的形式

根据个体对外部环境作出反应时,消极思维和唤醒出现顺序的先后不同,可以将应激分为两种不同的形式(如图 12-1 和图 12-2 所示)。

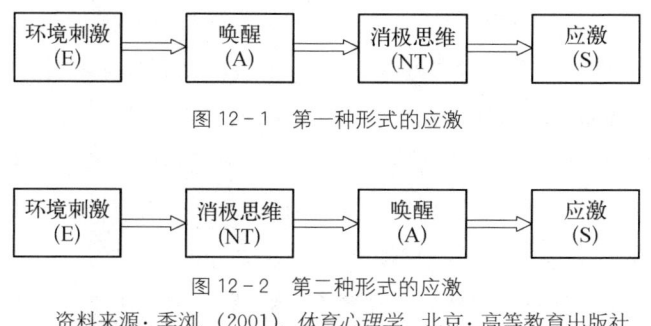

图 12-1 第一种形式的应激

图 12-2 第二种形式的应激

资料来源:季浏. (2001). *体育心理学*. 北京:高等教育出版社, p. 140.

某一位运动员走进一个熟悉的场所(外部环境刺激)准备进行比赛时,忽然觉得肌肉紧张度增加、心跳加快、掌心变得黏糊糊、胃在七上八下地翻腾(唤醒水平的变化)。此刻,他回忆起过去在这个场所比赛时的失利,从而体验到一股莫名的紧张,这也是对当前的各种身体感觉(消极思维)的解释。此例中,并非比赛场所本身使该名运动员感受到威胁,而是他过去比赛中的消极经验使唤醒水平的提高与该比赛场所之间建立了某种比较牢固的联系,即当他再次来到该场所进行比赛时,该场所的刺激自动激发了他的唤醒水平。与此对应的是第一种形式的应激。

在比赛前的瞬间,一位运动员正在观看他的对手做准备活动。马上,他头脑中就出现这个对手是不可战胜的念头,同时,他也在想象自己在大庭广众之下失利时会感到多么的羞耻。然后,他就感到自己的心跳加快了,肾上腺素升高了,膝关节在颤抖,脖子和背部上方的肌肉变紧张了,自己的思维在迅速地分析这种情况时总是一个念头很快地为另外一个念头所代替。这是第二种形式的应激。

在运动中,第一种形式的应激要比第二种形式的应激少得多。

三、青少年在运动中产生应激的原因

(一) 生理因素

导致青少年在运动中产生应激的生理因素有热、冷、痛、饥饿、疾病、睡眠不足、疲劳、身体上的疼痛、青春期的性唤醒等。

(二) 心理因素

导致青少年在运动中产生应激的心理因素有主观能力知觉、对成功的期望、消极的评价期望和消极的情绪或情感期望。

1. 主观能力知觉

青少年的能力知觉随其自我意识的发展而发展。尽管能力不能直接观察到,但是青少年可以通过一系列的社会比较过程,从努力的程度和成绩的好坏两方面对自己的能力进行推断——通过努力可以提高自己的能力,但如果其他人没有付出更大的努力便获得同样的成绩,那么就意味着自己的能力不如他人。

心理学的研究(郭德俊,1993)认为,能力是成就动机的关键,个体对一项任务是趋向还是回避主要取决于他对自己能力的知觉。青少年在参与某项体育运动时,往往喜欢将自己的运动能力与参与该项活动的其他人进行比较。当他们认为自己有能力获得成功(体育能力知觉高)时,就会参与到活动中去,并且表现得更加努力、坚持时间更长;而当他们认为自己无能,参与这项活动很可能遭遇失败而导致自尊丧失时,他们就会选择退出体育运动,或者因为被迫待在队里而付出很少的努力。

2. 对成功的期望

不同的青少年对成功有不同的理解。成功既可以是获得良好的运动成绩,也可以是从运动中获得的乐趣;成功还可能意味着获得或失去某些东西,如比赛成绩优秀可以获得中考和高考的加分,但体育训练和比赛可能会影响文化课的学习。

有研究(Passer,1984)指出,对成功或失败的期望是青少年运动员产生竞赛应激的一个重要中介变量;高竞赛特质焦虑的青少年运动员对成功的期望低于低竞赛特质焦虑的青少年运动员。

3. 消极的评价期望

运动可以为人们提供很多自我和他人评价的机会。如果青少年在运动中反复经历失败,会增加自己与他人对自己作出消极评价的机会。与对同伴的消极评价期望相比,对年长的重要人物的消极评价期望更有可能导致青少年产生竞赛应激,高竞赛特质焦虑的青少年更容易受到来自重要人物的消极反馈的影响。

4. 消极的情绪或情感期望

与低竞赛特质焦虑的青少年相比,高竞赛特质焦虑的青少年似乎期望他们在运动中的不良表现会导致一系列的消极情绪或情感体验。消极情绪或情感期望的产生可能与过分强调成功,以及对运动中的不良表现的批评期望有关,也可能是对过去失败情境的一种简单的经典条件反射,因为在过去,失败情境总是与消极情绪同时出现。

(三) 社会因素

有可能导致青少年在运动中产生应激的社会因素有教练与父母的过高期望;与教练、领队、队友之间的人际关系恶化;失去同伴的友谊而带来的孤独与隔离感;训练中的运动负荷过大;对手水平高、竞争激烈、比赛结果的悬念;裁判员不公正和观众喝倒彩;学业不良或失学;由各种纠纷导致的对自尊的威胁等。

(四) 环境因素

致使青少年在运动中产生应激的环境因素有不良的生活、训练和比赛条件;噪声、空气污染;自然灾害;恶劣的气候;拥挤的人群;拥堵的交通状况等。

四、青少年运动应激的测量

应激可以从行为、生理和心理三个方面加以测量。

(一) 行为

应激状态下的行为主要包括变相依赖、反常动作和攻击性行为增加三种行为倾向。

变相依赖是指青少年在应激状态下依靠吸烟、喝酒或过量饮食等不良行为来应付环境。反常动作是指青少年在应激状态下表现出的与平常风格迥异的行为特征。例如，喉咙和口干，容易被小的声音惊吓，神经性发笑，咬指甲，手足无措，肌肉抽筋、颤动，不停地走动，皱眉，愁眉苦脸，不停地眨眼睛，打哈欠，浑身发抖，哭泣，结巴和其他语言障碍等。攻击性行为是指青少年为了减轻应激威胁，而选择对某种目标进行发泄。攻击可采取直接与间接两种形式。直接攻击表现为嘲笑、谩骂或动手打人；间接攻击表现为惹不起或不能直接攻击较为强大的目标时，将攻击的矛头转向较为软弱的对象，也就是通常所说的寻找"替罪羊"。

此外，青少年在应激状态下常见的行为反应还有失眠、无食欲、消化功能紊乱和自我报告"神经过敏"等。

（二）生理

一旦应激过程被已经存在的应激源激起，人体内的每一器官和系统都将受到应激反应的影响。例如，内分泌系统对与应激有关的疾病的产生有重要影响。

具体而言，使用生理学监测手段可以测量出青少年在应激状态下的下列生理反应：心率、血压、排汗、脑电波活动、瞳孔扩张、呼吸、肌肉紧张度、吸氧量、血糖、肾上腺素增加，皮肤血流量减少，嘴唇干裂和小便频繁等。

（三）心理

在心理方面，对青少年应激的标准化测量程序可以通过各种纸笔测验进行，尤其是那些能测量状态和特质焦虑的测量工具。其中，比较有影响的有：（1）斯皮尔伯格（Spielberger，1973）编制的儿童状态—特质焦虑量表；（2）马腾斯等人（Martens, Burton, Rivkin, & Simon, 1980）编制的竞赛状态量表（儿童版）；（3）马腾斯（Martens, 1977）编制的运动竞赛焦虑测验（儿童版）；（4）谭先明（2000）编制的运动员应激量表，该量表适用于年龄在 15 周岁以上的专业运动员和大学生运动员。

五、青少年运动应激的应对策略

（一）外部环境因素的控制

外部环境是引起青少年应激的重要因素。一般而言，体育运动中的不确定因素越多、活动重要性越强，青少年产生应激的可能性越大。因此，为了有效控制青少年的应激，人们必须尽可能地减少运动过程中的不确定因素，淡化运动结果的重要性。

1. 减少不确定性

事件的不确定性往往是产生应激的根源。如果成人能够考虑青少年所处外部环境中可能存在的各种不确定因素，懂得如何减少它们对青少年参与运动的负面影响,那么青少年就有可能更有效地控制和安排外部环境,从而控制自身的紧张和应激。例如,在平常的训练和生活中,教练与青少年在交往时,要保持言行一致,要给青少年传递明确的信息,要让青少年了解自己在队中的地位和教练对他的评价。青少年在做赛前准备工作时,要充分考虑比赛中可能出现的各种情况,如要熟悉竞赛的场地、器材和规则等,要做到不打无准备之仗,不打无把握之仗。人们常用的赛前模拟训练就是减少不确定因素的一种有效手段。

当然,人们不可能也不应该完全排除运动中的不确定因素。人们希望的只是消除那些可能对青少年产生不利影响的不必要的不确定性。不确定性是运动本身固有的一种特点。可以说,正是运动竞赛结果的不确定性才使运动充满刺激和乐趣。例如,足球运动之所以能吸引成千上万的观众,其原因之一就是足球比赛的结果往往存在着一些不确定、不可预测的因素。青少年如果想在运动比赛中获胜,就必须学会和发展有效的心理技能以适应运动中可能出现的不确定性。

2. 淡化重要性

在很多情况下,青少年出现应激是由于他们对体育比赛结果的重要性考虑过多。当想赢怕输的心理占据了主导地位时,青少年已形成的运动技术的动力定型将遭到破坏,这使得他们在竞赛中的表现大大低于平时的训练水平,或者在关键时刻表现失常。这样的例子在体育竞赛中屡见不鲜。

青少年对个人竞赛结果的评价,可以是内部的,也可以是外部的。内部的奖励不能由外界提供,但是外界可以控制对青少年的外部奖赏。例如,为青少年提供更多的金钱、纪念品,给予他们更多的比赛机会或减少练习的次数,选拔青少年参加更高级别的比赛等。如果人们能采取一些巧妙的方法,使青少年淡化想赢怕输的心理,看轻竞赛结果的重要性,设置竞赛表现的目标,将能有效地缓解青少年的应激,帮助青少年正常或超常发挥技术水平,争取优异成绩。

(二)应激控制策略的选择

应激控制的方法有很多。但是一般而言,这些技术都可归于两类:控制身体应激的技术和控制认知应激的技术。如果应激是以先唤醒后消极思维的形式出现,那么采用控制身体应激的技术较为合适;如果应激是以先消极思维后唤醒的形式出现,那么采用控制认知应激的技术较为合适。

单纯的控制身体应激的技术的应用只在很少的情况下才有应用价值。这是由于第一种形式的应激在运动中并不多见,而当第二种形式的应激出现时,单纯的控制身体应激的技术对应激的干预是间接的,其效果也不是很显著。因此,掌握控制认知应激的技术对青少年来说就显得极其重要。

1. 控制身体应激的技术

控制身体应激的技术主要是放松技术。放松技术是以一定的暗示语集中注意，调节呼吸，使肌肉得到充分放松，从而调节中枢神经系统兴奋水平的方法。现代，人们普遍认为大脑与骨骼肌具有双向联系。心理紧张时，骨骼肌也不由自主地紧张，而当心理放松时，骨骼肌也自然放松；反之，亦然。因此，通过放松技术，可以使肌肉得到完全放松，从而降低心理的紧张度。身体放松的方法有很多，主要有想象放松法、自我引导放松法、渐进性放松法、自律训练、催眠，以及坐禅、瑜伽和超觉冥思等沉思技术。

2. 控制认知应激的技术

青少年关于他们自身、他们的运动成绩、特定的情境等的思考会直接影响他们的情感和行为。青少年对自己的看法不总是有益于其取得好的成绩。在运动比赛之前或运动比赛之中，当青少年出现消极思维时，他们的运动成绩将受到影响。竞争性运动中的高压情形可能是催生消极思维的理想环境。不合理的信念会阻碍运动与锻炼情境中的自我定向和成就行为。除了影响良好成绩的取得，这些信念还会对青少年参与运动的动机产生消极影响，导致青少年回避竞争。运动心理学家已利用许多认知行为技术来帮助青少年了解不合理或不适当的思维风格，以对抗这种消极的思维，最终建立有效合理的思维习惯。三种重要的假设构成了认知行为干预的基础（Williams et al., 1998）：认知活动能够影响行为（包括青少年的成绩）；认知活动能够改变；认知变化能够使理想行为的变化更容易。

一般而言，在运动中，成功的青少年比不成功的青少年能更有效地利用认知策略。古尔德等人（Gould, Eklund, & Jackson, 1993）研究了美国最优秀的青少年溜冰运动员应对应激的策略，结果发现，成功者采用的最普遍的两种应对策略是：合理的思维与自我交谈；积极的注意与定向。

此外，青少年应激的应对策略存在一定差异，受到他们的性别、个性特征以及情境等因素的影响。

第三节 青少年运动的心理干预

运动乐趣是促使青少年参与运动的重要原因之一，而焦虑会减少青少年参与运动的乐趣,从而使青少年逃避运动或从运动中退出。针对青少年参与运动中存在的问题,有必要采取一定的手段进行适当的干预。布鲁斯塔德(Brustad,1996)综合了多项调查研究指出,青少年运动员的焦虑主要来自教练和父母。教练、父母与运动员之间存在的相互作用对青少年的心理发展有着深刻的意义。因此,对青少年参与运动进行的心理干预往往会涉及上述三者。

一、对教练的干预

有文献资料显示,在美国,有一半的青少年会参与社会发起的各种有组织的体育运动,大约有250万成年志愿者在这些组织中担任教练(Smoll & Smith, 1995)。大多数青少年首次参与运动时都能得到志愿者教练的帮助。虽然许多志愿者教练都是运动技术方面的专家,在为青少年创设健康心理环境方面却没有接受过正式训练。为了使他们成为青少年运动的合格教练,美国有关机构设置了许多正规的教练培训课程。这些课程包括美国教练效能教程(American Coaching Effectiveness Program)、教练效能训练(Coach Effectiveness Training)、全国青少年运动教练协会教程(National Youth Sport Coaches Association Program)、运动教练教育教程(Program for Athletic Sport Coaches' Education)。

此外,澳大利亚和加拿大的国家教练协会也为教练提供了一些相关培训课程,如运动教育学(运动技术和策略)、运动心理学(身心调整、力量训练和营养)、运动医学(损伤预防、运动保护和恢复)等方面的培训课程。

上述课程为成千上万的志愿者教练提供了有效的帮助。其中,教练效能训练发挥的作用比较大。由于教练效能训练是在教练行为评价系统(Coaching Behavior Assessment System,CBAS)的基础上建立的,所以在具体介绍教练效能训练之前,有必要先阐述教练行为评价系统的发展情况。

(一)教练训练计划——教练行为评价系统的发展

20世纪70年代初,有学者认识到教练会对青少年的幸福感产生重要影响,这促使他们开始从科学的角度探讨有关的问题。例如,教练该做什么?他们通常是怎样鼓励、惩罚、指导或组织青少年参与有关活动的?这些行为的心理学基础是什么?如何将可观察的教练行为与青少年对有组织的运动的反应联系起来?回答这些问题不仅能对青少年运动的背景进行行为生态学方面的描述,而且能为他们的心理干预计划的制定提供经验基础。为此,华盛顿大学的史密斯等人(Smith & Smoll, 1977)有计划地进行了几年的系统科学研究。他们的研究基于以下信念:教练与运动员之间的相互作用会影响教练计划的实施。具体而言,运动员的知觉和反应不仅受教练行为的影响,而且受自己的年龄、对教练的期望和某些个人变量(如自尊和焦虑)的影响。此外,教练和运动员的个性也会影响教练行为知觉和运动员对此的反应。

史密斯等人在 1977 年观察和分析了几项运动中的教练行为后,建立了能对教练的行为进行较为客观的评价的教练行为评价系统。教练行为评价系统将教练的行为分为反应性行为(8 种)和自发性行为(4 种)两类。所谓反应性行为是指教练对运动员或运动队的行为反应。例如,一个运动员犯了错误,教练会通过口头告诫运动员的方式来作出反应。所谓自发性行为是指由教练自发地产生的行为,而不是对运动员发生反应的行为。

表 12 - 1　教练行为评价系统

类型 I . 反应性行为
A. 运动员的动作做得好时
(1) 正强化(R)
让运动员知道你欣赏和肯定他的努力。
(2) 无强化(NR)
B. 运动员做错动作时
(3) 鼓励运动员,指出失误是偶然的(EM)
要立即鼓励并给予正确的指导,告诉他们如何做是对的;要始终以鼓励的方式进行指导;不要强调刚才发生过的坏事情,而要强调将会发生的好事情。
(4) 对错误的动作作技术指导(TIM)
(5) 惩罚(P)
(6) 带有惩罚的技术指导(TLM+P)
(7) 忽略错误(IM)
C. 运动员的行为不当时
(8) 保持控制(KC)
要通过确立明确的期望来维持秩序,强调比赛中队里的每个人都是重要的组成部分,包括替补队员在内;要强化队员的优点,即要用积极的方法来预防队员的行为失常,不要责骂或威胁他们,不要采用罚跑等方式来控制他们。
类型 II. 自发性行为
A. 与比赛有关的反应
(9) 一般的技术指导(TIG)
要以清晰、简洁的方式(包括示范在内)给予指导,满足运动员想成为好运动员的愿望,发展他们的能力。
(10) 一般的鼓励(EG)
鼓励运动员无论结果如何都要不断努力。
(11) 组织工作(O)
B. 与比赛无关的反应
(12) 一般的交流(GC)

资料来源:(1) Smith, R. E., Smoll, F. L., & Hunt, E. (1977). A system for the behavioral assessment of athletic coaches. *Research Quarterly*, 48(2), 401—407. (2) [美] LeUnes, A., & Nation, J. R. (2005). 运动心理学导论. 姚家新,等,译. 西安:陕西师范大学出版社, p. 387.

在确定了教练行为评价系统的信度和效度之后,史密斯等人在1979年又设计了一种行为训练课程,让教练在整个训练季节里通过教练行为评价系统接受有关他们的实际教练行为的反馈。用反馈来帮助教练实施训练的内容,并且让运动员"认识"教练的行为。在训练季节结束时,测量运动员的态度和自尊心。结果发现,这种行为训练课程对教练的外显行为、运动员对教练行为的认知,以及运动员对运动的态度均有积极的效应。此外,运动员在自尊心方面也发生了积极的变化。而且,运动员对他们的教练和队内人际关系倾向的评价也变得更为积极。这说明优秀的教练行为是可以辨认和传授的(祝蓓里,1992)。

另一个重要因素涉及教练预测自己行为的准确度。运动员比教练的行为有着更为精确的预测性。

(二) 教练效能训练

教练效能训练的既定目标是指导青少年运动的教练如何进行队伍建设。有效的队伍建设会形成积极的气氛,队中成员有满足感,并能感觉到队伍整体以及其他运动员的吸引力。队伍建设的目标不一定是更好的比赛成绩,也可以是促使教练和运动员产生更好和更有价值的体验。

1. 教程评估:评定教练效能训练的有效性

教程评估研究主要集中在五个重要问题上:(1)教练效能训练对受训教练行为的影响是否与行为准则一致?(2)教练效能训练能否帮助教练创造一个环境,从而增加青少年对教练、队友和参与运动的积极反应?(3)受过训练的教练能否创造出一种积极的人际氛围,提高青少年,特别是低自尊青少年的自尊水平?(4)教练效能训练能否帮助青少年减少运动中的焦虑感?(5)由前四项结果带来的积极变化是否增加了青少年运动员选择或返回运动的可能性?

2. 实施教练效能训练的指导

教练效能训练的原则:(1)"胜利"被定义为与胜败记录无关,而与所尽的最大努力和取得的进步有关。教练应尽最大努力,引导青少年重视参与运动的过程,将娱乐、寻找满足感、学习新技能以及增强自信心和自尊作为他们参与运动的主要目标。(2)教练能积极主动地与运动员进行交流。强调教练不仅要对运动员取得的优秀运动成绩给予表扬,而且应对他们展现的良好行为表现给予正强化和鼓励,同时,教练还要为运动员提供良好的技术指导。这些将有助于教练与运动员之间建立一种高水平的人际关系,也有助于运动员形成积极的成就目标定向,克服因害怕犯错而产生的恐惧、焦虑等消极情绪反应。(3)制定一些行为规范以强调运动员之间相互帮助和支持的义务。这将增加队员之间的社会支持和吸引力,从而提高运动队的团体凝聚力。(4)教练可以通过增加运动员对角色安排的决策权来鼓励他们对角色的服从,而不是以惩罚他们对角色的不服从来增加运动员的角色意识,使他们更愿承担角色赋予的责任。(5)教练要获得对自己行为的反馈,并能对之进行自我监控,以便教练能了解自己的行为。鼓励教练在执教过程中采用积极的手段与方法。

教练效能训练的程序:在教练效能训练研讨班中,一次培训需要约2.5个小时,提供给教练的行为指导原则既有口头告知也有书面材料。书面材料带有正确的建议与原则,强调教练要重视运动员的敏感性和行为反应上存在的个别差异。它能有效加强教练与青少年及其父母之间的联系与沟通,有利于教练获得他们的尊敬。此外,这些书面材料还有下列作用:保留有组织的研讨班、教练对信息的理解、减少教练对备忘录的需要、使教练对将来有一个可预测的参照来源。同时,研讨班还利用视听教材的帮助,如幻灯片和卡通画来说明重点,帮助教练理解和记忆,以便提高研讨班的质量。

二、对家长的干预

家长在青少年参与运动和社会化的过程中扮演了一个重要角色,他们影响着青少年运动体验的心理社会结果,包括自我概念的发展和运动乐趣的获得。鉴于家长在青少年运动中具有重要作用,所以有学者认为,应对家长的行为进行培训(Smoll,1998)。

(一)青少年运动的发展模式与家长的责任

家长应能区分出青少年运动与专业运动的不同。前者是将运动看作青少年形成良好身心特质的一种手段;而后者是一种商业行为,其目的在于娱乐和赚钱。当然,这不是说商业的行为都是不好的,问题的关键在于如果家长在青少年刚参与运动的时候就将他们当作专业运动员来看待,那么将会使青少年失去对运动的需要和兴趣。

(二)逆向依赖陷阱

所有的家长在某种程度上都对自己的孩子抱有期望,希望他们能够出类拔萃。然而,有时家长的期望会成为青少年压力的最主要来源,而诱发家长压力的一个重要原因就是逆向依赖现象。逆向依赖现象是指父母过于将自己等同于子女,往往将子女作为自己的延伸,因而以子女的成功与否来衡量自身的价值。曾经想成为优秀运动员而梦想没有成真的父母希望从子女的成功中获得满足;曾经做过明星的父母,当他们的子女没有达到自己当年的水准时,会表现得不满和厌弃等。这种父母的孩子承受着很重的压力。当父母的爱和赞赏取决于孩子的运动成绩时,孩子往往会在运动时产生焦虑。

对有逆向依赖现象的家长的干预,应让家长不要给他们的孩子施加过多的压力,他们应该意识到,青少年有权选择是否参与运动,有权在一种强调参与、自我成长和愉快的环境中发展自己的运动潜能,家长所能做的是帮助孩子选择最适合他们兴趣与能力的运动项目,并帮助孩子在运动中成长。因此,家长自身也应懂得一些基本的运动规则、运动技术和战略知识。此外,家长参与到青少年运动中能缩小代沟,增强家庭的凝聚力,改善亲子关系。

(三)家长的行为准则

家长的责任之一是在现场观看孩子的比赛。作为观众,家长的行为举止必须符合体育道德的标准。然而,有些家长在观看孩子比赛时有些错误的行为表现。针对家长的问题,解决方法有两种:一是禁止家长介入青少年运动中;二是对家长进行培训,确定青少年运动中家长的行为规范。表12-2为斯莫尔(Smoll,1998)提出的家长观看体育比赛时的行为规范,表12-3为斯莫尔(Smoll,2006)提出的"问题家长"类型,以及处理"问题家长"的方式。

表12-2 家长观看体育比赛时的行为规范

1. 比赛时,我将待在观众区。
2. 我将不会干涉教练的工作。
3. 我将不会对教练、裁判或任一队的运动员作出直接的贬义评论。
4. 在比赛过程中,我将不会试图做自己孩子的教练。
5. 我将不会在比赛的时候喝酒或喝得醉醺醺地去赛场。
6. 我将为我的孩子所在的运动队欢呼并为他们提供支持。
7. 我将展示自己对孩子的关注、热情和支持。
8. 我将始终控制住自己的情绪。
9. 当教练和裁判有请求时,我将提供帮助。
10. 我将对组织比赛的教练、裁判和志愿者表示感谢。

资料来源:Cox, R. H. (2002). *Sport psychology: Concepts and applications* (5th ed.). New York: McGraw-Hill, p. 116.

表12-3 "问题家长"的常见类型和处理方式

问题类型	处理方式
漠不关心	努力发现问题所在,并鼓励家长的介入。
批评过多	解释批评孩子所具有的破坏性效果。
在场边的运动员休息区后面发出尖叫声	休息时巧妙地解释大声尖叫的行为会使人分心。

续 表

问 题 类 型	处 理 方 式
兼职教练	私下里向家长解释有两个教练会使孩子感到困惑。
过分保护	向家长保证,只要孩子们注意,比赛相当安全。
骂人	在项目主管的帮助下,私下里让父母明白他们的行为不被容忍,如果他们不对自己的行为加以克制,将招来警察护送他们离开现场。

资料来源: Cox, R. H. (2002). *Sport psychology: Concepts and applications* (5th ed.). New York: McGraw-Hill, p. 117.

除了表12-2提到的一些规范,培训中还可以组织家长观看具有良好体育品德表现的运动参与者的电影或录像;对于那些自控力比较差的家长,可以教会他们控制自己不良情绪的方法;对于那些暂时还没有形成自控力的家长,则要劝阻他们去青少年运动的场所。

三、对青少年的干预

(一) 对提高运动成绩的干预

最有名的提高运动成绩的干预手段是行为训练。采用这种方法时,教练会使用操作性技术。例如,对技能的构成元素进行分析和行为评价、录像反馈;对青少年作出的反应进行强化、形成规程;对技能获得过程进行自我监控和行为图像分析;为活动的程序建模等。针对不同运动项目、不同年龄的青少年的研究指出,操作性技术能促进青少年的技能获得,有效提高青少年的运动成绩。此外,想象技术也已被广泛应用于青少年运动员,以帮助他们提高运动成绩。

(二) 运动品质和道德培养

心理干预有利于道德的发展。有研究表明,在运动情境中进行的公正、良好体育品格的训练对青少年道德推理的成熟过程具有显著的促进作用。

布雷德迈尔等人(Bredemeier et al., 1986)曾进行过一项研究,让儿童参加夏季运动夏令营,接受为期6周的不同道德教育。控制组的儿童参加普通的夏令营活动。对于实验1组的儿童,以社会学习理论为基础,强调通过模仿和替代或直接的强化过程来习得道德原则。在这种条件下,成人向儿童讲述他们自己是如何思考并面对诸如公平、分享、口头上和行为上的攻击、分配和报偿的公正性这样一些道德问题的。对于实验2组的儿童,以建构发展(structural-developmental)理论为基础,成人通过对话的方式解决儿童之间的人际冲突与矛盾,从而达到提高他们道德水平的目的。研究结果显示,控制组儿童的道德推理水平没有产生变化,而实验组儿童的道德推理水平均产生了积极变化,但两实验组儿童之间没有差异。

运动领域进行的道德教育涉及一些重要问题。例如,干预的效果不仅涉及道德推理,而且涉及道德行为。又如,运动情境中习得的道德原理是否能推广到日常生活中?众所周知,运动中很容易出现攻击性行为。因此,对道德发展而言,体育似乎是一把双刃剑。但重要的是,人们要了解运动中什么因素能对良好体育道德的形成产生积极或消极的影响。

(三) 对生活技能的干预

对青少年的心理社会干预,不仅要帮助他们提高运动成绩,而且要教会他们如何面对生活中的困境与压力。实际上,青少年在运动情境中学会的应对应激的策略也可以迁移到日常生活中。例如,青少年可以综合而创造地应用运动情境中已习得的放松、想象、集中和再集中训练,以及目标设置等方法来解决困扰自己日常生活的一系列心理问题。

本章提要

- 青少年时期获得的运动技能和形成的体育锻炼习惯能有效地促进青少年的身心健康和未来事业的发展。青少年参与运动除了有一些积极的效应,还可能会面临一些负面的问题,并需要采取一系列有效的手段,战胜和克服这些问题。
- 青少年参与运动的主要动机有获得乐趣,提高运动技能,使身体变得更健康,寻求刺激、挑战和激励,享受团队气氛并与朋友在一起。青少年退出运动表面上的原因是他们失去了上述参与运动的动机,但更深层次的心理原因是过于强调比赛的结果,导致他们失去参与运动的内外部动机,缺乏主观胜任感和自信心,从而失去了对运动的兴趣。
- 青少年参与运动的过程总是与一定程度的应激联系在一起。应激是由各种各样的紧张刺激引起的一系列非特异性反应,它有积极与消极之分。一般而言,轻到中等程度的应激,有助于取得较好的运动成绩。对每个个体来说,应激的最佳水平有所不同。运动心理学工作者必须了解青少年在运动中产生应激的原因,并帮助他们采取积极有效的对策,以避免消极情绪反应对他们参与运动产生不良影响。
- 青少年在运动中产生应激的原因涉及生理、心理、社会、环境几个方面的因素。生理因素包括热、冷、痛、饥饿、疾病、睡眠不足、疲劳、身体上的疼痛、青春期的性唤醒等;心理因素包括主观能力知觉、对成功的期望、消极的评价期望和消极的情绪或情感期望；社会因素包括教练、父母、队友、对手、裁判员和观众行为的影响等；环境因素则有不良的生活、训练和比赛条件、噪音、空气污染、自然灾害、恶劣的气候、拥挤的人群、拥堵的交通状况等。

- 应激可以从行为、生理和心理三个方面进行测量。应激状态下的行为主要包括变相依赖、反常动作和攻击性行为增加三种行为倾向。变相依赖是指青少年在应激状态下依靠吸烟、喝酒或过量饮食等不良行为来应对环境。反常动作是指青少年在应激状态下表现出的与平常风格迥异的行为特征。攻击性行为是指青少年为了减轻应激威胁，而选择对某种目标进行发泄。有直接攻击和间接攻击两种形式。使用生理学监测手段，可以测量出青少年在应激状态下的一系列生理反应，如心率、血压、排汗、脑电波活动、瞳孔扩张、呼吸、肌肉紧张度、吸氧量、血糖、肾上腺素增加、皮肤血流量减少、嘴唇干裂和小便频繁等。在心理方面，可以通过各种纸笔测验对青少年应激进行标准化测量，尤其是那些能测量状态和特质焦虑的测量工具。

- 外部环境是引起青少年应激反应的重要因素。一般而言，在体育运动中，不确定因素越多，活动的重要性越强，青少年产生应激的可能性越大。因此，为了有效控制青少年的应激，人们必须尽可能地减少运动过程中的不确定因素，淡化运动结果的重要性。应激控制的方法有很多，一般而言，所有这些方法都可归于两类：控制身体应激的技术和控制认知应激的技术。

- 对青少年参与运动进行心理社会干预实际上涉及对教练的干预、对家长的干预和对青少年的干预。

- 为了培养青少年运动的合格教练，美国有关机构建立了许多正规的教练培训课程，其中影响最大的是教练效能训练。教练效能训练的既定目标是指导青少年运动的教练进行队伍建设。队伍建设的目标不一定是更好的比赛成绩，也可以是促使教练和运动员产生更好和更有价值的体验。

- 鉴于家长在青少年运动中具有重要作用，所以也应对家长的行为进行培训。首先，家长应能区分出青少年运动与专业运动的不同；对存在逆向依赖现象的家长的干预是让他们不要给孩子过多的压力，尊重孩子，让孩子自主选择是否参与运动，让孩子在愉快的运动环境中成长、发展；最后，针对某些观看孩子比赛时有问题行为的家长，也要对他们进行培训，使他们的行为举止符合体育道德的标准。

- 对青少年的干预除了进行提高运动成绩的行为训练外，还要进行心理干预，以培养他们良好的运动品质和道德。此外，还需要对他们的生活技能进行干预——教会他们如何面对生活中的困境与压力、掌握有关的心理技能与技术,以便他们能够自主解决困扰他们日常生活的一系列心理问题。

教学活动设计

小强的爸爸年轻时酷爱打篮球,曾想成为一名专业运动员,但由于多种因素的影响,未能如愿以偿。小强今年11岁了,身体条件非常好,许多人见了他,都觉得他是打篮球的好苗子。因此,小强的爸爸高薪聘请教练帮助小强进行训练,想将小强培养成姚明式的篮球巨星。但是,小强自己对打篮球一点兴趣都没有,打篮球对他来说是一件苦不堪言的事情。你有什么办法解决他们父子之间的矛盾吗?

复习与思考题

1. 简述青少年参与运动的主要动机。
2. 简述青少年退出运动的主要动机。
3. 简述青少年应激产生的原因。
4. 简述控制身体应激的技术和控制认知应激的技术的区别。
5. 试述对青少年参与运动的干预是否只涉及运动成绩。
6. 试述在青少年运动中,对教练的干预方法和手段有哪些。
7. 试述家长是否应介入青少年运动。

第十三章 残疾人运动心理

―― 本章细目 ――

关键概念
第一节 残疾人体育概述
一、残疾人体育的界定及其意义
（一）残疾人体育的界定
（二）残疾人体育的意义
二、影响残疾人参加体育运动的因素
（一）残疾人自身的因素
（二）外部因素
三、国内外残疾人体育运动的发展状况
（一）国外残疾人体育运动的发展状况
（二）我国残疾人体育运动的发展状况
四、心理学的理论与方法在残疾人体育领域中的应用
（一）研究的主要领域
（二）注意事项

第二节 残疾学生心理社会缺陷的评定及体育课中的应对策略
一、残疾学生的心理社会缺陷

（一）社交能力差
（二）缺乏道德判断能力
（三）攻击性行为
（四）缺乏基本的社会认知能力
（五）注意力比较狭窄
（六）缺乏情绪调控能力
二、残疾学生心理社会缺陷的评定方法
（一）教师评定法
（二）标准参照社会评定
（三）内容参照社会评定
三、残疾学生从事体育运动所需的心理社会技能及其发展策略
（一）培养残疾学生恰当的社会动机
（二）成功参与体育运动所需要的社会心理技能及其策略
四、体育课中对残疾学生心理社会缺陷的应对策略
（一）耐心和公正
（二）重视每位残疾学生
（三）增加与残疾学生相处的时间
（四）帮助残疾学生建立自信心

（五）重视和加强体育设施的建设
（六）与残疾学生进行积极的交流

第三节 智力残疾人的体育运动
一、智力障碍的概念
二、智力落后者的运动能力和特征
三、感觉运动统合疗法是智力落后儿童早期干预的有效手段
（一）早期干预的含义及理论基础
（二）智力落后儿童早期干预的领域
（三）感觉运动统合疗法
四、全纳教育与融合体育
（一）全纳教育的含义
（二）融合体育
五、特殊奥林匹克运动会
（一）特殊奥林匹克运动会概述
（二）特殊奥林匹克运动会在中国
（三）特殊奥林匹克融合运动

本章提要
教学活动设计
复习与思考题

关键概念

残疾人　　残疾人体育　　智力残疾　　智力落后者　　早期干预
感觉运动统合疗法　　全纳教育　　融合体育　　特殊奥林匹克运动会
特殊奥林匹克融合运动

目前,全球超过10亿人有残疾,我国有残疾人8 000多万,占全国总人口的6.34%。由于残疾的类型和程度不同,残疾人在参加体育运动的能力和强度上受到的限制也有所不同。残疾人中有相当一部分人不仅在身体上有残疾,而且在心理上存在一定的缺陷,这也使他们参加体育运动的积极性受到一定影响。传统上,人们只重视对健全人参与体育运动的心理和社会问题的探讨,但随着社会文明的进步,人们对残疾人体育事业的关注越来越高,心理学工作者面临着一个新的挑战——如何有效地解决残疾人参加体育运动中存在的心理和社会问题。

第一节　残疾人体育概述

一、残疾人体育的界定及其意义

(一) 残疾人体育的界定

残疾人是指在心理、生理、人体结构上,某种组织、功能丧失或不正常,全部或部分丧失以正常方式从事某种活动的能力的人。残疾人包括视力残疾、听力残疾、言语残疾、肢体残疾、智力残疾、精神残疾、多重残疾和其他残疾的人。

残疾人体育又称特殊体育,是体育科学、特殊教育学和心理学、生物科学交叉形成和发展起来的一个新的研究领域。它是专门研究残疾人体育现象,揭示残疾人体育规律的科学。

残疾人因其身心的某种缺陷或障碍,不可能像健全人那样参加体育运动。因此,残疾人体育具有明显的特点和规律。残疾人体育训练项目通常是在健全人体育运动项目的基础上,对残疾人不能完成的部分进行修改而成,选用的项目主要根据患者的残疾类别和程度来确定。残疾人体育所用的场地、器材、训练方法和运动规则与普通的体育项目大致相同,但需根据残疾人的特殊性进行调整,以便残疾人能够适应(马维平,2000)。

残疾人从事体育运动时应遵循因人而异、循序渐进、安全锻炼和扬长避短的原则(林建彬,1999)。

(二) 残疾人体育的意义

对残疾人体育事业的关怀,是社会文明发展的一个重要标志,也是各国综合国力和科学训练手段的体现。联合国颁布的《关于实现残疾人享有平等机会的标准规程》和我国的《中华人民共和国残疾人保障法》《中华人民共和国体育法》与《全民健身计划纲要》都对残疾人体育工作的发展予以基本保障。残疾人作为社会群体的一部分,享有和健全人一样的体育运动、娱乐、健身等权利。参与体育运动,能够满足残疾人日益增长的精神文化需求,是提高他们的身心健康水平和其他各方面的素质乃至生活质量的一种有效手段,是他们学会自强、自立,展现自我、超越自我,获得平等参与社会生活的权利的一种有效途径。

二、影响残疾人参加体育运动的因素

(一) 残疾人自身的因素

1. 认知偏差

有相当多的残疾人未能清楚地认识到体育运动的意义,认为残疾人不适合参加体育运动,体育运动会为残疾人带来危险。

2. 自我设障

部分残疾人的自卑心理比较严重,自我封闭,逃避社会生活。由于害怕遭受他人的讥讽,不愿在大庭广众之下进行体育运动,从而缺少参加体育运动的兴趣与动机,最终也不可能形成体育运动的习惯。

3. 不懂练习方法

有些残疾人虽有参加体育运动的欲望,却由于未接受过系统的训练,因而不知道自己适合从事什么样的体育运动,也不知道该怎么从事体育运动。

4. 经济状况差

许多残疾人处于社会发展的底层,经济条件较差,他们成天为生计奔波,身心常处于疲惫状态,这使他们既没有体育消费的欲望,也没有足够的余暇从事体育运动。

5. 身体条件差

由于身体的严重残疾,部分残疾人没有能力参加体育运动。

(二) 外部因素

1. 政府重视的力度不够

目前,我国的群众性体育运动关注的主要是健全人群体,而对残疾人参加体育运动的重要性的认识还不足。虽然近年来,国家和政府对残疾人事业的关注日益提高,但是残疾人体育运动走的还是竞技体育的路子。广大普通残疾人的体育运动没有真正融入全民健身计划中,他们参加体育运动缺乏足够的外部条件(合适的健身场所与设施)和资金的保障。

2. 残疾人体育专业人员缺乏

一方面,虽然我国目前有几所体育院校设有康复体育保健专业,但由于课程设置的科学性与实用性不足等因素的影响,这个专业培养的人才还不能完全胜任残疾人体育工作的需要;另一方面,我国康复中心、康复医院设有康复体育科室或开展康复体育的很少,阻碍了这个专业的人才培养和安置。此外,国内的体育工作者关注残疾人体育科研与服务的很少。

3. 宣传不够

我国对残疾人体育介绍和宣传的力度不够。国内现已发行的书籍、杂志上有关残疾人体育的内容很少。

4. 亲属不支持

亲属害怕残疾人在运动中遇到危险而加重其残障的程度,出于这种不恰当的关照和过分关心,他们不愿意让残疾人参加体育运动。

三、国内外残疾人体育运动的发展状况

(一) 国外残疾人体育运动的发展状况

1. 残疾人体育的研究历史

古希腊时期,西方国家就已经出现残疾人体育的萌芽。在古希腊的一些名医的著作中,就有关于体育疗法的论述。然而,现代意义上的残疾人体育始于20世纪初,特别是两次世界大战后,为了使大批伤残士兵尽快康复,欧洲开始重新审视体育疗法。第二次世界大战期间,古特曼(L. Guttman)博士把体育训练引入残疾人康复训练之中,取得了令人满意的训练结果。1948年,在他的倡导下,英国伦敦附近的斯托克·曼德维尔脊髓损伤中心举办了世界首次轮椅运动会,并于1949年成立了国际斯托克·曼德维尔轮椅竞技联盟[①]。这促进了现代残疾人体育运动的产生与发

[①] 又称为国际轮椅联合会或国际斯托克·曼德维尔运动会。

展。此后,1959年成立了国际身体残疾体育组织;施莱佛(E. K. Shriver)女士在1968年创立了特殊奥林匹克运动;1978年成立了国际脑性麻痹者体育娱乐协会;1981年成立了国际盲人体育运动协会;1983年由各国残疾人体育组织派代表成立了国际残疾人体育运动协调委员会;1988年2月,国际奥委会正式承认和接纳了特殊奥林匹克运动,随后世界各国的特殊奥林匹克运动如雨后春笋,朝气蓬勃地发展起来。

发达国家在残疾人体育立法、拨款、人才培养、相关组织构建与管理,以及残疾人体育科研等方面开展了大量工作,并且收效较好,他们的经验可以为我国残疾人体育的发展提供良好的借鉴。

2. 国际残疾人体育的发展趋势

目前,国际上大型体育科学方面的会议均设有残疾人体育方面的专题。国际上残疾人体育运动的发展趋势主要表现在以下五个方面(马维平,2000)。

第一,注重多学科综合研究。国际上对残疾人体育运动的研究趋向采用全方位、多层次、多角度、多学科的立体(多维)研究。

第二,注重体育教学、锻炼、康复及其效果评价的理论研究。由于残疾人体育运动的目的有别于普通的健全人,因此,残疾人体育将更加重视对体育教学、锻炼、康复及其效果评定理论的探索。

第三,注重理论的实践性研究。对残疾人体育运动的研究注重理论与实践的结合,即从实践中提出问题,使理论研究直接为实践服务,解决实践中的具体问题。

第四,开展更为广泛,各国政府的重视程度加深。国际残疾人体育发展迅速,国际残疾人体育赛事制度不断完善。残疾人更加广泛地参加体育运动,竞技水平不断提高。残疾人体育得到各国政府的认同和重视,已成为集中展示各国社会文明建设成果和人权保障的窗口。

第五,残疾人体育呈现出与健全人体育相融合的趋势。在不少发达国家,残疾人与健全人分享体育资源,共用训练场地,甚至和职业运动员一起训练;此外,假肢、轮椅使用的材料更加轻便、坚固,残疾人体育的科技含量逐渐增加。

(二) 我国残疾人体育运动的发展状况

在我国,对残疾人进行康复训练有着悠久的历史。远在2 000多年前,《黄帝内经·素问》中就有运用导引、推拿等方法进行功能康复和治疗瘫痪、麻木、肌肉挛缩等疾病的论述。此外,我国古代医生曾运用吐纳(气功)、五禽戏、八段锦、娱乐治疗等恢复患者身心功能(张军献,虞重干,2007)。当然,这些康复训练手段与现代残疾人体育仍有相当的差距。

中华人民共和国成立后,我国的残疾人体育开始得到重视。特别是改革开放以后,在社会各界的热情支持下,经过广大残疾人、残疾人工作者、体育工作者的积极参与和共同努力,我国的残疾人体育工作进入了快速发展时期,取得了历史性的进展。自1987年中国残疾人体育协会成立以来,中国弱智人体育协会、中国聋人体育协会以及全国各省、自治区、直辖市残疾人体育协会也相继成立。目前,中国残疾人体育协会已相继加入国际残疾人奥林匹克委员会(International Paralympic Committee,IPC)、国际残疾人体育组织(International Sports Organization for the Disabled,ISOD)、国际盲人体育协会(International Blind Sports Association,IBSA)、国际脑瘫人体育协会(Cerebral Palsy-International Sports and Recreation Association,CP-ISRA)、世界聋人体育联合会(International Sports Federation for the Deaf,ISFD)、国际轮椅联合会[又称斯托克·曼德维尔运动联盟(International Stoke Mandeville Games Federation, ISMGF)]、国际特殊奥林匹克委员会(Special Olympics International, SOI)、亚洲残疾人奥林匹克委员会(Asian Paralympic Committee, APC)等。

1984年,安徽合肥举办的首届全国残疾人运动会揭开了中国残疾人体育运动史上崭新的一幕。从第三届开始,全国残疾人运动会列入国务院审批的大型运动会系列,每四年举办一次。目前,我国已成功地举办了九届全国残疾人运动会。随着残疾人体育运动在全球范围内的进一步发展,我国残疾人运动员参加全球体育运动赛事的机会日益增多,并取得了一系列好成绩。中国残疾人运动员为祖国赢得了殊荣,受到了海内外的普遍赞誉和好评。

国家有关部门对残疾人体育的重视程度越来越高,不断组织和扶持残疾人开展群众性体育运动。例如,举办各级残疾人体育业务培训班,残疾人体育专职干部的人数在不断增加;为落实国家的各项法规,各地因地制宜,在城市街道与社区和农村乡镇,开展了简便易行的残疾人健身活动;一些大中城市及企业建立了残疾人体育组织,组建了残疾人业余体育集训队,开展了形式多样的交流和比赛。此外,特教学校校园体育也日趋活跃。

虽然我国残疾人体育事业的发展取得了一系列可喜的成绩,但是与西方发达国家相比还有一定差距。最突出的两点是,残疾人体育的学术研究很薄弱,以及残疾人的群众性体育开展得还不够广泛。要使我国的残疾人真正享有与健全人一样的体育运动机会,还有很长一段路要走。

四、心理学的理论与方法在残疾人体育领域中的应用

近半个世纪以来,心理学的理论与方法在健全人体育运动的研究中得到了广泛的应用,而较少应用于残疾人体育运动的研究中。近年来,残疾人体育运动在全球范围内蓬勃发展。有越来越多的残疾人参与体育运动与竞赛,残疾人运动员的比赛成绩不断提高,获取大型比赛的入场券和在比赛中获胜变得越来越困难。因此,为广大普通残疾人和残疾人运动员提供有效的心理服务成为迫在眉睫的事情。可喜的是,国内外心理学工作者已经在这方面做出了一些积极、有意义的探索。

(一) 研究的主要领域

1. 心理健康

生理上的缺陷和生活中的弱势地位很容易使残疾人形成自我效能感低、消极思维、情绪失调、人际关系不良等心理特征。而参与体育运动有助于残疾人形成合理的认知,减少心理上的高度敏感性,调节不良的情绪状态,促进良好人际关系的建立,增强适应社会的能力,提高身体的自我概念,满足自我实现的需要,从而提升心理健康水平。国内外学者所做的大量研究均指出,与不参加运动的残疾人相比,残疾人运动员的幸福感更强,生活满意度与自尊水平也更高(唐征宇,2004)。例如,格林伍德等人(Greenwood & Dzewaltowski, 1990)曾对参与轮椅网球运动和不参与轮椅网球运动的残疾人进行比较研究,以了解他们的自我效能感和心理健康情况,结果发现这两组被试在几种测量指标上存在差异,参与轮椅网球运动的残疾人在完成各种网球任务和一般轮椅运动任务上均显示出更高的自我效能感。坎贝尔等人(Campbell & Jones, 1997)的研究也指出,与一般的残疾人相比,轮椅运动员有更高的心理健康水平,而且参加体育运动越积极、竞争水平越高的残疾人(运动员),其心理健康水平也越高。李立群等人(2010)的研究则发现,我国轮椅竞速优秀运动员赛后心理健康特征明显优于赛前心理健康特征,并且参加训练时间较长的运动员的心理健康水平更高。

2. 情绪

在心境研究方面,已有大量研究(LeUnes & Burger, 1998)指出:优秀运动员的心境状态剖面图呈冰山状,而普通运动员的心境状态剖面图呈平坦状;残疾人运动员与健全人运动员有类似的心境状态剖面图;在某些情况下,残疾人运动员,特别是优秀残疾人运动员的冰山剖面图更明显;将残疾人运动员的心境状态剖面图与不参加运动的残疾人进行比较,也发现前者的心境状态剖面图更接近冰山剖面图,而后

者的较为平坦。但也有研究(唐征宇,2005b)发现,有的优秀残疾人运动员的心境状态剖面图并非冰山状。究其原因,主要有两点:一是心境状态剖面图在区分不同运动水平的特殊群体时,可能在理论与方法上存在一定的缺陷;二是不同研究者在取样上的偏差,导致研究结论的推广产生了一些问题。

有关焦虑的研究主要集中在残疾人运动员与普通健全人、健全人运动员在特质焦虑与状态焦虑的比较上。研究中涉及的中介变量包括残疾的类型、性别、训练年限、最佳运动表现、运动等级和认知方式等。这个领域的研究获得的结论不完全一致。其中,佩罗等人(Perrault & Marisi,1997)的研究值得一提。他们曾对男子轮椅篮球运动员进行研究,发现有些残疾人运动员对焦虑的体验方式不同于健全人运动员,多维焦虑理论不适用于他们。佩罗等人认为,产生这种情况的原因可能是残疾人运动员,如截肢或脊椎受伤的运动员,已经体验过早期的生活创伤,对生活中突然发生的变化已经形成了有效的应对机制,他们有可能利用这些应对技能来处理与运动表现有关的焦虑。换言之,与没有类似生活经历的健全人运动员相比,残疾人运动员可能知道如何更好地应对焦虑。此外,比赛中引起运动员焦虑的原因在残疾人与健全人中也有所不同。例如,对健全运动员而言,焦虑可能是由与竞争有关的压力引起的,而脑瘫运动员突发的焦虑可能是由脑瘫产生的痉挛引起的(Asken & Gooding,1986)。

漆昌柱和金梅(2005)采用特质焦虑测验和竞赛状态焦虑测验对73名残疾人运动员施测,结果表明:(1)绝大多数残疾人运动员的特质焦虑水平为中等水平,与健全人运动员相比,他们的躯体焦虑较高、自信更强,但是认知焦虑没有显著差异;(2)残疾人运动员的特质焦虑存在性别差异,但竞赛状态焦虑没有性别差异,两者都不存在残疾类别差异和残疾类别与性别的交互作用;(3)在一般情景中,残疾人运动员的特质焦虑与竞赛状态焦虑是相互独立的。

3. 心理技能训练

一般而言,残疾人运动员没有健全人运动员那么广泛和频繁地使用心理学技术。可能的原因有:(1)残疾人运动员没有适当的途径获取有关的心理学知识;(2)残疾人运动员在体育运动中运用心理学技术存在着一定的障碍;(3)残疾人运动员对心理技能持怀疑的态度,也没有时间来练习心理技能;(4)心理学工作者缺乏对残疾人体育运动项目的理解。

由于大多数残疾人与健全人有着类似的认知能力,而运用运动心理学技术的能力主要依赖于认知技能,因此可以假定,残疾人能以与健全人相同的方式从运动心理学技术中获益,如唤醒控制、目标设置、注意力集中、表象训练、自信心训练、自我谈话和思维中止等健全人常用的心理训练手段在残疾人中也应能被广泛使用。实际上,现有的一些研究也证实,心理技能训练有助于残疾人运动成绩的提高(Page, Martin, & Wayda, 2001)。

对残疾人进行心理技能训练时应充分考虑残疾人的残疾类型,要了解不同残疾类型的人适用于什么样的心理技能训练,以及在心理技能训练中要注意什么问题。例如,盲人运动员不适合采用视觉想象训练,听力有障碍的运动员不适合采用言语指导;脑瘫或脊椎受伤的运动员接受心理训练时采用什么姿势也应慎重考虑。为了提高针对残疾人运动员的心理服务的效果,可以对健全人运动员使用的心理技能训练方法作适当的修改(Martin, 1999)。

4. 动机

阿斯肯(Asken, 1991)认为,残疾人参与体育运动除了有康复的需要外,还有竞争的需要。运动可能可以作为一种心理应对机制,许多残疾人是由于内部因素而选择参加体育运动;虽然残疾女性比残疾男性或健全女性面临更多的问题,但是参加体育运动还是为残疾女性提供了内部的奖赏体验。

此外,残疾人运动员的自我实现也是研究得比较多的一个领域。该领域的研究也表明,残疾运动员与健全运动员在自我实现方面有着相似的特点。

(二) 注意事项

第一,运动心理学工作者应充分了解残疾人的身心特点,以及由这些特点带来的对运动表现的影响。由于残疾人残疾的类型和程度、个性特点以及其他身心状态存在差异,因此应做到分类、分级、有效地提供服务,不能随意将解释健全人体育心理的原理与方法生搬硬套到残疾人身上。

第二,运动心理学工作者应该认识到,残疾人与健全人在参与体育运动的兴趣和动机方面具有一定的差别,因此需要不断地探索如何通过科学的手段与方法激发广大残疾人积极参加力所能及的体育运动,以促进其身心的健康发展。

第三,运动心理学工作者在为残疾人制定体育运动与锻炼目标时,应体现人道主义精神和科学、实事求是的态度:坚持平等的观点,确保残疾人能享受到健全人能享受到的运动、比赛和锻炼的权利;坚持残疾人能够参加体育运动,并能从中使身心获益的观点;充分尊重残疾人,使体育运动的目标更贴近每个残疾人的实际情况,充分挖掘他们的潜能。

第二节 残疾学生心理社会缺陷的评定及体育课中的应对策略

一、残疾学生的心理社会缺陷

部分残疾学生的早期家庭环境和生活环境相对较差。他们有的出身于经济水平低下的家庭；有的生活在单亲或有问题的家庭中，如父母酗酒、吸毒、身心发展迟滞或有缺陷；有的还常常遭到父母、家庭和社会的遗弃、虐待或忽视，得不到成长所需的关爱。长期处于不良的环境中，他们可能比同龄人经历了更多的个人和社会发展与适应问题。他们的心理社会缺陷主要表现在以下几个方面。

（一）社交能力差

部分残疾学生不能独立进行社交活动，他们既无法正确地表达自己的需求，又不能理解社交性的暗示，因此很难做出与其年龄相符的社会行为。在某些特殊环境中，甚至在任何交流活动中，他们都会表现出完全的顺从，以避免与他人发生关系或进行交流。

（二）缺乏道德判断能力

由于道德认知水平低下，部分残疾学生很难或根本不能遵守体育运动中的各项规章制度。

（三）攻击性行为

部分残疾学生的安全感较低，自我保护意识过强，心理上的敏感度高于正常的同龄人，因此对外界的一些人和事非常敏感，作出的反应也会较正常学生大。他们常常会对自己、同伴和教师作出言语或身体方面的攻击性行为。

（四）缺乏基本的社会认知能力

部分残疾学生角色意识模糊，具有社会幼稚化的倾向。

（五）注意力比较狭窄

部分残疾学生对外界事物的兴趣很低，对游戏及其环境不感兴趣，不会与他人共享游戏与体育运动器械。

（六）缺乏情绪调控能力

部分残疾学生不能控制自己的情绪反应，特别是在应对超负荷的刺激或日常行程发生改变的情况下，常会做出一些"失控"的行为。

上述缺陷往往使体育教学无法在残疾学生中正常地进行。

二、残疾学生心理社会缺陷的评定方法

目前,常用的对残疾学生进行心理社会评定的方法有自然观察法、社会测量法、教师评定法、标准参照社会评定(normative-referenced social assessment)和内容参照社会评定(content-referenced social assessment)。自然观测法和社会测量法已在第一章有所介绍,下面主要介绍后三种方法。

(一) 教师评定法

采用教师评定法来收集社会资料已有多年的历史。教师利用社会行为评定工具(Social Behavior Assessment Tool)可以分析136种在各种环境、人际关系、自我相关和任务相关行为中的社会技能。该方法主要是由教师回答学生在班级中的每一种行为对成功是否很重要。这类信息有助于确定学生必须具有哪一种社会技能以使他在班级中受益。

(二) 标准参照社会评定

标准参照社会评定的测量工具有:布雷根思早期发展诊断量表(修订版)(Brigance Diagnostic Inventory of Early Development-Revised);瓦恩兰适应性行为量表(Vineland Adaptive Behavior Scale);独立行为量表(Scale of Independent Behavior)和格塞尔婴幼儿发展量表(Gesell Developmental Schedules)。这些测试工具主要测量以下几种社会行为:个体独立性、社会化、自我定向、所能表达及接受的语言(言语能力)、动作技能、自我帮助技能、控制性。

体育教师可以利用标准参照测验的结果来了解学生社会行为的大致情况,以及学生所处的社会心理发展年龄。家长提供的情况同样可以使体育教师了解学生社会心理发展的情况。例如,通过一位母亲对孩子的观察来了解学生的心理社会发展情况和动作技能发展情况。

(三) 内容参照社会评定

内容参照社会评定需要了解学生在游戏、比赛、休闲、娱乐和体育运动中能做什么,这些情况对学校确定特殊体育教育的课程至关重要,这种评定结果通常也决定了提高社会行为的教育方式。然而,要了解学生的有关情况,必须做到以下三点:(1)确定需要发展的社会能力。(2)根据对受测者社会技能的需求,将游戏、比赛、休闲、娱乐和体育运动按内容难度从低到高进行安排。(3)确定受测者参与游戏、比赛、休闲、娱乐和体育运动的水平,以及在特定情境中的特殊心理社会缺陷。

三、残疾学生从事体育运动所需的心理社会技能及其发展策略

体育教师需在教学的方方面面从解决困扰残疾学生的问题着手,在体育运动中,为他们提供发展社会技能的机会。

(一) 培养残疾学生恰当的社会动机

如果残疾学生的社会化还不够成熟,那么他们表现出恰当的社会行为只是为了避免受罚;如果残疾学生只有在行为受到奖励的时候,才会表现出恰当的社会行为,那么体育教师就必须非常认真地考虑奖励的性质。体育教师必须不断尝试为残疾学生营造一个良好的学习环境,关心、教育并满足他们的需求。人们都期望儿童、青少年在社会交往中为了获得尊重、维护自己的自尊而表现出恰当的社会行为。但残疾学生要做到这点很难,所以体育教师要为他们制定一个长期的良好计划。

(二) 成功参与体育运动所需要的社会心理技能及其策略

儿童最基本的社会技能是在游戏中获得的。随着游戏层次的提高,儿童的游戏动作越来越复杂,其所需要的社会技能也在逐渐提高。在预先设计好的体育运动环境中,体育教师可以鼓励、教育、引导、影响并控制残疾学生的社会行为。如果能成功做到这一点,残疾学生就可以进入更高层次的社会技能的学习。

专栏 13-1　　残疾学生的活动类型和体育教师的指导策略

1. 无目的的独自游戏:有的残疾学生对比赛场地感到好奇,却不愿意参加任何有目的的体育运动。例如,他们有的坐在一边玩弄自己的手指或脚趾,有的在拍打自己的头部,有的绕圈而行。体育教师解决这个问题的最好方法是改变他们的行为。例如,有位学生在轻拍自己的头部,体育教师可以放一个铃鼓或圆鼓在他面前,鼓励他击打出音乐。

2. 观众:体育教师可以鼓励那些缺乏游戏技能的学生通过观察来学习游戏。例如,体育教师可以让患有自闭症的儿童在一旁观看其他儿童游戏,使其有机会学习游戏的技能;体育教师可以对坐着不动的学生说:"看!小明的球打得多棒!"体育教师也可以用明亮的、多色彩的玩具、体育器材或音乐来吸引"观众",使他们能与其他学生一起参与到有关活动中。

3. 有目的的独自游戏:体育教师可以通过表扬来鼓励残疾学生参加更多的有目的的独自游戏,但在这个过程中要注意不要限制学生的创造性。

4. 复杂的独自游戏：当残疾学生出现了复杂的精细游戏行为时，他们的游戏技能就已经形成。下一步可以培养他们与他人一起游戏的能力。体育教师可以提供更多的机会，让他们参与复杂的游戏，以强化他们的有关行为。

5. 平行游戏：有的残疾学生会模仿其他学生在同一地方玩平行的游戏。这种情况下，体育教师可以为残疾学生提供相同类型的器材(完全一样的器械更好)，让他们在指定的地方玩耍，以强化他们的这种行为。

6. 有交流的平行游戏：如果两位残疾学生在相同的地方独自活动，彼此又都对对方的活动感兴趣时，一位残疾学生可能会向另一位残疾学生请求帮助或为对方提供一点建议。此时，体育教师应鼓励和强化他们之间的交往。

7. 参与性的游戏：学生们(可以是残疾学生与健全学生，也可以是残疾学生与残疾学生)在一起活动，一起分享空间和体育器械。例如，两位学生站在一起，轮流投篮。体育教师要保证这种行为具有恰当性、趣味性，并且可以获得成功。

8. 合作性游戏：体育教师可以选择让残疾学生参与需要合作才能进行的游戏，并对他们的合作性行为给予表扬。例如，体育教师可以说："小明给小强的球传得好，小强射门成功了。"

9. 竞争性活动：在体育运动中，体育教师可以教授竞争性行为。但这对残疾学生，特别是对处于危险状态中的残疾学生而言有点难度，结果有可能会背道而驰。因此，体育教师在教授竞争性活动时必须保持慎重的态度。

资料来源：Auxter, D., Pyfer, J., & Huettig, C. (1997). Principles and methods of adapted physical education and recreation (8th ed.). St. Louis: Mosby, pp. 232—233.

四、体育课中对残疾学生心理社会缺陷的应对策略

在体育教学中，体育教师可以从以下几个方面来帮助残疾学生克服社交和认知技能方面的不足。

(一) 耐心和公正

在体育教学中，体育教师要做到耐心、镇静，并采取切实可行的教学手段。制定一些可操作的规章制度，如体育课上决不允许吵架和打架。对遵守纪律的学生要给予奖励，要始终鼓励学生"争取做得更好"，对违纪的学生要给予一定的惩罚，并提供改正的机会。不揪着学生的某个错误不放，宽容、平等地对待每一位学生。体育教师必须记住，体罚是不道德的，如果总是采用这种手段教育学生，则很难做到公正，往往会起到适得其反的效果，而且长此以往将成为学生身心发展的一个障碍。

(二) 重视每位残疾学生

体育教师要能叫出每个学生的名字,让所有学生知道教师对他们的重视。如果学生在体育教师的鼓励下体验到成功,他们的自尊心将得到增强,而自尊和自信的提高会迁移到其他学习和生活中,从而使他们的人格得到更好发展。

(三) 增加与残疾学生相处的时间

体育教师要充分利用课堂时间,尽量与每个残疾学生进行交流,即使是轻轻地拍一下学生的肩膀或一个称赞、一个问题,也都是一次小小的交流,可以让残疾学生知道教师是关注和关心他的。此外,一起吃中饭,课后一起打球和交谈,也有助于发展残疾学生的社交技巧。

(四) 帮助残疾学生建立自信心

首先,让残疾学生感受到他们的生活是美好的,例如,练习带来的体育成绩的不断提高会使残疾学生觉得,只要付出努力,生活就会变得越来越好。

其次,在课堂中让残疾学生担当一些特殊的职责。例如,让残疾学生担任体育委员或其他一些职务。班级要成为一个能培养残疾学生责任意识的团体,创造一些机会,一旦残疾学生完成任务就给予他们相应的奖励。

再次,在体育馆中张贴一些与民族、文化、性别有关的各式动作技能的图片或海报。

最后,邀请优秀专业运动员、大学生运动员和残疾人运动员担任兼职顾问或演讲者,让这些榜样人物参与残疾学生的体育教学。

(五) 重视和加强体育设施的建设

为了提高残疾学生参加体育运动的积极性,应重视和加强体育设施的建设。体育教师可以积极开动脑筋,利用现有资源自制一些简单有效的体育器材,尽量保证每个残疾学生都有适合自己需求的体育运动器材。

(六) 与残疾学生进行积极的交流

在游戏、比赛、休闲、娱乐和体育运动中要强调合作而不是竞争,竞争只能使残疾学生失去更多的东西。例如,正规的排球比赛是两队各6人进行"厮杀"以取得胜利,在新排球游戏中,可以接纳任何想参加的人员,大家团结合作,看他们能保持多久不让排球落地。

此外,还可以邀请父母成为体育课中的志愿者,深度开发课程并融入一些富有民族和地方文化特色的元素。

第三节　智力残疾人的体育运动

一、智力障碍的概念

智力障碍是指智力明显低于正常人水平(IQ<70),并显示出适应性行为障碍。智力障碍包括:在智力发育期间(18岁之前),因各种有害因素导致的精神发育不全或智力迟滞;或智力发育成熟以后,由于各种有害因素导致的智力损害或老年时的智力明显衰退(汤盛钦,1998)。在对智力障碍人的研究中,以对前类人的研究为多。有智力障碍的人有时又统称为智障者。

二、智力落后者的运动能力和特征

智力落后者的主要特征是大脑高级神经系统功能发展迟缓,认知活动存在一定的障碍。由于无法正确地感知动作信息,因此不能在大脑中形成正确的动作表象;由于抽象和概括能力低,因此不能把动作和表象结合起来,难以形成运动概念和运动技能。现有研究指出,对于轻度和中度智力落后者,虽然也存在运动能力发展方面的问题,但他们的运动能力与智商之间不存在显著的相关;而对于重度和极重度智力落后者,他们的运动能力与智商之间存在显著的相关;智商值越低者,其运动能力也相应越低(皮连生,2004)。

三、感觉运动统合疗法是智力落后儿童早期干预的有效手段

(一) 早期干预的含义及理论基础

早期干预是一种有组织、有目的地对5—6岁以前的儿童采取的预防、鉴别、治疗、教育和训练措施的总称,它用于发展偏离正常和可能偏离正常的儿童。早期干预可概括为早期发现与诊断、早期教育与训练。现在,从残障儿童的早期教育立法到各种早期干预的实现,许多国家都贯彻"起步越早越好"的原则(王雁,2000)。

早期干预依据的理论主要有两大类:一是早期干预的生物理论依据,包括器官的用进废退说和功能代偿说、脑结构和功能的可塑性、器官发育的敏感期三种理论;二是早期干预的心理理论依据,包括关键期、儿童心理发展的遗传与环境相互作用两种理论。

(二）智力落后儿童早期干预的领域

对智力落后儿童的干预，主要从五大领域着手，分别是大运动、精细动作、语言、适应性（或认知能力）和个人—社会行为（包括生活自理）。这五个领域几乎囊括了儿童早期的所有行为。

大运动指姿势或全身的活动，如俯卧抬头、坐、爬、站、走、跑等。精细动作指手和手指的动作，包括大把抓握、对指捏等。从手和手指的动作可观察到儿童发展的异常，如对指捏（拇指、食指对捏），对智力诊断就有很高的价值。一个10个月的孩子如果还不会对指捏，就存在智力落后的危险。

智力落后儿童的早期干预既可以在家里，也可以在特定的机构中进行。它是一个跨学科、跨专业的领域，亟须各方人士加强联系，贡献各自所长，更有效率地进行研究工作。从长远来看，它不仅有利于全民素质的提高，而且有很大的经济和社会效益。如何将已有的早期干预具体操作技能形成规模性的早期教育方案，是今后将要深入研究的重要方向。如果能形成系统的、完整的早期干预方案，将更有利于早期干预的推广和实施。

(三）感觉运动统合疗法

感觉运动统合疗法是采用许多运动器具提供各种感觉刺激，以促进感觉输入的处理过程和脑的统整功能，从而改善儿童感统失常体系、筋肉关节动觉和皮肤碰触等感觉刺激的输入，并予以适当的控制，让儿童依内在驱策力引导自己的活动，自动形成顺应性的反应，借此促成这些感觉的组合和统一（曹纯琼，1999）。

近年来有越来越多的特殊教育机构把类似的活动拓展到智力落后儿童的早期干预之中，其主要项目有：俯爬、滑板、拍球、跳弹簧床、推球等，以及部分类似蒙台梭利教具的精细运动的操作项目。这些五彩缤纷的器械和教具无疑可以让儿童更积极地投入到项目之中，使他们能以游戏的形式来参与治疗，以增加训练的愉悦度，而儿童在活动过程中的游戏性体验在某种程度上意味着活动对他们的合适程度。在此要注意的问题是，在操作过程方面，儿童必须按照干预模式所设定的标准与器械进行互动（谢颂雯，2003）。

四、全纳教育与融合体育

(一）全纳教育的含义

全纳教育是在将特殊儿童纳入到普通学校的过程中发展起来的，它与回归主流或一体化有很多相似的地方。例如，它们有着相同的社会文化与哲学基础，都源于美国20世纪50年代以来的民权运动,以西方个人自由、社会平等等价值观为社会文化基础,倡导"零拒绝"的哲学。作为国际教育改革的一种必然趋势,全纳教育要求人们在普通学校里,在教育思想、教育体制、学校课程、教学方法等方面进行改革,接纳所有的学生,提供与其需求相适应的多样化的教育(邓猛,潘剑芳,2003)。

(二) 融合体育

受全纳教育思想的影响,现在人们越来越重视残疾人体育的融合问题。智力落后儿童参与体育运动的最终目的是融合到自然环境的体育运动中,这在很大限度上为智力落后儿童参与体育运动的方式提供了另一种选择——是参与常规体育还是参与特殊体育。显然,体育运动计划应该在最大限度上满足各个年龄、各种智力和身体发展水平的智力落后儿童的需求。只要有可能,就要将智力落后儿童融合到常规的体育课教学中。

1. 融合的原则

第一,选择的活动要满足班级中所有学生的需要。选择的活动要满足各种兴趣水平学生的需要,要考虑学生的个别差异,要以智力落后儿童的需要为基础。

第二,包括适当的体育和社会活动机会。首先,选择感官—知觉—动作活动,以促进年幼的智力落后儿童特殊能力和一般能力的发展,使年龄更大的学生能在现在和将来的社会活动中融合到同伴和家庭中。如有可能,选择的活动要尽可能与智力落后儿童的年龄相当,提供的娱乐性活动范围要广。同时,要教会智力落后儿童在特殊的社会环境里有意义的特殊社会技能。对于年幼的儿童,可利用有助于感官输入系统发展的感官活动,而对于年龄略大的儿童,可利用序列进步方法的任务分析来促进其技能的发展。

2. 融合的方式

第一,在学校的课堂环境和社会娱乐环境中,应该有一个最小限制的连续体,每个人都能从中获益。

第二,应该将智力落后儿童安置在与其社会能力、体育能力相当的最适合的环境下。

第三,为智力落后儿童提供的支持系统应该满足他们适应现在的限制环境和提高到最小限制环境的需要。

将智力落后儿童安置在常规体育课程中学习,目前做得还不是很成功。与正常学生在一起上体育课也可能会对智力落后儿童产生伤害。如果在体育运动的融合

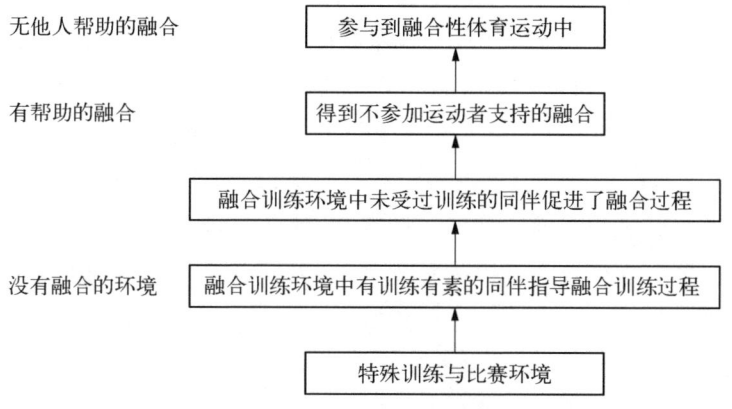

图 13-1 最小限制环境连续体

资料来源：Auxter, D., Pyfer, J., & Huettig, C. (1997). *Principles and methods of adapted physical education and recreation* (8th ed.). St. Louis: Mosby, p. 313.

过程中，没有有计划、有步骤地注意到个体的需要，那么智力落后儿童的自尊心和社会相互作用可能受到伤害。值得注意的是，如果他们不能成功地参与到常规体育课教学中，就要为他们制定特殊体育教育计划，以适应这些学生的特殊需要，而这需要以更为精心设计的融合过程来代替目前的主流课程。

五、特殊奥林匹克运动会

（一）特殊奥林匹克运动会概述

特殊奥林匹克运动会是为智力落后者常年提供运动训练和比赛活动的国际性组织。参加特殊奥林匹克运动会的运动员必须年满 8 岁，并由相关机构和专业人士认定符合下列条件之一：(1) 智力障碍；(2) 标准尺度下被认定认知能力迟缓；(3) 具有认知能力迟缓导致的重大学习及生活上的缺陷，需要特殊指导的人员。

特殊奥林匹克运动会为智力落后者提供了发挥潜力、展示才华的舞台，使他们增强了自信、自尊、自立和自强，也使社会各界对他们更加理解、尊重和支持。特殊奥林匹克运动会建议所有有智力落后者的家庭都来参与特殊奥林匹克运动，号召所有智障人士勇敢地加入特殊奥林匹克运动的行列中，特殊奥林匹克运动会更希望特殊奥林匹克运动的志愿者队伍遍及各个领域，特殊奥林匹克运动的口号是"勇敢尝试，争取胜利""人人都是参与者，人人都是胜利者"。

国际特殊奥林匹克运动的历史并不悠久。1968 年 7 月，美国芝加哥士兵广场举行了首届夏季国际特殊奥林匹克运动会,直到1971年12月,美国奥林匹克委员会才正式认可特殊奥林匹克作为它的两个组织之一,可以使用"奥林匹克"的称呼。1977年2月,美国加利福尼亚州举行了首届特殊奥林匹克冬运会,随后开始每两年举办一届国际特殊奥林匹克运动会,夏运会和冬运会交替举行。各国自行举办的全国特殊奥林匹克运动会可以每年举行一次,其他比赛亦可冠上"特殊奥林匹克"的名称,如特殊奥林匹克篮球锦标赛、特殊奥林匹克游泳比赛、社区特殊奥林匹克活动日等。由于参赛选手的特殊性,一些不符合国际特殊奥林匹克运动会对健康及安全的最低要求的项目被绝对禁止在任何特殊奥林匹克运动会或训练中出现,如标枪、铁饼、撑竿跳、拳击、高台跳水、武术、击剑、射击、美式足球、摔跤、柔道、空手道、高台滑雪等。

随着特殊奥林匹克运动的蓬勃发展,以及比赛分组、医学分级鉴定、比赛组织工作和比赛规则的日益完善,1988年2月国际奥委会正式承认和接纳了特殊奥林匹克运动,随后世界各国的特殊奥林匹克运动如雨后春笋般朝气蓬勃地发展起来。目前,特殊奥林匹克运动已是全球1.7亿多智力落后者及其家庭公认的对智力障碍最有效的康复锻炼之一(路斐斐,2011)。

由于特殊奥林匹克运动的口号强调的是参与,而实际的特殊奥林匹克运动比赛又存在着竞争,这两者之间似乎存在着矛盾,因此特殊奥林匹克运动会自其诞生之日起就充满了争议,反对与赞成者皆有之。

(二)特殊奥林匹克运动会在中国

中国特殊奥林匹克运动会成立于1985年。1987年3月,深圳举办了首届中国特殊奥林匹克运动会。中国特殊奥林匹克运动的开展得到了国际特殊奥林匹克运动会人员、技术及资金上的大力支持和帮助。2000年5月,在北京举办了为期4天的"中国特殊奥林匹克世纪行"活动。自此活动之后,我国特殊奥林匹克运动取得了稳固而卓有成效的进步。政府从法律、人员、技术及资金上为中国特殊奥林匹克运动提供了多方面的支持,建成了多个培训中心,为中国的特殊奥林匹克运动提供了众多国家级专业性的体育设施。

此外,中国特殊奥林匹克运动会还推出了"与特殊奥林匹克学校手拉手""快来参加特殊奥林匹克课程""特殊奥林匹克大学发展计划""特殊奥林匹克运动员健康计划""特殊奥林匹克运动员领袖计划""家庭支援计划"等一系列计划,以促进健全人(包括中小学生)与智力落后者的交流,帮助健全人消除偏见,学会包容、尊重、理解智力落后者,并能与智力落后者平等相处,让他们更多地了解特殊奥林匹克运动。

此外,这一系列计划也有助于将健全人对智力落后者相对简单的短期服务转化为相对复杂的长期服务。

总之,特殊奥林匹克运动已在中国得到深入推广与发展,截至目前,中国已经成功举办了五届特殊奥林匹克运动会,总计培养出 53 万特殊奥林匹克运动员。

(三) 特殊奥林匹克融合运动

特殊奥林匹克融合运动的概念起源于 20 世纪 80 年代中期的美国,1989 年特殊奥林匹克开始开展融合运动。特殊奥林匹克融合运动是一种由相同数量的智力落后者(运动员)和智力正常者(合作伙伴)一同训练和比赛的运动方式。运动队通常会根据各项目的情况将运动员与合作伙伴的年龄与能力进行合理搭配。比赛时,原则上要求场上运动员与合作伙伴的数量始终保持相等,当上场运动员人数为单数时,如五人制足球赛,则运动员要比合作伙伴多一人。队伍的分级根据运动队中水平最高运动员的能力进行。合作伙伴既可以是健全人,也可以是智力正常但身体有残疾的人。如果合作伙伴是健全人,那么活动的效果将更为理想。合作伙伴可以是运动员的亲朋好友,也可以是来自各行各业的志愿者。在美国,特殊奥林匹克融合运动不容许运动员兼任教练,教练必须由成年人担任,并且执教之前要接受专业培训,并取得"特殊奥林匹克教练"证书。

特殊奥林匹克融合运动的意义在于充实了特殊奥林匹克运动的内容,有助于特殊奥林匹克运动任务和使命的充分体现。它为有较高能力的特殊奥林匹克运动员制定了更高的目标,使他们获得了更有意义的挑战机会。这能够有效地提高运动员的运动技术水平、自信心、平等意识,建立运动员之间的友谊,提高公众对智力落后者的精神面貌、运动技能和其他能力的认识,使智力落后者能逐渐平等地融合到主流体育和社会活动中。因此,特殊奥林匹克融合运动的有效开展也为全纳社会、和谐社会的建设作出了积极的贡献。

本章提要

- 残疾人体育又称特殊体育,是体育科学、特殊教育学和心理学、生物科学交叉形成和发展起来的一个新的研究领域。残疾人从事体育运动时应遵循因人而异、循序渐进、安全锻炼和扬长避短的原则。参与体育运动,能够满足残疾人日益增长的精神文化需求,是提高他们身心健康水平及其他各方面的素质乃至整个生活质量的一种有效手段,是他们学会自强、自立,展现自我、超越自我,平等参与社会生活的一条有效途径。
- 影响残疾人参加体育运动的自身因素有认知偏差、自我设障、不懂练习方法、经济状况差和身体条件差；影响残疾人参加体育运动的外部因素有政府的重视力度不够、残疾人体育专业人员缺乏、宣传不够和亲属不支持。
- 目前，国际上残疾人体育运动的发展趋势主要体现在以下几个方面：(1) 注重多学科综合研究；(2) 注重体育教学、锻炼、康复及其效果评价的理论研究；(3) 注重理论的实践性研究；(4) 开展更为广泛，各国政府越来越重视；(5) 残疾人体育呈现出与健全人体育相融合的趋势。
- 近年来，越来越多的心理学工作者投入到残疾人体育心理的研究中，研究的领域涉及心理健康、情绪、心理技能训练、动机和自我实现。对残疾人运动心理进行研究时要注意他们的身心特点。
- 残疾学生的心理社会缺陷表现为社交能力差、缺乏道德判断能力、攻击性行为、缺乏基本的社会认知能力、注意力比较狭窄和缺乏情绪调控能力。目前，常用的对残疾学生进行心理社会评定的方法有自然观察法、社会测量法、教师评定法、标准参照社会评定和内容参照社会评定。
- 体育教师在教学中应时刻从解决困扰残疾学生的问题着手，在体育运动中为他们提供发展社会技能的机会，并培养他们从事体育运动所需的一些社会心理技能。
- 在体育教学中，体育教师可以借助以下几种方式来帮助残疾学生克服社交和认知技能的不足：耐心和公正；重视每位残疾学生；增加与残疾学生相处的时间；帮助残疾学生建立自信心；重视和加强体育设施的建设；与残疾学生进行积极的交流。
- 智力障碍是指智力明显低于正常人水平（IQ＜70），并显示出适应性行为障碍。智力落后者的主要特征是大脑高级神经系统功能发展迟缓，认知活动存在一定障碍。现有的研究指出，对于轻度和中度智力落后者，他们的运动能力与智商之间不存在显著的相关；而对于重度和极重度智力落后者，他们的运动能力与智商之间存在显著的相关；智商值越低者，其运动能力也相应越低。
- 早期干预是一种有组织、有目的地对5—6岁以前的儿童采取的预防、鉴别、治疗、教育和训练措施的总称，它用于发展偏离正常和可能偏离正常的儿童。感觉运动统合疗法是智力落后儿童早期干预的一种有效手段。
- 感觉运动统合疗法采用许多运动器具提供各种感觉刺激，以促进感觉输入的处理过程和脑的统整功能，以改善智力落后儿童感统失常体系、筋肉关节动觉和皮肤碰触等感觉刺激的输入，并予以适当的控制，让儿童依内驱力引导自己的活动，自动形成顺应性的反应,借此促成这些感觉的组合和统一。
- 全纳教育是在将特殊儿童纳入普通学校的过程中发展起来的。它要求人们在普通学校里,接纳所有的学生(包括残疾学生),提供与其需求相适应的多样化教育。受全纳教育思想的影响,现在人们越来越重视残疾人体育的融合问题。智力落后者参与体育运动的最终目的是融合到自然环境的体育运动中。
- 特殊奥林匹克运动会是为智力落后者常年提供运动训练和比赛活动的国际性组织。参加特殊奥林匹克运动会的运动员必须年满8岁,并由相关机构和专业人士认定符合以下条件之一:(1)智力障碍;(2)标准尺度下被认定认知能力迟缓;(3)具有认知能力迟缓导致的重大学习及生活上的缺陷,需要特殊指导的人员。
- 特殊奥林匹克融合运动是一种由相同数量的智力落后者(运动员)和智力正常者(合作伙伴)一同训练和比赛的运动方式。运动会通常会根据各项目的情况将运动员与合作伙伴的年龄与能力进行合理搭配。比赛时,原则上要求场上运动员与合作伙伴的数量始终保持相等,当上场运动员人数为单数时,则运动员要比合作伙伴多一人。队伍的分级将根据运动队中水平最高的运动员的能力进行。合作伙伴可以是健全人,也可以是智力正常但身体有残疾的人。

教学活动设计

1. 请到一所普通学校和一所特殊学校观摩体育教学活动,注意观察和分析这两所学校的体育教师的教学内容和教学手段,以及学生的课堂表现有何不同。你从中得到什么启示?
2. 请作为志愿者,组织一次融合体育运动。

复习与思考题

1. 简述影响残疾人参加体育运动的因素。
2. 简述残疾学生心理社会缺陷的评定方法。
3. 试述体育课中对残疾学生心理社会缺陷的应对策略。
4. 试述在青少年体育运动中,有哪些对教练进行干预的方法与手段。
5. 试述融合体育的原则与方式。
6. 试述对残疾儿童的体育干预为什么越早越好。
7. 试述心理学如何为残疾人体育提供有效的服务。

第十四章 体育运动与心理健康

---- 本章细目 ----

关键概念
第一节 心理健康概述
一、心理健康的含义
(一) 什么是心理健康
(二) 心理健康的标准
二、影响心理健康的因素
(一) 生物因素
(二) 心理因素
(三) 社会因素
三、心理健康的评定方法

第二节 体育运动的心理效应
一、体育运动的积极心理效应
(一) 改善认知活动
(二) 改善情绪状态
(三) 改善人际关系
(四) 完善个性
(五) 形成坚强意志品质
(六) 消除心理障碍
二、体育运动的消极心理效应
(一) 消极锻炼成瘾
(二) 运动性心理疲劳

第三节 体育运动促进心理健康的机制
一、生理学机制
(一) 胺假说
(二) 内啡肽假说
(三) 心血管功能假说
二、心理学机制
(一) 转移注意力假说
(二) 认知行为假说
(三) 社会交互作用假说
(四) 运动愉快感假说

第四节 促进心理健康的运动处方
一、运动处方的含义
二、运动处方实施前的评估
三、运动处方四大要素与体育运动心理效应的关系
(一) 体育运动项目
(二) 体育运动强度
(三) 体育运动持续时间
(四) 体育运动频率

本章提要
教学活动设计
复习与思考题

关键概念

心理健康　　心理健康的标准　　生活事件　　动机冲突　　双趋冲突
双避冲突　　趋避冲突　　A型人格　　锻炼成瘾　　心理疲劳
运动愉快感　　运动处方

从古至今,身体与心理的关系一直是人们关心的话题。古希腊和希伯来的哲学家早在几千年前就对个体的身心关系产生了兴趣,并提出了自己的看法。他们中,有的采用二元论的观点,将身心看作两个不同的实体;有的则采用一元论的观点,将身体与心理看作两个相互作用、不可独立分开的实体。随着现代社会的发展和人类科技的进步,人们对身心关系的了解越来越全面,认识越来越深刻。近年来,学者们已经将争论的焦点从身心是否有联系转移到这两者之间的关系上来。在过去的30多年中,学术界有大量的研究致力于了解体育运动对心理健康的影响,这一领域的研究已成为当前学术界的热点之一。体育运动会对个体的心理产生影响,这已经是无可争辩的事实。至于这种影响是如何形成的,它的机制如何,涉及的方面包括哪些,不同的学者提出了不同的看法。

第一节　心理健康概述

一、心理健康的含义

(一) 什么是心理健康

心理健康又称心理卫生,是指个体的各种心理状态(如一般适应能力、人格健全状况等)保持正常或良好水平,而且自我内部(如自我意识、自我控制和自我体验等)以及自我与现实环境之间保持和谐一致的良好状态(梁宁建,2006)。

(二) 心理健康的标准

目前,国内外没有统一的心理健康标准。综合国内心理学工作者的研究,心理健康的标准涉及八个方面:(1)智力正常;(2)人际关系和谐;(3)心理与行为符合年龄特征;(4)了解自我,悦纳自我;(5)面对和接受现实;(6)能协调和控制情绪,心境良好;(7)人格完整独立;(8)热爱生活,乐于工作(俞国良,2005)。此外,与心理健康有关的变量主要涉及自信心、能力感、心境、对生活的满意感、幸福感、抑郁、焦虑等。

心理健康的标准是多层次、多方面的,要科学、正确地判断一个人的心理是否健康,必须从多个角度进行考察,还要结合不同地区、不同民族、不同文化、不同时代的具体情况。人们通常认为,心理健康的个体珍惜、热爱并积极投身于生活,在生活中尽情享受人生的乐趣。他们会在工作中尽可能地发挥自己的个性和聪明才智,并从工作的成果中获得满足和激励,把工作看作乐趣而不是负担。他们还能把工作过程中积累的各种有用的信息、知识和技能贮存起来,便于随时提取使用,以解决可能遇到的新问题,使自己的行为、工作更有成效。

二、影响心理健康的因素

个体的心理健康是一个极为复杂的动态过程,包括众多相对独立的特质,因此影响心理健康、造成心理障碍的因素是复杂多样的,主要包括生物的、心理的、社会的等因素(沙莲香,2006)。

(一) 生物因素

1. 遗传

虽然后天环境因素对个体的心理发展有重要影响,但不容置疑的是,个体的心理发展与遗传因素有着密切联系。以遗传素质为基础的高级神经活动类型的特点对人的心理活动具有重要影响,从而影响人的心理健康水平。

现有的研究表明,遗传因素在许多常见精神疾病,如精神分裂症、双相情感障碍、注意缺陷多动障碍、重性抑郁障碍、阿尔茨海默症等中起着重要作用(唐劲松,陈晓岗,刘春宇,2010)。许多精神疾病的发病原因确实与遗传有关,即某些疾病的患病率具有随血缘关系从远到近而由低到高的明显倾向。

专栏 14-1　　　　　心理、精神疾病与遗传因素

心理异常的表现多种多样,通常按以下体系对其进行分类。

(1) 严重的心理异常:精神分裂症、躁狂抑郁性精神病、偏执性精神病、反应性精神病、病态人格和性变态。

(2) 轻度的心理异常:神经官能症,包括神经衰弱、癔症、焦虑症、强迫症、恐惧症、疑病症、抑郁症。

(3) 心身障碍引起的心理异常:躯体疾病伴发的精神障碍,包括肝、肺、心、肾、血液等内脏疾病、内分泌疾病、胶原性疾病、代谢营养病、产后精神障碍和周期性精神病。

(4) 各种心身疾病：高血压、冠心病、溃疡病、支气管哮喘等引起的心理异常。

(5) 大脑疾病和躯体缺陷导致的心理异常：中毒性精神病、感染性精神病、脑器质性精神病、颅内感染伴发的精神障碍、颅内肿瘤伴发的精神障碍、脑血管病伴发的精神障碍、颅脑损伤伴发的精神障碍、癫痫伴发的精神障碍、锥体外系统疾病和脱髓鞘疾病的精神障碍、老年性精神病、精神发育不全和聋、哑、盲、跛等躯体存在缺陷时的心理异常。

近年来，人类在遗传学研究领域取得的突飞猛进的发展，使人们对多种疾病，包括精神疾病的遗传学有了进一步的了解。遗传因素与心理异常的关系在精神医学领域内有很多的研究。这些研究采用家系调查、双生子研究、寄养子研究和染色体研究等方法，揭示了遗传因素在不同精神疾病中的作用。例如，先天愚型为遗传因素所决定。在躁狂抑郁症患者的家族中往往有较多的同类患者，其受遗传因素的影响较为明显。甚至在焦虑症与强迫症患者中，其近亲发病率也较一般居民高。人格障碍的遗传学研究亦越来越受研究者的重视。已有许多研究证实，人格障碍受遗传因素的影响。近20 年的研究结果表明，一部分强迫症与遗传有关。有研究显示，同卵双生子的强迫症患者有较高的同病率。通常认为，心理社会应激对焦虑症、强迫症有重要作用，但遗传等因素形成的易患素质可能和心理社会应激共同导致了发病。这种易患素质常以某种人格特征的形式表现出来。

资料来源：蒋湘玲. (2003). 心理、精神疾病与遗传因素. 海南医学, 14(4), 69—70.

2. 病菌、病毒感染

由病菌、病毒，如脑梅毒、斑疹伤寒、流行性脑炎等引起的中枢神经系统的传染病会损害人的神经组织结构，从而导致器质性心理障碍或心理异常。这一点对儿童的影响尤为严重。一旦儿童的神经系统受到损害，其心智的成长将受到严重影响。神经系统受损与儿童智力发育迟滞之间存在密切联系。

3. 躯体疾病

某些严重的躯体疾病、机能障碍等，也是造成心理障碍与心理异常的原因。例如，甲亢患者在神经精神方面可以表现为神经质、易激动、情绪不稳定、焦虑不安、活动过多、注意力分散等，甲减患者则表现为记忆力差、智力减退、反应迟钝、性格幼稚化等。

4. 脑外伤与化学中毒

某些脑外伤也会引起短暂的或持续的精神障碍，如意识障碍、言语障碍、人格变化和遗忘症等。另外，某些化学物质侵入体内，也会影响中枢神经系统，导致意识和精神上的障碍，如某些毒品依赖者的心理健康受损严重。

(二) 心理因素

1. 动机冲突

动机冲突是指在某种活动情境中，同时存在两个或两个以上欲求目标引导的行为选择时个体所产生的心理冲突(吕慧青,王进,2011)。

心理学家(祝蓓里,丁忠元,1990;边玉芳,等,2012)通常将动机冲突分为四类:(1) 双趋冲突。指两个目标对个体具有相同的吸引力,但又不能同时拥有,二者必选其一。例如,有的人既想减轻体重以改善健康,又挡不住美味的诱惑。(2) 双避冲突。指两个威胁或厌恶的事物,但必须接受一个,才能避免另一个。例如,品学均差的学生既怕学习又怕受处分,这二者对他都是一种威胁,都想逃避,却必须选择其一。(3) 趋避冲突。个体对同一目标同时产生两种动机,一方面好而趋之,另一方面恶而避之。例如,学生想参加校足球队为校争光,又怕会影响自己的学习成绩。(4) 多重趋避冲突。个体同时面对两个或两个以上的目标,并且每一目标对他来说又分别具有趋避两方面的作用。例如,开学之初,一位大学生想选修一些有吸引力的课程,又怕考试失败;想参加校足球队为学校争光,又害怕耽误文化学习;想参加学校的公共协会学习公共关系学,又怕不能被接受而面子上不好看等。

2. 人格特征

近代临床心理学的研究表明,特殊的人格特质与身心健康关系密切。

A 型人格的个体动机强,具有竞争性,好攻击,急躁、易怒,时间紧迫感强,总感到时间不够用,一次想做两件或两件以上的事情。任何悠闲自在的活动对他们来说都是无法忍受的。由于长期处于快节奏和高压紧张的状态下,A 型人格的人其体内的平衡被打乱。为了维持其体内的平衡状态,A 型人格的人需要对外部刺激作出强烈的应激反应,从而容易引起有关的身心疾病。不少研究指出,A 型人格的人,患心脏病的概率远远高于 B 型人格的人。A 型人格的人在体育运动中的可能表现有:(1) 高攻击性——打高尔夫球击偏了目标时,他们可能会将球杆扔在地上;(2) 富有敌意——他们可能谴责对手的欺骗行为;(3) 富有竞争性——他们不能忍受失败;(4) 数目定向——他们根据自己赢的次数评价自己,而不是根据他们的实际表现,以及他们对这项活动是否感兴趣(季浏,2001)。

B 型人格的人与 A 型人格的人有很大的不同。B 型人格的人有耐心,不急躁,似乎总有足够的时间来完成要做的事情,攻击性低,易合作。他们不太关心完成工作的数量,而较多地关心完成工作的质量。例如,跑步时,他们要表现的是他们喜欢跑步,而不是他们跑得有多快。B 型人格的人对应激源没有很强的反应。他们患心脏病的概率比较低(季浏,2001)。

C 型人格与行为以及癌症的发生、发展有一定关系。主要具备以下特点:过分压抑自己的负性情绪,过分忍让、情感表达不良;倾向于悲观消极,易产生失望、无助的感觉；谦虚、调和行为、息事宁人、容易满足，生活中没有主意和目标，缺乏自信。这些个体常常因无力应对生活压力而感到绝望和孤立无援（卜志强，沙莲生，丁守华，孔令斌，杨志寅，2008）。

负性情感和社交抑制是 D 型人格两个稳定的人格特质。D 型人格的负性情感主要表现为紧张、不愉快、过分担忧、悲观和易恼怒，以及积极情绪的缺失；社交抑制主要表现为由于担心遭到拒绝和不赞同，而缺乏对他人倾诉其负性情感的欲望，与陌生人在一起时常常感到不自在，与其他人很少联系，交往迟滞（张平，陈蕾，宋旭红，2011）。

人们在了解了自己的人格类型后，可以有意识地采取一些有针对性的认知与行为技术预防或治疗有关身心疾病。

3. 心理中介

心理健康问题与压力有关。压力一般包括压力源、中介因素、心理生理反应三个部分。压力源是影响心理健康的直接因素，其作用的大小既与压力本身的性质和强度有关，又与中介因素的调节作用有关。此处的中介因素又称心理中介，它是个体内部的一种心理活动，在压力源和心理健康状况之间起调节作用，即心理中介是个体通过对日常生活中所经历的各种重大生活事件和社会事件的认知、体验、态度和应对方式来影响其事后情绪和观念的变化，从而影响其心理健康水平（张向葵，阳泽，于海峰，2006）。

(三) 社会因素

个体心理健康是社会发展的一面镜子。它既可以直接反映社会个体的适应状况和生活质量，也可以间接折射出社会的进步程度及其存在的问题。因此，个体心理健康已成为代表社会进步的重要人文指标（张向葵，丛晓波，2005）。

1. 社会文化环境的变迁

社会文化性是人的本质属性，任何个体都是在一定的社会文化环境中生活。社会文化因素主要通过两种途径影响个体的心理健康问题：一是规范化的社会文化教化，二是非规范化的社会文化渗透（张向葵，丛晓波，2005）。

社会文化环境对人的心理健康的影响体现在三个方面：(1) 同一时代不同地域文化（如中西文化）、同一文化（如中国的汉文化）不同历史时期下的心理健康标准都有所不同。(2) 当社会文化环境发生变化，特别是巨变时，如社会动乱、战争、经济大衰退、文化性大迁徙、都市化过程中农民涌入城市等，个体原有的文化价值观和生活方式发生剧烈的变化，而个体已形成的人格及其内在心理品质与行为方式不能作出相应的适应性改变,或者这种变化过于迅速、频繁、强烈,超出了个体的适应范围,这时,个体就可能出现社会文化关系失调或适应困难的情况,从而导致个体心理异常的产生,严重时则会造成心理疾病(沙莲香,2006)。(3) 不良的社会文化因素对社会文化环境的冲击,如不良的社会制度、身份歧视、不良的社会风气与文化习俗等都可能对个体的心理健康产生不良的影响。

2. 早期教育和家庭环境

第一,早期教育。幼儿的生活完全依赖成人,父母对此承担了绝大部分的责任。幼儿早期情绪、情感的发展对其成年后的心理健康以及个性形成也会有重大影响。早期与父母建立和保持良好关系、得到父母充分的爱、受到支持和鼓励的儿童容易获得安全感和信任感,并对成年后的人格良好发展、人际交往、社会适应等方面有积极的促进作用。相反,如果幼儿早期的成长环境单调、贫乏,感受不到父母的爱,其心理发展将会受到阻碍,潜能的发展也会受到制约(成莉,刘云艳,2005)。

第二,家庭环境。家庭对个体心理健康的影响主要表现在家庭的社会生活背景和家庭的心理环境两大方面(王井云,2010)。

家庭社会生活背景主要涉及家庭的经济状况、家庭所在地、父母的职业、父母的受教育程度和家庭结构等方面。现有的一些研究指出,家庭经济状况差的个体可能存在更多的心理问题,表现出更多的心身症状、较低的自尊、更多的人际困扰和抑郁、焦虑情绪(康育文,陈青萍,2006)。父母离异或单亲家庭会在不同程度上给子女的心理健康、人格发展带来不利的影响。关于父母的受教育程度、职业与子女心理健康之间的关系,目前所获结论尚不统一。

家庭的心理环境主要涉及父母的教养方式和家庭气氛等方面。良好的亲子沟通是父母与子女之间相互理解和信任的前提,父母给予子女情感上的温暖和理解有利于子女健康心理的形成。采取专制型养育方式的父母,常常将自己的意志强加于子女,过度干涉子女的行为;而父母的过分拒绝和否认,容易使子女形成强迫、人际敏感、抑郁、焦虑、敌对、恐惧、偏执等不健康心理。有关家庭气氛的研究结论比较一致地认为,矛盾、冲突的家庭会对子女的心理健康产生不良的影响(姜哲,杨丽英,刘玉路,孙蕾,刘佳,2012)。

此外,父母的期望值、教育观、人格特点、行为表现等也会对子女的心理健康产生重要影响。

3. 生活事件

生活事件是指个体在日常生活中所经历的各种各样的紧张性刺激,它极易形成负面的应激反应,对个体的心理健康具有破坏性影响(Anda et al., 2000)。因此,生活事件包括结婚或离婚、升学或退学、就业或下岗、入选国家队或退役、意外惊吓、意外受伤、发生事故、自然灾害,以及生活中的其他大喜大悲等。无论其性质是积极的还是消极的,每一生活事件的出现都会给个体带来压力,都会使个体产生心理应激并付出精力去调整,由此给个体带来心理上的不适。当个体在某段时间内遭遇很多生活事件时,例如,某位运动员近期接连经历亲人亡故、朋友失和、比赛失利、运动损伤等,这些生活事件对其心理的影响具有某种程度的连续性和累积效应,使他的心理应激反应增加,而这又会影响其生理反应和心理平衡,最终影响他的身心健康水平(沙莲香,2006)。

生活事件对个体的影响受其性别、年龄、文化背景、需要、动机、个性、生活经历等因素的制约。作为应激源的生活事件,是否会对个体造成精神压力,在很大程度上取决于个体的主观感受。

三、心理健康的评定方法

目前,对心理健康进行测评的手段多种多样,但在国内外学术界影响最大的还属症状自评量表 SCL-90。该量表共有 90 个自我评定项目,共有 9 个分量表,即躯体化、强迫症状、人际关系敏感、抑郁、焦虑、敌对、恐怖、偏执和精神病性。该量表的目的是从感觉、情感、思维、意识、行为,以及生活习惯、人际关系、饮食睡眠等多种角度,评定个体是否有某种心理症状及其严重程度如何,适用于 16 岁以上的被试。

专栏 14-2　　　　　症状自评量表 SCL-90

[指导语]以下列出了有些人可能有的症状或问题,请仔细阅读每一条,然后根据您最近一个星期或过去的实际情况,选择一个适当选项。

　　　　　1—从无　　2—很轻　　3—中等　　4—偏重　　5—严重

1 头痛　　　　　　　　　　　　　46 难以作出决定
2 神经过敏,心中不踏实　　　　　47 怕乘电车、公共汽车、地铁或火车
3 头脑中有不必要的想法或字句盘旋　48 呼吸有困难
4 头晕或晕倒　　　　　　　　　　49 一阵阵发冷或发热
5 对异性的兴趣减退　　　　　　　50 因为感到害怕而避开某些东西、场合或活动

6 对旁人责备求全
7 感到别人能控制自己的思想
8 责怪别人制造麻烦
9 忘性大
10 担心自己的衣饰整齐及仪态的端正
11 容易烦恼和激动
12 胸痛
13 害怕空旷的场所或街道
14 感到自己的精力下降，活动减慢
15 想结束自己的生命
16 听到旁人听不到的声音
17 发抖
18 感到大多数人都不可信任
19 胃口不好
20 容易哭泣
21 同异性相处时感到害羞不自在
22 感到受骗、中了圈套或有人想抓住自己
23 无缘无故地突然感到害怕
24 自己不能控制地大发脾气
25 害怕单独出门
26 经常责怪自己
27 腰痛
28 感到难以完成任务
29 感到孤独
30 感到苦闷
31 过分担忧
32 对事物不感兴趣
33 感到害怕
34 自己的感情容易受到伤害
35 旁人能知道自己的私下想法
36 感到别人不理解自己、不同情自己
37 感到人们对自己不友好，不喜欢自己
38 做事必须做得很慢以保证做得正确
39 心跳得很厉害

51 脑子变空了
52 身体发麻或刺痛
53 喉咙有梗塞感
54 感到前途没有希望
55 不能集中注意力
56 感到身体的某一部分软弱无力
57 感到紧张或容易紧张
58 感到手或脚发重
59 想到死亡的事
60 吃得太多
61 当别人看着自己或谈论自己时感到不自在
62 有一些不属于自己的想法
63 有想打人或伤害他人的冲动
64 醒得太早
65 必须反复洗手、点数
66 睡得不稳不深
67 有想摔坏或破坏东西的想法
68 有一些别人没有的想法
69 感到对别人神经过敏
70 在商店或电影院等人多的地方感到不自在
71 感到任何事情都很困难
72 一阵阵恐惧或惊恐
73 在公共场合吃东西感到很不舒服
74 经常与人争论
75 单独一人时神经很紧张
76 别人对自己的成绩没有作出恰当的评价
77 即使和别人在一起也感到孤单
78 感到坐立不安心神不定
79 感到自己没有什么价值
80 感到熟悉的东西变得陌生或不像是真的
81 大叫或摔东西
82 害怕会在公共场合晕倒
83 感到别人想占自己的便宜
84 为一些有关性的想法而很苦恼

40 恶心或胃部不舒服	85 认为应该为自己的过错而受到惩罚
41 感到比不上他人	86 感到要很快把事情做完
42 肌肉酸痛	87 感到自己的身体有严重问题
43 感到有人在监视自己、谈论自己	88 从未感到和他人很亲近
44 难以入睡	89 感到自己有罪
45 做事必须反复检查	90 感到自己的脑子有毛病

资料来源：雨帆．(2008)．心理测试．上海：文汇出版社，pp. 135—142．

第二节 体育运动的心理效应

一、体育运动的积极心理效应

（一）改善认知活动

认知活动是个体重要的心理品质之一，良好的认知功能是个体顺利从事一切活动的基本保证。关于体育运动与认知之间的关系，国外学者做了不少探索。例如，安东尼（Anthony, 1991）研究了体育运动与智力及记忆能力之间的关系；温加滕（Weingarten, 1973）研究了不同认知任务与体育运动之间的关系；鲍威尔和汤姆普洛夫斯基（Powell, 1975; Tomporowki, 1986）研究了不同运动强度、不同时间长度的体育运动对认知功能的影响；福克恩斯等人（Folkins & Sime, 1981）则研究了体育运动对老年人与精神疾病患者认知功能的影响。他们的研究得出了一些较为有影响的结论：（1）是否积极参与体育运动与智力、记忆能力存在高度的正相关；（2）无论哪一个年龄阶段的人，健康被试的流体智力分数比不健康的被试高（通常人们都认为体育运动有助于身体健康）；（3）体育运动对复杂的认知任务有积极的影响；（4）短期的中等强度的训练可以在短期内改善认知活动，长期的锻炼可以缓解个体随着年龄增大而出现的认知功能下降；（5）对老年人和精神疾病患者而言，体育运动有益于其认知功能的改善。

国内学者做的有关研究也同样证实，体育运动有助于改善人的认知功能，特别是有助于提高中老年人的认知功能；年龄很大的个体参加体育运动与锻炼，同样可以提高信息加工的速度。当然，由于研究的方法和涉及的领域不同，不同学者所得结论可能会有一些差别（唐征宇, 2005a）。

体育运动之所以能产生上述效应是因为体育运动可能对大脑的氧供应、氧利用、神经递质的功能和大脑本身的结构产生积极的影响。经常参加体育运动能提高大脑皮层的兴奋和抑制的协调作用，使神经系统的兴奋和抑制的交替转移过程得到加强，从而提高脑细胞工作的耐受能力，改善大脑皮层神经系统的均衡性和准确性，使大脑的灵活性、协调性、反应速度等得到改善和提高(季浏，2006)。

近年来，学者们不仅关注体育运动与认知功能之间的关系问题，而且试图进一步探索体育锻炼引发的认知功能提高的脑机制问题。他们设计了大量的反应时测验来测量信息加工和执行功能的速度，因为信息加工和执行功能的速度是测量认知功能的两个最重要的指标。这类测验包括侧抑制(Flanker)任务、斯特鲁普(Stroop)任务和一般反应时任务。大量研究都指出，体育锻炼可以提高信息加工的速度；中等强度的体育锻炼有助于执行功能的提高，但是高强度的体育锻炼会使执行功能衰退。对此的解释是，大脑的前额叶皮层是一个与身体活动相关并对认知功能产生效应的重要脑皮层结构，轻度至中等强度的锻炼促进了大脑前额叶皮层氧合作用(血流)的增强，较强的锻炼则减弱了大脑这一部分的氧合作用(Cox，2015)。

专栏 14-3　　　　　体育锻炼与认知之间关系的复杂性

虽然有确切的数据支持有规律的体育锻炼无论是对正常人还是病人都会产生积极的情绪与认知影响，但是，并不是所有的研究都支持这个观点。健身与心理健康之间的关系依然布满疑云。汤姆普洛夫斯基等学者(Tomporowski & Ellis，1986)在一项综述中对体育锻炼与认知之间关系的复杂性进行了阐述。他们将有关研究按锻炼的情况分为四种不同的类型。

1. **超短时间高强度无氧锻炼**

这类锻炼方式的物理测量有手测力计、悬挂重物等，认知活动的测量则包括附加问题、数字范围测量、感知几何图形和配对练习。绝大多数是为了检验倒 U 形假说。结果显示，超短时间中等强度无氧锻炼有利于认知活动；超短时间高强度或低强度无氧锻炼都不利于认知活动。

2. **短时间高强度无氧锻炼**

这类研究采用功率自行车、爬楼梯、踏板跑步与辨认或算数任务相结合的方法进行测评。在 11 项相关研究中，有 6 项研究显示锻炼对认知没有产生影响；有几项研究显示 10—15 分钟的练习有益于认知过程，但此种情形下的动作大多不太标准；还有 1 项研究显示，锻炼导致认知减弱。

3. **短时间中强度有氧锻炼**

这类研究采用功率自行车、爬楼梯、踏板跑步、跑—慢跑—走作为锻炼项目，并运用了大量的认知任务。结果显示，中等强度的锻炼产生了较高的认知与唤醒水平。在中等强度的锻炼中，身体越健康的个体在认知任务上表现越好。

4. 长时间有氧锻炼

这类研究涉及的锻炼项目有马拉松、18公斤负重8千米跑和踏板跑直至疲劳，认知测量方式则有信号识别、知觉组织和自由回忆。结果显示，有2项研究证明了有氧锻炼的效应，1项研究未证明有氧锻炼的效应。

不同的研究之所以产生不同的研究结果，究其原因，一是可能这些研究缺乏强有力的理论基础，二是这些研究在方法学上还存在一些问题。例如，许多研究中的被试，自愿参加锻炼活动，本身就具有良好的健康状况和较高的动机，这可能促使某些心理指标产生了积极效应。

针对现有研究的不足，福克恩斯等人（Folkins & Sime, 1981）和汤姆普洛夫斯基等学者提议应加强对健康和认知机制的研究。为此，他们还提出了如下建议：（1）更关注锻炼对身体健康的测量；（2）测量主观活动的强度；（3）心血管功能的精确测量；（4）将健康与动机水平作为控制变量；（5）对锻炼的强度和时间以及认知功能的测量时刻（如锻炼中或锻炼后）进行系统分析；（6）选择更多的认知任务进行研究。

资料来源：[美] LeUnes, A., & Nation, J. R. (2005). 运动心理学导论. 姚家新, 等, 译. 西安：陕西师范大学出版社, pp. 413—414.

（二）改善情绪状态

体育运动对心理健康的影响的最主要指标是情绪状态的改善（祝蓓里，季浏，2000；季浏，殷恒婵，颜军，2010）。

1. 体育运动的短期情绪效应

体育运动的短期情绪效应是指一次性体育运动后即刻的情绪变化。研究发现，体育运动对人的情绪状态具有显著的短期效应。例如，麦克英曼（McInman）等人于1993年对运动后的被试立即进行测量，结果发现，他们的状态焦虑、抑郁、紧张和心理紊乱等水平显著降低，而精力和愉快程度显著提高。还有研究（Weinberg, Jackson, & Kolodny, 1988）指出，仅一次功率自行车练习就使大学生焦虑程度下降，5分钟的步行也有助于提高心境状态。当然，体育运动之后情绪的即刻变化可能与个体的健康状况、运动的形式、运动的强度，以及运动与情绪测量之间的间隔时间有关。

然而，也有少数研究结果显示出相反的结果。例如，金（King）等人1989年的研究指出，被试紧接着体育锻炼后的焦虑、紧张和抑郁情绪没有任何显著变化。但是，普兰特（Plante, 1993）认为，这些没有发现体育锻炼具有短期情绪效应的研究可能存在方法学的缺陷。

2. 体育运动的长期情绪效应

体育运动的长期情绪效应是指长期有规律地进行体育运动，并且每次运动持续一定时间所产生的情绪变化。与体育运动的短期情绪效应的研究相比,体育运动对个体情绪的长期效应方面的研究相对较少,有限的研究结果也不尽相同。这是因为大多数研究在实验设计上多选择较长的体育运动时间周期,通常为 8—10 周,每周进行 2—4 次的体育锻炼,有时也会进行更长时间的追踪研究,因而难以对实验过程进行严格的控制。但也有研究显示,体育运动对个体情绪的长期效应是存在的。例如,海登等人(Hayden et al., 1984)的研究发现,有规律的运动者比不运动者在较长的时期内更少产生焦虑和抑郁情绪。还有研究指出,与一般心理健康的个体相比,有规律的体育运动对患有心理疾病的个体更为有效,它是治疗这些心理疾病的重要辅助干预方法。

(三) 改善人际关系

人际关系是心理环境中最敏感、最具影响力的因素,它在很大程度上能够影响个体的心理健康水平。在日常生活中,人际关系好的个体总是表现出心情愉快、精神饱满、主观幸福感强烈的特征;反之,人际关系不良的个体可能会出现一些负性的情绪、情感表现,主观幸福感通常较差。通过体育运动,个体可以结识更多的朋友,增加与社会的联系。体育运动是一项既有竞争又有合作的社会活动,它要求参加的个体既要受一定的规则约束又要掌握人际沟通的技巧,这一切都有利于个体人际交往能力的培养,改善了的人际关系将令人心情舒畅、精神振奋。

(四) 完善个性

体育运动与个性之间的关系是一个引人注目的研究领域,尽管现有的研究未能形成统一的结论,但是大多数研究表明,与一般运动员相比,优秀运动员往往表现出更多良好的个性特征。例如,摩根(Morgan,1979)的研究表明,与普通人相比,成功的运动员有更多的积极心理特征、更少的消极心理特征;欧维里(Auweele,1993)的研究指出,优秀运动员具有以下特征:更有信心、在比赛前和比赛期间较少焦虑、注意力高度集中于比赛过程、面对比赛中的落后和失败有其他应对策略、积极思维;我国学者(方兴初,周家骥,1986)的研究则表明,世界冠军获得者或世界纪录创造者具有独立性好、自信心强、理智、顽强、有耐心、情绪愉快而稳定、自控能力强等个性心理特征。不过需要指出的是,现有的研究只能表明个性与体育运动之间存在相关关系,而不是因果关系(季浏,张力为,姚家新,2007)。

在非竞技领域,体育运动对个性的影响也是显著的。个体通过参加自己喜爱的体育运动项目,可以在性格、气质、能力等方面产生相应的变化。例如,经常参加球类运动,有助于机智、勇敢、灵活、顽强和集体意识等个性心理品质的形成和发展;经常参加长跑锻炼,有助于坚忍不拔、吃苦耐劳、自强、自制等个性心理品质的形成与发展。

(五) 形成坚强意志品质

坚强的意志品质对个体的运动效果具有重要意义,而坚强的意志品质又可以通过体育运动来获得。为了实现体育运动的目的,个体必须发挥意志的作用,克服体育运动中不断出现的由各种客观因素(如气候等)和主观因素(如紧张等)引起的困难。

经过较长时间的体育运动的锻炼和磨炼后,个体不仅能增强体质,而且能培养勇敢顽强、勇于战胜一切的良好意志品质。并且,在体育运动中培养起来的坚强意志品质往往可以迁移到日常的学习、生活和工作中去,这对青少年情操的陶冶、人格的塑造、人生观和价值观的确立具有积极的促进作用。

(六) 消除心理障碍

现代社会,人们参与体力劳动的机会越来越少,休闲的时间越来越多,由此带来了一系列文明病,如肥胖、心血管疾病和癌症。同时,现代社会又是一个充满竞争的社会。激烈的社会竞争对个体的心理品质提出了严峻考验。不少个体由于不适应这种竞争而患上了心理疾病,其最典型的表现是紧张、愤怒、抑郁、慌乱、压抑、精力下降、自我否定、悲观、低自尊、社交回避等。虽然可以采用传统的药物治疗与心理治疗的方法医治这类心理疾病,但是,这些方法不仅费时又昂贵,而且许多药物会产生令人不快的副作用。因此,体育运动作为一种无副作用、低花费的治疗手段,其价值越来越多地受到人们的推崇,尤其是对轻度心理疾病患者而言,它的效果更为显著(唐征宇,2000c)。

二、体育运动的消极心理效应

科学、适度的体育锻炼能够促进身心健康,但是锻炼成瘾、运动过度不仅会危害身体健康,而且会给心理健康带来不良的影响。体育运动可能带来的消极心理效应主要表现为消极锻炼成瘾和运动性心理疲劳。

(一) 消极锻炼成瘾

1. 锻炼成瘾的含义

锻炼成瘾是指对有规律的锻炼生活方式的一种心理生理依赖。它有积极和消极之分。从归因的角度分析,前者能控制锻炼行为,而后者反受锻炼行为控制。总的来说,错过一次锻炼机会就会体验到消极情绪的人或在身体疼痛和受伤的情况下也坚持锻炼的人可以被定义为消极锻炼成瘾。极端消极锻炼成瘾表现为锻炼依赖性,即锻炼者对体育运动产生了类似对酒精、药物和赌博的精神依赖并难以摆脱。不过,目前学术界并不将此现象视为变态行为(张力为,任未多,2000)。个体之所以会消极锻炼成瘾,是因为个体在运动时大脑会释放一种能引起精神愉快的化学物质,内啡肽就是其中之一。一旦中止运动,个体就会因内啡肽水平降低而焦躁不安。

2. 消极锻炼成瘾的危害

消极锻炼成瘾的个体往往过于迷恋某一运动项目,锻炼的时间和运动量常常超出自己所能承受的负荷界限,天长日久,便会自食超负荷运动的苦果——精神紧张、人际关系紧张、免疫功能下降、运动损伤、身体多处器官受损等。甚至有学者指出,大约有32种疾病与迷恋跑步有关,而这些疾病的后果往往会在若干年后才显现(邵义强,2009)。

3. 消极锻炼成瘾的预防

到目前为止,有关消极锻炼成瘾的应对策略或防治方法的研究还比较少见。费希尔等人(Fisher & Wrisberg, 2003)和斯特森等人(Stetson & Beacham, 2005)从治疗和预防反复的角度对消极锻炼成瘾进行了研究,建议从天气、合理安排时间、防止独处、避免负性情绪和疲劳等方面来防治消极锻炼成瘾。扎伊茨(Zaitz, 1989)则提出了4项自我帮助策略来调整运动习惯:(1) 采用不同形式的运动来满足运动需求,避免一直从事同一运动;(2) 合理安排两次运动之间的休息期,以避免心理和身体的疲劳;(3) 参与心理和社会的活动以减轻焦虑和提升自尊;(4) 尝试学习压力管理技巧,如放松、瑜伽、太极或冥想等。此外,宁业梅、李昌颂等人(2010)也提出了下列几种预防手段:(1) 明确体育锻炼的目标,不要对通过体育锻炼改变身材、保持青春活力等有过高的期待,根据自身的兴趣爱好、体质情况,制定科学、合理的锻炼计划;(2) 参加形式多样的体育项目与群体活动,因为经常独自锻炼或锻炼项目单一,容易导致消极锻炼成瘾或者心理疲劳;(3) 在体育锻炼中进行自我监督,这是科学、合理地进行体育锻炼的重要保证;(4) 养成良好的生活与饮食习惯。

(二) 运动性心理疲劳

1. 运动性心理疲劳的含义

运动性心理疲劳是指运动员在应对内源性压力和外源性压力时,心理资源与生理资源被不断消耗,而没有得到及时补充时所出现的心理机能不能维持原有心理活动水平,即心理机能下降的现象,具体表现在情绪维度、认知维度、动力维度、行为维度和生理维度的改变上。运动性心理疲劳的产生过程中可能存在一个具有转折意义的心理疲劳的可感觉阈限。运动性心理疲劳与生理疲劳一样,具有适应性的心理机能重建功能,应对得当时,可使运动员更好地应对训练比赛中的各种压力。运动性心理疲劳的发展如果没有得到适当的调节和控制,最终可能导致心理耗竭(张力为,林岭,赵福兰,2006)。

2. 运动性心理疲劳的主要表现及其诊断方法

运动性心理疲劳的主要表现有(杨建营,2004):(1)主观体验和行为表现。当运动员产生心理疲劳时,主观感觉乏力,进而对训练和比赛的兴趣减退,运动动机水平下降,训练热情降低,烦躁易怒,对外界刺激特别敏感。有时会因对个别技术、战术缺乏认识或兴趣而产生极度的厌倦,从而以一种消极被动的态度应付训练。(2)情绪性抑制反应。产生心理疲劳后,运动员不仅运动能力下降,而且情绪不稳定、意志减弱,甚至可能出现情感紊乱的加重。研究表明(Morgan et al., 1988),抑郁是心理疲劳产生的征兆。(3)适应性。产生运动性心理疲劳后,如果运动员得不到恢复或恢复不足,心理疲劳会持续积累,一旦超过某一临界点,便开始对运动员的运动行为产生负面影响,致使运动员在训练和比赛中适应能力明显降低。

运动性心理疲劳的诊断有两大类指标,一是心理指标,二是生理指标。心理指标主要包括有关心理疲劳状态的自陈报告,以及对内隐态度、反应时、两点阈、闪光融合频率等的测量;生理指标主要包括脑波超慢涨落技术和诱发电位等的测试(张力为,林岭,赵福兰,2006)。

3. 运动员运动性心理疲劳产生的原因

虽然普通锻炼者也会出现运动性心理疲劳,但在体育运动领域,有关运动性心理疲劳的研究成果主要来自针对专业运动员的研究。运动员运动性心理疲劳产生的原因主要有以下几个方面(张忠秋,2011)。

第一,生理疲劳。持续大运动量或大强度的运动训练使身体得不到休息,此时运动员容易产生生理疲劳,而当恢复措施跟不上时,由生理疲劳而引发的困倦、淡漠、烦躁等消极情绪持续时间过长,将导致心理疲劳。

第二,常规训练。运动员的生活常常是三点一线——吃饭、训练和睡觉,很少与外界接触,生活基本上完全为环境所制约。长期处于枯燥、乏味、单调、呆板的封闭式训练生活,容易使人产生厌倦感。此外,由于运动量或周期调整不好,训练方法不得当,运动员会对某些训练计划感到迷惑、不理解、厌烦,从而产生抵触情绪。

第三,比赛压力。当运动员觉得自己的竞技水平与实力和比赛获胜的要求之间存在一定差距时,比赛的压力将成为引发心理疲劳的导火索。

第四,社会支持。社会支持系统主要包括运动领域内(教练、领导、队友等)和运动领域外(家人、朋友、单位同事等)两部分。教练是运动领域内社会支持系统中最重要的人物,教练本身是否公正合格、来自教练的忽视,以及与教练关系不良等都会极大地影响运动员的信心和训练热情。

第五,竞技体育制度。包括运动员退役后的保障体系是否健全在内的竞技体育制度,是值得人们关注的一个重要因素。这与中国特殊的文化背景、独特的体育运行环境,以及与此相关的运动员选拔和培养机制有关。例如,国内各省(市)运动队的资金来源问题,竞技场上的裁判问题,运动员退役后的出路问题等,这些都会极大地影响运动员的训练和竞赛参与动机。

第六,投入和回报不成正比。运动训练具有报酬递减性,随着训练年限的延长和技术水平的提高,运动员付出的精力、时间、汗水都比以前多,成绩的提高幅度却比以前小,而且外部回报也与其付出不相符。能从众多竞争者中脱颖而出的人毕竟是少数,而很多运动员从幼年开始就一直参加体育运动,他们将生命中的重要部分投入其中,可投入和回报往往不成正比,这将直接影响他们的训练动机。

第七,个人因素,如个性、能力、动机、运动年限、年龄。性格内向孤僻,不善于表达的运动员在与人交往时容易产生心理疲劳。某些优秀运动员个性强,对自己要求高,未达到自己的期望水平时容易产生心理疲劳。某些运动员在个人能力与训练和比赛的要求不一致时容易产生心理疲劳。选择参与哪种运动项目,会影响运动员对整个运动训练生涯的认知评价和投入程度。出于自己的意愿和兴趣而从事运动项目的,更有可能取得好的成绩,也能更好地避免心理疲劳的危害。反之,若纯粹是在外界的压力下选择从事某一运动项目,运动员则更容易产生心理疲劳。新老运动员面临的压力和问题有所不同,一般而言,新运动员面临的主要是筛选压力,而老运动员面临着以往成绩的压力和队中榜样的压力。在产生心理疲劳的问题上,两者各有利弊。随着年龄的增长,运动员的技术、战术水平会提高,但身体的恢复能力随之下降,而且运动员不可能一辈子在运动场上奋战,诸如家庭、个人生活、人际交往等非训练竞赛问题的重要性也在逐渐增加。

因为心理疲劳现象具有复杂性,所以除了上面列举的原因,还有一些影响因素,如运动项目特点、目标设置等。

4. 运动性心理疲劳的控制

控制运动性心理疲劳,应当先从改善训练方式和提高管理质量入手。同时,也要针对其他原因进行系统调节(张力为,林岭,赵福兰,2006;宁业梅,李昌颂,唐祖燕,2010)。

第一,变换训练方式。不断改变训练方式,如准备活动的音乐、身体训练的内容、技术训练的形式、训练场地的布置等,以缓解训练的单调和枯燥。

第二,变换休息方式。变换休息方式的主要目的是转移运动员对训练比赛问题的注意,以避免中枢神经系统不断加工训练比赛信息时可能产生的保护性抑制。应当鼓励运动员和教练发展训练以外的兴趣爱好,鼓励他们在休息时投入自己喜欢的课余活动,如读书、编织、上网等。同时,也需要经常性地组织一些有益身心健康的集体休闲活动,如拓展训练活动,以丰富运动员的业余生活,防止运动员因过度关注训练比赛而产生心理疲劳。

第三,提供社会支持。社会支持对长期处于高压力下的运动员尤为重要。运动队应当建立良好的社会支持系统,使运动员和教练在面临伤病、失败、家庭问题、退役问题、与重要他人产生矛盾等重大生活事件和日常困扰时,能够及时寻求到社会支持。

第四,设置短期目标。训练和比赛的短期目标容易使运动员更快得到积极反馈,进而维持对训练的兴趣并提高自信,减少成就感降低的可能性。因此,应当帮助运动员设置多样化的短期目标,包括技术训练目标、身体训练目标、心理训练目标、伤病恢复目标等。这些目标应可操作、可检验、时间短,如每天的目标、每周的目标等。

第五,诚心悦纳自我。接受自己的缺点与优点,接受自己的成功与失败,保持乐观豁达的态度,有助于运动员以良好的心态应对困难,保持自信,减轻心理疲劳的感受。

第六,采用心理学恢复手段。在体育运动心理专家的指导下,通过语言暗示进行肌肉和神经的放松,还可以配合一些轻松悠扬的音乐进行训练,调节呼吸,使肌肉得到充分的放松,并最终调节中枢神经系统的兴奋性。

第七,进行自我监督。运动员在训练的过程中,要经常观察自己的生理功能、心理与健康状况,并把观察的结果记录下来,以便为教练提供有效的反馈信息,协助教练更合理地安排自己的运动负荷与时间,防止过度疲劳,提高运动训练的效果。

此外,养成良好的生活与饮食习惯,适时补充营养,也有助于控制运动性心理疲劳。

第三节 体育运动促进心理健康的机制

一、生理学机制

(一) 胺假说

该假说认为,神经递质类化学物质分泌量的变化与个体心理健康状况有关。神经传输元负责传送神经元之间及神经元与肌肉之间的信号。研究表明,抑郁的个体体内各种胺的分泌减少,如去甲肾上腺素、血液中的复合胺和多巴胺减少(Fawcett, Mass, & Dekirmenjiar, 1972; Morgan, 1985; North et al., 1990),而实验室中经过运动的小白鼠脑内的去甲肾上腺素却得到增加(Brown & van Huss, 1973)。从理论上讲,体育运动刺激了神经递质的分泌,从而对心理健康起了促进作用。

(二) 内啡肽假说

该假说认为,体育运动会促进内啡肽的释放,使个体的情绪水平提高。内啡肽是由脑垂体、下丘脑等分泌和释放的一种激素,它具有类似吗啡的效应,可使人愉快和减少疼痛。有研究指出,个体在进行长时间运动时(60分钟以上),体内内啡肽能保持较高水平;有氧运动可以引起内啡肽的释放,从而缓解精神疾病的某些症状;许多人能够忍受精神紧张和来自各方面的有害刺激,坚持以饱满的精神状态和信心参加体育运动与激烈的比赛,可能都与内啡肽的效应有关(邓荣华,颜军,金其贯,2003)。

(三) 心血管功能假说

该假说认为心境状态的改善与心血管功能的提高相关。体育运动能够加强心血管系统的功能——加强血管的收缩性和渗透性。健康的血液循环可以使体温恒定,有助于保持神经纤维的正常传导功能,从而有利于心理健康。

二、心理学机制

(一) 转移注意力假说

该假说认为,体育运动为个体提供了一个机会,使他们能够转移自己对不合理思维、消极情绪和不良行为反应的注意。

由于个体生活在错综复杂的社会中,经常会产生烦恼和忧愁,体育运动具有使个体忘掉不愉快的事情,从痛苦的体验中摆脱出来的作用。例如,慢跑、游泳等活动能使体育运动参与者进入自由联想状态,在单调的重复性技术动作中,通过冥想、思考等思维活动,促进思维的反省和脑力的恢复。这种对注意力的有效集中或转移,可以达到调节情绪的目的,从而有利于提高体育运动参加者的心理健康。

有研究表明,冥想或安静地休息与体育运动一样,都可以降低人的焦虑水平,但是长期的体育运动在减少消极情绪方面比放松练习或其他能转移注意力并令人感到愉快的活动更有效(邓荣华,颜军,金其贯,2003)。

(二) 认知行为假说

该假说认为,体育运动能够诱发积极的思维和情感,而积极的思维和情感对焦虑、抑郁等消极情绪状态具有一定的抵抗作用。

体育运动为个体提供了体验控制的情景,也可以使个体从中获得更多的竞争感和成功感,从而使自我效能感得到提高。焦虑、抑郁等消极情绪状态往往是由于个体多次感受到无法控制生活中发生的事件,并将失败归因于内部因素而形成的。因此,在体育运动中体验到的成功感和控制感,有助于打破与焦虑、抑郁等消极情绪状态相关联的恶性循环,改善情绪状态,增强个体对影响心理健康的事件的处理能力。

(三) 社会交互作用假说

该假说认为体育运动中与他人积极、愉快的社会交往,有助于提高个体的心理健康水平。体育运动是人际交往的重要形式之一。不同的个体可以突破地域、政治、经济、教育、文化背景,甚至生理与心理特征上的差异,平等地一起从事体育运动。个体在这个过程中相互交流,可以建立一种正常的社会关系,获得更多的社会支持,从而更好地适应社会。与日常生活中的其他交往形式相比,体育运动中的人际交往更为自然,更易克服人际交往中的心身障碍,更易化解不良的情绪状态。

(四) 运动愉快感假说

该假说认为,体育运动之所以能够调节情绪、预防和治疗心理疾病、增进心理健康,其中一个最重要的原因是个体在体育运动中能够体验到运动愉快感。运动愉快感本身是一种积极的情绪状态,它似乎是使体育运动的心理健康效应达到最大值的一个重要中间变量,也被认为是坚持体育运动的主要动力。体育运动产生的运动愉快感对个体的情绪和情感影响很大,主要表现为满足、愉悦、舒畅、能力感增强、积极参与运动等。如果个体不能从体育运动中获得乐趣,那么其在运动后易产生不良的心理状态,这可能导致个体从体育运动中退出。

专栏 14-4　　　　　运动愉快感及其影响因素

1. 运动愉快感的定义

不同学者对运动愉快感的定义不同。目前影响较大的是基麦希克等人(Kimecik & Harris, 1996)的观点,他们认为运动愉快感是指个体从事运动是基于个人的目的,并与积极的感觉有联系的最优化的心理状态,即流畅状态。他们还从 4 个方面进一步解释了运动愉快感的定义:(1)运动愉快感不仅是积极的情感,而且是最优化的心理状态;(2)运动愉快感是运动的心理过程;(3)运动愉快感具有排他性的结构特征,换言之,参与体育运动所产生的运动愉快感受是由运动本身引起的,而不是由其他条件引起的;(4)内部动机与运动愉快感既有区别,又有相似之处。他们认为从某种程度上说,运动愉快感与流畅状态是两个可以相互替代的概念。

2. 影响运动愉快感的因素

(1) 运动目的。对成年人来说,他们参加体育运动的目的是为了获得健康,如减轻体重、消除紧张和焦虑、预防心血管疾病、促进身体健康等。然而,有一些资料表明,获取健康对促进个体长期参加体育运动来说并不是最有效的目的。非健康的目的,如为了发展娱乐技能、加强人际交往、满足好奇心等,可能更有助于个体坚持参加体育运动。

参加体育运动的目的会随时间的推移而变化,坚持参加体育运动的目的与最初参加体育运动的目的可能不一样。对青少年而言,缺乏对体育运动的兴趣或未从体育运动中获得快乐是其不能坚持参与体育运动的重要原因。

(2) 社会交往。个体之所以为群体活动所吸引,主要原因有群体认同、社会强化、竞赛的刺激性以及参与体育运动的机会。坚持参加体育运动者要比中途退出者更能与他人形成亲密的关系,尤其是女性,与同伴一起练习是她们坚持参加体育运动的重要原因之一。

(3) 个人的能力与自我效能。个体喜欢选择适合自己体育能力的富有挑战性的体育运动。因此,为提高个体的体育运动能力,以使其适应挑战性任务,并使其从体育运动中获得快乐,有必要制定能发挥个体体育能力的训练计划。

锻炼自我效能感很重要。那些相信自己能在有规律的锻炼中获得成功的人,最后都获得了成功。肥胖知觉、老年人的孤独感对锻炼的自我效能感具有消极影响。

(4) 社会环境。社会环境影响着体育运动的心理效应,同时也影响着运动愉快感的产生。体育运动时的社会环境包括体育锻炼的指导者、同伴、观众等,来自同伴的社会促进是个体参加体育运动与坚持参加体育运动的主要原因之一,这可能是由于心理相融的同伴在场更易使个体产生运动愉快感。

(5) 音乐。在锻炼的时候听音乐能使个体的积极情感增强。音乐能够通过以下几个方面提高锻炼效果:减少疲劳的感受,提高唤醒水平,促进运动协调,增加乐趣。

除了上述影响运动愉快感产生的因素,自我效能、目标设置、个体兴趣、体育社会环境中的领导行为和风格,以及与体育运动项目本身有关的因素也可能影响运动愉快感的产生。

3. 运动愉快感是体育运动促进心理健康的中间变量

体育运动对心理健康产生积极作用的关键因素在于运动参与者要从运动中获得乐趣。其模式见下图。

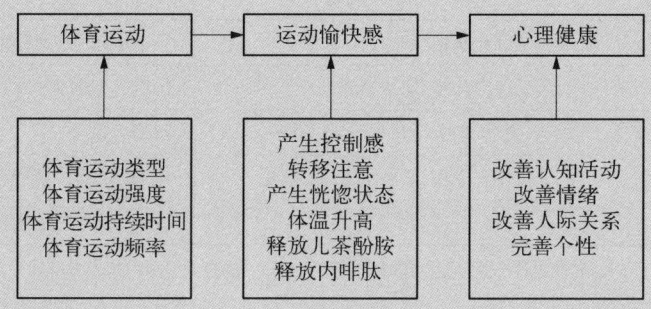

资料来源：(1) 祝蓓里,季浏. (2000). 体育心理学. 北京：高等教育出版社, pp. 262—266.
(2) [美] Cox, R. H. (2015). 运动心理学(第7版). 王树明,等,译. 上海：上海人民出版社, p. 408.

值得一提的是,体育运动对心理健康的积极作用可能是体育运动者的一种主观体验,它与个体实际的健康状况并不存在必然的联系。换言之,健康的感觉与心理功能的改善的关系更加密切。虽然有许多理论假说试图去解释体育运动与心理健康之间的关系,但是每种理论都是从某一角度来阐释两者之间的关系的,都具有一定的片面性,到目前为止,还没有一种假说有充分的科学依据能够说明体育运动与心理健康之间的关系。尽管存在上述不足,但这将更多地促使人们从更广泛、更综合的视角来探讨有关问题。

第四节　促进心理健康的运动处方

一、运动处方的含义

运动处方是20世纪50年代由美国生理学家卡波维奇(P. V. Kapovich)提出的,它是指导人们有目的、有计划、科学地进行锻炼的重要方式。在身体锻炼心理学中,运动处方指的是参加健身锻炼者为了取得较大的心理效应而制定的有关锻炼内容和运动负荷的计划。运动处方的内容包括：(1) 体育运动目的；(2) 体育运动项目；(3) 体育运动强度；(4) 持续时间；(5) 体育运动频率；(6) 注意事项。除体育运动目的和注意事项外,其余四项为运动处方的四大要素(王正珍,2009)。表14-1

对药物处方与运动处方进行了比较,以更好地展示运动处方的特点。

表 14 - 1 药物处方与运动处方对照表

组成要素 (名称)	药物处方 (药物名称)	运动处方 (运动方式)
单剂量	每粒药量	运动强度(物理和生理负荷量)
1天总剂量	每次几粒,每天几次	每次运动时间
周期(频度)	数天为1个疗程	每周几次
疗程	几个疗程	每周/每次的能量消耗
注意事项	适应证、禁忌证	安全、有效的注意事项

资料来源:王正珍. (2009a). 运动处方的概念及组成. 中国社区医师, 25(16), 43—44.

二、运动处方实施前的评估

通常,运动处方是由医生、康复治疗师、社会体育指导员或体育工作者给患者、运动员或健身锻炼者,按年龄、性别、健康状况、身体锻炼经历,以及心肺功能和运动器官的机能水平等,以处方的形式制订的系统化、个性化的健身方案(王正珍, 2009a)。

在开出运动处方前,开方者应对运动者的全身身体情况进行一次全面综合的评定,一般应包括:心肺功能情况、肌力评定和关节活动度、机体代谢和体能状况、日常生活活动能力,以及心理和智力测定。

一般而言,健康的中青年人(男性≤40岁,女性≤45岁),若以低强度的运动(40%—60% HRmax[①])开始,且逐步增加运动量,可不进行多项医疗检查和运动实验。若进行中等强度以上的运动,并且运动者年龄大于45岁,则应进行全面的体格检查和运动实验,了解有关病史和体征。对不宜进行较剧烈运动的运动者,运动处方上应作禁忌说明(步斌,侯乐荣,周学兰,韩海军,李良刚,张超慧,2010)。

三、运动处方四大要素与体育运动心理效应的关系

(一) 体育运动项目

1. 令人愉快和有趣的体育运动

无论是哪一种体育运动类型,体育运动的心理健康效应与个体对某一种体育运

---

① HRmax:最高心率。

动的喜爱程度,以及与是否能从该体育运动中取得乐趣有一定关系。个体偏爱做自己感觉快乐的事情,而不愿做自己感觉不愉快的事情,这就是个体在选择体育运动时常常会选择好玩、有趣的项目的原因。而愉快往往又与技能水平有关。如果个体选择网球来进行体育锻炼,那么这将有助于提高他的网球技能水平。

2. 有氧运动或有节奏的体育运动

虽然无氧运动也有一定的心理效应,但是大量研究指出,有氧运动与心境改变和应激减少有关,并且有氧运动与许多放松训练的作用等价。

3. 没有人际竞争的体育运动

参加没有人际竞争的体育运动之所以能加强心理效应,其主要原因在于,非比赛性的体育运动能使参与者回避因失败而产生的消极心理。

4. 自控性体育运动

这类体育运动又称封闭性体育运动,泛指那些闭锁的、结果可预测的、时间和空间上可确定的、动作具有节奏和重复性的体育运动。这类体育运动的特征决定了个体在从事这类体育运动时不需要太多的注意,能体验到平静感,能在体育运动中进行自由联想,从而将注意集中在自身和脑力的恢复上。这种注意力的集中对心境的调节具有积极的意义。

(二) 体育运动强度

体育运动强度是指体育运动时消耗的能量和功率大小。例如,在有氧运动中,体育运动强度取决于走或跑的速度、蹬车的功率、登山时的坡度等;在力量和柔韧性练习中,体育运动强度取决于给予助力或阻力的负荷重量。体育运动强度是否恰当,关系到体育运动的效果和体育运动参与者的安全,它是体现运动处方科学性、针对性和安全性的重要部分。

目前,通常用耗氧量的绝对值或相对值来衡量体育运动的强度。但是,鉴于耗氧量、最大吸氧量往往需要专门的仪器设备来测定评估,某些基层单位不具备测定条件,而心率与耗氧量的绝对值呈线性相关,故可以选择心率作为体育运动强度的指标。人体的最高心率的计算公式是"220－年龄"。另一种更为简便和容易控制的方法是自感劳累分级法(Rating of Perceived Exertion, RPE),通常以"稍累"(大约相当于 60% $VO_2 max$[①])到"累"(80% $VO_2 max$)进行分级。大多数健康成人的推荐体育运动强度在"稍累"到"累"之间。

---

① $VO_2 max$:耗氧量的相对值。

虽然,大强度体育运动有助于增强个体的心肺功能和提高代谢水平,对青少年身体素质的发展具有重要意义,但是有研究(Steptoe & Cox,1988)指出,大强度的体育运动存在增加紧张、焦虑等消极情绪的可能。而且,目前的大多数研究(Berger & Owen,1992)认为,中等强度的体育运动能取得较好的心理效应,即对大多数人而言,中等强度的体育运动比大强度的体育运动更合适。

(三) 体育运动持续时间

1. 每次参加体育运动的持续时间

目前,有关每次体育运动的持续时间(或距离)与心理效应的关系说法尚不统一,但有一点几乎是可以肯定的,那就是至少20—30分钟。

每次体育运动的持续时间与体育运动强度存在一定的关系,其关系可用下列公式表示:

$$体育运动量 = 体育运动强度 \times 体育运动的持续时间$$

表14-2 体育运动强度与体育运动持续时间的关系

体育运动强度	不同体育运动强度和持续时间的最大吸氧量(%)				
	5 min	10 min	15 min	30 min	60 min
小	70	65	60	50	40
中	80	75	70	60	50
大	90	85	80	70	60

资料来源: 季浏. (2001). *体育心理学*. 北京: 高等教育出版社, p.66.

2. 体育运动方案的持续时间

研究表明(Long,1993; Lox et al.,1995),8—10周的体育运动是取得心理效果最适宜的持续时间。而把体育运动作为干预策略用于促进个体心理健康的研究所制定的体育运动方案的持续时间一般为8—15周。对焦虑者来说,持续时间越长,体育运动的心理效果越好(Rostad & Long,1996),而为改善自我概念而设计的体育运动课程至少应是6个月(Brown,1982)。

(四) 体育运动频率

体育运动频率是指每周参加体育运动的次数。对此,目前的研究结论尚不统一。例如,有研究(Tsai,1987)认为每月参加1次体育运动就可以产生一定的心理效应,也有研究(Thayer,1996)认为每周参加3—5次体育运动效果较好。然而大多数研究采用的实验干预计划是每周进行2—4次的体育运动。例如,巴斯奇(Bosscher,1993)有关体育运动降低抑郁作用的研究、让(Long,1993)比较压力免疫干预和体育运动降低应激效果的研究所采用的体育运动频率都是每周2—4次。

由于个体参与体育运动后的心理效益大约可持续2—4个小时,由此引发的焦虑短暂下降和收缩压降低的效果可以持续2—3个小时,这个时间长于单纯休息。因此,要维持体育运动的心理效益并使之长期保持,就必须使体育运动融合到日常生活中去,长期坚持,养成终身参与体育运动的习惯(季浏,2006)。

综上所述,体育运动的心理效应受到运动处方的影响。运动处方的四大要素是相互联系、相互影响的,因此制定运动处方时应综合考虑四大要素,把它们有机结合在一起。同时,为了取得理想的心理效果,制定运动处方时还应考虑个性特点、年龄、性别等因素。

> **专栏 14-5　　　　大学生心理亚健康类型与运动处方项目选择**
>
> **1. 神经衰弱型运动处方项目选择**
>
> 神经衰弱是大学生中最常见的心理亚健康状态,主要表现为脑功能衰弱,经常出现伤感、烦恼、焦虑等情绪体验。神经衰弱的大学生用脑稍久便感到十分疲惫,严重者甚至一用脑或翻书阅读就感到头痛脑涨,注意难以集中、记忆力减退、入睡困难、多梦以及消化不良等。针对这种状态,可迅速做舒缓神经的运动。例如,健身慢跑、广播操、跳绳、骑自行车、交谊舞、太极拳、木兰拳、毽球等。这些运动虽然强度不大,但经常参与能消除大脑的疲劳和紧张,恢复精力,阻止心理亚健康状态的产生。
>
> **2. 心理抑郁型与运动处方选择**
>
> 这是大学生心理冲突的一种过度的、持久的、心境低落的亚健康状态。其典型表现为:生活兴趣明显减退,甚至丧失业余爱好;感到精力不足,对学习和生活缺少信心;自我评价低,夸大自己的缺点且容易内疚;常回忆不愉快的往事或遇事好往坏处想,但仍有自制力;对个人前途悲观失望,严重者甚至感到活不下去,产生自杀的念头。自卑、孤独、悲观、易激动、情感脆弱是这一类型的特点。这种情况下,选择一些既有合作又有竞争的集体项目进行锻炼可以改善这一状态,如足球、篮球、排球、接力跑、交谊舞、体育游戏等。
>
> **3. 情感偏差型与运动处方选择**
>
> 情感偏差主要指将同学友情当爱情的单相思的心理或因追求不到的对象而单方面体验爱情,由此造成的烦恼、悲伤、疲劳、不能自拔和精神压抑。这类同学应做"情感转移",可选择一些运动项目进行比赛和提高,将压抑的情感转化成运动能量发泄出去,使心理获得相对的舒畅。例如,足球、篮球、排球、网球、乒乓球、羽毛球及郊游等。
>
> **4. 缺乏信心型与运动处方选择**
>
> 这类学生做事情总是担心自己完成不了,对考试、作业表现出过度的焦虑。对于他们,可以选择

一些简单易做的运动,如跳绳、俯卧撑、广播操、跑步等。坚持锻炼一段时间,其自信心会随着运动水平的逐步提高而自然增强。

5. 急躁、易怒型与运动处方选择

这类学生常常感到自己遇事不太冷静、易急躁,感情容易冲动,选择下棋、打太极拳、慢跑、气功、瑜伽、远足、游泳、自行车、射击等运动能帮助调节他们的神经系统活动,增强自我控制能力,稳定情绪,改善容易冲动的心理状态。

资料来源:许德顺,刘永峰.(2005).心理亚健康运动处方实验研究.广州体育学院学报,25(2),81—83.

本章提要

- 从古至今,身体与心理的关系,一直是人们关心的话题。在过去的30多年中,学术界有大量的研究致力于了解体育运动对心理健康的影响,这一领域的研究已成为当前学术界的热点之一。
- 心理健康又称心理卫生,是指个体各种心理状态(如一般适应能力、人格健全状况等)保持正常或良好水平,并且自我内部(如自我意识、自我控制和自我体验等)以及自我与现实环境之间保持和谐一致的良好状态。
- 个体的心理健康是一个极为复杂的动态过程,包括众多相对独立的特质,因此影响心理健康、造成心理障碍的因素也是复杂多样的,主要包括生物的、心理的、社会的因素等。生物因素包括遗传、病菌与病毒感染、躯体疾病以及脑外伤与化学中毒;心理因素包括动机冲突、人格特征和心理中介(个体内部的一种心理活动,在压力源和心理健康状况之间起调节作用);社会因素包括社会文化环境的变迁、早期教育和家庭环境以及生活事件(指个体在日常生活中经历的各种紧张性刺激,它极易形成负面的应激反应,并对个体的心理健康产生破坏性影响)。
- 目前,对心理健康进行测评的手段多种多样,在国内外学术界影响最大的是症状自评量表SCL-90。
- 体育运动的积极心理效应是改善认知活动、情绪状态和人际关系,完善个性,形成坚强意志品质和消除心理障碍。
- 科学、适度的体育锻炼能够促进身心健康,但是锻炼成瘾和运动过度,不仅会危害身体健康,而且会给心理健康带来不良的影响。体育运动可能带来的消极心理效应主要包括消极锻炼成瘾和心理疲劳。
- 锻炼成瘾是指对有规律的锻炼生活方式的一种心理生理依赖。它有积极和消极之分。消极锻炼成瘾者锻炼的时间和运动量常常超过自己所能承受的负荷界限,长期积累将带来以下消极影响:精神紧张、人际关系障碍、免疫功能下降、运动损伤、身体多处器官受损等。运动心理学需要采取有效的措施来防止锻炼者形成消极锻炼成瘾。

- 运动性心理疲劳是指运动员在应对内源性压力和外源性压力时,心理资源与生理资源被不断消耗,而没有得到及时补充时所出现的心理机能不能维持原有心理活动水平,即心理机能下降的现象,具体表现在情绪维度、认知维度、动力维度、行为维度和生理维度的改变上。研究表明,抑郁是心理疲劳产生的征兆。
- 运动性心理疲劳诊断的心理指标主要有关于心理疲劳状态的自陈报告,以及内隐态度、反应时、两点阈、闪光融合频率等的测量;生理指标主要包括脑波超慢涨落技术和诱发电位等的测试。
- 运动员运动性心理疲劳产生的原因包括持续大运动量或大强度的运动训练所产生的生理疲劳;长期枯燥、乏味、单调、呆板的封闭式训练生活;比赛压力;得不到足够的社会支持;竞技体育的缺陷;投入和回报不成正比;个人的个性、能力、动机、运动年限、年龄等。
- 运动性心理疲劳的控制方法有:变换训练方式;变换休息方式;提供社会支持;设置短期目标;诚心悦纳自我;采用心理学恢复手段;进行自我监督;养成良好的生活与饮食习惯,适时补充营养等。
- 体育运动促进心理健康的生理学机制:(1)胺假说——神经递质类化学物质分泌量的变化与个体心理健康状况有关;(2)内啡肽假说——体育运动可促进内啡肽的释放,使个体的情绪水平提高;(3)心血管功能假说——心境状态的改善与心血管功能的提高相关。
- 体育运动促进心理健康的心理学机制:(1)转移注意力假说——体育运动给个体提供了一个机会,使他们能够转移对自身不合理思维与消极情绪,以及不良行为反应的注意;(2)认知行为假说——体育运动能够诱发积极的思维和情感,而积极的思维和情感对焦虑、抑郁等消极情绪状态具有一定抵抗作用;(3)社会交互作用假说——体育运动中与他人积极、愉快的社会交往,有助于提高个体的心理健康水平;(4)运动愉快感假说——体育运动之所以能够调节情绪、预防和治疗心理疾病、增进心理健康,其中最重要的原因是个体在体育运动中能够体验到运动愉快感。
- 运动愉快感本身是一种积极的情绪状态,它似乎是使体育运动的心理健康效应达到最大值的一个重要中间变量,也被认为是坚持体育运动的主要动力。
- 运动处方是指导人们有目的、有计划、科学地进行锻炼的重要方式。运动处方四大要素与体育运动心理效应的关系是:(1)体育运动项目——从事令人愉快和有趣的体育运动、有氧运动或有节奏的体育运动、没有人际竞争的体育运动和自控性体育运动;(2)体育运动强度——目前的大多数研究认为,中等强度的体育运动能取得较好的心理效应;(3)体育运动持续时间——每次参加体育运动的持续时间至少是20—30分钟,把体育运动作为干预策略用于促进个体心理健康的研究所制定的体育运动方案的持续时间一般为8—15周,对焦虑者来说,持续时间越长,体育运动带来的心理效果越好,为改善自我概念而设计的体育运动课程则至少应是6个月;(4)体育运动频率——大多数研究采用的实验干预计划通常每周进行2—4次的体育运动。
- 运动处方的四大要素是相互联系、相互影响的,因此,制定运动处方时应综合考虑四大要素,把它们有机结合在一起。

教学活动设计

1. 请选择一项运动,分析该项运动对大学生心理健康的积极影响。
2. 请尝试制定一份有益于自己身心健康的运动处方。

复习与思考题

1. 简述运动处方的含义。
2. 简述影响运动愉快感的因素。
3. 简述控制运动性心理疲劳的方法。
4. 试述影响心理健康的因素。
5. 试述体育运动的积极心理效应有何表现。
6. 试述运动处方四大要素与体育运动心理效应的关系。

参考文献

中文部分

［美］爱德华·O. 威尔逊. (2015). 论人的本性. 胡婧, 译. 北京: 新华出版社.

［美］Cox, R. H. (2003). 运动心理学——概念与应用. 张力为, 等, 译. 北京: 清华大学出版社.

［美］Cox, R. H. (2015). 运动心理学(第7版). 王树明, 等, 译. 上海: 上海人民出版社.

［英］达尔文. (2009). 人类的由来及性选择. 叶笃庄, 杨习之, 译. 北京: 北京大学出版社.

［美］J. M. 威廉. (1990). 应用运动心理学. 杨立能, 译. 上海体育科学学会体育管理专业委员会, 上海体育学院——江西省体委协作办公室.

［美］LeUnes, A. , & Nation, J. R. (2005). 运动心理学导论. 姚家新, 等, 译. 西安: 陕西师范大学出版社.

［美］Magill, R. A. (2006). 运动技能学习与控制(第七版). 张忠秋, 等, 译. 北京: 中国轻工业出版社.

［美］乔斯·B. 阿什福德, 克雷格·温斯顿·雷克劳尔, 凯西·L. 洛蒂. (2005). 人类行为与社会环境: 生物学、心理学与社会学视角(第2版). 王宏亮, 李艳红, 林虹, 译. 北京: 中国人民大学出版社.

［美］Sternberg, R. J. , & Williams, W. M. (2003). 教育心理学. 张厚粲, 译. 北京: 中国轻工业出版社.

［美］斯蒂芬·弗兰佐. (2010). 社会心理学(第3版). 葛鉴桥, 等, 译. 上海: 上海人民出版社.

［日］藤田厚. (1982). 心理学研究法. 丁雪琴, 译. 济南: 济南心理学会.

［美］Weinberg, R. S. , & Gould, D. (2016). 体育与训练心理学. 谢军, 梁自明, 译. 北京: 中国轻工业出版社.

卞迁, 齐薇, 刘志方, 闫国利. (2009). 当代眼动记录技术述评. 心理研究, 2(1), 34—37.

边玉芳. (2012). 动机冲突也是应激源吗——陶特曼的"认知失调、心理应激与病毒诱发感冒"实验. 中小学心理健康教育, (3), 33—35.

卜志强, 沙连生, 丁守华, 孔令斌, 杨志寅. (2008). C型行为与肿瘤关系研究进展. 中国实用医药, 3(10), 189—191.

步斌, 侯乐荣, 周学兰, 韩海军, 李良刚, 张超慧. (2010). 运动处方研究进展. 中国循证医学杂志, 10(12), 1359—1366.

蔡宏秋, 董传升. (2005). 体育与运动的泛化. 沈阳体育学院学报, 24(6), 14—17.

曹纯琼. (1999). 自闭儿心理与教育治疗(第四版). 台北: 心理出版社.

曹晖, 曹国民. (2002). 体育教学对学生社会化作用的探讨. 四川体育科学, (1), 73—75.

曹鸣岐.(2005).应用社会心理学.西安：西安地图出版社.

柴文袖.(1991).我国古代运动心理学思想再探.体育科学,11(5),89—92.

常庆.(1984).优秀运动员心理特征的统计分析.体育科学,(2),15—21.

陈爱国,颜军,殷恒婵.(2011).运动与脑的可塑性研究进展及其教育启示.体育与科学,32(6),249—256.

陈国宪.(2001).从小培养孩子的合作能力.心理与健康,(3),10.

陈坚,姒刚彦.(1999).武汉市体育运动学校学员目标定向的研究.体育科研,20(2),14—16.

陈健,姚颂平.(2006).虚拟现实技术在体育运动技术仿真中的应用.体育科学,26(9),34—39.

陈琦,刘儒德.(1997).当代教育心理学.北京：北京师范大学出版社.

陈清刚.(2006).进食障碍与社会心理因素.中国行为医学科学,15(11),1053—1054.

陈巍.(2011).认知神经科学技术在心理学上的应用.心理科学,34(2),272—277.

陈秀平.(2005).运动应激与应对模式研究.安徽体育科技,26(3),51—53.

陈砚秋.(2006).社会心理学原理与应用.哈尔滨：哈尔滨地图出版社.

成莉,刘云艳.(2005).父母要重视幼儿早期情感教育.教育导刊,(10),45—47.

程勇民.(2006).运动水平、知识表征及其年龄对羽毛球竞赛情景中直觉性运动决策的影响.体育科学,26(1),86—95.

迟立忠,张力为.(2013).当代运动心理学进展：竞技心理.北京体育大学学报,36(9),49—56.

辞海编辑委员会.(1999).辞海.上海：上海辞书出版社.

崔建强,孔垂辉,刘文娟.(2013).我国运动心理学领域学者学术影响力研究——基于中国期刊网分析.北京体育大学学报,36(11),56—61.

崔丽娟,才源源.(2008).社会心理学.上海：华东师范大学出版社.

戴晶斌,邓赐平.(1998).儿童运动社会化中的社会学习机制.上海大学学报(社会科学版),5(3),107—112.

戴昕.(2003).对特殊奥林匹克运动的认识.首都体育学院学报,15(4),13—14.

邓宏宝.(2012).心理学基础——青少年发展与学习.北京：科学出版社.

邓猛,潘剑芳.(2003).关于全纳教育思想的几点理论回顾及其对我们的启示.中国特殊教育,(4),1—7.

邓荣华,颜军,金其贯.(2003).运动增进心理健康的机制及运动处方.西安体育学院学报,20(3),107—110.

董进霞.(2003).北京大学妇女体育研究中心成立及"北京奥运——女性的机会和挑战"研讨会在京召开.妇女研究论丛,(2),66—67.

董进霞.(2005).家庭、性别和竞技体育参与的相互关系——20世纪90年代我国运动员的社会经济背景分析.北京体育大学学报,28(1),11—12.

董进霞,徐淑斐.(1995).国内外妇女体育研究概观.*体育与科学*,(3),4—5.

董婉月.(1993).青少年的个体—集体取向及其与合作行为关系的实验研究.见章志光(主编),*学生品德形成新探*(pp.316—334).北京:北京师范大学出版社.

董文毅,刘红波,解颖.(2006).知识分子饮食行为调查和影响因素分析.*中国行为医学科学*,15(6),536—537.

董昱,张廷安,杨刚.(2003).少年男子足球运动员防守战术意识思维决策活动研究.*北京体育大学学报*,26(2),274—276.

丁俊武.(2007).动作技能学习理论的演变及发展展望.*北京体育大学学报*,30(3),420—422.

丁维维,毛志雄.(2014).自我决定理论在中学生锻炼行为促进领域的应用.*北京体育大学学报*,37(5),84—91.

丁雪琴,殷恒婵.(1997).*运动心理训练与评价*.北京:文津出版社.

二十八画生.(1917).体育之研究.*新青年*,3(2),52—62.

樊富珉,付吉元.(2001).大学生自我概念与心理健康的相关研究.*中国心理卫生杂志*,15(2),76—77.

范青,马玮亮,季建林.(2005).女性进食障碍的心理社会学因素研究.*国外医学妇幼保健分册*,16(1),55—57.

方文.(2001).社会心理学的演化:一种学科制度视角.*中国社会科学*,(6),126—137.

方兴初,周家骥.(1986).上海地区世界冠军、世界纪录创造者个性特点的初步分析.*体育科研*,(8),22—24.

费穗宇.(1988).*社会心理学词典*.石家庄:河北人民出版社.

冯晓杭.(2004).初中生的自我概念与心理健康.*社会心理科学*,19(5),589—591.

冯琰,刘晓茹.(2005).教练员领导问题的研究进展.*沈阳体育学院学报*,24(3),8—10.

付全,李京诚.(2013).运动认知心理学研究沿革与展望.*沈阳体育学院学报*,32(5),26—31.

高亮.(2009).我国优秀男子武术散打运动员操作思维特征与评价研究.*首都体育学院学报*,21(3),371—374.

关丹丹,王建平.(2003).北京女大学生进食障碍调查分析.*中国心理卫生杂志*,17(10),672+665.

郭德俊.(1993).能力理论与成就动机.*高等师范教育研究*,(3),65—70.

郭永玉.(2005).*人格心理学*.北京:中国社会科学出版社.

韩晨.(2000).问题情境及技术等级对运动员直觉性思维的影响——对棒球运动员投击球判断准确性和时间的实验.北京:北京体育大学.

何颖,徐明.(2002).大学生体育锻炼与抑郁水平、身体自尊水平的相关性分析.*成都体育学院学报*,28(1),65—68.

赫葆源.(1982).*实验心理学*.北京:北京大学出版社.

贺亮锋,祝蓓里.(1999).体育教学对儿童道德发展的影响实验研究.心理科学,22(3),275—278.

贺岭峰.(1996).自我概念研究的概述.心理学动态,4(3),41—44.

侯玉鹭.(2010).美国大学生排球运动员速度预判能力的实验研究.武汉体育学院学报,44(3),93—95.

胡桂英.(2008).运动心理学.杭州:浙江大学出版社.

胡金生,杨丽珠.(2004).当前日本亲社会行为研究的动向.心理学探新,24(4),14—16.

黄崇儒.(2009).运动心理学:过去、现在与未来.应用心理学研究,夏(42),63.

黄海青.(2006).身体意象及其对青少年教育的指导意义.前沿,(8),49—51.

黄金鹏.(2005).关于体育教育在促进人的社会化进程中作用的社会学思考.南京体育学院学报,19(5),52—54.

黄希庭,杨治良,林崇德.(2003).心理学大辞典.上海:上海教育出版社.

季建林,徐俊.(1989).认知疗法的现状及趋势.中国心理卫生杂志,3(3),129—132.

季浏.(1996).体育社会心理学.上海:华东理工大学出版社.

季浏.(2001).体育心理学.北京:高等教育出版社.

季浏.(2006).体育锻炼与心理健康.上海:华东师范大学出版社.

季浏,符明秋.(1994).当代运动心理学.重庆:西南师范大学出版社.

季浏,孙麒麟.(2000).体育与健康.上海:华东师范大学出版社.

季浏,殷恒婵,颜军.(2006).体育心理学教与学指导.北京:高等教育出版社.

季浏,殷恒婵,颜军.(2010).体育心理学(第2版).北京:高等教育出版社.

季浏,殷恒婵,颜军.(2016).体育心理学(第3版).北京:高等教育出版社.

季浏,张力为,姚家新.(2007).体育运动心理学导论.北京:北京体育大学出版社.

江宇,吴翌晖.(2004).江苏省妇女体育锻炼动机、坚持性和参与程度的研究.北京体育大学学报,27(11),69—71.

姜富革,张美霞.(2004).普通高校篮球选项课对大学生创新能力的培养.哈尔滨体育学院学报,22(4),63—64.

姜哲,杨丽英,刘玉路,孙蕾,刘佳.(2012).家庭生活模式与青少年心理健康的关系.中国健康心理学杂志,20(2),230—232.

蒋丰.(2003).逆转理论对现用临赛前心理调控技术的补充.南京体育学院学报,17(1),80—82.

蒋湘玲.(2003).心理、精神疾病与遗传因素.海南医学,14(4),69—70.

蒋艳菊,彭雅静.(2008).习得性无助感研究及其对教育的启示.心理研究,1(4),86—90.

教体艺.(2006).教育部国家体育总局共青团中央关于开展全国亿万学生阳光体育运动的决定. https://baike.so.com/doc/7548373-7822466.html.

金盛华.(1995).当代少年社会化的机制.教育科学研究,(4),17—20.

金盛华. (1996). 社会化研究新视野. 高等师范教育研究,(3),55—62.

金盛华. (2005). 社会心理学. 北京:高等教育出版社.

金盛华,张杰. (1995). 当代社会心理学导论. 北京:北京师范大学出版社.

金雯,周成林,戈炳珠. (1999). 自由式滑雪运动员专项表象训练程序的实施与研究. 中国体育科技,(3),22—24.

金亚虹. (2005). 运动技能学习中影响自身觉察错误能力形成的若干因素研究——从结果反馈时间点适宜值的视角. 体育科学,25(1),91—95.

金尧,胡烈刚. (2005). 浙江省城市女性居民参加社区体育健身活动特征的调查. 西安体育学院学报,22(3),42—44.

康育文,陈青萍. (2006). 贫困大学生心身健康与自尊、人际关系、成就动机的相关. 中国临床心理学杂志,14(5),510—512+509.

寇彧. (2005). 如何评价青少年群体中的亲社会行为. 教育科学,21(1),41—43.

寇彧,王磊. (2003). 儿童亲社会行为及其干预研究述评. 心理发展与教育,(4),86—91.

李红娟,邢文华. (2006). "女运动员三联征"的研究现状及其能量平衡调节机制. 体育科学,26(8),33—36.

李静,赵伟. (2004). 社会性别角色获得与民族文化系统. 西北师大学报(社会科学版),41(1),114—117.

李军,李艳翎. (2008). 运动员应激应对策略探讨. 体育科技文献通报,16(3),26—29.

李立群,王飓,程其练,裘艺. (2010). 我国优秀轮椅竞速运动员比赛前后心理特征研究. 北京体育大学学报,33(7),61—63.

李梁,鲍志宏,季浏. (2004). 大学生体育学习动机与激发的探讨. 体育与科学,25(3),73—76.

李新旺. (2003). 心理学. 北京:科学出版社.

李银河. (2002). 同性恋亚文化. 北京:中国友谊出版公司.

梁承谋,程勇民,付全,刘改成,于晶,魏高峡. (2007). BTL-SW-V1.2操作思维测试系统的开发与检验. 体育学刊,14(6),34—36.

梁金泉. (1985). 直觉思维与推理思维. 心理学探新,5(2),61—67.

梁觉,周帆. (2010). 跨文化研究方法的回顾及展望. 心理学报,42(1),41—47.

梁宁建. (2003). 当代认知心理学. 上海:上海教育出版社.

梁宁建. (2006). 心理学导论. 上海:上海教育出版社.

梁宁建. (2014). 当代认知心理学(修订版). 上海:上海教育出版社.

廖八根,罗兴华. (2004). 心境状态量表监测运动疲劳的评价研究. 北京体育大学学报,27(8),68—70.

林邦杰. (1980). 田纳西自我观念量表之修订. 中国测验年刊,27,71—78.

林波. (2000). 体育教学与人的社会化. 福建体育科技,19(3),58—61.

林崇德,李庆安.(2002).青少年期身心发展特点.北京师范大学学报(社会科学版),(1),48—56.

林建彬.(1999).残疾学生体育教学与体育健身的若干认识.福建体育科技,18(4),31—32.

刘波.(2012).体育与社会化关系研究.体育科学,32(11),90—97.

刘德佩.(1990).略论体育与人的社会化.体育科学,(5),17—20.

刘方琳,张力为.(2004).运动员心理疲劳的定性探索.体育科学,24(11),37—43.

刘改成.(2011).操作思维的项目差异及类属理论建构.天津体育学院学报,26(4),290—296.

刘鹤玲.(2005).从竞争进化到合作进化:达尔文自然选择学说的新发展.科学技术与辩证法,22(1),38—40.

刘靖东,钟伯光,姒刚彦.(2013).自我决定理论在中国人人群的应用.心理科学进展,21(10),1803—1813.

刘力,李晓陵,王丰,赵桂君,曹丹娜.(2014).基于fMRI技术对针刺作用机制的研究展望.中医药信息,31(1),80—82.

刘丽云,徐慧明.(2005).蹦床运动员归因与运动成绩关系研究.天津体育学院学报,20(6),76—78.

刘鸣.(1997).运动技能学习对视觉表象操作能力的影响.心理学报,92(2),121.

刘绍曾.(1992).残疾人体育.北京:北京体育学院出版社.

刘淑慧,任未多,张力为,王惠民,李京诚.(1995).体育运动中动机的目标定向结构理论研究.哈尔滨体育学院学报,13(1),4—7.

刘晓东.(1998).角色承担机会是儿童道德发展的直接源泉.教育导刊(幼儿教育版),(3),4—6.

刘耀辉(译)(2004).有效诊断进食障碍的临床建议.文仪,校.国外医学情报,(7),36.

刘一民.(1995).论现代体育竞争.曲阜师范大学学报,21(3),91—95.

刘永东,徐信,翁俊杰.(2006)."问题解决"教学模式在跨栏跑技术教学中的应用研究.广州体育学院学报,26(2),119—122.

刘永芳.(2004).社会心理学.上海:上海社会科学院出版社.

刘云艳,张大均.(2004).幼儿好奇心结构的探索性因素分析.心理科学,27(1),127—129.

刘运洲,张忠秋.(2012).优秀排球运动员的预判特征研究——以"扣球"为例.中国体育科技,48(4),46—51.

刘志军.(2004).高中生的自我概念与其学校适应.心理科学,27(1),31—33.

卢俊宏,季力康.(2009).运动心理学:心理学在运动与健康之间的连结.应用心理学研究,夏(42),55—213.

卢勤,苏彦捷.(2003).对 Bem 性别角色量表的考察与修订.*中国心理卫生杂志*,*17*(8),550—553.

卢元镇.(2001).*中国体育社会学*.北京:北京体育大学出版社.

路斐斐.(2011).陪你走,路不再遥远——中国残疾人福利基金会特奥夏令营侧记.*三月风*,(10),44—45.

吕慧青,王进.(2011).大学生体育锻炼行为动机冲突解释模型研究.*体育科学*,*31*(12),30—37.

吕树庭.(2007).*体育社会学*.北京:人民体育出版社.

马启伟.(1996).*体育心理学*.北京:高等教育出版社.

马启伟,张力为.(1998).*体育运动心理学*.杭州:浙江教育出版社.

马嵘,刘晶,黄春梅.(2008).不同体能锻炼方式对社会性体格焦虑影响的实验研究.*西安体育学院学报*,*25*(3),119—124.

马维平.(2000).特殊体育论探析.*上海体育学院学报*,(增刊),79—81.

马希敏.(2008).对大众传媒中女性体育形象"刻板印象"的解读.*成都体育学院学报*,*34*(1),80—84.

马勇琼.(2004)."习得性无助"学生的心理特征及其教育措施.*江西社会科学*,(5),174—176.

马约翰.(1933).运动训练之迁移价值.*体育季刊(北平)*,*1*(1),21—30.

莫雷.(2007).*教育心理学*.北京:教育科学出版社.

宁业梅,李昌颂,唐祖燕.(2010).体育锻炼的消极心理效应及其应对措施.*体育科技*,*31*(3),89—91.

欧海燕.(2007).*近代女子教育与妇女体育发展关系之研究*.武汉:武汉体育学院.

潘菽,荆其诚.(1991).*中国大百科全书(心理学)*.北京:中国大百科全书出版社.

彭杰,谭长青.(2000).运动员运动寿命研究的人文社会学视角——体操运动员李东华的个案分析.见中国体育科学学会(编),*第六届全国体育科学大会论文摘要汇编(一)*(pp. 538—539).

皮连生.(2004).*教育心理学*(第三版).上海:上海教育出版社.

皮连生.(2011).*教育心理学*(第四版).上海:上海教育出版社.

漆昌柱.(2004).运动员高级认知过程研究的方法范式探析.*武汉体育学院学报*,*38*(6),160—163.

漆昌柱,金梅.(2005).残疾人运动员的特质焦虑与竞赛状态焦虑研究.*体育科学*,*25*(3),16—18.

漆昌柱,徐培.(2001).关于运动心理学发展方向的思考——历届国际运动心理学大会的主题分析.*湖北体育科技*,*20*(1),52—53.

钱铭怡,刘鑫.(2002).北京女大学生节食状况及进食障碍状况的初步调查.*中国心理卫*

生杂志, 16(11), 753—757.

秦启文, 余华. (2001). 性别角色刻板印象的调查. 心理科学, 24(5), 593—594.

邱宜均, 贝恩渤. (1984). 甲级排球队运动员操作思维的初步研究. 心理科学通讯, (1), 31—36.

邱宜均, 刘先敏, 王斌, 马红宇. (2003). 20 世纪 80、90 年代中国运动心理学研究与发展述评. 沈阳体育学院学报, (1), 47—50.

邱卓英, 邱宜均. (1995). 当代体育社会心理学研究的理论、方法与主要问题. 武汉体育学院学报, 29(1), 17—22.

任未多, 邢玉香. (1989). 运动直觉及其特征. 体育科学, 9(4), 68—72.

芮国星. (2004). 对中学体育教学中培养学生意志品质的探讨. 吉林体育学院学报, 20(3), 122—123.

沙莲香. (2006). 社会心理学. 北京: 中国人民大学出版社.

邵义强. (2009). 体育锻炼的消极心理效应及其应对措施. 韶关学院学报(自然科学), 30(9), 89—91.

时蓉华. (1998a). 社会心理学. 杭州: 浙江教育出版社.

时蓉华. (1998b). 新编社会心理学概论. 上海: 东方出版中心.

时蓉华. (2002). 社会心理学(第 2 版). 上海: 上海人民出版社.

姒刚彦, 李庆珠, 刘皓. (2006). 当代体育运动心理学跨文化研究述评. 心理学报, 38(3), 468—474.

宋剑辉, 郭德俊. (1998). 青少年自我概念的特点及培养. 心理科学, 21(3), 277—278.

孙德荣, 刘瑞静, 范金玲, 王贵良, 杨勇涛, 孙延林. (2015). 目标定向、动机自主与青少年课外身体活动选择的关系. 天津体育学院学报, 30(2), 141—146.

孙国晓, 张力为. (2013). 自我决定动机影响运动员心理疲劳: 横向与纵向研究的证据. 体育科学, 33(7), 21—28.

孙开宏, 季浏, 王坤. (2014). 青少年运动员体育道德取向的预测: 个体与情境. 天津体育学院学报, 29(5), 369—375.

孙凌波. (2007). 身体印象与青少年心理健康. 中国青年研究, (4), 70—72, 81.

孙少强, 孙延林. (2006). 运动心理学. 天津: 南开大学出版社.

孙时进. (2006). 社会心理学. 上海: 复旦大学出版社.

孙延林, 李实. (2001). 体育课在发展学生适宜动机模式、自尊心和社会道德中的作用. 天津体育学院学报, 16(1), 56—58.

孙延林, 李实, 陈桂岭. (1998). 目标定向对体育课中学生动机模式的影响. 天津体育学院学报, 13(4), 78—80.

孙延林, 张晓, 吉承恕, 胡咏梅. (2004). 体育活动对大学生身体自我描述的影响研究. 天津体育学院学报, 19(1), 20—22.

孙玉兰. (1984). 运用自觉表象活动促进动作机能形成. 北京体育学院学报, (2),

75—77.

孙云霞,钱强.(2010).运动依赖理论研究进展综述.*沈阳体育学院学报,29*(3),47—50.

谭先明,许永刚,陈小敏.(1998).射击运动员归因倾向性的研究.*广州体育学院学报,18*(2),233—236.

谭朕斌.(1998).篮球运动员战术思维的特征.*北京体育师范学院学报,10*(2),24—28.

汤利军,季浏.(2011).社会性体格焦虑在锻炼领域的研究进展.*武汉体育学院学报,45*(11),67—71.

汤盛钦.(1998).*特殊教育概论*.上海:上海教育出版社.

唐东辉,杜晓红,陈庆果,陈雁飞.(2008).青少年学生身体自我满意度的现状及分析.*中国体育科技,44*(2),60—63.

唐劲松,陈晓岗,刘春宇.(2010).精神疾病的全基因组关联分析.*中国神经精神疾病杂志,*(3),184—187.

唐莉,张进辅.(2004).新视角——进食障碍的病因学研究进展.*中国全科医学,7*(7),516—517.

唐征宇.(1997).浅谈体育运动中的攻击性行为.*心理科学,20*(3),276—278.

唐征宇.(1999).体育运动态度对体育活动的影响.*湖北体育科技,*(4),29—32.

唐征宇.(2000a).有关锻炼与减低抑郁关系研究的综述.*体育科研,21*(3),46—49.

唐征宇.(2000b).试论对抗性运动项目中的攻击性行为.*四川体育科学,9*(3),38—40.

唐征宇.(2000c).试论身体锻炼与心理健康之间的关系.*心理科学,23*(3),370—371.

唐征宇.(2004).利用运动心理学知识为残疾人体育运动服务.*上海体育学院学报,28*(增刊),55—57.

唐征宇.(2005a).关于体育活动与人的心理健康之间关系的探讨.*宁波大学学报(教育科学版),27*(1),6—9.

唐征宇.(2005b).体育运动对残疾人心理状态的影响.*中国临床康复,9*(48),141—143.

唐征宇.(2015).*体育社会心理学*.上海:华东师范大学出版社.

田宝.(1997).我国健将级女子篮球运动员归因倾向的差异性研究.*体育科学,17*(1),75—81.

佟立纯.(2001).学校体育活动对学生竞争意识与团队精神的影响.*首都体育学院学报,13*(4),38—41.

汪向东,王希林,马弘.(1999).*心理卫生评定量表手册(增订版)*.北京:中国心理卫生杂志社.

王斌.(2002).运动直觉研究述评.*成都体育学院学报,28*(6),87—89.

王斌.(2004).运动直觉的理论建构.*北京体育大学学报,27*(2),184—187.

王重鸣.(1990).*心理学研究方法*.北京:人民教育出版社.

王登峰, 侯玉波. (2004). 人格与社会心理学论丛(一). 北京: 北京大学出版社.

王冬立. (2011). 运动感知觉对篮球训练中远投命中率的影响. 山东体育科技, 33(3), 15—17.

王东石, 杨昭宁, 朱锌, 张敏. (2013). 篮球运动员对假动作任务的知觉预期优势. 心理科学, 36(3), 532—539.

王海梅, 陈会昌, 谷传华. (2004). 关于儿童分享的研究述评. 心理科学进展, 12(1), 52—58.

王洪彪, 周成林, 王丽岩. (2011). 信息量与认知负荷对羽毛球运动员视觉搜索特征的影响. 中国体育科技, 47(1), 88—96.

王井云. (2010). 家庭因素对心理健康影响的实证研究综述. 社会心理科学, 25(7), 125—128.

王树明, 尹小俭. (2008). 羽毛球运动员动作前情境的预判绩效及其差异性研究. 天津体育学院学报, 23(2), 119—122.

王树明, 章建成. (2005). 羽毛球运动员专项情境中信息加工阶段速度研究. 中国体育科技, 41(5), 93—96.

王树明, 张静. (1998). 成就情境中的运动能力知觉、坚持性和归因研究. 安庆师范学院学报(自然科学版), (2), 102—105+108.

王雁. (2000). 早期干预的理论依据探析. 中国特殊教育, (4), 1—4.

王正珍. (2009a). 运动处方的概念及组成. 中国社区医师, 25(16), 43—44.

王正珍. (2009b). 制订运动处方的科学基础. 中国社区医师, 25(22), 26.

魏春洋, 孟范芳. (2006). 美国青少年运动计划——VERB计划. 中国学校体育, (1), 48—49.

魏国英, 陈雪飞. (2005). 家庭文化对青少年性别刻板印象形成的影响. 妇女研究论丛, (1), 29—36.

吴迪, 舒华. (2001). 眼动技术在阅读研究中的应用. 心理学动态, 9(4), 319—324.

吴昊. (2006). 略论性别社会化与妇女奥运地位的关系. 体育文化导刊, (6), 40—41.

吴清, 李格, 蔡赓. (2015). 自我决定理论视角下的女大学生体育课选项动机研究. 山东体育学院学报, 31(6), 73—78.

吴虞, 柳云. (2005). 体育教学培养学生亲社会行为的理论依据与策略探讨. 体育教学, (6), 23—25.

项明强. (2013). 促进青少年体育锻炼和健康幸福的路径: 基于自我决定理论模型构建. 体育科学, 33(8), 21—28.

解恩泽. (1990). 论交叉科学的形成. 东北师大学报(哲学社会科学版), (2), 30—35.

谢丽娜. (2001). 《布赖顿妇女与体育宣言》和妇女体育. 体育文化导刊, (1), 48.

谢颂雯. (2003). 对学龄前智力落后儿童游戏的思考——兼谈感觉运动统合疗法的游戏性. 中国特殊教育, (2), 30—34.

邢建辉,姒刚彦.(1996).心境与体育运动.武汉体育学院学报,30(1),24—28.

邢淑芬,俞国良.(2005).社会比较研究的现状与发展趋势.心理科学进展,13(1),78—84.

徐畅,周成林.(2006).从操作层面探讨表象训练在竞技运动领域的应用.沈阳体育学院学报,25(6),10—13.

徐和庆,郭志峰.(2001).用表象训练防止运动能力消退的研究.成都体育学院学报,(3),88—90.

徐慧明,蒋代新.(2004).对运动员归因研究的审视.沈阳体育学院学报,23(1),54—56.

徐洁贞.(2002).现代女性的心理杀手——厌食症.健康天地,(9),62—63.

徐求.(2002).高校残疾学生体育教学探索与研究.南京体育学院学报,16,118—120.

徐霞.(2003).社会性体格焦虑的测量及其与体育锻炼之间关系的研究.上海:华东师范大学出版社.

徐颖果,殷茵.(2009).西方女权主义理论的多元发展.宁波大学学报(人文科学版),22(1),29—33.

许德顺,刘永峰.(2005).心理亚健康运动处方实验研究.广州体育学院学报,25(2),81—83.

许峰,李健,武玉强.(2005).对合作学习操作性策略的实验研究.健康心理学杂志,13(3),237—240.

许军.(1999).自测健康评定量表(SRHMS).中国心理卫生杂志,(增刊),35—45.

许立群.(2008).她们——让五环完满和谐.中国职工教育,(7),48—49.

许尚侠.(1983).操作思维与运动操作的关系.心理学报,(1),98—105.

杨剑.(2002).身体自我描述问卷(FSDQ)的介绍与修订.山东体育科技,24(1),83—86.

杨建营.(2004).运动性疲劳的心理初探.浙江体育科学,26(6),85—87.

杨清全.(2012).事件相关脑电位实验室的探索与建设.实验室研究与探索,31(4),82—83.

杨治良.(1988).基础实验心理学.兰州:甘肃人民出版社.

杨治良.(2012).记忆心理学(第三版).上海:华东师范大学出版社.

杨宗义.(1991).体育心理学.重庆:西南师范大学出版社.

姚家新,张力为,李京诚,梁承谋,刘淑慧,毛志雄,任未多,姒刚彦,张忠秋.(2008).运动心理学研究进展.天津体育学院学报,23(1),1—10.

叶国强.(1992).直觉思维与竞技体育.广州体育学院学报,12(4),1—5+15.

叶亦乾,祝蓓里.(2006).心理学(修订二版).上海:华东师范大学出版社.

佚名.(1995).苗条与透支生命——从女体操运动员亨利希之死谈起.中国保健营养,(10),20.

殷恒婵.(2012).体育心理学.北京:开明出版社.

殷克明.(2002).试论运动直觉.武汉体育学院学报,36(6),63—65.

殷小川.(1997).主场效应的研究现状及未来研究的方向(综述).北京体育师范学院学报,9(1),77—82.

俞国良.(1999).社会认知视野中的亲社会行为.北京师范大学学报(社会科学版),151(1),20—25.

俞国良.(2005).心理健康教育(教师用书).北京:高等教育出版社.

俞国良,戴斌荣.(2007).基础心理学.武汉:武汉大学出版社.

余克望.(1983).苏联运动心理学研究概况.武汉体育学院学报,(3),87—88.

于露,宋微涛,潘芳.(2005).儿童自我概念的发展及影响因素研究进展.中国行为医学科学,14(3),278—280.

于清,袁吉.(2010).运动心理学.长春:吉林大学出版社.

雨帆.(2008).心理测试.上海:文汇出版社.

袁航,李京诚,陈晓利.(2004).体育运动心理学中心境量表及其应用研究.首都体育学院学报,16(4),119—120+122.

曾向.(2001).青少年身体自我及其与自我价值感关系的研究.重庆:西南师范大学.

曾向,黄希庭.(2001).国外关于身体自我的研究.心理学动态,9(3),41—46.

詹建国.(1987).苏联运动心理学研究的发展趋势.西安体育学院学报,(3),98—100.

张承芬,马广海.(2010).社会心理学.济南:山东人民出版社.

张春兴.(2009).现代心理学:现代人研究自身问题的科学.上海:上海人民出版社.

张大荣,沈渔村.(1993).进食障碍概念的演变及病因学研究进展.中国心理卫生杂志,7(1),7—10.

张繁.(2006).对特奥运动发展壮大原因的初探.体育文化导刊,(1),43—44.

张国力.(1992).体育与青年社会化.体育科学,12(1),11—14.

张慧.(1996).不同目标结构在中学体育教学中的对比.北京体育师范学院学报,8(3),66—71.

张杰.(1998).儿童社会化发展模式初探.心理发展与教育,(3),11—14.

张军献,虞重干.(2007).残疾人观的嬗变与残疾人体育的历史回顾.体育科学,27(3),17—21.

张丽红,张德胜.(2004).心理因素调控与动作技能教学.哈尔滨体育学院学报,22(2),11—112.

张力为.(2002).个案研究可以做成体育科学的博士论文吗?北京体育大学学报,25(5),640—643.

张力为,陈荔.(2005).六种身体自我测量方法的比较.体育科学,25(1),74—79.

张力为,丁雪琴.(1994).中国运动心理学的发展:历史、现状与未来.心理学报,26(3),324—329.

张力为,林岭,赵福兰.(2006).运动性心理疲劳:性质、成因、诊断及控制.体育科学,26

(11),49—56.

张力为,马启伟.(1990).儿童乒乓球运动员表象训练的实验研究.北京体育学院学报,(2),24—29+94.

张力为,毛志雄.(2003).运动心理学.上海:华东师范大学出版社.

张力为,毛志雄.(2007).运动心理学.北京:高等教育出版社.

张力为,任未多.(2000).体育运动心理学研究进展.北京:高等教育出版社.

张力为,孙国晓.(2013).当代运动心理学进展:研究方法.北京体育大学学报,36(9),42—48.

张履祥,葛明贵.(2002).普通心理学.合肥:安徽大学出版社.

张敏,胡咏梅.(2013).运动水平和认知风格对网球运动员接发球预判绩效的影响.体育科技文献通报,21(2),34—35.

张平,陈蕾,宋旭红.(2011).人格特质对冠心病的预测作用:从A型行为模式到D型人格.中国健康心理学杂志,19(4),505—507.

张社平.(1994).我国足球甲级队主教练领导行为对其队员影响力的研究.体育科学,14(6),22—28.

张廷安.(1997).我国男子少年足球运动员进攻战术活动基本特点研究.北京:北京体育大学.

张向葵,丛晓波.(2005).社会文化因素对心理健康问题的影响.心理与行为研究,3(3),229—233.

张向葵,阳泽,于海峰.(2006).透视文化变迁下的个体心理状态——社会文化震荡影响个体心理健康的访谈研究.东北师大学报(哲学社会科学版),(1),124—127.

张昕.(2001).女性与奥林匹克运动.大连大学学报,(5),44—46.

张运亮,李宗浩,孙延林,杨晓晨,阎国利.(2005).篮球后卫运动员专项认知眼动特征研究.天津体育学院学报,20(5),39—41.

张忠秋.(1996).运动群体主要表现特征与培养方式探讨.体育科学,16(3),68—72.

张忠秋.(2004).生物反馈仪在运动员心理训练中的应用.中国体育教练员,(3),17.

张忠秋.(2011).运动性心理疲劳成因及其调节方法.中国教练,(2),16—20.

章晓云,钱铭怡.(2004).进食障碍的心理干预.中国心理卫生杂志,18(1),31—34.

章志光,金盛华.(1996).社会心理学.北京:人民教育出版社.

赵洪朋,周成林.(2010).运动领域中知觉预测研究现状及发展趋势.沈阳体育学院学报,29(3),36—40.

赵建华.(1998).虚拟现实技术与教育.现代远距离教育,(4),35.

赵沁平.(2009).虚拟现实综述.中国科学F辑:信息科学,39(1),2—6.

郑航月,王凤.(2008).合作与竞争的理论与应用.吉林省教育学院学报,(8),8—9.

钟秉枢.(1998).成绩资本和地位获得——我国优秀运动员群体社会流动的研究.体育科学,18(3),45—49.

周成林,陈立新. (2003). 奥运会对提升国民凝聚力心理因素的分析. 沈阳体育学院学报, 22(2), 47—49.

周成林,赵洪朋,张怡. (2012). 运动领域中的认知神经心理学研究进展. 天津体育学院学报, 27(3), 197—201.

周晓. (2007). 风险投资项目团队气氛与团队绩效关系的实证研究. 华南农业大学学报(社会科学版), 6(2), 61—65.

周秀艳. (2011). 大学生性别角色与职业刻板印象、职业兴趣的关系研究. 济南：山东师范大学.

祝大鹏. (2012). 体育比赛中亲社会行为与反社会行为量表中文修订版的检验. 首都体育学院学报, 24(2), 170—173.

祝蓓里. (1992). 运动心理学原理与应用. 上海：华东化工学院出版社.

祝蓓里,丁忠元. (1990). 体育心理学. 上海：华东师范大学出版社.

祝蓓里,季浏. (1995). 体育心理学新编. 上海：华东师范大学出版社.

祝蓓里,季浏. (2000). 体育心理学. 北京：高等教育出版社.

祝蓓里,张艺宏. (1993). 对运动员运动成就责任的归因定向及心理控制点类型的研究. 福建体育科技, 12(2), 46—50.

朱智贤. (1989). 心理学大词典. 北京：北京师范大学出版社.

邹萍. (1999). 女大学生性别角色双性化及其影响因素的研究. 大连大学学报, 20(3), 67—71.

左衍涛. (1994). 神经性贪食症的发生率、危险因素及心理治疗. 中国心理卫生杂志, 8(3), 137—140.

英文部分

Abernethy, B., Gill, D. P., Parks, S. L. et al. (2001). Expertise and the perception of kinematic and situational probability information. *Perception*, 30(2), 233—252.

Abernethy, B., Thomas, K. T., & Thomas, J. T. (1993). Strategies for improving understanding of motor expertise. In J. L. Starkes & F. Allard(Eds.), *Cognitive issues in motor expertise*. Amsterdam: Elsevier Science Publishers.

Adams, J. A. (1971). A closed-loop theory of motor learning. *Journal of Motor Behavior*, 3(2), 111—149.

Adams, J. A., & Dijkstra, S. (1966). Short-term memory for motor responses. *Journal of Experimental Psychology*, 71(2), 314—318.

Alfermann, D., & Stroll, O. (2000). Effects of physical exercise on self-concept and well-being. *International Journal of Sport Psychology*, 30(1), 47—65.

Alliant, P. M. et al. (1985). Psychological impact of sport on disabled. *Psychological Reports*, 56(3), 923—929.

Allport, G. W. (1937). *Personality: A psychological interpretation*. Oxford, England: Holt.

Anda, D. , Baroni, S. , Boskin, L. et al. (2000). Stress, stressors and coping among high school students. *Children and Youth Services Review*, 22(6), 441—463.

Anthony, J. (1991). Psychologic aspects of exercise. *Clinics in Sports Medicine*, 10(1), 171—180.

Asken, M. J. (1991). The challenge of the physically challenged: Delivering sport psychology services to physically disabled athletes. *The Sport Psychologist*, 5(4),370—381.

Asken, M. J. , & Gooding, M. D. (1986). Sport psychology: An underdeveloped discipline among the sport sciences for disabled athletes. *Adapted Physical Activity Quarterly*, 3(4), 312—319.

Auweele, Y. V. , de Cuyper, B. , van Mele, V. , & Rzewnicki, R. (1993). Elite performance and personality: From description and prediction to diagnosis and intervention. In R. N. Singer et al. (Eds.), *Handbook of research on sport psychology*(pp. 257—289). New York, NY: Macmillan.

Auxter, D. , Pyfer, J. , & Huettig, C. (1997). *Principles and methods of adapted physical education and recreation*(8th ed.). St. Louis: Mosby.

Bandura, A. (1973). *Aggression: A social learning analysis.* Englewood Cliffs, NJ: Pentice-Hall.

Bandura, A. (1977). Self-efficacy: Toward a unifying theory of behavioral change. *Psychological Review*, 84(2), 191—215.

Bane, S. M. (1996). *Reducing physique anxiety in college females.* Unpublished doctoral dissertation, University of Illinois at Urbana-Champaign.

Beck, A. T. (1993). Cognitive therapy: Nature and relation to behavior therapy. *Behavior Therapy*, 1(2), 184—200.

Beedie, C. J. , Terry, P. C. , & Lane, A. M. (2000). The profile of mood states and athletic performance: Two meta-analyses. *Journal of Applied Sport Psychology*, 12(1), 49—68.

Bem, S. L. (1981). Gender schema theory: A cognitive account of sex typing. *Psychological Review*, 88(4), 354—364.

Benefield, L. et al. (1984). Discrimination and disable women. *Journal of Humanistic Education and Development*, 23(2), 60—68.

Berger, B. G. , & Owen, D. R. (1992). Preliminary analysis of a causal relationship between swimming and stress reduction: Intense exercise may negate the effects. *International Journal of Sport Psychology*, 23(1), 70—85.

Berkowitz, L. (1990). On the formation and regulation of anger and aggression: A cognitive-neoassociationistic analysis. *American Psychologist*, 45(4), 494—503.

Berkowitz, L. (1993). *Aggression: Its causes, consequences, and control.* Philadephia,

PA: Temple University Press.

Berry, J. W., Poortinga, Y. H., Segall, M. H. et al. (2002). *Cross-cultural psychology: Research and applications* (2nd ed.). New York, NY: Cambridge University Press.

Biddle, S. J. H., Soos, I., & Chatzisarantis, N. L. (1999). Predicting physical activity intentions using goal perspectives and self-determination theory approaches. *European Psychologist*, 4(2), 83—89.

Blinde, E. M. et al. (1997). Enhancing the physical and social self through recreational activity: Accounts of individuals with physical disabilities. *Adapted Physical Activity Quarterly*, 14(4), 327—344.

Blinde, E. M. et al. (1999). Women, disability, and sport and physical fitness activity: The intersection of gender and disability dynamics. *Research Quarterly for Exercise and Sport*, 70(3), 303—312.

Boardley, I. A., & Kavussanu, M. (2010). Effects of goal orientation and perceived toughness on antisocial behavior in soccer: The mediating role of moral disengagement. *Journal of Sport and Exercise Psychology*, 32, 176—192.

Boixados, M., Cruz, J., Torregrosa, M., & Valiente, L. (2004). Relationships among motivational climate, satisfaction, perceived ability, and fair play attitudes in young soccer players. *Journal of Applied Sport Psychology*, 16(4), 301—317.

Bosscher, R. J. (1993). Running and mixed physical exercises with depressed psychiatric patients. *International Journal of Sport Psychology*, 24(2), 170—184.

Bourne, L. E. Jr., & Archer, E. J. (1956). Time continuously on target as a function of distribution of practice. *Journal of Experimental Psychology: General*, 51(1), 25—33.

Brasile, F. M. et al. (1991). Analysis of participation incentives among athletes with and without disabilities. *Therapeutic Recreation Journal*, 25(1), 18—33.

Bredemeier, B. J. (1978). The assessment of reactive and instrumental athletic aggression. *Proceedings of the International Symposium on Psychological Assessment*. Neyanya, Israel: Wingate Institute for Physical Education and Sport, 136—145.

Bredemeier, B. J. (1994). Children's moral reasoning and their assertive, aggressive, and submissive tendencies in sport and daily life. *Journal of Sport and Exercise Psychology*, 16(1), 1—14.

Bredemeier, B. J., Weiss, M. R., Shields, D., & Shewchuk, R. M. (1986). Promoting moral growth in a summer camp: The implementation of theoretically grounded instructional strategies. *Journal of Moral Education*, 15(3), 212—220.

Brown, B. S., & van Huss, W. D. (1973). Exercise and rat brain catecholamine. *Journal of Applied Physiology*, 34(5), 664—669.

Brown, E. Y., Morrow, J. R., & Livingston, S. M. (1982). Self-concept changes in women as a result of training. *Journal of Sport Psychology*, 4(4), 354—344.

Brown, R. (1965). *A use of the semantic differential to study the image of girls who participate in competitive sports and certain other school related activities*. Tallahassee, FL: Florida State University.

Brustad, R. J. (1996). Parental and peer influence on children's psychological development through sport. In F. L. Smoll & R. E. Smith (Eds.), *Children and youth in sport: A biopsychosocial perspective* (pp. 112—124). Madison, WI: Brown & Benchmark.

Bull, R. (1997). The performer as a person. In B. Davis(Ed.), *Physical education and the study of sport* (3rd ed.). London: Mosby.

Bushman, B. J., & Cooper, H. M. (1990). Effects of alcohol on human aggression: An integrative research review. *Psychological Bulletin*, 107(3), 341—354.

Buss, A. H., & Durkee, A. (1957). An inventory for assessing different kinds of hostility. *Journal of Consulting Psychology*, 21(4), 343—349.

Cahn, S. K. (1993). From the "muscle moll" to the "butch" ballplayer: Mannishness, lesbianism, and homophobia in U. S. women's sport. *Feminist Studies*, 19(2), 343—368.

Callow, N., & Waters, A. (2005). The effect of kinesthetic imagery on the sport confidence of flat-race horse jockeys. *Psychology of Sport and Exercise*, 6(4), 443—459.

Calmels, C., Berthoumieux, C., & D'Arripe-Longueville, F. (2004). Effects of an imagery training program on selective attention of national softball players. *Sport Psychologist*, 18(3), 272—296.

Campbell, E., & Jones, G. (1997). Pre-competition anxiety and self-confidence in elite and non-elite wheelchair sport participants. *Adapted Physical Activity Quarterly*, 14(2), 95—107.

Carlson, C. R., & Hoyle, R. H. (1993). Efficacy of abbreviated progressive muscle relaxation training: A quantitative review of behavioral medicine research. *Journal of Consulting and Clinical Psychology*, 61(6), 1059—1067.

Carron, A. V. (1982). Cohesiveness in sport groups: Interpretations and considerations. *Journal of Sport Psychology*, 4(2), 123—148.

Carson, K. (1987). *The effects of sex-role orientation and fear of success on attitudes toward women in sport*. Unpublished master's thesis, Texas A & M University.

Case, B. (1987). Leadership behavior in sport: A field test of the situational leadership theory. *International Journal of Sport Psychology*, 18(4), 256—268.

Cattell, R. B., & Scheier, J. H. (1961). *The meaning and measurement of neuroticism and anxiety*. New York, NY: Ronald.

Chaddock, L., Erickson, K. L., Prakash, R. S. et al. (2010). Basal ganglia volume is associated with aerobic fitness in preadolescent children. *Developmental Neuroscience*, 32(3), 249—256.

Chalmers, J. B., & Townsend, M. R. (1990). The effects of training in social perspective taking on socially maladjusted girls. *Child Development*, 61(1), 178—190.

Chelladurai, P. (1984). Discrepancy between preferences and perceptions of leadership behavior and satisfaction of athletes in varying sports. *Journal of Sport Psychology*, 6(1), 27—41.

Chelladurai, P., & Carron, A. V. (1981). Applicability to youth sports of the Leadership Scale for Sports. *Perceptual and Motor Skills*, 53(2), 361—362.

Chelladurai, P., & Carron, A. V. (1983). Athletic maturity and preferred leadership. *Journal of Sport Psychology*, 5(4), 371—380.

Chelladurai, P., & Saleh, S. D. (1978). Preferred leadership in sports. *Canadian Journal of Applied Sport Sciences*, 3(2), 85—92.

Chelladurai, P., & Saleh, S. D. (1979). Person-task congruence in sports. *Canadian Journal of Applied Sport Sciences*, 4(2), 172—177.

Chelladurai, P., & Saleh, S. D. (1980). Dimensions of leader behavior in sports: Development of a leadership scale. *Journal of Sport Psychology*, 2(1), 34—45.

Chieffi, S., Allport, D. A., & Woodfin, M. (1999). Hand-centered coding of target location in visuo-spatial working memory. *Neuropsychologia*, 37(4), 495—502.

Cleary, T. J., & Zimmerman, B. J. (2001). Self-regulation differences during athletic practice by experts, non-experts, and novices. *Jounal of Applied Sport Psychology*, 13(2), 185—206.

Colcombe, S. J., Erickson, K. L., Scalf, P. E. et al. (2006). Aerobic exercise training increases brain volume in aging humans. *The Journals of Gerontology*, 61(11), 1166—1170.

Collis, M. L. (1972). Collis Scale of Athletic Aggression. *Canadian Symposium on Psycho-Motor Learning and Sport Psychology*, 4th. Waterloo, Ont.

Concepcion, R. Y., & Ebbeck, V. (2005). Examining the physical activity experiences of survivors of domestic violence in relation to self-views. *Journal of Sport and Exercise Psychology*, 27(2), 197—211.

Cottrell, N. B., Wack, D. L., Sekerak, G. J., & Rittle, R. H. (1968). Social facilitation of dominant responses by the presence of an audience and the mere presence of others. *Journal of Personality and Social Psychology*, 9(3), 245—250.

Cox, R. H. (1990). *Sport psychology: Concepts and applications* (2nd ed.). Dubuque,

IA: Wm. C. Brown Publishers.

Cox, R. H. (2002). *Sport psychology: Concepts and applications* (5th ed.). New York: McGraw-Hill.

Cox, R. H. (2012). *Sport psychology: Concepts and applications* (7th ed.). New York: McGraw-Hill.

Cratty, B. J. (1964). *Movement behavior and motor learning*. Philadelphia, PA: Lea and Febiger.

Cratty, B. J. (1998). *Psychology in contemporary sport* (3rd ed.). Englewood Cliffs, NJ: Pentice-Hall.

Csikszentmihalyi, M., & Bennett, S. (1971). An exploratory model of play. *American Anthropologist*, *73*(1), 45—58.

Cullen, J., & Cullen, E. (1975). The structural and contextual conditions of group norm violation: Some implications from the game of ice hockey. *International Review of Sport Sociology*, *10*(2), 69—78.

Curry, T. J., & Jiobu, R. (1984). *Sport: A social perspective*. Englewood Cliffs, NJ: Prentice-Hall.

Curtis, J. E., & Russell, S. J. (1997). *Physical activity in human experience: Interdisciplinary perspectives*. Champaign, IL: Human Kinetics.

David, P. M., Linn, G. J. C., Diane, E. G. C. et al. (2003). Male body esteem and physical measurements: Do leaner, or stronger, high school football players have a more positive body image? *Journal of Sport and Exercise Psychology*, *25*(3), 78—89.

Davis, B. (1997). *Physical education and the study of sport* (3rd ed.). London: Mosby.

Davis, M., Eshelman, E. R., & Mckay, M. (1995). *The relaxation & stress reduction workbook* (4th ed.). Okland, CA: New Harbinger Publication, Inc.

Deaux, K., & Emswiller, T. (1974). Explanations to successful performance on sex-linked tasks: What is skill for the male is luck for the female. *Journal of Personality and Social Psychology*, *29*(1), 80—85.

Deci, E. L., & Ryan, R. M. (1985). *Intrinsic motivation and self-determination in human behavior*. New York, NY: Plenum.

Deutsch, M., & Krauss, R. M. (1960). The effect of threat upon interpersonal bargaining. *Journal of Abnormal and Social Psychology*, *61*(2), 181—189.

Diamant, L. (1991). *Psychology of sports, exercise, and fitness: Social and personal issues*. Washington, DC: Hemisphere.

Diener, C. I., & Dweck, C. S. (1978). An analysis of learned helplessness: Continuous changes in performance, strategy and achievement cognitions following failure. *Journal of Personality and Social Psychology*, 36(5), 451—462.

Diewert, G. L. (1975). Retention and coding in short-term memory: A comparison of storage codes for distance and location information. *Journal of Motor Behavior*, 7(3), 183—190.

Diewert, G. L., & Roy, E. A. (1978). Coding strategy for memory of movement extent information. *Journal of Experimental Psychology: Human Learning and Memory*, 4(6), 666—675.

Dollard, J., Miller, N., Doob, L., Mourer, O. H., & Sears, R. R. (1939). *Frustration and aggression*. New Haven, CT: Yale University Press.

Duda, J. L. (1989). Relationship between task and ego orientation and the perceived purpose of sport among high school athletes. *Journal of Sport and Exercise Psychology*, 11(3), 318—335.

Duda, J. L., & Nicholls, J. G. (1992). Dimensions of achievement motivation in schoolwork and sport. *Journal of Educational Psychology*, 84(3), 290—299.

Duda, J. L., Olson, L. K., & Templin, T. J. (1992). The relationship of task and ego orientation to sportsmanship attitudes and the perceived legitimacy of injurious acts. *Research Quarterly for Exercise and Sport*, 62(1), 79—87.

Dunn, J. G. H., & Causgrove-Dunn, J. C. (1999). Goal orientations, perceptions of aggression, and sportspersonship in elite male youth ice hockey players. *The Sport Psychologist*, 13(2), 183—200.

Dunn, J. G. H., Causgrove-Dunn, J., & Syrotuik, D. G. (2002). Relationship between multidimensional perfectionism and goal orientation in sport. *Journal of Sport and Exercise Psychology*, 24(4), 376—395.

Dunning, E., Maguire, J., Murphy, P., & Williams, J. (1982). The social roots of football hooligan violence. *Leisure Studies*, 1(2), 139—156.

Duquin, M. E. (1978). The androgynous advantage. In C. A. Oglesby (Ed.), *Women and Sport: From myth to reality* (pp. 89—106). Philadelphia, PA: Lea and Febiger.

Durand-Bush, N., Salmela, J. H., & Green-Demers, I. (2001). The Ottawa Mental Skills Assessment Tool (OMSAT-3). *The Sport Psychologist*, 15(1), 1—19.

Dweck, C. S. (1975). The role of expectations and attributions in the alleviation of learned helplessness. *Journal of Personality and Social Psychology*, 31(4), 674—685.

Dweck, C. S., & Reppucci, D. (1973). Learned helplessness and reinforcement responsibility in children. *Journal of Personality and Social Psychology*, 25(1), 109—116.

Eagley, A. H., & Steffen, V. J. (1986). Gender and aggressive behavior: A meta-analytic review of the psychological literature. *Psychological Bulletin*, 100(3), 309—330.

Ellis, A. (1957). Rational psychotherapy and individual psychology. *Journal of Individual Psychology*, 13, 38—44.

Erikson, E. H. (1968). *Identity: Youth and crisis*. New York, NY: Norton.

Eysenck, H. J., Nais, D. K. B., & Cos, D. N. (1982). Sport and personality. *Advances in Behaviour Research and Therapy*, 4(1), 1—56.

Fawcett, J., Mass, J. W., & Dekirmenjiar, H. (1972). Depression and MHPG excretion. *Archives of General Psychiatry*, 26(3), 246—251.

Festinger, L. (1954). A theory of social comparison processes. *Human Relations*, 7, 117—140.

Fisher, L. A., & Wrisberg, C. A. (2003). Sport psychology and counseling: Recognizing and dealing with exercise addiction. *Athletic Therapy Today*, 9(1), 36—37.

Fitts, P. M., & Posner, M. I. (1967). *Human performance*. Belmont, CA: Brooks/Cole.

Fleishman, E. A., & Hempel, W. E. Jr. (1954). Changes in factor structure of a complex psychomotor test as a function of practice. *Psychometrika*, 19, 239—252.

Fleishman, E. A., & Hempel, W. E. Jr. (1955). The relation between abilities and improvement with practice in a visual discrimination reaction task. *Journal of Experimental Psychology*, 49(5), 301—312.

Fleishman, E. A., & Hempel, W. E. Jr. (1956). Factorial analysis of complex psychomotor performance and related skills. *Journal of Applied Psychology*, 40(2), 96—104.

Fleishman, E. A., & Parker, J. E. (1962). Factors in the retention and relearning of perceptual motor skill. *Journal of Experimental Psychology*, 64(3), 215—226.

Folkins, C. H., & Sime, W. E. (1981). Physical fitness training and mental health. *American Psychologist*, 36(4), 373—389.

Fox, K. R., & Corbin, C. B. (1989). The physical self-perception profile: Development and preliminary validation. *Journal of sport and Exercise Psychology*, 11(4), 408—430.

Franks, I. M., & Harvey, T. (1997). Cues for goalkeepers: High-tech methods used to measure penalty shot response. *Soccer Journal*, 42(3), 30—33, 38.

Franks, I. M., & Wilberg, R. B. (1982). The generation of movement patterns during the acquisition of a pursuit tracking task. *Human Movement Science*, 1, 251—272.

French, K. E., & McPherson, S. (1999). Adaptations in response selection processes used during sport competition with increasing age and expertise. *International Journal of Sport Psychology*, 30(2), 173—193.

Freud, S. (1933). *New introductory lectures on psychoanalysis*. New York, NY: Norton.

Frieze, I., & Weiner, B. (1971). Cue utilization and attributional judgments for success and failure. *Journal of Personality*, *39*(4), 591—605.

Frost, R. O., & Henderson, K. J. (1991). Perfectionism and reactions to athletic competition. *Journal of Sport and Exercise Psychology*, *13*(4), 323—335.

Gardner, F. L., & Moore, Z. E. (2007). *The psychology of enhancing human performance: The mindfulness-acceptance-commitment (MAC) approach*. New York, NY: Springer Publishing.

Garner, D. M. (1985). Latrogenesis in anorexia nervosa and bulimia nervosa. *International Journal of Eating Disorders*, *4*(4), 701—726.

Gauron, E. F. (1984). *Mental training for peak performance*. Lansing, NY: Sport Science Associates.

Gill, D. L. (1980). Success-failure attributions in competitive groups: An exception to egocentrism. *Journal of Sport Psychology*, *2*(2), 106—114.

Gill, D. L. (2000). *Psychological dynamics of sport and exercise psychology* (2nd ed.). Champaign, IL: human kinetics.

Gill, D. L., & Deeter, T. E. (1988). Development of the sport orientation questionnaire. *Research Quarterly for Exercise and Sport*, *59*(3), 191—202.

Gluck, M. E., & Geliebter, A. (2002). Racial /ethnic differences in body image and eating behaviors. *Eating Behaviors*, *3*(2), 143—151.

Gould, D., Eklund, R. C., & Jackson, S. A. (1992a). 1988 U. S. Olympic wrestling excellence: I. Mental preparation, precompetitive cognition, and affect. *The Sport Psychologist*, *6*(4), 358—382.

Gould, D., Eklund, R. C., & Jackson, S. A. (1992b). 1988 U. S. Olympic wrestling excellence: II. Thoughts and affect occurring during competition. *The Sport Psychologist*, *6*(4), 383—402.

Gould, D., Eklund, R. C., & Jackson, S. A. (1993). Coping strategies used by U. S. Olympic wrestlers research. *Quarterly for Exercise and Sport*, *64*(1), 83—93.

Gould, D., Feltz, D. L., Weiss, M., & Petlichkoff, L. M. (1982). Participating motives in competitive youth swimmers. In T. Orlick, J. T. Partington & J. H. Salmela (Eds.), *Mental training for coaches and athletes* (pp. 57—58). Ottawa: Coaching Association of Canada.

Greenberg, J. S. (2009). *Comprehensive stress management*. New York, NY: McGraw-Hill.

Greenwood, C. M., Dzewaltowski, D. A., & French, R. (1990). Self-efficacy and psychological well-being of wheelchair tennis participants and wheelchair nontennis participants. *Adapted Physical Activity Quarterly*, 7(1), 12—21.

Griffin, P. (1973). What's a nice girl like you doing in a profession like this? *Quest*, 19(1), 96—101.

Griffin, R. (1993). Homophobia in women's sports: The fear that divides us. In G. L. Cohen(Ed.), *Women in sport: Issues and controversies*(pp. 193—203). Newbury Park, CA: Sage.

Hagman, J. D. (1978). Specific cue effect of interpolated movements on distance and location retention in short-term motor memory. *Memory and Cognition*, 6(4), 432—437.

Hall, E. G., & Erffmeyer, E. S. (1983). The effect of visuo-motor behavior rehearsal with videotaped modeling on free throw accuracy of intercollegiate female basketball players. *Journal of Sport Psychology*, 5(3), 343—346.

Hanin, Y. L. (1989). Interpersonal and intragroup anxiety in sports. In D. Hackfort & C. D. Spielberger (Eds.), *Anxiety in sports: An international perspective*(pp. 19—28). New York, NY: Hemisphere.

Hardy, C. J., & Latané, B. (1988). Social loafing in cheerleaders: Effects of team membership and competition. *Journal of Sport and Exercise Psychology*, 10(1), 109—114.

Harlow, H. F. (1949). The formation of learning sets. *Psychological Review*, 56(1), 51—65.

Harris, D. V., & Robinson, W. J. (1986). The effects of skill level on EMG activity during internal and external imagery. *Journal of Sport Psychology*, 8(2), 105—111.

Hart, D., & Fegley, S. (1995). Prosocial behavior and caring in adolescence: Relations to self-understanding and social judgment. *Child Development*, 66(5), 1346—1359.

Hart, E. A., Leary, M. R., & Rejeski, W. J. (1989). The measurement of social physique anxiety. *Journal of Sport and Exercise Psychology*, 11(1), 94—104.

Hausenblas, H. A., & Downs, D. S. (2001). Comparison of body image between athletes and nonathletes. *Journal of Applied Sport Psychology*, 13(3), 323—339.

Hayden, R. M., & Allen, G. J. (1984). Relationship between aerobic exercise, anxiety, and depression: Convergent validation by knowledgeable informants. *Journal of Sports Medicine and Physical Fitness*, 24(1), 69—74.

Heider, F. (1944). Social perception and phenomenal causality. *Psychological Review*, 51(6), 358—374.

Heider, F. (1958). *The psychology of interpersonal relations*. New York, NY: John Wiley and Sons.

Hendrickson, G., & Schroeder, W. H. (1941). Transfer of training in learning to hit a submerged target. *Journal of Educational Psychology*, *32*(3), 205—213.

Highlen, P. S., & Bennett, B. B. (1979). Psychological characteristics of successful and nonsuccessful elite wrestlers: An exploratory study. *Journal of Sport Psychology*, *1*(2), 123—137.

Hodge, K., & Petlichkoff, L. (2000). Goal profiles in sport motivation: A cluster analysis. *Journal of Sport and Exercise Psychology*, *22*(3), 256—272.

Holmes, P. S., & Collins, D. J. (2001). The PETTLEP approach to motor imagery: A functional equivalence model for sport psychologists. *Journal of Applied Sport Psychology*, *13*(1), 60—83.

Horn, T. S. (1992). *Advances in sport psychology*. Champaign, IL: Human Kinetics.

Horner, M. (1968). *Sex differences in achievement motivation and performance in competitive and noncompetitive situations*. Michigan, MI: University of Michigan.

Horner, M. (1972). Toward an understanding of achievement-related conflicts in women. *Journal of Social Issues*, *28*(2), 157—175.

Hull, C. L. (1943). *Principles of behavior*. New York, NY: Appleton-Century.

Ievleva, L., & Orlick, T. (1991). Mental links to enhanced healing: An exploratory study. *Sport Psychologist*, *5*(1), 25—40.

Iso-ahola, S. (1979). Sex-role stereotypes and causal attributions for success and failure in motor performance. *Research Quarterly*, *50*(4), 630—640.

Jacobson, E. (1938). *Progressive relaxation* (2nd ed.). Chicago, IL: University of Chicago Press.

Johnson, S. H. (1998). Cerebral organization of motor imagery contralateral control of grip selection in mentally represented prehension. *Psychological Science*, *9*(3), 219—222.

Jones, C. M., & Miles, T. R. (1978). Use of advance cues in predicting the flight of a lawn tennis ball. *Journal of Human Movement Studies*, *4*(4), 231—235.

Jones, E. E., & David, K. E. (1965). From acts to dispositions: The attribution processes in person's perception. In L. Berkowitz (Ed.), *Advances in Experimental Social Psychology*. New York, NY: Academic Press.

Jones, G., & Swain, A. B. J. (1992). Intensity and direction dimensions of competitive state anxiety and relationships with competitiveness. *Perceptual and Motor Skill*, *74*(2), 467—472.

Judd, C. H. (1977). The relation of special training to general intelligence (1908). In M. C. Wittrock (Ed.), *Learning and Instruction* (pp. 239—249). American Educational Research Association.

Kavussanu, M., & Boardley, L. D. (2009). The prosocial and antisocial behavior in sport scale. *Journal of Sport and Exercise Psychology*, *31*(1), 97—117.

Kelley, H. H. (1967). Attribution in social psychology. *Nebraska Symposium on Motivation*, *15*, 192—238.

Kessler, R. C. (2001). Mood disorders in children and adolescents: An epidemiologic perspective. *Society of Biological Psychiatry*, *49*(12), 1002—1014.

Kidd, T. R., & Woodman, W. E. (1975). Sex and orientations toward winning in sport. *Research Quarterly*, *46*(4), 476—483.

Kimecik, J. C., & Harris, A. T. (1996). What is enjoyment? A conceptual and / definitional analysis with implications for sport and exercise psychology. *Journal of Sport and Exercise Psychology*, *18*(3), 247—263.

King, A. C., Taylor, C. B., Haskell, W. L., & DeBusk, R. F. (1989). Influence of regular aerobic exercise on psychological health: A randomized, controlled trial of healthy middle-aged adults. *Health Psychology*, *8*(3), 305—324.

King, L. A., & Williams, T. A. (1997). Goal orientation and performance in martial arts. *Journal of Sport Behavior*, *20*(4), 297—411.

Kingsley, J., Brown, E., & Seibert, M. (1977). Social acceptance of female athletes by college women. *Research Quarterly*, *48*(4), 727—733.

Knight, J. L., & Giuliano, T. A. (2003). Blood, sweat, and jeers: The impact of the media's heterosexist portrayals on perceptions of male and female athletes. *Journal of Sport Behavior*, *26*(3), 272—284.

Krane, V., & Barber, H. (2003). Lesbian experiences in sport: A social identity perspective. *Quest*, *55*(4), 328—346.

Laabs, G. L. (1973). Retention characteristics of different reproduction cues in motor short-term memory. *Journal of Experimental Psychology*, *100*(1), 168—177.

Lane, A. M., & Terry, P. C. (2000). The nature of mood: Development of a conceptual model with a focus on depression. *Journal of Applied Sport Psychology*, *12*(1), 16—33.

Lane, A. M., Terry, P. C., Beedie, C. J., Curry, D. A., & Clark, N. (2001). Mood and performance: Test of a conceptual model with focus on depressed mood. *Psychology of Sport and Exercise*, *2*(3), 157—172.

Larish, D. D., & Stelmach, G. E. (1982). Preprogramming, programming, and reprogramming of aimed hand movements as a function of age. *Journal of Motor Behavior*, *14*(4), 322—340.

Laugier, C., & Cadopi, M. (1996). Representational guidance of dance performance in adult novices: Effect of concrete vs abstract movement. *International Journal of Sport*

Psychology, *27*(1), 91—108.

Lee, S., Leung, T., Lee, A. M. et al. (1996). Body dissatisfaction among Chinese undergraduates and their implications for eating disorders in Hong Kong. *International Journal of Eating Disorders*, *20*(1), 77—84.

Lee, T. D., & Genovese, E. D. (1989). Distribution of practice in motor skill acquisition: Different effects for discrete and continuous tasks. *Research Quarterly for Exercise and Sport*, *60*(1), 59—65.

Lemyre, P. N., Roberts, G. C., & Ommundsen, Y. (2002). Achievement goal orientations, perceived ability, and sportspersonship in youth soccer. *Journal of Applied Sport Psychology*, *14*(2), 120—136.

Lenney, E. (1977). Women's self-confidence in achievement settings. *Psychological Bulletin*, *84*(1), 1—13.

LeUnes, A., & Burger, J. (1998). Bibliography on the profile of mood states in sport and exercise psychology research, 1971—1998. *Journal of Sport Behavior*, *21*(1), 53—70.

Lochbaum, M. R., & Roberts, G. C. (1993). Goal orientation and perceptions of the sport experience. *Journal of Sport and Exercise Psychology*, *15*(2), 160—171.

Long, B. C. (1993). Aerobic conditioning (jogging) and stress inoculation interventions: An exploratory study of coping. *International Journal of Sport Psychology*, *24*(2), 94—109.

Lopez, J. (1998). Hooligans renew shenanigans. *Houston Chronicle*, 06—16(9B).

Lorenz, K. (1966). *On aggression*. New York, NY: Harcourt, Brace, World.

Lox, C. L., & McAuley, E. (1995). Exercise as an intervention for enhancing subjective well-being in an HIV–1 population. *Journal of Sport and Exercise Psychology*, *17*(4), 345—352.

Mahoney, M. J. (1979). Cognitive and skills and athletic performance. In P. C. Kendall & S. D. Hollon (Eds.), *Cognitive-behavioral interventions: Theory, research, and procedures*. New York, NY: Academic Press.

Mahoney, M. J., Gabriel, T. J., & Perkins, T. S. (1987). Psychological skills and exceptional athletic performance. *Sport Psychologist*, *1*(3), 181—199.

Mann, T., Nolen, S., Huang, K., Burgard, D., Wright, A., & Hanson, K. (1997). Are two interventions worse than none? Joint primary and secondary prevention of eating disorders in college females. *Health Psychology*, *16*(3), 215—225.

Marsh, H. W. (1992). *Self-description questionnaire II :Manual*. Sydney: Publication Unit, Faculty of Education, University of Western.

Marsh, H. W., Richards, G. E., Johnson, S., Roche, L., & Tremayne, P.

(1994). Physical self-description questionnaire: Psychometric properties and a multitrait-multimethod analysis of relations to existing instruments. *Journal of Sport and Exercise Psychology*, 16(3), 270—305.

Martens, R. (1975). The process of competition. In R. Martens (Ed.), *Social Psychology and Physical activity* (pp. 66—86). New York, NY: Harper and Row.

Martens, R. (1977). *Sport competition anxiety test*. Champaign, IL: Human Kinetics.

Martens, R. (1982). *Sport competition anxiety test*. Champaign, IL: Human Kinetics.

Martens, R., Burton, D., Rivkin, E., & Simon, J. (1980). Reliability and validity of the Competitive State Anxiety Inventory (CSAI): A modification of Spielberger's state anxiety inventory. In C. H. Nadeau, W. R. Halliwell, K. M. Newell & G. C. Roberts (Eds.), *Psychology of motor behavior and sport - 1979* (pp. 91—99). Champaign, IL: Human Kinetics.

Martens, R., Vealey, R. S., & Burton, D. (1990). *Competitive anxiety in sport*. Champaign, IL: Human Kinetics Publishers.

Martin, J. J. (1999). A personal development model of sport psychology for athletes with disabilities. *Journal of Applied Sport Psychology*, 11(1), 181—193.

McAuley, E., Marquez, D. X., Jerome, G. J., Blissmer, B., & Katula, J. (2002). Physical activity and physique anxiety in older adults: Fitness, and efficacy influences. *Aging and Mental Health*, 6(3), 222—230.

McElroy, M. A., & Willis, J. (1979). Women and the achievement conflict in sport: A preliminary study. *Journal of Sport*, 1(3), 241—247.

McInman, A. D., & Benger, B. G. (1993). Self-concept and mood changes associated with aerobic dance. *Australian Journal of Psychology*, 45(3), 134—140.

Medvec, V. H., Madey, S. F., & Gilovich, T. (1995). When less is more: Counterfactual thinking and satisfaction among Olympic medalists. *Journal of Personality and Social Psychology*, 69(4), 603—610.

Michael, M., Gilroy, E., & Sherman, M. (1984). Athletic similarity and attitudes towards women as factors in the perceived physical attractiveness and liking of a female varsity athlete. *Perceptual and Motor Skills*, 59(2), 511—518.

Miller, P. S., & Kerr, G. A. (2002). Conceptualizing excellence: Past, present, and future. *Journal of Applied Sport Psychology*, 14(3), 140—153.

Morgan, W. P. (1978). The mind of the marathoner. *Psychology Today*, 11(11), 38—40+ 43+ 45—49.

Morgan, W. P. (1979). Prediction of performance in athletics. In P. Klavora & J.

V. Daniel (Eds.), *Coach, athlete, and the sport psychologist* (pp. 172—186). Champaign, IL: Human Kinetics.

Morgan, W. P. (1985). Affective beneficence of vigorous physical activity. *Medicine and Science in Sports and Exercise*, 17(1), 94—101.

Morgan, W. P. (1997). Method considerations. In W. P. Morgan(Ed.), *Physical activity and mental health* (pp. 3—32). Washington, DC: Taylor & Francis.

Morgan, W. P., Costil, D. L., Flynn, M. G., Raglin, J. S., Connor, O. et al. (1988). Mood disturbance following increased training in swimmers. *Medicine and Science in Sports and Exercise*, 20(4), 408—414.

Morrow, R. G., & Gill, D. L. (2003). Perceptions of homophobia and heterosexism in physical education. *Research Quarterly for Exercise and Sport*, 74(2), 205—214.

Munn, N. L. (1932). Bilateral transfer of learning. *Journal of Experimental Psychology: General*, 15(3), 343—353.

Murdock, B. B. Jr. (1957). Transfer designs and formulas. *Psychological Bulletin*, 54(4), 313—326.

Murphy, S. M., & Jowdy, D. P. (1992). Imagery and mental practice. In T. S. Horn (Ed.), *Advance in sport psychology* (pp. 221—250). Champaign, IL: Human Kinetics Publishers.

Nelson, S. A., & Dweck, C. S. (1977). Motivation and competence as determinants of young children's reward allocation. *Developmental Psychology*, 13(3), 192—197.

Newell, K. M. (1986). Constraints on the development of coordination. In M. G. Wade & H. T. A. Whiting(Eds.), *Motor development in children: Aspects of coordination and control* (pp. 341—360). Boston, MA: Nijhoff.

Nicholls, J. G. (1975). Causal attributions and other achievement-related cognitions: Effects of task outcome, attainment value, and sex. *Journal of Personality and Social Psychology*, 31(3), 379—389.

North, T. C., McCullagh, P., & Tran, Z. V. (1990). Effect of exercise on depression. *Exercise and Sport Sciences Reviews*, 18, 379—415.

Ogilvie, B. C., Tutko, T. A., & Young, I. (1965). The psychological profile of olympic champions. In F. Antonelli(Ed.), *International Society of Sports Psychology Congress First Proceedings* (pp. 201—203). Rome, Italy.

Olweus, D., Mattsson, A., Schalling, D., & Löw, H. (1988). Circulating testosterone levels and aggression in adolescent males: A causal analysis. *Psychosomatic Medicine*, 50(3), 261—272.

Orlick, T. (1973). The athletic dropout: A high price of inefficiency. *CAHPER*

Journal, 41(2), 21—26.

Orlick, T., & Partington, J. (1988). Mental links to excellence. *The Sport Psychologist*, 2(2), 105—180.

Osgood, C. D., Suci, G. J., & Tannenbaum, R. H. (1957). *The measurement of meaning*. Urbana, IL: University of Illinois Press.

Osgood, C. E. (1949). The similarity paradox in human learning: A resolution. *Psychological Review*, 56(3), 132—143.

Overing, R. L., & Travers, R. M. (1967). Variation in the amount of irrelevant cues in training and test conditions and the effect upon transfer. *Journal of Educational Psychology*, 58(1), 62—68.

Oxendine, J. (1970). Emotional arousal and motor performance. *Quest*, 13(1), 23—30.

Page, S. J., Martin, S. B., & Wayda, V. K. (2001). Attitudes toward seeking sport psychology consultation among wheelchair basketball athletes. *Adapted Physical Activity Quarterly*, 18(2), 183—192.

Passer, M. W. (1984). Competitive trait anxiety in children and adolescents. In J. M. Silva & R. S. Weinberg (Eds.), *Psychological foundations of sport* (pp. 130—144). Champaign, IL: Human Kinetics.

Paull, G., & Glencross, D. (1997). Expert perception and decision making in baseball. *International Journal of Sport Psychology*, 28(1), 35—56.

Perreault, S., & Marisi, D. Q. (1997). A test of multidimensional anxiety theory with male wheelchair basketball players. *Adapted Physical Activity Quarterly*, 14(2), 108—118.

Plante, T. G. (1993). Aerobic exercise in prevention and treatment of psychopathology. In P. Seraganian (Ed.), *Exercise psychology: The influence of physical exercise on psychological processes* (pp. 358—379). New York, NY: John Wiley & Sons.

Pooley, J. (1981). *Dropouts from sport: A case study of boy's age soccer*. Paper presented at American Alliance for Health, Physical Education, Recreation and Dance Convention. Boston, MA.

Pope, A. W., McHale, A. M., & Craighead, W. E. (1988). *Self-esteem enhancement with children and adolescents*. New York, NY: Pergamon Press.

Poulton, E. C. (1957). On prediction in skilled movements. *Psychological Bulletin*, 54(6), 467—478.

Powell, R. R. (1975). Effects of exercise on mental functioning. *Journal of Sports Medicine and Physical Fitness*, 15(2), 125—131.

Prapavessis, H., & Grove, R. (1994). Personality variables as antecedents of precompetitive mood state. *International Journal of Sport Psychology*, 25(4), 81—99.

Proctor, R. W., & Dutta, A. (1995). *Skill acquisition and human performance*. Thousand Oaks, CA: Sage Publications, Inc.

Quesada, D. C., & Schmidt, R. A. (1970). A test of the Adams-Creamer decay hypothesis for the timing of motor responses. *Journal of Motor Behavior*, 2(4), 273—283.

Ransom, K., & Weinberg, R. S. (1985). Effect of situation criticality on performance of elite male and female tennis players. *Journal of Sport Behavior*, 8(3), 144—148.

Raudenbush, B., & Meyer, B. (2003). Muscular dissatisfaction and supplement use among male intercollegiate athletes. *Journal of Sport and Exercise Psychology*, 25(2), 161—170.

Rees, C. R., & Andres, E. (1980). Strength differences: Real and imagined. *Journal of Physical Education and Research*, 51(2), 61.

Rosenberg, M. (1965). *Society and the adolescent self-image*. Princeton, NJ: Princeton University Press.

Rostad, F. G., & Long, B. C. (1996). Exercise as a coping strategy for stress: A review. *International Journal of Sport Psychology*, 27(2), 197—222.

Rotter, J. B. (1971). External control and internal control. *Psychology Today*, 5(1), 37—42.

Ruder, M. K., & Gill, D. L. (1982). Immediate effects of win-loss on perceptions of cohesion in intramural and intercollegiate volleyball teams. *Journal of Sport Psychology*, 4(3), 227—233.

Ryan, E. D. (1965). Retention of stabilometer performance over extended periods of time. *Research Quarterly*, 36(1), 46—51.

Ryan, R. M., Williams, G. C., Patrick, H. et al. (2009). Self-determination theory and physical activity: The dynamics of motivation in development and wellness. *Hellenic Journal of Psychology*, 6(2), 107—124.

Sage, G. H., & Loudernmilk, S. (1979). Female athlete and role conflict. *Research Quarterly*, 50(1), 88—96.

Sage, L., & Kavussanu, M. (2007a). The effects of goal involvement on moral behaviors in experimentally manipulated competitive setting. *Journal of Sport and Exercise Psychology*, 29(2), 190—207.

Sage, L., & Kavussanu, M. (2007b). Multiple goal orientations as predictors of moral behavior in youth soccer. *The Sport Psychologist*, 21(4), 417—437.

Schmidt, R. A. (1975). A schema theory of discrete motor skill learning. *Psychological*

Review, *82*(4), 25—260.

Schmidt, R. A., & Lee, T. D. (1999). *Motor control and learning: A behavioral emphasis*(3rd ed.). Champaign, IL: Human Kinetics.

Schmidt, R. A., & Lee, T. D. (2010). *Motor control and learning: A behavioral emphasis*(5th ed.). Champaign, IL: Human Kinetics.

Schultz, J. H., & Luthe, W. (1959). *Autogenic training: A psychophysiological approach to psychotherapy*. New York, NY: Crune and Stratton.

Seligman, M. E. P., & Steven, F. M. (1967). Failure to escape traumatic shock. *Journal of Experimental Psychology*, *74*(1), 1—9.

Selye, H. (1983). The stress concept: Past, present, and future. In C. L. Cooper (Ed.), *Stress research*(pp. 1—20). New York, NY: John Wiley & Sons.

Shavelson, R. J., Hubner, J. J., & Stanton, G. C. (1976). Self-concept: Validation of construct interpretations. *Review of Educational Research*, *46*(3), 407—441.

Shea, J. B. (1977). Effects of labeling on motor short-term memory. *Journal of Experimental Psychology: Human Learning and Memory*, *3*(1), 92—99.

Sherif, M., & Harvey, O. J. (2013). *Intergroup conflict and cooperation: The robbers cave experiment*. Whitefish, MT: Literary Licensing, LLC.

Silva, J. M. (1982). *The current status of applied sport psychology: A national survey*. Paper presented at the American Alliance for Health, Physical Education, Recreation, and Dance Convention. Houston, TX.

Silva, J. M., Shultz, B. B., Haslam, R. W., & Murray, D. (1981). Psychological assessment of elite wrestlers. *Research Quarterly for Exercise and Sport*, *52*(3), 348—358.

Simmering, V. R., Peterson, C., Darling, W., & Spencer, J. P. (2008). Location memory biases reveal the challenges of coordinating visual and kinesthetic reference frames. *Experimental Brain Research*, *184*(2), 165—178.

Simpson, E. J. The classification of educational objectives, psychomotor domain. http://www.eric.ed.gov/contentdelivery/servlet/ERICServlet? accno=ED010368

Singer, R. N. (1975). *Motor learning and human performance* (2nd ed.). New York, NY: Macmillan.

Singley, M. K., & Anderson, J. R. (1989). *The transfer of cognitive skill*. Cambridge, MA: Harvard University Press.

Smith, D., Wright, C., Allsopp, A., & Westhead, H. (2007). It's all in the mind: PETTLEP-based imagery and sports performance. *Journal of Applied Sport Psychology*, *19*(1), 80—92.

Smith, M. D. (1978). Hockey violence: Interring some myths. In W. F. Straub(Ed.),

Sport psychology: An analysis of athlete behavior (2nd ed.). Ithaca, NY: Mouvement Publications.

Smith, R. E., & Christensen, D. S. (1995). Psychological skills as predictors of performance and survival in professional baseball. *Journal of Sport and Exercise Psychology*, 17(4): 399—415.

Smith, R. E., Schutz, R. W., Smoll, F. L., & Ptacek, J. T. (1995). Development and validation of a multidimensional measure of sport-specific psychological skills: The athletic coping skills inventory-28. *Journal of Sport and Exercise Psychology*, 17(4), 379—398.

Smith, R. E., Smoll, F. L., & Hunt, E. (1977). A system for the behavioral assessment of athletic coaches. *Research Quarterly*, 48(2), 401—407.

Smoll, F. L. (1998). Improving the quality of coach-parent relationships in youth sports. In J. M. Williams (Ed.), *Applied sport psychology: Personal growth to peak performance*. Mountain View, CA: Mayfield Publishing Company.

Smoll, F. L. (2006). Coach-parent relationships in youth sports: Increasing harmony and minimizing hassle. In J. M. Williams (Ed.), *Applied Sport psychology: Personal growth to peak performance*(pp. 197—198). Boston, MA: McGraw-Hill, 2006.

Smoll, F. L., & Smith, R. E. (1995). *Children and youth in sport: A biopsychosocial perspective*. Dubuque, IA: Brown & Benchmark.

Smoll, F. L., & Smith, R. E. (2010). Leadership behaviors in sport: A theoretical model and research paradigm. *Journal of Applied Social Psychology*, 19(18), 1522—1551.

Snyder, E. E., Kivlin, J., & Spreitzer, E. A. (1975). The female athlete: An analysis of objective and subjective role conflict. In D. Harris & R. Christina (Eds.), *Psychology of sport and motor behavior* (pp. 165—180). University Park, PA: Pennsylvania State University.

Snyder, E. E., & Spreitzer, E. A. (1978). Socialization comparisons of adolescent female athletes and musicians. *Research Quarterly*, 49(3), 342—350.

Sonstroem, R. J. (1978). Physical estimation and attraction scales: Rationale and research. *Medicine and Science in Sports and Exercise*, 10(2),97—102.

Sonstroem, R. J., Harlow, L. L., & Josephs, L. (1994). Exercise and self-esteem: Validity of model expansion and exercise associations. *Journal of Sport and Exercise Psychology*, 16(1),29—42.

Sonstroem, R. J., & Morgan, W. P. (1989). Exercise and self-esteem: Rationale and model. *Medicine and Science in Sports and Exercise*, 21(3), 329—337.

Spence, K. W. (1956). *Behavior theory and conditioning*. New Haven, CT: Yale University Press.

Spielberger, C. D. (1966). Theory and research on anxiety. In C. D. Spielberger (Ed.), *Anxiety and behavior*. New York, NY: Academic Press.

Spielberger, C. D. (1972). Anxiety as an emotional state. In C. D. Spielberger (Ed.), *Anxiety: Current trends in theory and research*. New York, NY: Academic Press.

Spielberger, C. D. (1973). *State-Trait Anxiety Inventory for Children: Preliminary manual*. Palo Alto, CA: Consulting Psychologists Press.

Starkes, J. L., Deakin, J. M., Lindley, S., & Crisp, F. (1987). Motor versus verbal recall of ballet sequences by young expert dancers. *Journal of Sport Psychology*, 9(3), 222—230.

Steinmetz, J., Blankenship, J., Brown, L., Hall, D., & Miller, G. (1980). *Managing stress before it manages you*. Palo Alto, CA: Bull.

Ste-Marie, D. M., Valiquette, S. M., & Taylor, G. (2001). Memory-influenced biases in gymnastic judging occur across different prior processing conditions. *Research Quarterly for Exercise and Sport*, 72(4), 420—426.

Stephen, D. E., & Bredemeier, B. J. L. (1996). Moral atmosphere and judgments about aggression in girls soccer: Relationships among moral and motivational variables. *Journal of Sport and Exercise Psychology*, 18(2), 158—173.

Steptoe, A., & Cox, S. (1988). Acute effects of aerobic exercise on mood. *Health Psychology*, 7(4), 329—340.

Stetson, B. A., Beacham, A. O., Frommelt, S. J. et al. (2005). Exercise slips in high risk situations and activity patterns in long-term exercisers: An application of the relapse prevention model. *Annals of Behavioral Medicine*, 30(1), 25—35.

Stogdill, R. M. (1948). Personal factors associated with leadership: A survey of the literature. *Journal of Psychology: Interdisciplinary and Applied*, 25, 35—71.

Suinn, R. M. (1980). *Psychology in sports: methods and applications*. Minneapolis, MN: Burgess Pub. Co.

Swinnen, S. P., Schmidt, R. A., Nicholson, D. E., & Shapiro, D. C. (1990). Information feedback for skill acquisition: Instantaneous knowledge of results degrades learning. *Journal of Experimental Psychology: Learning, Memory, and Cognition*, 16(4), 706—716.

Szameitat, A. J., Shen, S., & Sterr, A. (2007). Motor imagery of complex everyday movements: An fMRI study. *Neuroimage*, 34(2), 702—713.

Tenenbaum, G., Kolker, N., Sade, S. et al. (1996). Anticipation and confidence of decisions related to skilled performance. *International Journal of Sport Psychology*, 27(3), 293—307.

Thayer, R. E. (1996). *The origin of everyday moods: Managing energy, tension, and stress*. New York, NY: Oxford University Press.

Thomas, P. R., Murphy, S. M., & Hardy, L. (1999). Test of performance strategies: Development and preliminary validation of a comprehensive measure of athletes' psychological skills. *Journal of Sport Sciences*, 17(9), 697—713.

Thompson, M. (1989). The development of a Sport Aggression Questionnaire for the study of justification of acts of aggression(Abstract). *Proceedings of the association for the advancement of applied sport psychology*. Seattle, WA.

Thorngren, C. M. (1990). A time to reach out-keeping the female coach in coaching. *Journal of Physical Education, Recreation and Dance*, 61(3), 57—60.

Tomporowski, P. D., & Ellis, N. R. (1986). Effects of exercise on cognitive processes: A review. *Psychological Bulletin*, 99(3), 338—346.

Tsai, S. P., Baun, W. B., & Bernacki, E. J. (1987). Relationship of employee turnover to exercise adherence in a corporate fitness program. *Journal of Occupational Medicine*, 29 (17), 572—575.

Tulving, E. (1972). Episodic and semantic memory. In E. Tulving & W. Donaldson (Eds.), *Organization of memory*(pp. 381—403). San Diego, CA: Academic,.

Tulving, E., & Thomson, D. M. (1973). Encoding specificity and retrieval processes in episodic memory. *Psychological Review*, 80(5), 352—373.

Turvey, M. T. (1977). Preliminaries to a theory of action with reference to vision. In R. Shaw & J. Bransford (Eds.), *Perceiving, acting, and knowing* (pp. 211—265). Hillsdale, NJ: Erlbaum.

Twenge, J. M. (1997). Attitudes toward women, 1970—1995. *Psychology of Women Quarterly*, 21(1), 35—51.

Vickers, J., Lashuk, M., & Taerum, T. (1980). Differences in attitude toward the concepts "male", "female", "male athlete", and "female athlete". *Research Quarterly for Exercise and Sport*, 51(2), 407—416.

Vlachopoulos, S., & Biddle, S. J. H. (1997). Modeling the relation of goal orientation to achievement-related affect in physical education: Does perceived ability matter? *Journal of Sport and Exercise Psychology*, 19(2), 169—187.

Vogel, L., Frank, C., & Schack, T. (2013). Mental representation and virtual reality agents. In Beijing Sport University(Ed.), *Abstracts of the ISSP 13th World Congress of Sport Psychology*(p. 45). Beijing: Beijing Sport University.

Wankel, L. M., & Sefton, J. M. (1989). A season long investigation of fun in youth sports. *Journal of Sport and Exercise Psychology*, 11(4), 355—366.

Weinberg, R. , Jackson, A. , & Kolodny, K. (1988). The relationship of massage and exercise to mood enhancement. *Sport Psychologist*, *2*(3), 202—211.

Weiner, B. (1972). *Theories of motivation: From mechanism to cognition*. Chicago, IL: Rand Mcnally.

Weiner, B. (1979). A theory of motivation for some classroom experiences. *Journal of Educational Psychology*, *71*(1), 3—25.

Weiner, B. (1985). An attributional theory of achievement motivation and emotion. *Psychological Review*, *92*(4), 548—573.

Weiner, B. , & Kukla, A. (1970). An attributional analysis of achievement motivation. *Journal of Personality and Social Psychology*, *15*(1), 1—20.

Weiner, B. , & Kukla, A. (1973). Further evidence concerning the effects of perceptions of effort and ability on achievement evaluation. *Journal of Personality and Social Psychology*, *28*(2), 187—191.

Weingarten, G. (1973). Mental performance during physical exertion: The benefit of being physically fit. *International Journal of Sport Psychology*, *4*(1), 16—26.

Weiss, M. R. , & Chaumeton, N. (1992). Motivational orientations in sport. In T. S. Horn (Ed.), *Advance in sport psychology* (pp. 61—99). Champaign, IL: Human Kinetics.

Williams, A. M. , & Davids, K. (1998). Visual search strategy, selective attention, and expertise in soccer. *Research Quarterly for Exercise and Sport*, *69*(2), 111—128.

Williams, A. M. , Ward, P. , & Smeeton, N. J. (2004). Perceptual and cognitive expertise in sport: Implications for skill acquisition and performance enhancement. In A. M. Williams & N. J. Hodges (Ed.), *Skill acquisition in sport: Research, theory and practice* (pp. 328—347). London: Routledge.

Williams, J. M. , & Andersen, M. B. (1998). Psychosocial antecedents of sport injury: Review and critique of the stress and injury model. *Journal of Applied Sport Psychology*, *10*(1), 5—25.

Winther, K. T. , & Thomas, J. R. (1981). Developmental differences in children's labeling of movement. *Journal of Motor Behavior*, *13*(2), 77—90.

Wolpe, J. (1958). *Psychotherapy by reciprocal inhibition*. Stanford, CA: Stanford University Press.

Yang, Y. , Zhang, Z. , & Huang, Z. (2013). The effects of positive and negative virtual environments on inducing emotions. In Beijing Sport University (Ed.), *Abstracts of the ISSP 13th World Congress of Sport Psychology* (p. 215). Beijing: Beijing Sport University.

Yerkes, R. M. , & Dodson, J. D. (1908). The relationship of strength of stimulus to rapidity of habit formation. *Journal of Comparative Neurology and Psychology*, *18*, 459—482.

Zaitz, D. (1989). Are you an exercise addict? *Idea Today*, *7*(4), 44.

Zajonc, R. B. (1965). Social facilition. *Science*, *149*, 269—274.

Zelin, M. L. , Adler, G. , & Myerson, P. (1972). The anger self-report: An objective questionnaire for the measurement of agression. *Journal of Consulting and Clinical Psychology*, *39* (2), 340.

Zhi- Guo Hu, Hong- Yan Liu, Dan-Ling Peng. (2005). Several hot-debated issues of amygdala research in emotion. *Neuroscience Bulletin*, *21*(24), 301—307.

Zillman, D. , Johnson, R. D. , & Day, K. D. (1979). *Attribution of apparent arousal and proficiency of recovery from sympathetic activation affecting excitation transfer to aggressive behavior*. Bloomington, IN: University of Indiana.

图书在版编目(CIP)数据

运动心理学/唐征宇编著. —上海：上海教育出版社, 2018.9
ISBN 978-7-5444-8537-1

Ⅰ.①运… Ⅱ.①唐… Ⅲ.①体育心理学—高等学校—教材 Ⅳ.①G804.8

中国版本图书馆CIP数据核字(2018)第214476号

责任编辑　王佳悦　谢冬华
封面设计　王　捷

运动心理学
唐征宇 编著

出版发行	上海教育出版社有限公司
官　网	www.seph.com.cn
地　址	上海永福路123号
邮　编	200031
印　刷	昆山亭林印刷有限责任公司
开　本	700×1000　1/16　印张28.5
字　数	490千字
版　次	2018年9月第1版
印　次	2018年9月第1次印刷
书　号	ISBN 978-7-5444-8537-1/H·0294
定　价	79.00元

如发现质量问题，读者可向本社调换　电话：021-64377165